T0299108

بسم الله الرحمن الرحيم

نحو رؤية فلسفية تربوية للقيم

في ضوء القرآن الكريم والسنة النبوية الشريفة

رقم الإيداع لدى المكتبة الوطنية (2009/10/4420)

212
عباس، علاء
نحو رؤية فلسفية تربوية للقيم في ضوء القرآن الكريم والسنة النبوية الشريفة/ علاء صاحب عباس - عمان: دار غيداء ، 2009
( ) ص
ر.أ: (2009/10/4420)
الواصفات: الفلسفة التربوية //الآداب الإسلامية//الإسلام

*تم اعداد بيانات الفهرسة والتصنيف الأولية من قبل دائرة المكتبة الوطنية

دار غيداء للنشر والتوزيع

تلاع العلي- شارع الملكة رانيا العبد الله
مجمع العساف التجاري – الطابق الأول
تلفاكس: 2043535 6 269 +
خلوي: 143 95667 7 692 +
ص: ب: 520946 عمان 11152 الأردن
E-mail:darghidaa@gmail.com

نحو رؤية

فلسفية تربوية للقيم

في ضوء القرآن الكريم والسنة النبوية الشريفة

الدكتور

علاء صاحب عسكر عباس

الطبعة الأولى

2010م – 1431 هـ

الإهـــداء

أقدم ثمرة عملي وجهدي:

هدية متواضعة إلى:

والدي الكريمين براً وإحسانا .

زوجتي التي تحملت أعباء الأسرة ومتطلباتها طيلة انشغالي بالكتابة .

أحباء قلبي أولادي ، أحمد ، نور ، محمد ، سنان ساره .

الباحث

شكر وعرفان

الحمد لله رب العالمين والصلاة والسلام على رسول الهدى محمد (صلى الله عليه وسلم) وعلى اله وصحبه ومن اهتدى بهديه ، وسلك سبيله واتبع سنته وجاهد في الله حق جهاده .

يلزمني الوفاء في أدنى حقوقه ومستلزماته ، ان أسدي كل شكري واحترامي إلى من ساهم في مساعدتي في إخراج هذه الأطروحة إلى حيز الوجود الدكتورة الفاضلة ابتسام محمد فهد.

وأتقدم بالشكر والعرفان إلى أساتذتي الفضلاء أعضاء الهيئة التدريسية في كلية التربية / ابن رشد ممثلة بعميدها الأستاذ الدكتور نزار الحديثي وأساتذة قسم العلوم التربوية والنفسية ، اعترافاً بجهدهم ولما قدموه لي جميعاً من نصح صادق وتوجيهات سديدة .

كما أتقدم بوافر العرفان والتقدير إلى ثلة السمنار الأستاذ الدكتور ماهر إسماعيل الجعفري ، والأستاذ الدكتور عبد الرحمن القيسي والأستاذ الدكتور عبد الله حسن الموسوي ، والأستاذ الدكتور طه الدليمي والأستاذ المساعد مقداد الدباغ فقد هدوني سبل السلام والأمان وتوجيهات سديدة في بلورة فكرة هذه الأطروحة .

وجميل ثنائي وتقديري إلى وزارة التربية التي أتاحت لي فرصة في كتابة هذه الاطروحة ، وغايتي القصوى منه ان تكون خدمة متواضعة للمسيرة الإيمانية والتربوية والعلمية الرائدة التي يقودها معلمنا الأول المجاهد المؤمن

صدام حسين (رحمه الله) في عراقنا العظيم الذي يتوهج سناءً ومعرفة بفكره النير ووصاياه القيمة في بناء الإنسان العراقي المعاصر ... ، ووطنا العزيز وقيادته الحكيمة لما فيه خير امتنا العربية المجيدة وله الحمد أولا وآخراً .

الباحث

المحتويات

الفصل الأول
أهمية البحث والحاجة أليه

الفصل الثاني
دراسات سابقة

الفصل الثالث
مفهوم القيم

الفصل الرابع
دراسات نقدية لمفهوم القيم في الفلسفات الغربية

الفصل الأول
أهمية الكتاب والحاجة أليه

الفصل الأول

أهمية الكتاب والحاجة أليه

أن التربية نشاط اجتماعي شامل مهمتها أعداد الإنسان الصالح المتناسق جسمياً وخلقياً وروحياً، واجتماعياً، والتربية تكتسب معانيها الحقيقية من خلال الأهداف التي تسعى إلى تحقيقها لكونها وسيلة المجتمع لتأمين استمراره وتطوره، وبهذا تعكس التغيرات والتطورات التي يمر بها المجتمع وفلسفته وهي تفاعل بين الماضي والحاضر (لتكوين جديد للإنسان بوساطة الطبيعة الفطرية مرتبطاً بتراث الماضي للجماعة الإنسانية فهي عملية مستمرة في تكوين الخبرات)(جويلد، 1982: 318).

والتربية في جوهرها عملية قيمية سواء عبرت عن نفسها في صورة واضحة أم في صورة ضمنية، فالمؤسسة التعليمية بحكم ماضيها وحاضرها ووظائفها وعلاقاتها بالإطار الثقافي الذي تعيشه مؤسسة تسعى إلى بناء القيم في كل مجالاتها الخلقية والنفسية والاجتماعية والفكرية والسلوكية (عبد الملك 1987: 32)، وهي بذلك تهدف إلى غرس غايات وتهذيب عواطف وتنمية ارادات لتجريد الإنسان من أهوائه الدنيا وتحسين كيانه الإنساني في نظرته ونظر الآخرين. فالتربية القيمية هي مسؤولية كل المربين عن الوعي القيمي ورسالتهم هي الأيمان بهذا الوعي والعمل على نشر مفهومه والحث على التقيد بأحكامه لإخراجها من حيز الضمائر إلى حيز الوجود وتجسيدها في شتى أطوار التفكير والسلوك(العوا، 1987: 268).

أن وظيفة التربية الرئيسة، هي تمكين المتعلمين من تنمية شخصياتهم من جميع جوانبها المعرفية والوجدانية والنزوعية متحلية في الإرادة والسلوك في توافق وتوازن وانسجام حتى يبلغوا أقصى ما هو مستطاع من التكامل والصلاح والعمل لخيرهم وخير مجتمعهم وأمتهم بتلك الدلالات ومحور التربية هو الإنسان بما وهبه الله سبحانه وتعالى من نعمة العقل والاستعداد لتكوين الضمير، وتفضيله على كثير من خلقه إذ قال

جل جلاله: (وَلَقَدْ كَرَّمْنَا بَنِي آَدَمَ وَحَمَلْنَاهُمْ فِي الْبَرِّ وَالْبَحْرِ وَرَزَقْنَاهُمْ مِنَ الطَّيِّبَاتِ وَفَضَّلْنَاهُمْ عَلَى كَثِيرٍ مِمَّنْ خَلَقْنَا تَفْضِيلًا) (الإسراء /70).

والتربية نافعة بالمعنى الواسع في النفع الذي نعني به حياة الإنسان بجوانبها الروحية والفكرية والخلقية والمادية، أذ أكد القرآن الكريم هذا النفع للتربية السليمة القائمة على مراعاة الفطرة التي فطر الله الناس عليها أذ قال تعالى: (قَالَ اهْبِطَا مِنْهَا جَمِيعًا بَعْضُكُمْ لِبَعْضٍ عَدُوٌّ فَإِمَّا يَأْتِيَنَّكُمْ مِنِّي هُدًى فَمَنِ اتَّبَعَ هُدَايَ فَلَا يَضِلُّ وَلَا يَشْقَى (123) وَمَنْ أَعْرَضَ عَنْ ذِكْرِي فَإِنَّ لَهُ مَعِيشَةً ضَنْكًا وَنَحْشُرُهُ يَوْمَ الْقِيَامَةِ أَعْمَى) (طه /123-124).

والتربية التي تضطلع بهذه المهام تعكس فلسفة المجتمع وطبيعة ثقافته وهي تختلف من دولة إلى أخرى، ومن أمة إلى أخرى لاختلاف طبيعتها وتراثها وامتدادها الحضاري، ومراحل تطورها وخضوعها لتطورات المجتمع بتقدمه أو تخلفه وانعكاس أوضاعه وظروفه وطبيعة نظامه وفلسفته السياسية والاقتصادية والاجتماعية (زاهر، 1984:66).

والتربية العربية الإسلامية تعني بغرس وتنمية خصائص في الشخصية العربية، ولعل من أهمها التمسك بالقيم الروحية والخلقية فضلاً عن حرية الفكر والانفتاح على المصادر المختلفة للثقافة وأن تنمي في الفرد قدرات ومهارات واتجاهات معينة مثل العمل بروح الفريق (الجماعة) وتغليب المصلحة المشتركة (الإيثار) وكذلك أهمية العمل (حجاج، 1978:55).

أن أهم ما يميز وطننا العربي كونه مهد الديانات السماوية وما حملته من قيم روحية نشأت فيه فدافع المجتمع العربي عنها وحافظ عليها إدراكاً منه للبعد الإنساني الذي طبع رسالتهم في الحياة وبهذا الصدد قال سبحانه وتعالى: (كُنْتُمْ خَيْرَ أُمَّةٍ أُخْرِجَتْ لِلنَّاسِ تَأْمُرُونَ بِالْمَعْرُوفِ وَتَنْهَوْنَ عَنِ الْمُنْكَرِ) (آل عمران /110).

ومجتمعنا العربي الإسلامي عريق بتمسكه بالقيم الروحية الإسلامية واستطاع المحافظة عليها، أيمانا بأن القيم النابعة من الأديان قادرة على هداية الإنسان وعلى أضاءة حياته بنور الأيمان (حماده، 1978:6).

أن الإسلام أهتم اهتماماً كبيراً بالقيم الأخلاقية أذ جعل من أهدافه الرئيسة العناية بخلق الإنسان وتنميته ليصبح جزءاً من شخصية الأمة (صورة الإنسان المسلم) وهذا هـو مـن أهـم العوامل الذي حفظ الأمة العربية من التـدهور والانحلال الخلقـي الـذي تعانـي منـه المجتمعـات والحضارات المتقدمة المعاصرة أذ يسود ضياع القيم الأخلاقيـة والتـي تتجسـد في فقدان الأسرة شكلها الطبيعي والانتحار وغيرها من مظاهر التأزم الخلقي والنفسي- (الجمالي، 1966:5)، بـل أصبح عدم الالتزام القيمي مشكلة سادت الكثير من البلدان والعربية منها خاصة لهذا بحثت مـن خـلال الدراسات النظرية والميدانية والتـي أجمعـت عـلى وجـود خـلل في منظومـة القيم ومنهـا دراسـة الجمالي الذي أكد: أن (كثيراً) من المسلمين بعد أن نسوا دينهم وهجروا قـرآنهم، وصاروا يقلدون الغير ويستوردون عقائد ومبادئ متطرفة وخاطئة أو أنها تصلح لبيئة غير بيئتنا وقد فـات هـؤلاء المسلحون ان في القرآن الكريم من كنوز المعرفة والحكمة الالهية ما تجعله للمسلم اعظـم كتـاب في فلسفة التربية والتعليم (الجمالي، 1966: 5-6).

وأشارت ورقة النهوض التربوي على انتشار القيم الغريبة الدخيلة عـلى المجتمـع العـربي أذ ذكرت:(أصبحت الكثير من العادات ونماذج السلوك الغريبة عـن مجتمعنـا تنتشر- وتغطـي بـل وتلغي الكثير من القيم والعادات ونماذج السلوك التي تناقلناها عن الأجداد مما يمكن أن يعـرض المجتمع إلى الخطر بسبب ما يمكن أن يحصل له من ضعف وتفكك يضعف صلته بجذور ماضيه المشرف وبالتالي التخلي عـن تحقيـق أهداف المجتمـع العليـا باسـتعادة مجـد الأمـة ودورهـا في الحضارة الإنسانية) (وزارة التربية، 1996:10).

ومـن خلال مؤتمر القيم والتربية في عـالم متغير، توصـل فرحـان إلى أن القيم السـائدة في العالم العربي لا تعبر عن قيم الإسلام وحضارته، فالإسلام شيء والمسلمون شيء آخـر وبينهما فرق شاسع في التصور والممارسة.(فرحان 1999: 2).

ونلتمس من هذا كله أن التربية في المجتمع العربي اليوم تمـر بأزمـة إذ أكد ذلك إبراهيم بقوله:(فالتربية في الوطن العربي عجزت في تحقيـق مجتمـع راضٍ ومسـتقر وكفـء، معتمداً عـلى ذاته، وأخفقت في تهذيب سلوك الأفراد وتحقيق الأهداف الخلقية

والسلوكية المتوخاة منها. فالعلاقات الاجتماعية والأسرية في تراجع، والفردية والأنانية والانعزالية هي السائدة، وتراجعت الإنسانية لتحل مكانها اللاإنسانية المتمثلة بالعنف المادي والمعنوي وصار الفرد مستهلكاً أكثر منه منتجاً وأهملت المرأة دورها وانغمست بالعطالة والزينة بدلاً من توظيف معارفها في تنمية المجتمع وتربية أطفالها وأنتشر العنف والبدع، وتشتت الفكر وازدواج الشخصية وغموض الأهداف وعدم ربط التربية بحياة المجتمع وغياب التنسيق.بين المؤسسات التربوية المختلفة، وتهميش الأسرة وتقليص دورها وتشويه المفاهيم وتشويشها من تربية وتعليم، ودين وفلسفة وتراث)(إبراهيم، 1999: 28-167). وعليه فأن منظومة القيم للفرد المسلم لم تعد محور ارتكازه في العصر الراهن بسبب الابتعاد عن قيم الشريعة الإسلامية، هذا ما أكده طنش أذ قال:(أن العقيدة الصحيحة ضعفت بين المسلمين، فالقيم الإسلامية فرغت من مضامينها الأخلاقية وانحرفت في حس الأجيال المعاصرة ولم يعد شيء منها يشبه أصله الذي كان عليه يوم نزل هذا الدين من عند الله، فضلاً عن ذلك فأن حياة الناس قد خلت من الروح وأصبحت الحياة كلها تقاليد موروثة أكثر ما هي عبادة واعية لله أو منهج مترابط بحكم الحياة) (طنش، 1999: 2).

ففي المجتمعات العربية والإسلامية نرى الكثير من الأنظمة والقوانين السائدة والتي تنص على أن الدين الرسمي لذلك المجتمع هو الإسلام، ولكن في واقع الحال ليس من الإسلام في شيء وأنعكس ذلك على التربية فنجدها غريبة عن الإسلام وأصوله (عاقل،14:1964).

أن ما نقرأ ونشاهد ونسمع في المجتمع من مظاهر لمساوئ وعيوب ناتجة عن ضعف التمسك بالقيم الإنسانية وبفضائل الأخلاق وفي التبذل والتملك والانغمار وراء شهوات حب الدنيا مما يصدر في أغلب الأحوال من ضعف العقيدة الدينية عند المسلمين ونقص الوازع الديني، نجد الجيل الجديد وهو بين ما يجده وما هو مطلوب ما بين المتغير المألوف السهل وما بين الثابت الذي سيجد تحقيقه صعباً لكنه عقيدياً، لذا فالشباب في هذا العالم وفي الوطن العربي على وجه التخصص بحاجة ماسة إلى منظومة

قيم واضحة تجنبهم الحيرة الفكرية وتكون لهم سنداً في تبين صورة المستقبل بين المذاهب والدعوات المختلفة التي يموج بها العالم في الوقت الحاضر (عاقل، 1964: 14).

ويعزى خلل منظومة القيم في الوطن العربي لحركة الاستعمار الأوربي منذ بداية القرن العشرين في التسلط والهيمنة على مقدرات حربين عالميتين أطاحت بعشرات الملايين من البشر. وأتسع تدميرها حتى شمل القارات جميعها وصاحب ذلك اختراع أسلحة التدمير الشاملة مما يهدد البشرية بالفناء (المنظمة العربية للتربية،1979: 227-229).

وابتلت الأمة بلاءاً عظيماً من قبل الاستعمار القائم على القوة الغاشمة والمناقض للقيم الإنسانية بما رسخ من التجزئة والتخلف وبما استلبت من الثروات واستهان بالمقدرات وبما عطل من نهضات، وكان من بين أعظم البلايا والمصاعب التي تعرض وتتعرض لها الأمة العربية وهو تمكين الصهيونية من الاستيطان في الأرض العربية في فلسطين وتشريد أبنائها، ومن هنا بدأت الصهيونية بعد ما تلاقت بمصالحها مع الإمبريالية الأمريكية منذ أربعينات القرن العشرين في تشويه صورة الشخصية العربية وسلخها عن واقعها وقد جاء في بروتوكولات بني صهيون: (يجب أن نعمل لتنهار الأخلاق في كل مكان فتسهل سيطرتنا أن " فرويد " منا وسيظل يعرض العلاقات الجنسية في ضوء الشمس لكي لا يبقى في نظر الشباب شيء مقدس ويصبح همه الأكبر هو ارواء غرائزه الجنسية... وقالوا أيضاً " سننشر الإلحاد " ونشروه، وقالوا " سننشر الفساد الخلقي"ونشروه، وقالوا "سنستولي على الصحافة العالمية ونوجهها كما نشاء " وفعلوا) (بروتوكولات حكماء صهيون، 1902).

وأشار الجندي إلى المخططات الخبيثة لبني صهيون (سننشر بين الشعوب أدباً مريضاً قذراً تغثى له النفوس ويساعد على هدم الأسرة وتدمير جميع المقومات الأخلاقية للمجتمعات المعادية لنا وسنستمر في الترويج لهذا الأدب وتشجيعه حتى بعد فترة قصيرة من الاعتراف بحكمنا) (الجندي، د، ت: 39)، ولتحقيق هذا الهدف عملوا على استثمار وسائل الإعلام من صحافة وتلفاز ووسائل اتصال أخرى وسخروها إلى أقصى غاياتها لنشر الفساد والانحلال الخلقي كإهانة المرأة واستغلالها في عروضهم

لتحقيق مآربهم وتميع الروح القتالية والانجرار وراء المغريات البرجوازية واللهث وراء المتعة، وهم يبغون من وراء ذلك إلى إعداد جيل من الشباب في المجتمع العربي لا يعرف الصلة بالله ولا يريد أن يعرفها ولذا سخروا كل الوسائل الخبيثة وعملوا بكل جهد جهيد لأبعاد أفراد المجتمع العربي عن قيم العقيدة الإسلامية.

إن هذا المنهج التخريبي الذي تسلكه الصهيونية والغرب في السعي إلى تحطيم المجتمع العربي قد عمل عمله في بعض أقطار العالم العربي إلى حد ما وذلك من خلال نشر القيم والممارسات اللاأخلاقية بين أفراد المجتمع وابعادهم عن القيم الأصيلة التي جاءت بها العقيدة الإسلامية ومنبعها القران الكريم والسنة النبوية السمحاء وكل ما يمت أليها. وإذا نظرنا إلى انساننا العربي نجده مقلداً للغرب في كل شيء بدءاً من ملابسه إلى تربيته للنشء، وقد أغفل القيم الإسلامية التي تتلاءم مع فطرته والغاية من وجوده في هذه الحياة لأعمار الأرض وخيرها والإقرار بوحدانية الله الخالق لها.

قبل عقود كنا أقل تقدماً والناس أقل ثروة بل أكثر فقراً ولكن الحياة ومتطلباتها كانت أكثر بساطة أيضا وكانت قيم التضحية والانتماء والأمانة والصدق والوفاء والاخوة والقرابة والثبات على المبدأ والمواقف كلها قيم لها احترامها وتقديرها، أنها قيم ومفاهيم مرعية في مجتمعنا تضمن لأجياله ومستقبله القدرة على النهوض والتقدم حتى بدأت قيماً ومفاهيم غربية تزحف على مجتمعنا (الساكت، 1999: 6).

أن بقائنا يتوقف على ركيزتين أساسيتين هما العقيدة الإسلامية والأخلاق المبنية على هذه العقيدة وبينهما وثائق وعرى فأذا ضيعنا العقيدة الإسلامية، فقد ضيعنا كل شيء وأن ضيعنا أخلاقنا الإسلامية، فقد عرضنا عقيدتنا الإسلامية إلى الضياع وذهب أبن قيم الجوزية إلى ما يؤكد هذا المعنى إذ قال:" الدين كله خلق، فمن زاد عليك في الخلق زاد عليك في الدين "(أبن قيم الجوزية،د، ت: 307/2).وأيضا من بين أسباب خلل منظومة القيم في المجتمع العربي هو المحاولات العديدة التي قامت بها الصهيونية والإمبريالية العالمية ومنها استغلال اليهود لقضية التطور والأصل الحيواني للأنواع لدارون وقضية التفسير الحيواني للسلوك الإنساني لفرويد. لقد استغلوا كلتا القضيتين

في هدم كل المعاني " الإنسانية " وهدم كل القيم " الثابتة " في حياة البشر. كما استغلوها في تثبيت الواقع الفاسد الذي أحدثوه من خلال استغلال الثورة الصناعية وسنده بنظريات " علمية " لا تجعله مستساغاً فحسب، بل تجعله هو الشيء الواجب الوجود وغيره مما يجعل شيئاً من القيم الإنسانية أو الأخلاقية أمر مستنكراً، رجعياً، واجب الزوال (قطب د، ت: 107).

أن هذا التقدم العلمي المادي أستقطب بحدقة عقول من أخرهم الاستعمار مواكبه التقدم وأمال قلوب الشباب لمعان الثقافة المادية في حياة المترفين مهداة لشعوبنا كل الوسائل التي بذلها أعداء الإسلام والإنسانية من صليبيين جدد وصهاينة على اختلاف مذاهبهم لإفساد المجتمع العربي مما ينذر بالخطر ويهدد البناء الاجتماعي للأسرة العربية بالتفسخ والانحلال من أجل أيجاد بيئة خصبة للأفكار والممارسات السلوكية الشاذة التي يفرزها ما يسمى اليوم بنظام العولمة وهو فكر مدروس تم إيجاده بدلاً من الاستعمار لاستلاب الشعوب والسيطرة على ثرواتها المادية والبشرية.

ويعد الغزو الثقافي واحداً من أكبر التحديات التي تجابه الأمة العربية الإسلامية إذ أن المنظومات الفكرية السائدة في البيئة العربية اليوم قد اتخذت مسارات كرست حول الاغتراب من جهة والتبعية من جهة ثانية وأصبحت أيضا فعلاً مساعداً للتجزئة. وإن أبرز تلك المنظومات الفكرية هي الليبرالية والماركسية والوجودية وغيرها، جميعاً ذات مرجعية غربية جاءت لتجرد الواقع من خصوصياته التاريخية والحضارية والاجتماعية (حزب البعث العربي الاشتراكي، 285:1996-259).

وفي هذا الصدد يقول الندوي: (لقد وقع الفكر الإسلامي التربوي في حضانة التربية الغربية ونظمها التعليمية، ومناهجها الفكرية، وقيمها ومثلها العليا وتصورها للحياة الإنسانية والإنسان، ونظرتها للعلوم والآداب، مثلما يترامى الطفل الصغير في أحضان مربي كبير، يقبل فكرته التعليمية بحذافيرها على علاتها التي نشأت واختمرت في بيئة تؤمن بعقائد وأسس ومبادئ وقيم ومفاهيم ومثل تختلف كل الاختلاف عن التي يؤمن بها ويعيش لها

ويجاهد في سبيلها،بل تقوم على هدمها ونفيها أحياناً والتهكم بها والاستهانة بقيمها أحيانا أخرى) (الندوي، 1976: 10).

لذا فأن المجتمع الإنساني الذي يطفو على أجوائه التربوية والثقافية تخبط وتناقض في قيمة الإنسانية يؤدي ذلك إلى ظهور الانفصام الفكري والنفاق الاجتماعي والعملية التربوية المتضادة والثقافة الهلامية في نفس أبنائه ليتكون بالتالي جيل أنساني فاقد لهويته الفكرية وفلسفته التربوية وثقافته الفكرية والاجتماعية (الحياري، 1999:9).

أن تهدم الحدود بين الثقافات المحلية والإقليمية والأجنبية واختلاطها بالقيم العالمية ودخول التيارات الإلحادية مع الثقافة الأجنبية، ينفث رياح سمومها بين الأفراد والمجتمعات، فتأثر الكثير من أفراد المجتمع بهذه الاتجاهات، فضلاً عن معاناة الأمة العربية الإسلامية من غموض في الفلسفة التربوية متمثلة في ضعف أعداد المتعلم وظيفياً ومعرفياً، وسوء الارتباط والتنسيق بين مراكز البحوث والجامعات، وضعف مخرجات التعليم، مما يقود إلى الاعتماد على فلسفات الآخرين دون تدقيق لتوجيه إستراتيجياتها التعليمية وسياستها في الوطن العربي، مؤدية إلى التبعية الفكرية التي تخلق في نفوس أبنائها الوهن والإحساس بالضعف تجاه الآخرين لعدم معرفتهم بتراثهم وحضارتهم (الفهد، 1994:8).

ومما يزيد الاهتمام بالقيم في وقتنا الراهن التغيير الاجتماعي المتسارع الذي هو أحد خواص القرن الحادي والعشرين يعني أن القيم والمبادئ والمؤسسات والعلاقات الاجتماعية ستكون عرضة للتغير والتحول والتبدل عدة مرات، لا من جيل إلى جيل آخر كما عهدنا بالماضي، ولكن في حياة الجيل نفسه، وهذا التغيير هو نتاج للثورة التكنولوجية الثالثة[1]. وسيكون التغير واضحاً حتى بالنسبة لمن لا يشاركون في صناعة هذه الثورة وهذا يتطلب من الفرد والمجتمع أن يكون سريع التكيف والتأقلم مع كل

(1) الأولى النظرية النسبية ، الثانية الكومبيوتر ،الثالثة شركة الأنترنيت عبر الأقمار ، الثورة المعلوماتية المتلفزة .

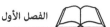

تحول وتبدل (الإبراهيمي، 1999: 20)، **وعليه فأن (أزمة القيم) الذي يعاني منها المجتمع العربي ناتجة بسبب تداعي وعدم استقرار منظومة القيم الموروثة والمكتسبة على حد سواء مما يسبب ضعف أفراد المجتمع ولاسيما الشباب على الانتقاء والاختيار من بين القيم المتصارعة الموجودة وعجزهم عن تطبيق ما قد يؤمنون به من قيم، لكل هذا سبب (أزمة القيم) كان لها أثر كبير في دفع الشباب للتمرد والثورة على قيم المجتمع، أن أي خلل في هذه المنظومة سيؤدي إلى سرعة التضارب والصراع بين أفراد المجتمع مما يؤدي بالتالي إلى تفكك النظام الاجتماعي ويدفعه إلى وجود أزمة قيم**

إذا غابت هذه القيم أو تضاربت فأن الإنسان يغترب عن ذاته وعن مجتمعه ويفقد دوافعه للعمل ويقل إنتاجه ويضطرب فأنه سرعان ما يحدث الصراع القيمي والاجتماعي الذي يدفع بالتنظيم الاجتماعي إلى التفكك والانهيار(زاهر،1984 :8-9).

وبما ان القيم هي وسيلة للحكم على مستوى ونوعية السلوك الفعلي للأفراد والجماعات، ويتحدد في ضوئها السلوك الاجتماعي وهي تؤدي دورا مهماً على المستوى الفردي والاجتماعي، إذ ان الفرد يحتاج إلى منظومة القيم في تفاعله مع المجتمع فهي ضابط ومحددٌ وموجه لسلوكه نحو الأفضل وهي تحفظ للمجتمع استقراره وكيانه بمساعدته على مواجهة التغيرات التي تحدث فيه من خلال تحديد الاختيارات الصحيحة التي تسهل حياة الفرد والمجتمع(نجادان، 1999:5). **فالمجتمعات تحتاج إلى منظومة هذه القيم عندما تقوم بالتفاعل الإيجابي مع بعضها بعضاً ويستلزم هذا التشابه في كل مجتمع، أذ تستطيع هذه القيم ان تكفل وتضمن قيم المجتمع وأهدافه ومثله ويعتمد ذلك على مدى قبول المجتمعات لمثل هذه القيم او رفضها أذ ان قبولهم لها يؤدي بالتالي إلى وحدة بناء وتماسك المجتمع ورفضها سوف يؤدي إلى تفككه وانحلاله** (نشواني 1984: 95). **ولعل اخطر ما يصيب أي مجتمع هو المساس بقيمة وبنيانه الاجتماعي فانهيار القيم هو الفايروس الذي يصيب الحضارات بالنخر والتآكل** (أبو خزام،1995: 228).

وتأسيساً على ما تقدم فأن هذه المشكلة (أزمة القيم) التي تتمثل في الخلل الذي يحدث في العلاقة ما بين الإنسان والكون والحياة، تلك العلاقة التي تقود قواعدها

وضوابطها إلى التطور الذي ينظر من خلاله الإنسان إلى تلك الأمور وإلى نوعية المنظومة القيمية التي توجه حركة الإنسان وتحكم سلوكه. فانفصال الفرد والمجتمع عن الطاقة التي أمدته بقوة الدفع كان لابد ان يدخله شيئا فشيئا إلى النفق المظلم الذي يهدد البنية الاجتماعية وأتلاف الجو الجماعي الصحيح الذي نسجت في ظله خيوط منظومة القيم التي تربى عليها أفراد المجتمع الإسلامي.

من هنا يرى الباحث الحاجة الملحة إلى دراسة هذه المشكلة (أزمة القيم) والتي تفرضها متطلبات بناء الفرد والمجتمع بشكل متوازن ومتماسك في ضوء التغيرات والأحداث وهي دراسة ضرورية على مستوى الفرد والمجتمع لان الفرد بحاجة ماسة في تعامله مع بقية أفراد المجتمع والمواقف التي يتعرض لها إلى امتلاك منظومة قيمية او نظام قيمي ومعايير تعمل بشكل موجهات لسلوكه وطاقاته ودوافع نشاطه، كما ان المجتمع هو الآخر بحاجة ماسة أيضاً إلى نسق قيمي ينظم العلاقة ما بين أفراده ويضمن تحقيق قيمه وأهدافه العليا.

ان هذه المشكلة (أزمة القيم) تتطلب مواجهتها بالوسائل كافة وتحصين النشء الجديد بالقيم الخلقية المستمدة من القرآن الكريم والسنة النبوية الشريفة وترسيخها في نفوسهم حتى يتمكنوا من مواجهة التيار الجارف الذي يتعرض له مجتمعنا وهذا يعني ضرورة دراسة (أزمة القيم) التي تواجه مجتمعنا العربي والوهن الذي أصابه حتى اصبح غثاء كغثاء السيل ليحقق التوازن والاستقرار في ذات الإنسان وفي بيئته الاجتماعية والمادية بعد ان احفقت جميع الفلسفات الوضعية في ذلك. وهذا ما سيتناوله الباحث في بحثه لموضوع (أزمة القيم).

ثانياً:أهمية البحث والحاجة اليه.

ان بحث موضوع القيم الأخلاقية ليس شيئا جديدا في ميدان الفلسفة فقد حظت دراستها بعناية كبيرة واهتماما عظيما من قبل رواد الفكر الفلسفي واقطاب الدراسات الأخلاقية القدماء والمعاصرين ففي حضارات وادي الرافدين كان للآلهة والطبيعة والإنسان أدوار مهمة في أيجاد القيم والمفاهيم الأخلاقية، وان بدت هذه الأدوار منفردة

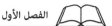

أحياناً ومزدوجة أحياناً أخرى او منعزلة او متداخلة بعبارات أخرى فأن السبب يعود إلى دور الحكيم العراقي كي لا ينسب لنفسه أي صلة بإيجاد القيم والمفاهيم المقصودة، ولا حتى الطبيعية، على الرغم من وضوح مؤثراتها في ذلك، ان الخبرة والقدرات والإنتاج الفكري والعمل وما يمتلك من تجربة شخصية وحضارية مضافا اليها ما حفرته الطبيعة من أثار أخلاقية في عقله ونفسه ومجتمعه جمعها كلها واسبغها على الآلهة (جواد،1999:205).

يقول كريمـر: (ان السومريين كـانوا يعـزون كـل الفضـائل في الصـفات الروحيـة السـامية والفضائل الخلقيـة التي طوروهـا تـدريجيا وبمشقـة كبيـرة خـلال قـرون عديـدة مـن تجـاربهم الاجتماعية والحضارية إلى الآلهة)(كريمـر،1971:164). والقيم الأخلاقيـة كـما تـذكر المعاجم والمراجع العلمية التي تبحث في هذا الفرع من فروع الفلسفة، هي مجموعة القواعد التي بها نعمل الخيـر ونتجنب الشر أو مجموعة قواعد السيرة الطيبة المحمودة التي يقبلها الناس عامـة في كـل عصـر وزمان (موسى،1977:284).

ولقد كان من الطبيعي أن تكون الصلة قويـة بيـن القيم الأخلاقيـة والدين، بـل كـان مـن الطبيعي أن تكون القيم الأخلاقية تابعة للدين، وهذا حقاً ما يعرفه تاريخ الفكر قديماً وحديثاً وفي هذا الصدد يقول عفيفي: (أن الدين مصدر كل القيم الروحية والخلقية، وهـو الأساس في توجيـه سلوك الناس وفي التمييز بين الخير والشرـ وبيـن الصـواب والخطـأ)(المصري،د، ت:209)، ويكـاد يتفق الفلاسفة والمفكرون والعلماء والمربون على أهمية الأخلاق في حياة الفرد والمجتمع وأنها الهـدف الأسمى للتربية والتعليم فليس ثمة درس يتعلمه الإنسـان ولا عـاده يكتسـبها أهـم مـن الحكم الصائب على الأمور والابتهاج بالأخلاق الكريمة.

أن الصلة الوثيقة بين القيم الأخلاقية والدين تتجلى فيما نعرفه من تفكير قدماء المصرـيين والهنود والفرس وكذلك عنـد المفكرين مـن أتبـاع الـديانات السـماوية عـلى اختلافهـا تـدعوا إلى التمسك بالقيم الأخلاقية الفاضلة وترغب فيها وتحث الناس على

إلزام أنفسهم بها، وتنهاهم عن الأخلاق الوضيعة وتحذرهم منها بشتى الطرق والأساليب (المصري، د،ت:209).

كذلك نال موضوع القيم الأخلاقية عناية الفلاسفة اليونانيين فقد درسوها وعرفوا مفهومها منذ زمن بعيد، وبحثوا موضوع الخير والشر والحسن والقبيح والصالح والطالح والخير الأسمى والكمال والمثل الأعلى والمعيار والفائدة وما فلسفة أفلاطون في جوهرها ومضمونها الا فلسفة قيم وهي مستمدة من فلسفة سقراط.

ان موضوع القيم كان أحد المسائل الأربع الرئيسة وهي:

- الانطولوجيا:(Antology): وهي نظرية لمعرفة طبيعة وأنماط (الواقع) او العالم
- علم الكون (كوسمولوجيا): (Cosmology): وهو العلم الذي يبحث في القوانين العامـة للعالم.
- نظرية المعرفة: (ابستمولوجيا) (Epistemology): وهي البحث في طبيعة المعرفة واصلها وقيمتها ووسائلها وحدودها.
- الأخلاق: (Ethics): وهي التساؤل عن وجود معيار تتحد بموجبه الأخلاق الخاصة.

ان هذه المسائل الأربعة قد اختلفت حولها الاراء وتشعبت المفاهيم الإنسانية بتجديدها استنادا إلى المصادر المعرفية المحددة التي اعتمدها الإنسان وتنوع المنطلقات الفكريـة والفلسفية التي اعتقدها الإنسان وتنوع المنطلقات الفكرية والفلسفة التي افتقدها، وهـو ينسج تاريخـه الحضاري ويخطط مستقبله الطموح في الوجود، كونـه الأسـاس الفلسفي المتعلـق بالقيم يتأثر بصورة مباشرة بالأسـس الفلسفية الأخرى. ممـا ادى ذلك إلى تبـاين آراء الفلاسفة والمفكرين المسلمين وغير المسلمين يضاف إلى ذلك ما يعكس هـذا الموضوع علـى حياة الإنسان في وجوده الفيزيقي والميتافيزيقي مـن آثـار واسـعة النطـاق علـى مختلـف جوانـب حيـاة الإنسـان كافـة (التكريتي،1988:70-71).

ان الـلـه سبحانه وتعالى خلق الإنسان لغايتين شريفتين كل واحـدة منهـا ذات قيمـة كبـيرة اولها: لقد خلق الباري عز وجل الإنسان تكوينا ليكون خليفة ليعمر الأرض قال عز من قال: ﴿وَإِذْ قَالَ رَبُّكَ لِلْمَلَائِكَةِ إِنِّي جَاعِلٌ فِي الْأَرْضِ خَلِيفَةً قَالُوا أَتَجْعَلُ فِيهَا مَنْ يُفْسِدُ فِيهَا وَيَسْفِكُ الدِّمَاءَ وَنَحْنُ نُسَبِّحُ بِحَمْدِكَ وَنُقَدِّسُ لَكَ قَالَ إِنِّي أَعْلَمُ مَا لَا تَعْلَمُونَ﴾ (البقرة /30).

واذا تمعنا النظر في الآية الكريمة أعلاه فأنها تعني دلالات ثلاثة هي:

- الدلالة الأولى: ان الحق سبحانه وتعالى اخبر الملائكـة انـه سـيجعل الإنسـان خليفـة في الأرض.
- الدلالة الثانيـة: موقف الملائكة من هذا الخليفة، اذ قالوا: ﴿أَتَجْعَلُ فِيهَا مَنْ يُفْسِدُ فِيهَا وَيَسْفِكُ الدِّمَاءَ﴾ (البقرة /30).
- الدلالة الثالثة: هي رغبة الملائكة في الخلافة في الأرض وتبـدوا واضـحة جليـة في نهايـة الآية الكريمة .... ونحن نسبح بحمدك ونقدس لك.

وان مجموعة الدلالات المـذكورة انفـا تشـير إلى القيمـة العظيمـة لمكانـة الإنسـان في هـذا الوجود. لذلك عندما أمر الـلـه سبحانه وتعالى الملائكة بالسـجود لسـيدنا آدم سـجد الملائكـة عـلى اختلاف فصائلهم كونها خلقت تكوينا للطاعة الا فصيل إبليس الذي خلـق تمـرداً عـلى الطاعـة. ان القيمة الحقيقية لهذا الخلق التشريعي لعبادة الـلـه تقود الإنسان ليكـون خليفـة الـلـه في الأرض في الحياة الدنيا وفي منزلة، عليين في اليوم الآخر، وهي المكانة التي أراد بها الحـق سـبحانه وتعـالى لأفضل مخلوقاته، وكون هذا الخلق لهذه الغايـة تشـريعا. فـأن الإنسـان يمتلـك الإرادة الكاملـة في عبادة الـلـه وطاعته ام عدم طاعته ومخالفته وستكون منزلة الاذلين للذين خـالفوا الشـريعة مـن خلقهم (الحياري، 1999: 2-3). أي ان الغاية الأخرى من خلق الإنسان كما أسـلفنا سـابقاً فهـي الخلـق التشريعي لعبادة الحق سبحانه وتعالى. قال عز من قال في كتابه الكـريم: ﴿وَمَا خَلَقْتُ الْجِنَّ وَالْإِنسَ إِلَّا لِيَعْبُدُونِ﴾ (الذاريات/56).

كما ان الذات الإنسانية مخلوقة غائية وقد فطرها الله سبحانه وتعالى محايدة بين الشهوات الإنسانية والقدرات العقلية لتمارس غاياتها في شتى أمورها الحياتية قال تعالى: (وَهَدَيْنَاهُ النَّجْدَيْنِ) ((البلد/10) اما شاكراً او كفوراً.

ان للمنظومة القيمية التي تتكون بفعل حاجات المجتمع دوراً جوهرياً في توجيه العلاقات الاجتماعية بجوانبها كافة، فهي تمثل ركنا أساسياً في تكوين هذه العلاقات وتحديد طبيعة التفاعل بين الأفراد، وعن طريقها يتم قياس وتقدير مواقفهم، اذ تعد القيم معايير واهداف تنظم سلوك الجماعة لتحقيق الوظائف الاجتماعية، و للقيم المشتركة بين أعضاء المجتمع دور فعال في تكامل بنيته لاجتماعية، فالإنسان كائن اجتماعي بطبعه لا يعيش الا ضمن نظام اجتماعي يتألف من مجموعة من الأفراد الذين يعيشون على ارض واحدة، لهم أمال واهداف مشتركة وتجمع بينهم قيم واحدة آمنوا بها وتمثلوها في أساليب تعاملهم مع بعضهم البعض ومن الطبيعي ان يقوم كل مجتمع بنقل هذه القيم إلى أجياله المتعاقبة لتقتدي بها وتعمل من خلالها بحيث تكون استمرارا لوجودها وحفاظا لسماتها الأساسية عن طريق الوسائل التربوية المختلفة التي يهيئها المجتمع لأبنائه (مرسي،1977:207).

ان عملية بناء نظام القيم للفرد والمجتمع ضرورة مهمة من ضرورات التوافق الاجتماعي ما بين الفرد والمجتمع، اذ ينبغي ان يكون لكل فرد في المجتمع اطار قيمي معني خاص به، يمثل عنده الركيزة الأساسية التي يرتكز اليها عند اتخاذ أي موقف سلوكي في المجتمع الذي يعيش فيه على ان ترضاه الجماعة ويقره العرف الاجتماعي(الدرابسة،2001:11).

لذا فالقيم تترك بصمات واضحة على مجموعة السلوكيات والتصرفات لدى الأفراد وهي التي تحدد أهداف المجتمع ومثله العليا التي تحافظ على تماسكه وتساعده على مواجهة التغيرات التي تحدث له فقد تستطيع القوة ان تغير دولا وأزالتها الا انها قد لا تستطيع تغيير المعتقدات والقيم الراسخة فقوة حضارة المجتمعات تكمن في تماسك عناصرها الأساسية المتمثلة في القيم والمعتقدات الأصلية فكلما اتسع مدى هذه القيم

ازدادت عموميات الثقافة واستجابة الناس لمواقف الحياة بصورة اكثر تماثلا وظهرت بين أفراده درجة عالية من الانسجام والتوازن مما يؤدي إلى وحدته وقوة تماسكه، بينما يؤدي انحسار مدى القيم المشتركة إلى غلبة خصوصيات الثقافة وهذا امر يساعد على ضعف وحدة المجتمع ويرى كلاكهون: (ان الثقافة ما هي من واقع الأمر سوى تنظيم مختلف لأنماط السلوك حول ركيزة من القيم) (kröber ,1952:73) وتعد القيم واحدة من العناصر الثقافية التي تؤدي لفهم طبيعة كل مجتمع والعلاقة السائدة بين أفراد ذلك المجتمع وتوضح مشكلاته ايضا.

ان مجموعة القيم التي تشكل منظومة القيم لأي مجتمع لا تأتي من فراغ وانما تستمد من البيئة بمعناها الواسع (الاجتماعية والطبيعية)، أي ان للقيم مصادر تنبع منها او توجد من خلالها ومن هذه المصادر التعاليم الدينية التي تعد مصدرا أساسياً لكثير من القيم وكذلك التنشئة الاجتماعية التي يضع فيها المجتمع قيمة على شخصية الفرد الذي ينتمي اليه. وان لكل مجتمع معتقداته الدينية وعقيدته السياسية والاجتماعية وفلسفته التربوية. فالتربية عملية اجتماعية سياسية، وهي وسيلة المجتمع لتغيير واقعه وترسيخ قواعد الأخلاق والمثل العليا، وغايتها النهوض بالمجتمع عن طريق تهذيب الفرد وتنمية قواه ومواهبه من خلال خبرات ومعارف لها قيمتها الاجتماعية السامية (الغنايم، 1981:3) كما تعد القيم الخلقية احد أهم الركائز الأساسية في ميدان التربية الشاملة التي لم تقتصر على غرس مجموعة من القيم والمبادئ. التقليدية وحسب وانما تهدف إلى تنمية القدرة على التفكير في القيم السائدة، وفهم معنى المبادئ الخلقية كما لم يعد النمو الخلقي مجرد القيم الثقافية التي تفضي إلى نسبية خلقية، بل انه يمثل التحولات النوعية التي تحدث في البيئة الفكرية للفرد (الدرابسة 2001:11).

فالشعور الأخلاقي لا يولد مع الطفل بل يتشكل نتيجة تمثل الطفل المعايير الخلقية والاجتماعية ويتكيف معها(يعقوب،1980: 44-55)، وعليه فأن هدف التربية الخلقية هو تطوير فهم الفرد حول كيفية تفاعل الناس مع بعضهم وتزويده بخبرات معرفية

تساعده في تحليل المشكلات الاجتماعية في إطار تغيير دوافعه وتهذيبها ضمن القواعد والمعايير الاجتماعية (النوري،1985:121).

وتأسيسا على ما تقدم فأن أهمية البحث الحالي تتجلى في:

1. محاولة بناء منظومة قيم أخلاقية يتم تلمسها من القرآن الكريم والسنة النبوية الشريفة لمعالجة مشكلة (أزمة القيم) التي تعصف بمجتمعنا العربي بعيدا عن مادية الأنظمة المذهبية [1] والفلسفات الغربية التي تنمو نحو التطرف باتجاهاتها مثلما باعدت بين الواقع المعاشي وبين أصول الحضارة العربية الإسلامية في فهمه لحقائق الإسلام الروحية والفكرية مما يفقده الحصانة في الوقوف ضد التيارات الفكرية والإلحادية التي يفرزها عصرنا الراهن. لان الفكر التربوي العربي الإسلامي يحتوي على خزين نظري وعملي قادر على مواجهة التحديات واصلاح المنظومة القيمية الأخلاقية للمجتمع العربي الإسلامي وقادر على ان يصلح مشكلات التعليم وسد الفراغ ورأب الصدع الذي تعاني منه الأنظمة التربوية العربية.

2.تبصير التربويين بالقيم الأخلاقية التي يحتاج المجتمع العربي الإسلامي المعاصر إلى تعزيزها وتنميتها وذلك من اجل أعداد الإنسان العربي المتحلي بالقيم الأخلاقية الفاضلة والقادر على بناء المجتمع العربي الإسلامي المعاصر.

3.ان مستقبل الأمة العربية الإسلامية يتوقف على التربية الأخلاقية التي يعدون بها أبناءهم أخلاقياً، والحقيقة ان النتاج العربي في الخلقيات، نتاج ضخم لم يتناوله العلماء بعد بما يستحقه من العناية والدرس (الجابري،2001:12)

4.ان بناء منظومة قيم أخلاقية مستمدة من القرآن الكريم والسنة النبوية الطاهرة من شانه ان يكسب العمل التربوي والتعليمي شيئا من الاحترام والتقدير من قبل جميع العاملين في حقله ويعطيهم سندا عقليا يعتمدون عليه في الدفاع

---

1 الأنظمة المذهبية : يعني الاعتقادية .

عما يقومون به من اعمال في الميدان التربوي والتعليمي وذلك من خلال تطبيق منظومة القيم والتمسك بها.

5. من أهمية القيم الأخلاقية الإسلامية المستمدة من القرآن الكريم والسنة النبوية الشريفة وأثرها في توجيه سلوك الإنسان العربي المسلم مما يجعل منه عنصر- مؤمن بالله ثم الوطن في خضم التيارات الفكرية والفلسفية العامة التي تسود عالمنا المعاصر.

6. دراسة القيم الأخلاقية الإسلامية دراسة علمية، أذ يعد القرآن الكريم والسنة النبوية الشريفة الطاهرة مصادر أساسية من مصادر القيم بما تحويه من قواعد وخصائص عامة صالحة لهداية أفراد المجتمع العربي لما تتسم به تلك القيم من الشمول والمرونة والاتساق والواقعية والإنسانية والحفاظ على نظام الحياة وتنمية الوعي بالكون، وتنمية الوعي بالدور الحضاري للإنسان العربي.

7. حاجة وزارة التربية في العراق إلى مثل هذا البحث لتعزيز جهودها لتطوير العملية التربوية في ضوء الرؤية المستقبلية للقيم المستمدة من القرآن الكريم والسنة النبوية الشريفة.

8. حاجة المكتبة العربية لمثل هذه الدراسة وذلك لقلة البحوث في هذا المجال على حد علم الباحث.

- هدف البحث: يهدف البحث الحالي إلى بناء منظومة: (للقيم في ضوء القرآن الكريم والسنة النبوية الشريفة).
- حدود البحث: يتحدد البحث الحالي بدراسة موضوع القيم من الجانب الأخلاقي في ضوء القرآن الكريم والسنة النبوية الشريفة وفي كتب الصحاح والمساند.

■ منهجية البحث: لقد استعمل الباحث أسلوب المنهج التاريخي[1] الوصفي[2] والتحليل البنائي[3] (دالين،1985: 256،294، 314)، بكونه أداة أساسية لتحليل مفهوم القيم وتعرف طبيعتها وخصائصها ووظائفها وتصنيفها وذلك من خلال الاعتماد على المصادر آلاتية:

1. القرآن الكريم.
2. تفسير القرآن للقرطبي.
3. الأحاديث النبوية الشريفة من كتب (البخاري، مسلم، مسند احمد بن حنبل، ابن ماجة، الزهري، النسائي).
4. تصنيف القيم لدى البيهقي في كتابه شعب الأيمان.
5. تصنيف القيم لدى الشاطبي في كتابه الموافقات.
6. تصنيف القيم لدى الأمام النووي في كتابه رياض الصالحين.
7. كتاب أسماء اللـه الحسنى للزجاجي.
8. فضلا عن المصادر والمراجع ذات العلاقة بالبحث.

---

(1) الأولى النظرية النسبية، الثانية الكومبيوتر ،الثالثة شركة الأنترنيت عبر الأقمار ، الثورة المعلوماتية المتلفزة .
(2) المنهج الوصفي: هو البحث عن أوصاف دقيقة للأنشطة والأشياء والعمليات والأشخاص فهو تحديد طبيعة الظروف والممارسات، ص 294.
(3) التحليل البنائي : استكشاف بيانات لها دلالتها في المصادر الأولية . ص304 .

تحديد المصطلحات:

يعد تحديد المصطلحات وتوضيح معانيها، أمراً ضروريا للبحوث والدراسات لما لها من اثر وعلاقة في تفسير وتوضيح متغيرات البحث وعناصره وأدناه توضيح المصطلحات ذات العلاقة بالبحث.

أولاً: لفظة القيم (الدلالة الغوية):

القيمة: مفرد " قيم " لغة من " قوم " و قام "المتاع بكذا أي تعدلت قيمته به ".

والقيمة: الثمن الذي يقوم به المتاع، أي يقوم مقامه،

والجمع: القيم، مثل سدرة وسدر، وقومت المتاع: جعلت له قيمة (طهطهاوي،39:1996)..

وكقول ذياب: ان القيمة تأتي أحياناً بمعنى الفائدة والمنفعة فيتحدث عامة الناس عن:

- فوائد مادية: كقيمة الهواء والماء.
- فوائد روحية: كقيمة الصلاة والزكاة والصوم وترويض النفس.
- فوائد جمالية: كقيمة الزهور وتزين المكان.
- فوائد ثقافية: كقيمة العلم.
- فوائد اقتصادية كقيمة الربح والخسارة.
- فوائد شخصية كقيمة النجاح في الحياة (ذياب، 1966: 20).

ثانيا: القيم اصطلاحاً:

اسم هيئة من قام الشيء بكذا يعني كان ثمنه المقابل كذا، ثم استعمل بمعنى القدر والمنزلة. ومن هنا نشأ المعنى الفلسفي لهذه الكلمة فهو انتقال من دلالة مادية معروفة في علم الحساب، وعلم الاقتصاد او السياسية إلى دلالة معنوية تعبر عما في الأشياء من خير وجمال او صواب، وللبحوث العلمية شأن قوي في إشاعة هذا الاستعمال(مدكور، 1975:473).

وقيمة الشيء من الناحية الذاتية هي الصفة التي تجعل ذلك الشيء مطلوبا ومرغوبا فيه عند شخص واحد او عند طائفة معينة من الأشخاص مثال ذلك قولنا: ان النسب عند الأشراف قيمة عالية (صليبا، 1973: 212).

لقد ميز الفلاسفة بين القيم الذاتية للشيء والقيمة المضافة أليه فالقيمة المضافة لا تكون مشروعة إلا إذا كانت ناشئة عن العمل المبذول في صنع الشيء ولهذا يقول ابن خلدون (أبن خلدون، د، ت:380):(ان الكسب هو قيمة الأعمال البشرية).

ثالثا: القيم الأخلاقية:

وردت لفظة "خلق " (والجمع أخلاق) في القرآن والحديث وفي معاجم اللغة وكتب المصطلحات فضلا عن المؤلفات الفلسفية (الجابري، 2001: 31).

لقد استعملت لفظة الأخلاقية من حيث الدلالة اللغوية من مادة الخلق في القرآن يخاطب الرسول الكريم (صلى الله عليه وسلم)(وَإِنَّكَ لَعَلَى خُلُقٍ عَظِيمٍ)(القلم/4) والجمع أخلاق والخلق والسجية ويذكر القران قصته النبي هود مع قومه الذين رفضوا دعوته فكان من واجهوه به قولهم: (إِنْ هَذَا إِلَّا خُلُقُ الْأَوَّلِينَ)(الشعراء/137)، فالكلمة أذن أصيلة في اللغة العربية.

وقد وردت لفظة الخلق في أحاديث الرسول المصطفى (صلى الله عليه وسلم): (ما من شيء أثقل من ميزان يوم القيامة من خلق حسن) (الترمذي 2003).

(اثقل شيء في الميزان الخلق الحسن) (السيوطي، د، ت:134)

(احب عباد الله الي الله أحسنهم خلقاً)(الطبراني،د، ت:433)

(استقم ويحسن خلقك للناس) (السيوطي، د،ت: 177)

(افضل المؤمنين أحسنهم خلقا) (الألباني، د، ت:1374)

(أقربكم مني مجلساً يوم القيامة أحسنكم أخلاقاً) (السيوطي، د،ت: 324)

وقد ميز محمد التهانوي صاحب كتاب " كشاف اصطلاحات الفنون والعلوم " بين المعنى اللغوي والمعنى الاصطلاحي لكلمة " خلق "، فيقول: " الخلق بضمتين

وسكون الثاني ايضا في اللغة: العادة والطبيعة والدين والمروءة، والجمع: الأخلاق، وفي عرف العلماء: ملكة تصدر بها عن النفس الأفعال بسهولة من غير تقدم فكر وروية وتكلف، فغير الراسخ من صفات النفس كغضب الحالم لا يكون خلقا، وكذا الراسخ الذي يكون مبدأ للأفعال النفسية بعسر وتأمل كالبخيل اذ حاول الكرم، والكريم اذا قصد بإعطائه الشهرة، وكذا ما تكون قدرته إلى الفعل والترك على السواء " (التهاوني،1966: ص 421).

بينما أشار الفيروز ابادي في القاموس المحيط إلى مصطلح الأخلاق بأنها تعني في اللغة السجية، والطبع وجمعها أخلاق فهي وصف لصورة الإنسان الباطنية وهي نفسية وأوصافها منها ومعانيها أوصاف حسنة او قبيحة (الفيروز أبادي، 1342هـ:)، ويقول العسكري صاحب كتاب " الفروق في اللغة: " ان لا فرق بين العادة والخلق " في اللغة العربية، وهو يبرز معنى " التقدير " في مادة (خلق)، يقول: " الخلق العادة التي يعتادها الإنسان ويأخذ بها نفسه على مقدار بعينة، فان زاد عنه إلى غيره قيل: تخلق بغير خلقه، وفي القرآن " ان هذا الا خلق الأولين " قال الفراء:" يريد عادتهم، والمخلق التام الحسن لأنه قدر تقدير حسنا، والمتخلق: المعتدل في طباعه، وسمع بعض الفصحاء كلاما حسنا فقال: هذا كلام مخلوق، وجمع ذلك يرجع إلى التقدير"(العسكري، 1980: 129).

أن مفهوم مادة الأخلاق التي وردت في القرآن الكريم والسنة النبوية الطاهرة يضعنا أمام دلالاتها في المفهوم الإسلامي، وفي هذا الصدد يقول بهجة: :(ان مفهوم الأخلاق يعني المبادئ والقواعد المنظمة للسلوك الإنساني التي يحددها الوحي على نحو تحقيق الغاية من نزوله: بهجة، 1982: 42)، قال سبحانه وتعالى: (لَقَدْ خَلَقْنَا الْإِنْسَانَ فِي أَحْسَنِ تَقْوِيمٍ)(التين/4).

من هنا نرى ان حس التقويم يشير الى القيم الأخلاقية، فالهدف او الغاية الأسمى من منظومة القيم الأخلاقية هو إخضاع رغبة النفس الإنسانية لتتماشى مع المعايير والضوابط الاجتماعية التي يقرها المجتمع وبما يتفق مع طموحاته ومصالحه، فترقية النفس وتهذيبها من عمل القيم حتى يرى الفرد سعادته وخيره في مراعاة المنظومة

القيمية الأخلاقية التي تتفق مع أخلاق المجتمع وخيرهم وهي وفق هذا المفهوم ومنفعة ذاتية تتفق وغاية المجتمع الذي ينشد السعادة، لذا فالأخلاق الفاضلة او المحمودة وان كانت في بعض الناس عزيزة فليست في جميعهم، ومن مظاهر اهتمام الإسلام بالأخلاق ان رسول الله (صلى الله عليه وسلم)، جعل الأخلاق هدفاً لرسالته فقال: (إنما بعثت لأتمم مكارم الأخلاق) ومفهوم الأخلاق في الإسلام يختلف عن مفهومه عند غير المسلمين، ولا سيما عند الغربيين من حيث الأصل الذي انبثق عنه، ومن حيث فحواها ومضمونها فالأصل الذي انبثقت عنه الأخلاق في الإسلام هو العقيدة الإسلامية، وعن هذه العقيدة صدرت مفاهيم الأخلاق وتحددت القيم العليا للمسلمين، بينما تنفصل الأخلاق الغربية عن الدين ولا تمت له بصلة، ان الأساس الذي انبثقت منه هذه الأخلاق متغيرة، فهو اما الفائدة او المنفعة، ولهذا نشأت الأخلاق الميكافيلية في السياسة وانتقلت منها إلى الأخلاق العامة عند الغربيين (عبد الحميد، 1985: 68).

اما تعريف القيم بشكل عام فقد اختلفت وتباينت مفاهيمها ومدلولاتها لدى الفلاسفة والمفكرين والباحثين تبعاً للفلسفة او النظرية التي يؤمن بها ومن هذه التعاريف:

1. عرفها وايت (1951) بأنها(white ,1951:90): (أي هدف او معيار للحكم، عادة ما يشار اليه في ثقافة معينة وكأنه بديهيا مرغوب فيه)
2. عرفها وودراف(1952) بأنها(wodruff,1952:37): (المعايير والمبادئ التي تتحدد على أساسها الأهداف وتتضمن الجوانب التي تؤثر في تحقيق هذه الأهداف).
3. عرفها سترودبيك (1961) بأنها(strodbeck,1961:4-5): (تتضمن اتخاذ قرار او حكم يتحدد بمقتضاها سلوك الفرد او الجماعة اتجاه موضوع حيوي يتعلق بالحاجات الأساسية بناءا على نظام من المعايير والمبادئ).

4. عرفها كرتيش (1962) بأنها(krich,1962:220): (معتقد يتعلق بما هو جديد بالرغبة، ذلك المعتقد الذي يملي على الفرد مجموعة من الاتجاهات المجسمة لقيمة ما).

5. عرفها زارشر (1965) بأنها(zureher,1965:240): (التزام عميق من شأن ان يؤثر في الاختيار بين بدائل للعقل، فاحتضان قيم معينة بواسطة الأفراد، إنما يعني بالنسبة إليهم او بالنسبة إلى الآخرين ممارسة لأنشطة سلوكية معينة وما هو مفترضة لديهم من قيم).

6. عرفها باير(1966) بأنها(Baier,1966:33-37): (الصفة التي يكتسبها شيء او موضوع ما، من سياق تكامل الفردية وتفاعله معه).

7. عرفتها ذياب (1966،22) بأنها: (معايير تضع الأفعال وطرق السلوك واهداف الأعمال على مستوى المقبول وغير المقبول والمرغوب فيه والمرغوب عنه او المستحسن او المستهجن).

8. تعريف المرضي (1991) بأنها(المرضي،1991: 1875): بأنها (مجموعة معايير واتجاهات ومثل عليا تتوافق مع عقيدة الفرد الذي يؤمن عن قناعة بما لا يتعارض مع السلوك الاجتماعي،وبحيث تصبح تلم المعايير خلقا للفرد تتضح في سلوكه ونشاطه وتجارية الظاهري منها والضمني).

أما تعريف الباحث لمفهوم القيم الأخلاقية في الإسلام :(مجموعة المعايير والمبادئ الموجهه لسلوك الفرد المسلم الظاهر والباطن لتحقيق غايات خيرة مستوحاة من القرآن الكريم والسنة النبوية الشريفة).

الفصل الثاني

دراسات سابقة

الفصل الثاني

دراسات سابقة

كان موضوع القيم وما زال مـن بـين المواضيع التي شـغلت فكـر المختصـين في الدراسـات الفلسفية والتربوية والاجتماعيـة، وعلـوم إنسانية أخرى، كعلـم الاجـتماع، ودراسـات الجماعـات الاجتماعية وعلم النفس الاجتماعي زيادة على دراسات أكثر تخصصاً في هـذه المياديـن كدراسـات الأنساق القيمية وذلك من خلال أتباع مناهج وطرق البحث العلمي، كـالمنهج التـاريخي والمسح الاجتماعي وتحليل المضمون ودراسة الحالات وغيرها من الدراسات (خليفة، 1992: 26).

أن موضوع القيم من المواضيع التي نالت اهتمام العلماء والمفكرين والباحثين المختصين في المياديـن أعلاه، مـما أدى إلى إجـراء بحـوث ودراسـات متنوعـة وعديـدة تعرضت مجموعـة منهـا لدراسة القيم الأخلاقية والصراع القيمي والنسق القيمي وأخلاقيـات مهنـة التربيـة والتعليـم، كـما تناول قسم منها القيم السائدة في المناهج الدراسية ولمختلف مراحل التعليم.

وبناء على ما تتطلبها طبيعة وأهمية البحث الحالي، فأن الباحث قسم الدراسـات السـابقة إلى مبحثين، المبحث الأول خصص لاستعراض الدراسات السابقة التي تناولت القيم بشكل عام.

والمبحث الآخر كرس لاستعراض الدراسات السابقة التي تناولت القيم الأخلاقيـة والدينيـة بشكل خاص، وإن تلك الدراسات منها العربية التي تناولت القيم احد مكونـات للثقافـة العربيـة الإسلامية ومنها ما تناولت القيم في الثقافة الغربية وذلك لمـا تعطيـه تلك الدراسات مـن فكـرة واضحة في كيفية تناولها لموضوع القيم.

وقد فضل الباحث أن تكون أغلب الدراسات السابقة المعتمدة في البحث الحالي من النـوع الحديث ومن الذوات الدالة والمعبرة عـن موضوعاتها ـ كـما استعمل الباحـث التصـنيف الزمني وحسب السنوات التي أنجزت فيها تلك الدراسات.

المبحث الأول

الدراسات التي تناولت القيم بشكل عام

الدراسات التي تناولت القيم بشكل عام وهي كما يأتي:

1. دراســـة ازمون (ozmon,1968): أجرى ازمون دراسة بعنوان: مفهـوم القيم في المـواد القرائية للأطفال " القيم المعبرة في نصوص القراءة للأطفال ".

هدفت الدراسة معرفة القيم المعبرة في كتب القـراءة المخصصة للأطفـال وعلاقتهـا بالفلسفات كافة المطبقة من قبل السلطات التعليمية المشرفة على الفلسفة التعليمية، كشفت نتائج الدراسـة:

أ. أن ثلث (3/1) من أفكار تلك القيم للفلسفة الوجودية.

ب. أن القيم الخمسة الرئيسة المعبرة بصورة متكررة للأفكار التقدمية هي:

- قيمة حل المشاكل.

- قيمة التعـــــــاون.

- قيمة الروح الرياضية.

- قيمة الوديـــــة.

- قيمة قبـول النديـة.

ج. أن القيم التي كانت لصالح الفلسفة الوجودية هي:

- قيمة الاهتمام بالذات.

- قيمة الاستقلالية.

- قيمة الثقـــة.

- قيمة الإبداع.

- قيمة الخيـــال.

2. دراسة جاكوب (jacop,1969): أجرى جاكوب دراسة بعنوان:" أثر التعليم الجامعي في قيم الطلبة "

هدفت الدراسة إلى فحص نتائج العديد من البحوث التي عالجت أثر التعليم الجامعي في قيم الطلبة، وقد صنفت تلك البحوث حسب المتغيرات التي حاولت معرفة أثرها في القيم كالتربية الجامعية، المنهج الدراسي، الأستاذ طرائق التدريس، الكليات الخاصة، ونوع شخصية الطالب.

كشفت نتائج الدراسة:

أ. ان أثر التعليم الجامعي يؤدي إلى تجانس أكبر واتساق أعظم في القيم بين الطلبة في نهاية سنتهم الرابعة.

ب. ان قيم الطلبة المتخرجين، تختلف في بعض الجوانب عن بقية أفراد المجتمع فهم يؤكدون على المكانة، التحصيل، الاحترام، التسامح، الثقة بالنفس الفكر المتحرر وهم أقل خرافية في الدين.

ج. أما عن أثر المنهج والاختصاص، ففي الأعم والأغلب، لم تختلف قيم الطلبة في كلية الآداب أو العلوم أو الكليات المهنية عن بعضها البعض، كما لم يظهر أثر متميز للأستاذ لبعض الكليات، ويمكن أن يعود ذلك إلى المناخ الفكري والثقافي والخلقي الذي تتميز به تلك الكليات.

د. أما عن شخصية الطالب، فأن البحوث قد شخصت بعض الصفات التي تعمل على ظهور أثر الخبرات التربوية التي يتلقاها الطلبة.

هـ. قدم الباحث مجموعة من القيم التي يحملها الطلبة الأمريكان في الجامعة بصورة عامة ومنها:

- قيمة التفاؤل.
- قيمة الأنانية.
- قيمة الأشياء المادية.
- قيمة العمل.

- القيم التقليدية، كالإخلاص، الأمانة، الولاء، الدين وطاعة الحكومة   وقوانينها.

3. دراســــة (Rabil, 1981): أجرى رابيل دراسة بعنوان:" القيم لدى طلبة جامعة تايلاند والعلاقة بين هذه القيم ".

هدفت الدراسة إلى معرفة القيم السائدة لدى طلبة الجامعة في تايلاند والعلاقة بين هذه القيم والمتغيرات ذات الصلة كالجنس والتخصص والمرحلة

كشفت نتائج الدراســـة:

أ. أن هناك اهتماما كبيراً لدى طلبة الجامعة بالقيم السياسية والاجتماعية.

ب. عدم وجود فروق في القيم بين الطلبة على وفق متغيرات الدراسة.

4. دراســــة (kwon,1984): أجـرى كون Kwon دراسة بعنوان " دراسة القيم والسيرة الذاتية للأطفال ".

هدفت الدراسة إلى تحليل السيرة الذاتية الموجودة في الكتب المدرسية للأطفال في الولايات المتحدة الأمريكية.

ولتحقيق هدف الدراسة حاول الباحث الإجابة على الأسئلة التالية:

1. أي القيم غالباً أو أحياناً أو نادراً تغطي تلك السيرة الذاتية والتي كانت تقرأ على الدوام من قبل تلاميذ تلك المدارس الابتدائية ؟

2. أي الفروقات في القيم تـوجد بين السيرة المختارة غالباً مـن قبل   التلاميذ أنفسهم ؟ والسيرة المختارة غالباً بتوجيه من البالغين والسيرة التي تختار نادراً ؟

3. ما هي الفروقات التي توجد بين أنواع السيرة ؟

4.أي الأصناف مـن شخصيات السيرة كانت تختار غالباً للقراءة من قبل التلاميذ ؟.

كشفت نتائج الدراسة:

1. أن القيم التي كانت غالباً تعطى هـي:

- قيمة القدرة (القابليـــــة).

- قيمة الطمـــوح.

- قيمة روح المسـاعدة.

- قيمة الشجـاعـة.

- قيمة الابتـــهاج.

- قيمة ضبـط النفـس.

- قيمة الإحساس بالإنجـاز.

- قيمة الإدراك الاجتماعي.

- قيمة الحياة المريحـة.

- قيمة العائـــلة.

- قيمة الأمـــان.

- قيمة الحيـاة المثيرة.

2. ان القيم التي تعطى باعتدال.
- قيمـة الحب.
- قيمـة الخيال.
- قيمـة المسؤولية.
- قيمة علـم الاستقلال.
- قيمة علـم السلام.
- قيمة الأمـن القومي.
- قيمة الصداقة الحـقة.
- قيـمة المساواة.
- قيمـة الحـرية.

3. أن القيم التي كانت تعطي نادراً هـي:

- قيمة الطاعـــــة.
- قيمة الأمـانـــة.
- قيمة النظــافــة.
- قيمة المنطقيـــــة.
- قيمة احترام النفـــس.
- قيمة الانسجام الداخلي (النفسـي).
- قيمة الخــلاص (من الخطايـا).

4. ليس هناك فروقـــاً مهمة في القيم المغطاة في السيرة التي كانت مختارة غالباً من قبـل التلاميذ أنفسهــم وتلك التي كانت تختار بتوجيه من البالغين وتلك التي تختار نادراً.

5. وجد هناك فروق كبيرة في القيم المغطاة بين أنواع السيرة فـيما يتعلـق بالمهنـة والعـرق لشخصية السيــرة.

5.دراســـــــــة (العمري وآخرون،1985):

أجرى العمري وأخرون دراسـة بعنـوان: " المنظومـة القيمـة لـدى طلبـة جامعـة اليرمـوك ودراسة الارتباطية القانونية لبعض العوامل المؤثرة فيها ".

هدفت الدراسة التعرف إلى أكثر من مصدر للتباين المشترك المستقل بين مجمـوعتين مـن المتغيرات المستقلة كالجنس، السن، الدخل، تعليم الوالدين الإقامة، التخصص في الثانويـة العامـة، ومعدل الثانوية العامة، والتخصص الجـامعي، والمعـدل الجـامعي في المتغـيرات التابعــــــة:القـيم النظرية الاقتصادية، الجمـاليـة، السيـاسية، الاجتماعية والدينية عند طلبة جامعة اليرموك.

كشفت نتائج الدراسة أن هنـاك مصـدرين مشـتركين للتبـاين في قـيم الطالـب الجـامعي والمتغيرات المستقلة في الدراسة حيث عكس المصدر الأول أثر جنس الطالب وعمـره وتخصصـه في المدرسة الثانوية في قيمة النظرية و الاجتماعية والجمالية، كما عكس

المصدر الثاني تبني تخصص الطالب في الجامعة، ومكان أقامته (مدينة - ريف) في قيمه النظرية والاجتماعية والدينية، انهم كانوا يتسمون بقيم اجتماعية ودينية أعلى منها عند الطلبة المقيمين في القرى، في حين أنه لم يكن هناك أثر للمعدل التراكمي والسنة الدراسية في أي من القيم الست التي تقيسها أداة الدراسة.

وأشارت نتائج الدراسة أيضاً إلى عدم وجود أثر ذي دلالة إحصائية لمتغيرات تعليم الوالدين ودخل الأسرة، علة قيم الفرد وأن متوسط القيمة النظرية والقيمة السياسية هي من أعلى المتوسطات، وأن متوسط القيمة الاقتصادية هو أدنى المتوسطات وأن الانحرافات المعيارية للقيم جميعاً متقاربة باستثناء القيمة الدينية إذ أنها أكثر القيم تبايناً، أي أن اختلاف التباين قي القيم والمعتقدات الدينية أكثر من اختلافهم في القيم الأخرى

6. دراسة (الكبيسي والجنابي، 1986):

أجرى الكبيسي والجنابي دراسة بعنوان: " القيم التي جسدتها قادسية صدام من وجهة نظر بعض الطلبة الجامعيين "

هدفت الدراسة إلى القيم السائدة في خطب القائد صدام حسين للفترة من (1980 – 1986)، كشفت نتائج الدراسة إلـى أن هناك (37) قيمة رئيسية تفرعت عنها (250) قيمة فرعية. وكانـت القيم العشرة الرئيسية التي أحتلت الصدارة هي:

أ.   قيمة الوطنيــــــة.

ب.   قيمة القوميـــــة.

ج.   قيمة المبدئيــــة.

د.   قيمة التصميـــم.

ﻫ.   قيمة الإيمـــان.

و.   قيمة التضحيـة والاستشهاد.

ز.   قيمة الإنسانيــــة.

ح.   قيمة الانتصـــار.

ط.   قيمة السـعــادة.

ي.   قيمة الشجاعـــة.

7. دراســـة (داود،1990):

أجرى داود دراسة بعنوان: " مستوى الطموح وعلاقته بـالقيم السـائدة لـدى طالبـات الجامعة "

هدفت الدراسة الكشف عن مستوى الطموح وعلاقته بالقيم السائدة لدى طلبة الجامعة والكشف عن العلاقة بين النسق القيمي السائد لدى طلبة جامعة الأزهر وبـين مسـتوى الطمـوح الخاص بهــا.

وتعود أهمية الدراسة إلى أهمية المجال الذي تناولتـه وهـو مجال الطمـوح الـذي يـؤدي دوراً مهماً في توجيه سـلوك الأفراد وتحديـد تصرفـاتهم، وتشـكيل أهـدافهم في الحيـاة إضافة إلى أهمية إلقاء الضوء عـلى القيم المرتبطـة ارتباطـاً موجبـاً وسـالباً بمسـتوى الطموح لـدى طالبـات الجامعــة.

كشفت نتائج الدراسـة:

أ.   وجود علاقة ارتباطيـة موجبـة ذات دلالـة إحصائيـة بـين القـيم النظريـة ومسـتوى الطموح.

ب.   وجود علاقة ارتباطية موجبة ذات دلالة إحصائية بـين القـيم الاقتصـادية ومسـتوى الطموح لدى الطالبات.

ج.   ليست هناك علاقة ارتباطية ذات دلالة إحصائية بين كل من القيم الجمالية والقيم الاجتماعية من جهة ومستوى الطموح من جهة أخرى لدى طالبات الجامعة.

د.   لا توجد علاقة ارتباطيه سالبة ذات دلالة إحصائية بـين القيم السياسـية ومسـتوى الطموح.

ه.   لا توجد علاقة ارتباطية موجبة ذات دلالة إحصائية بـين القيم النظريـة ومسـتوى الطموح لدى طالبات الجامعـة.

8. دراســـــة (عثمان والناصر، 1991):

أجرى الباحثان دراسة بعنوان: " القيم الغائية والوسيلية لدى طلاب كلية التربية في جامعة البحرين ".

هدفت الدراسة إلى الكشف عن طبيعة القيم من حيث كونها وسيلية أو غائية لدى طلبة كلية التربية في جامعة البحرين ومدى اتفاقها واختلافها في السنوات النهائية.

كشفت نتائج الدراسة أن ترتيب القيم ليس له دلالة إحصائية أذ أن القيم الغائية في السنة الأولى، رتبت بحيث كانت قيمة النجاة هي الأولى، وقيمة الجمال والإحساس بالإنجاز الثانية والثالثة على الترتيب، أما بالنسبة لطلبة المرحلة الرابعة فأن القية الغائية لهم كانت مرتبة من قيمة الجمال والتمتع بالحياة والنجاة.

أما القيم الوسيلية، فقد أخذت الترتيب الأتي: التخيل، الاعتزاز والشجاعة.

9. دراسة (التكريتي،1999:).

أجرى التكريتي دراسة بعنوان:" التخطيط التربوي في تغير القيم الاجتماعية "

هدفت الدراسة إلى معرفة القيم التربوية والاجتماعية التي تؤثر على الإنسان وسلوكه ودور التخطيط التربوي في تغيير القيم التربوية والاجتماعية.

كشفت الدراسة أن العلاقة بين التخطيط التربوي والقيم التي تعد بجوهرها تخفيف للمشاكل النوعية وبالذات في عرض المخرجات وفي الدوافع التي تعيق أهداف التعليم وترسم سياسته لطرق وأساليب العمل نحو الغايات المرسومة مستقبلاً لإيجاد وسائل تحقق استقرار في نظم المعاهد ومؤسسات التعليم لإعطاء الإطار الاجتماعي للتعليم الأكاديمي ومبرراته القانونية.وأوجز الباحث تلك العلاقة والدور من خلال بعض النقاط الاستنتاجية الآتية:

1. القيم تكون إجراءات للسبل التي يمكن لها أن تعطي توجهات إيجابية لحل المشاكل بدون أي فهم غامض أو الاعتماد على قيم قانونية أخرى غير ضرورية علماً بأن ثبات الاتجاهات في التخطيط قطعاً لا يمكن ضمانه لدرجة بعيدة.

2.أن القيم تكون جذورها للعرف الاجتماعي فالرجوع اليها غالباً ما يتجنب أي تقصير ممكن أن يكون ناشئاً بين الأهداف الفردية المتبناة في التخطيط والسياسات المعتمدة وأدواتها المستخدمة أيضاً في عملية التخطيط، على الرغم من توضيح هذه الجوانب وأهداف الخطة والتناقض الموجود بينها فأن أثر القيم في تجنب ذلك التعقيد يكون أكثر وضوحاً منها.

3.القيم غالباً ما تكون واضحة ولهذا السبب في كثير من الأحيان ينسى المخطط الاعتماد عليها كونها من البديهيات، ومن ناحية أخرى تبقى هذه القيم بعيدة عن موقعها المناسب في كل من التخطيط التربوي والتخطيط الاجتماعي وبالتالي لا يمكن أن تكون مؤثرة في التخطيط الاجتماعي.

4. ومن خلال معرفة القيم يجب أن يكون التخطيط في أفضل موقف غلق التوازن، توازن متعادل بين الأهداف ومن أجل معرفة كل ما يتصل بالأهداف عما هو ضروري وغير ضروري أو بمعنى أخر ما يسمى بأهداف حقيقية أو أهداف كاذبة.

10_دراسة (أبو جحجوح وحسن، 1999)

أجرى الباحثان دراسة بعنوان: " توازن القيم في مناهج العلوم الفلسطينية الواقع والممكن "

هدفت الدراسة الكشف عن مدى توازن القيم في مناهج العلوم للصف السادس الأساسي في مدارس فلسطين.

وقام الباحثان ببناء تصنيف لمجالات القيم المستعملة في الدراسة يتألف من المجالات الآتية:

- مجال القيم الإيمانية.
- مجال القيم العلمية (المعرفية).
- مجال القيم الوجدانية.
- مجال القيم الاقتصادية.
-

مجال القيم الأخلاقية.

- مجال القيم الذاتيـة.

- مجال القيم الجمالية.

- مجال القيم الـبيئية.

- مجال القيم الصحية

كشفت نتائج الدراسة، بأن هناك عدم توازن في توزيـع القـيم التـي تضـمنتها المجـالات في كتب العلوم، وأن الكتاب يركز بشكل مكثف على الجانب المعرفي دون الجوانب الأخرى مما يؤكـد فقدان التوازن القيمي في توزيع القيم على وحدات الكتاب.

وفـي ضـوء نتائج البحث أوصى الباحثان بمجموعة من التوصيات منهـا:

أ. ضرورة وضع خريطة قيمية لمنظومة القيم المراد غرسها لدى الطلبة عنـد التخطـيط لبناء مناهج العلوم.

ب. ضرورة اشتقاق القيم بما يتلاءم مع التقدم العلمي والتكنولوجي وأن لا يتعارض مع طبيعة التراث والقيم الإسلامية الأصيلة.

ج. توزيـع القـيم بشـكل متـوازن بحيـث يراعـي شـمولية للقـيم بـين وحـدات الكتـب المصممة.

11. دراســــة (عبد الحليم،1999:)

أجرى عبد الحليم دراسة بعنوان: " تعليم القيم في نظم التعليم العربية "

وطرحت الدراسة مجموعة من التساؤلات منها:

أ. ما مصادر القيـم ؟

ب. لماذا تأخرت عناية البحث العلمي بموضوع القيمـم ؟

ج. ما المعايير التي تتميز بين الأعمال التي نصنفها بأنها قيمة أو الأعمال العادية المباحة والمفيدة ؟

وبعد الإجابة على هذه التساؤلات كشفت نتائج الدراسة:

1. ان تعليم القيم في نظم التعليم العربية غائبة في كل محاولات التطوير والتي تتطلع بها وزارة التربية والتعليم في بعض الأقطار العربية.
2. أن سمات الخلل والاضطراب المتجلية في الثقافة العربية اليوم ليس منشؤها الوحيد ما يتحدث عنه أنه (غزو ثقافي) بل أن هذا الخلل الثقافي يرجع إلى مركب دينامي معقد يستحيل معه أن تفرز العوامل الخارجية من العوامل الداخلية التي أدت إلى الخلل الثقافي ونقصد بالعوامل الداخلية العوامل التاريخية والاقتصادية والسياسية والاجتماعية والثقافية والتعليمية التي جعلت النظام الثقافي العربي في ذاته قابلاً للغزو عاجزاً عن التكيف مع مطالب العصر وأدواته بصورة تفي باحتياجات الأمة العربية، دون تهدد هويتها الثقافية وتبقي جذورها الحضارية.

وقدم الباحث مجموعة من المقترحات في شأن تعليم القيم منها:

1. أن تعليم القيم فريضة واجبة في نظم التعليم العربية ولكنها غائبة في بعض الأقطار العربية وإذا لم تؤسس برامج التنمية بعامة وبرامج تطوير التعليم بخاصة على أعمال مقصودة تهدف إلى تنمية القيم لدى الناس تكون عبثاً لا جدوى منه ومضيعة للوقت وللجهد وللمال، لأن القيم هي الموجهات الأساسية لكل ما يحرزه المتعلمون في مجالات العلوم والتطبيقات التقنية وهي الجذر الذي يتفرع عنه ميولهم واهتماماتهم واتجاهاتهم وألوان سلوكهم كافة.
2. هناك حقيقة يجب تأكيدها وهي أن تعليم القيم في معاهد التعليم يحتاج إلى عدم تناقض في مجريات الأمور في المؤسسات العامة بالمجتمع مع القيم التي يراد تعليمها، (فالحرية) لا تعلم في مجتمع يستبد حكامه بالناس و (العدل) لا يعمل في مجتمع ينتشر في ممارسات مؤسساته مظاهر الظلم السياسي والاقتصادي والاجتماعي، وقيمة (الاستقلال) و (الاعتماد على الذات) لا

تعلم في مجتمع تزداد فيه مظاهر التبعية السياسية والاقتصادية والثقافية والأمنية .... ولا أعني بهذه المقولة أن تكف نظم التعليم عن تعليم القيم حتى تتوفر القيم في المجتمع العام الذي تخدمه هذه النظم، وإنما أعني بها إبراز هذا التناقض، الذي يجب أن يؤخذ في الاعتبار عند التخطيط لتعليم القيم

3. أن يركز في مقررات وبحوث الدراسات العليا في الجامعات على موضوع القيم، وأن يشغل موضوع القيم حيزاً مناسباً من بحوث أعضاء الهيئة التدريسية في كلية التربية.

4. أن جوهر ما تدعو أليه الدراسة يمثل تغير جذرياً يجب أن يحدث في أهداف التعليم ومضامينه وأساليب تقدمه وتقويمه وأن تبدأ كليات التربية ومعاهد أعداد المعلمين في جعل موضوع القيم " تعليم القيم " أحد المساقات الرئيسية في برامجها وأن تتسابق هذه الكليات والمعاهد في توفير الطرق والوسائل التي تكفل حسن أعداد المعلمين للقيام بمسؤوليات تعليم القيم في مراحل التعليم المختلفة وفي أنواعه المتعددة وأن يأخذ طريقه كذلك في مركز تدريب المعلمين أثناء الخدمة.

11. دراسة (عسقول، 1999:).

أجرى عسقول دراسة بعنوان: " نحو منظومة قيمة لتوجيه توظيف التكنولوجيا في التعليم ".

هدفت الدراسة وضع مفاهيم تتعلق بماهية القيم وتوظيف التكنولوجيا ومدى ارتباطها بالمعايير والاتجاهات وتحديد أسباب ووظائف هذه القيم وأساليب تنميتها كما هدفت الدراسة إلى تحديد منظومة قيمية توجه حركة توظيف التكنولوجيا في المواقف التعليمية. وقد كشفت نتائج الدراسة:

أ. ضرورة تحديد مفهوم قيم توظيف التكنولوجيا.

ب. ضرورة تحديد العلاقة بين قيم توظيف التكنلوجيا والمعايير والاتجاهات نحو التكنولوجيا في التعليم.

ج. حصر وظائف وأساليب تنمية قيم توظيف التكنولوجيا.

د. ضرورة تكوين منظومة قيمية للتعامل مع التكنولوجيا في التعليم تشمل القيم الأتية:

1. القيم الأخلاقية - الصدق
2. القيم الغائية - الأمانة، الرحمة، التعاون، الصبر.
3. القيم الاقتصادية.
4. القيم الجماليــة.
5. قيم المتابعــة والتقويـم.

المبحــث الثانـي

الدراسـات التي تنـاولت القيـم الأخلاقيـة والدينيـة بشـكل خـاص

1. دراسة (بكر، 1975:).

أجرى بكر دراسة بعنوان: " دراسة مقارنة في القيم بين طلبة الجامعة والثانويـــــة ".

هدفت الدراسة إلى معرفة ماهيـة القيـم وكيفيـة ترتيبهـا، وأكثرهـا انتشـاراً لـدى طلبـة الجامعة والثانوية (الذكور والإناث) ومعرفة الفروق في القيم بين المجموعات المذكورة أنفاً من أجل تحديد دور التعليم الجامعي في التغيرات التي تحدث في قيم الطلبة.

كشفت نتائج الدراسـة:

أ. نمـو في مجموعـة القيـم الذاتيـة لـدى طلبـة الجامعـة وضعف في مجموعـة القيـم الاجتماعية والمعرفية مقارنة بطلبة الثانوية.

ب. نمو في قيم الصدق، الشخصية اللطيفة، الصبر، التماثل، الصداقة الـذكاء الشجاعة، النظافة، قواعد السلوك، التواضع، التسامح الجمال. نظراً لتفوق طلبـة الجامعـة على طلبة الثانوية فيها.

ج. ضعف قيم الأخلاق، العدالة، الطاعة، الكـذب، الانـدماج في الجماعـة حـب الـوطن، التقاليد –، التحصيل، العدوان، القيم العلمية الحرص، الاستقلال. نظراً لتفوق طلبـة الثانوية فيهـا.

كما أوضحت نتائج الدراسة أن الاختلاف في القيم بين إنـاث الجامعـة وإنـاث الثانويـة هـو أكبر من الاختلاف في القيم بين ذكور الجامعة وذكور الثانوية.

2. دراسة: (Mary,1975):

دراسـة تطـور المعتقدات الديـنيـة والاتجاهات والقيم لدى المراهقين.

هدفت الدراسة إلى: تعرف تطور المعتقدات الدينية والاتجاهات والقيم لدى المراهقين.

استعملت الباحثة مقياساً يشتمل على ست قوائم تحوي القيم الخاصة بإدراك الله، والعلاقة بالله، والمسؤولية الأخلاقية والهدف من الحياة والمفاهيم الخاصة بالكتب المقدسة، كما استعملت الباحثة المنهج الطولي، إذ طبقت أداة البحث في عام 1970 ثم أعيد التطبيق عام 1974 كشفت نتائج الدراسة ما يأتي:

أ. عدم وجود تغيير لدى المراهقين في قيم الهدف من الحياة، والمفاهيم الخاصة بالكتب المقدسة، والعلاقة بالله وذلك خلال السنوات الأربع 1970- 1974

ب. حدوث تطور في مجال أدراك الله، والمسؤولية الأخلاقية، والمشاريع الدينية خلال السنوات الأربع.

3. دراسة (عيد، 1981:):

" دراسة أنماط القيم الدينية لدى عينة من الشابات المسلمات وعلاقتها بأساليب تنشئتهن وتوافقهن النفسي "

هدفت الدراسة إلى الكشف عن:

أ. أنماط القيم الدينية لدى الفتيات المسلمات.

ب. علاقة هذه الأنماط بأساليب التنشئة الاجتماعية.

ج. مستوى التوافق الشخصي والاجتماعي للفتاة في المراحل العمرية المختلفة.

كشفت نتائج الدراسة ما يأتي:

1. ان التقدم في السن والتعليم ترتبط به زيادة في درجة التمسك بالقيم الدينية وهذا يعني ان نمط التمسك بالقيم الدينية يظهر بصورة واضحة مع التقدم في العمر لدى الفئات ذات العشرين عاماً أي ان سلوك الفتياة في هذه المرحلة العمرية يغلب عليه طابع التمسك بالقيم الدينية والالتزام بقواعد الدين حرفياً.

2. ان نمط التوسط في القيم الدينية يغلب عليه بصفة عامة عن المجموعات العربية (13، 17، 20) وهذا يعني ان نمط التوسط في القيم الدينية من حيث هو الآخذ بالقواعد الأساسية مع مجاراة الأوضاع الحديثة، ويقصد بأن هناك

حالة من التعبير عن القيم السمح للدين والمرونة في التأويل باعتباره وسيلة تساعد على التكيف الاجتماعي عند الفتيات في مرحلة المراهقة.

4. دراسة (Massey,1982,):

أجرى مـزي Massey دراسة بعنوان: " دراسـة مقارنـة بـين القـيم السـائدة في مناهج المدارس الدينية المسـيحية (الكنيسة والمدارس الحكومية في مدينة تكساس) ".

هدفت الدراسة إلى تحليل ومقارنة بـين القـيم السـائدة في مناهج المـدارس الدينيـة المسيحية التابعة للكنيسة والمدارس الحكومية العامة في مدينة تكساس في الولايات المتحدة الأمريكية.

كشفت نتائج الدراسـة:

1. أن هناك فروقاً كبيرة بين قيم المدارس الدينية وقيم المدارس العامة.
2. أن المدارس الدينية كانت تؤكد أكثر من المدارس العامة عـلى القيم المسـيحية آلاتيـة: الإخلاص، التسامح، التعاون، الطاعة والقيم التربوية كالحكمة.
3. أن المدارس العامة كانت تضع القيم التنافسية في مرتبة أعـلى مـن المـدارس الدينيـة وهذه القيم التنافسية هي: الإدراك الواسع والاستقلالية.
4. أن المدارس العامة كانت تهتم أكثر بالقيم النهائية لحياة مريحة وللسعادة.

واوصى الباحث بأن المدارس الدينية والمدارس العامة ينبغي أن تبحث عـن موقـف إيجابي تجـاه القـيم في التعلـيم، أحـدهما يجـب أن تؤكـد عـلى الأهـداف المرغوبـة والأخرى على الحاجة الممنوحة.

5. دراسـة (الحربي،1982،):

أجرى الحربي دراسة بعنوان: " مدى تطبيق المدرسة للقيم التربوية المستنبطة مـن سـورة الحجرات "

هدفت الدراسة إلى استنباط بعض القيم التربوية مـن سـورة الحجرات، ثـم معرفـة مـدى تطبيق الدراسة لها، وقد صمم الباحث استبانه مكونة من (19) فقرة من القيم الإسلامية التربوية التي أستنبطها من سورة الحجرات كالصدق العدل الحرية، الجهاد،

الشفقة، الرحمة، المساواة، القدوة الحسنة المعاملة الحسنة آداب المخاطبة والتثبيت على الأخبار.

كشفت نتائج الدراسة أن المدرسة الابتدائية بمكة المكرمة تطبق تلك القيم بصورة طيبة.

وأوصى الباحث أفراد المجتمع المسلم أن يتمسكوا بهذه القيم وأن يربوا أبناءهم عليها، كما أوصى بالاهتمام بتدريب المعلمين لتكوين الفكر المبدع عندهم للاستفادة من القيم التربوية الإسلامية والتعامل مع التلاميذ على أساسها.

6. دراسة (التوم، 1983:).

أجرى التوم دراسة بعنوان: " تدريس القيم الخلقية "

هدفت الدراسة إلى وضع تصور لتدريس القيم الخلقية في المجتمع الإسلامي بعد أن أستعرض الباحث النتائج التي توصل اليها الباحثون في أمريكا في مجال تدريس القيم الأخلاقية في المدارس، كشفت نتائج الدراسة:

أ. أن التربية الأخلاقية لا تؤدي ثمارها في أي مؤسسة من مؤسسات المجتمع إلا في ظل العقيدة القوية الصحيحة التي توجه الحياة كلها.

ب. أن المجتمع لابد أن يقوم على عقيدة التوحيد التي توجه النظم الأخلاقية والتربوية والاجتماعية والاقتصادية والسياسية.

ج. أن طبيعة الأخلاق الإسلامية تستمد من القرآن الكريم والسنة النبوية الطاهرة والتي تقوم على ثلاثة أسس هي: الحرية، المسؤولية، والاستطاعة ودعم القيم الأخلاقية بالحجة وأدراك الحكمة منها، وتربية خلق ثابت تصدر عنه الأفعال بسهولة ويسر.

د. أن تدريس الأخلاق في المدرسة يقوم على أسس ثلاثة هي:

1. تقديم المبادئ والمقاييس الخلقية الإسلامية للتلاميذ.

2. تدريسها من خلال المواد الأساسية.

3. تهيئة مجالات عملية للتربية الخلقية.

أوصى الباحث بضرورة تقـديم المبـادئ والمقـاييس الخلقيـة للتلاميـذ ودعمهـا بالحجـة والمنطق وأدراك الحكمة منها، لأن ذلك خطوة نحو التطبيق اذ تريد حساسية التلاميذ نحو العلم، ويبين الأسلوب الذي يحدث فيـه ذلـــك.

كما أوصى الباحث ضرورة تهيئة البيئة الملائمة للسلوك الحسن لأن ذلك يؤدي إلى تطبيعه.

7. دراســة (سليمان،1985:).

أجرى سليمان دراسة بعنوان: " أخلاقيات مهنة التربية والتعليم في ضـوء الفكـر الإسـلامي ومدى التزام المديرين والمعلمين في مدارس وكالة الغوث - منطقة أربد بهذه الأخلاقيات "

هدفت الدراسة تعرف مدى التزام المديرين والمعلمين في مدارس وكالـة الغـوث في منطقـة أربد بأخلاقيات مهنة التربية والتعليم في ضوء الفكر الإسلامي.

كشفـت نتـائج الدراسـة:

أ. التزام مديري ومعلمـي المـدارس بأخلاقيـات مهنـة التربيـة والتعلـيم في ضـوء الفكـر الإسلامي.

ب.لا أثر للجنس في التزام المديرين والمعلمين بأخلاقيات مهنة التربيـة والتعلـيم في ضـوء الفكر الإسلامي.

8. دراســة أكاديمية البحث العلمي والتكنولوجي الأردنية (أكاديمية البحث العلمي، 1987:)

أجرت أكاديمية البحث العلمي والتكنولوجي دراسة بعنـوان: " قـيم التنشـئة الدينيـة في التعليم العام، دراسة تحليلية لمضمون الكتب والمؤتمرات الدينية منذ عام 1952 - 1985 ".

هدفت الدراسة إلى تعرف مدى تضمن مناهج التربية الدينيـة الإسـلامية منـذ عـام 1952 وحتى عام 1985 على قيم التنشئة الدينية اللازمة لتلاميذ المرحلتين الإعدادية والثانوية في الأردن.

كشفت نتائج الدراسة ما يأتي:

أ. وجود تذبذب في نسبة المحتوى الخاص بكل قيمة من قيم التنشئة الدينية اللازمة لطلاب المرحلتين الإعدادية والثانوية في مجال العقائد والعبادات والمعاملات.

ب. عدم تحديد قيم التنشئة الدينية اللازمة لطلاب المرحلتين أعلاه في مجال العقائد والعبادات والمعاملات.

9. دراسة (العوا،1987).

قام العوّا بتقديم تصور عن قضايا القيم في دراسة أعدها لكتاب " الفكر التربوي العربي الإسلامي: الأصول المبادئ ".

ذكر فيه أن النظرة الإنسانية في الإسلام قائمة على المساواة بين الناس وأنه لا تفاضل بينهم إلا بالتقوى والمح أن بعض القيم الإسلامية يسهل اشتقاقها من آيات القرآن الكريم وذكر مثلاً بقوله تعالى:" وكل إنسان الزمناه طائره في عنقه ...... " إلى قوله تعالى: " إنك لن تخرق الأرض ولن تبلغ الجبال طولاً ".

والمتأمل لهذه الآيات الكريمة يجد أنها تحوي مجموعة القيم الأتية:

- قيمة المسؤولية.
- قيمة الاعتقاد في الحساب.
- قيمة حرية الاعتقاد.
- قيمة طاعة الوالدين.
- قيمة صلة ذوي القربى والمساكين.
- قيمة الحياة ونقيضها قتل النفس.
- قيمة المحافظة على مال اليتيم.
- قيمة الوفاء بالعهد.
- قيمة الأمـــانة.
- قيمة عدم أتباع الهوى.

- قيمة مجانبة الفساد والإفساد.

ثم زاد قيم أخرى اشتقت من القرآن الكريم والسنة النبوية الطاهرة وهـي:

- قيم عالمية الإسلام.

- قيمة الحــرية.

- قيـمة السلام.

- قيمة التعاون على البر والتقوى.

- قيمـة التكامل.

- قيـمة الصدق.

- قيـمة الاستقامة.

- قيمة العفو.

- قيمة نصرة المظلوم.

- قيمة أتقاء شبح النفس.

كما أعتقد العوّا أن هذا التصور هو الـذي يجـري عليهـا العمـل في تعلـيم مـادة التربيـة الدينية وان معلمينا غير مؤهلين لاستنباط القيم من الآيات على النمو الذي قدمه الباحث.

10. دراســـــة (فرحان وتوفيق، 1988:).

أجرى الباحثان دراسة بعنوان: " اتجاهات المعلمين في الأردن نحو القيم الإسلامية في مجال العقائد والعبادات والمعاملات كما حددها الإمام البيهقي ".

هدف البحث إلى تباين أهمية كل شعبة من شعب الأيمان في سلم الأمام البيهقي القيمي من خلال نسبة الاستجابة عنها وتبيان ارتباطها، وتوزعها إلى مكونـات عامـة، والفـروق بـين فئـات المعلمين حسب متغيرات الجنس والسلطة المشرفة ودرجة الأعداد، وتحديد الشعب التي اختلفت فيها.

قام الباحثان بتطوير السلم القيمي أو شعب الأيمان الـذي وضعه الأمـام البيهقي إلى استبانه مكونـه من (77) شعبة أو قيمة بعد حذف شعبة رقم (29) عتق العبيد وشعبة رقم (30) الغنائم في الحرب لعدم مناسبتها للظروف المعاصرة.

كشفت نتـائج الدراسـة:

أ. أن القيم في الإطار الإسلامي كبقية القيم لها مكون تقيسي ومعرفي وعقلي ووجداني أدائي يوجه السلوك ويدفعه ولكنه الهي المصدر ويهدف إلى إرضاء اللـه تعالى دائمـاً.

ب. كشف التحليـل العامـلي بالنسبة لمجال العقائـد ومجال العبـادات تفوق عوامـل السلوك السلبي للفرد المسلم على عوامـل السلوك الإيجابي المبـادر فمـثلاً ارتفعت نسبة عوامل الحساب والعذاب والخوف والرجـاء (2 , 51 %) مقابـل الإيمـان بـالله ورسوله وكتبه وملائكته والقضاء والقدر(2 , 30 %)

ج. أما بالنسبة لمجال المعاملات الرئيسة والثانوية فقد أنعكس الأمـر فارتفعـت نسبة عوامل السلوك الإيجابي مقابل عوامل السلوك السلبي.

د. لم تكن هناك فروق بـين فئـات المعلمـين الثمـاني المختلفـة في اتجاهـاتهم نحـو قـيم العقائد والعبادات والمعاملات.

أوصى الباحثان بما يأتـي:

أ. ضرورة إعادة النظر بأثر الوسائل المختلفـة للتربية في تحقيـق تعليـم القيم الإسلامية وتعليمها قـولاً وعمـــلاً.

ب.ضرورة تبني فلسفة اجتماعية، ومن ثم فلسفة تربوية محددة منبثقة عـن منظومـة قيم الأمة ومثلها وعقائدها ومبادئها، وباختصار ضرورة انبثاق ذلك كله من الإسلام.

ج.ضرورة الاهتمام بكل شعبة من شعب الإيمان والتأكيد عليها ومن هذه الشعب:

1. فـي مجـال العقائـد: الإيمـان بوجـوب الرجـاء مـن اللـه عـز وجـل والرجـاء هـو الأمـل.

2. فـي مجـال العبـادات: طلب العلم وهو معرفة الباري تعالى وما جاء   من عنده من الاعتقادات.

- تعظيم القرآن المجيد بتعليمه وتعلمه.

- الحرص على الطهارة بقسميها المعنوية والحسية.

- القيام بفريضة الحج.

3. في مجـال المعامـلات الرئيسـة:

- تحريم الملاعب والملاهي المخافة للشريعة.

- القرابين وجملتها الهدى والأضحية والعقيقة.

- طاعة أولي الأمر من الأمراء (المسؤولين) والعلماء.

- حقوق الأولاد والأهلين.

-الصلاة على من مات من أهل القبلة.

11. دراسـة محمـود (محمـود،1991:):

أجرى محمود دراسة بعنوان: " دراسة لتطوير القيم الاجتماعية والخلقيـة لـدى تلميـذات المرحلة الابتدائية بالمملكة العربية السعودية "

هدفت الدراسة تطوير القيـم الاجتماعيـة و الخلقيـة لـدى تلميـذات المرحلـة الابتدائيـة بالمملكة العربية السعودية.

كشفت نتائج الدراسة وجود علاقة ارتباطية بين درجة تطوير القيمة الخلقية ودرجة تطور القيمة الاجتماعية لدى تلميذات المرحلة الابتدائية في الصفوف الدراسية المختلفة.

كما أشارت النتائج إلى وجود فروق ذات دلالة إحصائية على متغيرات القيمة الخلقية بـين تلميذات المرحلة الابتدائية في الصفوف الدراسية المختلفة.

12. دراسة (السويدي، 1992:):

أجرى السويدي دراسة بعنوان: " التربية الإسلامية للصف السادس بدولة قطر ".

هدفت الدراسة إلى معرفة القيم المتضمنة بأسئلة كتاب التربية الإسلامية..

كشفت نتائج الدراسة: أن كتاب التربية الإسلامية تضمنت أسئلته قدراً مناسباً من القيم الإسلامية المطلوبة بشكل صريح ومباشر ولكن ليس بالمستوى المطلوب

أوصى الباحث بما يأتي:

أ.   إعادة النظر في محتوى الكتاب وزيادة المساحة المخصصة لتناول الأهداف الخاصة بالقيم الإسلامية بما يتماشى مع أهميتها التربوية والأحداث وتوازن حقيقي بين الجوانب المعرفية والوجدانية والمهارية وكذلك تضمينه العديد من الأنشطة التربوية اللازمة لاكتساب القيم الإسلامية وتنميتها.

ب.   وضع تصور شامل للقيم التي ينبغي أن تنعكس على مناهج التربية الإسلامية وتحديد المناسب منها لكل صف دراسي وذلك بإعداد خريطة   (Value Map) لمنهاج التربية الإسلامية.

ج.   أهمية أن تشاع القيم الدينية في الحياة المدرسية في شكل تمزجه للسلوك القيمي لدى المعلمين حتى تصبح القدوة سبيلاً لتعلم القيم وممارستها.

د.   أهمية تدريب المعلمين على استعمال أساليب تدريس طبيعة تعلم القيم وتنويع الوسائل التعليمية التي تناسب ذلك وتناسب نمو المتعلم.

10. دراسة (شومان،1993:):

أجرى شومان دراسة بعنوان: " القيم التربوية التي تضمنها السؤال في القرآن ".

هدفت الدراسة إلى تقصي القيم التربوية في الأسئلة القرآنية بحسب المعاني المجازية التي يرمي اليها السؤال في القرآن واستعمال الباحث المنهج التحليلي الاستنباطي في دراسة الأسئلة القرآنية.كشفت نتائج الدراسة:

أ.   أن معاني السؤال في القرآن الكريم تشمل قيماً تربوية هامة ورئيسة هي:

- القيم المادية.

- القيم الأخلاقية.

- القيم الروحية.

- القيم العقيدية.

- القيم التشريعية.

- القيم الجهادية.

- القيم السياسية.

- القيم العلمية.

- القيم الجمالية.

ب. أن القيم التي تتعلق بالشريعة الإسلامية مرتبطة بالعقيدة وبأهداف التربية الإسلامية ولذلك فهي ثابتة لا تتغير وصالحة لكل زمان ومكان.

وأوصى الباحث بضرورة أجراء دراسة متخصصة للقيم التربوية التي ترتكز عليها مناهج التعليم في الأردن وفي مراحل التعليم الأساسي بشكل خاص لأهميتها في حياة الأجيال.

14. دراسة (المغربي، 1994):

أجرى المغربي دراسة بعنوان: " سلوك الفرد والجماعة في التنظيم، مفاهيم وأسس السلوك التنظيمي ".

هدفت الدراسة إلى دراسة سلوك الفرد والجماعة في التنظيم وأسسه.

كشفت نتائج الدراسة:

أ. أن هناك نوعين من القيم الأساسية التي تنشأ عـن التعاليـم الدينيـة التـي مصدرها الرسالات السماوية وهذه القيم لا تتغير، لأن العبث فيهـا يـؤدي بالضرورة إلى نسـخ جوانب دينية راسخة، كـالقيم المتعلقـة بالصـلاة والزكـاة والصـوم والأمانـة والمساواة والعدالة.

ب. القيم الثانوية وهي من صنع الإنسان سواء ما يقوم منها في المجتمـع أم بيئـة العمـل، فبالإمكان تحويلها أو تغيرها، وعليه فان القيم الأساسية التي مصدرها رسالات السماء لا تقبل التغير، أما القيم الثانوية التي هي من صنع الواقع الاجتماعي والثقافي فيمكن تعديلها أو تغييرها.

15.دراسـة (القيسي، 1995).

أجرى القيسي دراسة بعنوان: " المنظومة القيمية الإسلامية كما تحددت في القرآن الكريم والسنة النبوية الشريفـة ".

هدفـت الدراسـة إلى ترتيب القيم الإسلامية في مجموعات متجانسة مثل:

- قيم التوحيد.

- قيم العلـم.

- قيم البيئـة.

- قيم الجهاد.

- قيم الاقتصاد.

- قيم السياسة.

كشفت نتائج الدراسة، أن جميع القيم الإسلامية هي قيم دينية وأخلاقية.

16. دراسـة (الطيب نور الهدى،1996).

أجـرى الطيب دراسـة بعنـوان: " القيم التربوية لشعيرة الصلاة الإسلامية "

هدفت الدراسة إلى تسليط الضوء على القيم التربوية لشعيرة الصلاة من وجهة النظر التربوية ودرجة استجابة الطلاب لقيمها المتعددة. وقد أستعمل الباحث المنهج الوصفي التحليلي.

كشفت نتائج الدراسة إلى وجود عدد من القيم التربوية المتضمنة في الصلاة وهي:

-القيم الدينية.

-القيم الأخلاقية.

-القيم العقلية.

-القيم الجمالية.

-القيم الصحية.

-القيم الاجتماعية.

-القيم النفسية.

-القيم الروحية.

17.دراسة (البحيري،1996):

أجرى البحيري دراسة بعنوان: " الجوانب التربوية في الأمثال النبوية كما وردت في كتاب مجمع الأمثال للميداني والبالغ عددها (30) مثلاً ".

هدفت الدراسة إلى تشكيل نسق تربوي متمثل في الجوانب التربوية المتضمنة في الأمثال النبوية وقد صنفها الباحث إلى ستة مجالات على النحو الأتي

أ. أمثال نبوية تتعلق بالتربية الخلقية والاجتماعية للمسلم.

ب. أمثال نبوية تتعلق بالأمر بالمعروف والنهي عن المنكر.

ج. أمثال نبوية تتعلق بالتربية الفقهية للمسلم.

د. أمثال نبوية تتعلق بصلة الرحم وحسن الجوار.

ه. أمثال نبوية تتعلق بالتربية الفكرية للمسلم.

و. أمثال نبوية تتعلق بالتربية الاقتصادية للمسلم.

وقام الباحث بعد ذلك باشتقاق بعض القيم التربوية المتضمنة من الأمثال النبوية لكل مجال مشيراً إلى الاستفادة منها في بناء شخصية المسلم الواعي وتأكيد هويته واختيار النسق القيمي المناسب للأسرة والمدرسة والمقررات الثقافية الإسلامية المدرسية.

وكشفت الدراسة عن المضامين التربوية للأمثال النبوية وأثرها في بناء سلوك الفرد والجماعة.

18. دراسة (دراز، 1998):

أجرى دراز دراسة بعنوان: " دستور الأخلاق في القرآن: دراسة مقارنة للأخلاق النظرية في القرآن الكريم "

هدفت الدراسة إلى إجراء مقارنة للأخلاق النظرية في القرآن الكريم ببعض النظريات الغربية. وقد صنفت القيم إلى نوعين: القيم الإيجابية والقيم السلبية

كشفت نتائج الدراسة: أن المفهوم الإسلامي للقيم ينبغي أن تمارس النفس الإنسانية جميع القيم إلى مستوى معين قبل أن تتخصص في واحد من بينها وأن فكرة الخير يجب أن تحتوي قيمتين مختلفتين هما:

1. الحد الأدنى الإلزامي للقيمة.

2. الإضافات.

ويرى الباحث أن صفة النسبية واضحة فيها، وأن تغير الظروف يجعل أداء القيمة أحياناً عسيراً حقيقياً، فيكون لمقتضيات هذه الظروف تعبيراً للقيمة أو تخفيضها أو تأجيلاً أو الغاء لها.

19. دراسة (الحديدي،1999):

أجرى الحديدي دراسة بعنوان: " واقع القيم المتضمنة في الأهداف العامة للتربية في الأقطار العربية "

هدفت الدراسة التعرف على واقع القيم المتضمنة في الأهداف العامة للتربية في الأقطار العربية والتعرف على القيم السائدة التي تلاقي اهتماماً أكثر وتحرص على

تضمينها الأهداف التربوية العامة في الأقطار العربية التي حددتها الدراسة والتي بلغ عددها (15) قطراً.

وأن أهم النتائج التي كشفت عنها الدراسة:

أ. تغيب القيم الخلقية والاجتماعية والإنسانية والأيدلوجية في الغالبية العظمى من قوائم أهداف الأقطار العربية بتغيب الأهداف التي تنبثق منها.

ب. تغيب القيم الفردية والوطنية والدينية كل واحد في قطرين، والحياتية والقومية والعلمية كل منها في قطر واحد.

ج. ظهرت القيم في معظم الأهداف العربية بطريقة غير مباشرة وعرضية.

20. دراسة (وقائي وعلاوي،1999):

أجرى الباحثان دراسة بعنوان: " دور الروضة في اكتساب الأطفال القيم الأخلاقية ".

هدفت الدراسة إلى تعرف دور الروضة في اكتساب القيم الأخلاقية. ولتحقيق هدف الدراسة قام الباحثان بأعداد استبانة مكونة من (15) قيمة أخلاقية مستقاة من أحاديث الرسول محمد (ﷺ).

كشفت نتائج الدراسة:

أ. ان أكثر القيم الأخلاقية ممارسة وتمثيلاً في سلوك الأطفال من وجهة نظر المعلمات " ابتداءاً من الأكثر ممارسة وانتهاءاً بالأقل ممارسة " هي:

- قيمة الأمانة.
- قيمة الاستئذان.
- قيمة الحفاظ على المال العام.
- قيمة احترام الآخرين.
- قيمة الصدق.
- قيمة الحب.
- قيمة التسامح.

- قيمة النظافـــة.
- قيمة أدب الحديث.
- قيمة النظــــام.
- قيمة التحية والاعتزاز.
- قيمة الشـــــكر.
- قيمة التعــــاون.
- قيمة الإيثـــــار.

ب. ان أكثر القيم الأخلاقية تأكيداً من قبل معلمات رياض الأطفال (ابتـداءاً مـن الأكـثر ممارسة وانتهاءاً بالأقل ممارسة) هـــي:

- قيمة الأمـانـة.
- قيمة الصدق.
- قيمة النظافة.
- قيمة الاستئذان.
- قيمة التحـية.
- قيمة النظـام.
- قيمة احترام الآخرين.
- قيمة أدب الحديث.
- قيمة الحفاظ على المال العام.
- قيمة الاعتذار.
- قيمة التعــاون.
- قيمة التســـامح.
- قيمة الشـــكر.
- قيمة الحـــب.
- قيمة الإيثـــار.

وأوصى الباحثان في ضوء نتائج الدراسة مجموعة من التوصيات منهـــــا:

1. التأكيد على غرس القيم المستقاة من العلوم الشرعية ومصادرها في جميع المراحل التعليمية لما لها من أثر في بناء جيل المستقبل القادر على حمل الأمانة.
2. يجب أن تحرص المؤسسات التعليمية كالروضة والمدرسة والجامعة وغيرها على جعل موضوع القيم أحد المقررات الرئيسية التي لابد من التأكيد عليها.
3. ينبغي دراسة العلوم الشرعية ومصادرها القرآن الكريم والسنة النبوية الطاهرة والإجماع والقياس لكي تستقي منها القيم.
4. لابد من اختيار القدوة ذات الأخلاق الحميدة من مدرسين ومدرسات لما لها من أثر في غرس القيم في نفوس الأطفال وأجيال المستقبل لأن فاقد الشيء لا يعطيه.
5. ينبغي أن يكون هناك انسجاماً بين جميع المؤسسات التربوية في بناء القيم.

20. دراسة (الحياري،1999):

أجـــرى الحياري دراســة بعنـــوان: " القيم الإسلامية، المطلقة والنسبية "

هدفت الدراسة إلى تحديد المقصود بالقيم ومكوناتها ومصادرها وخصائصها وبيان أهم وظائفها وتحديد المقصود بالقيم الإسلامية وبيان أهم الطرائق التي يمكن استعمالها لغرس القيم وتنميتها لدى الفرد، وبيان أهم الطرق التـي أتبعها الإسلام

استعمل الباحث منهج الدراسة الوصفية في تناول القيم وهل هي نسبية أم مطلقة ؟ ومكونات القيم ومصادرها وخصائصها وتصنيفاتها والفرق بينها وبين الاتجاهات والعادات الاجتماعية والمعايير والاهتمامات، كما تناولت الدراسة وظائف القيم ودورها في حياة الفرد والمجتمع، وكذلك القيم الإسلامية ومجالاتها وخصائصها ومصادرها ثم القيم التربوية وأهميتها.

أوصى الباحث بما يأتي:

1. ضرورة الاهتمام بغرس القيم الإسلامية في الطفل منذ نعومة أظفاره.
2. استعمال أكثر من طريقة في تعليم القيم: كالموعظة، والقصة.

3. التأكد من ممارسة الطفل للقيم التي يتعلمها.

4. الاهتمام بأن يكون المربي قدوة صالحة للتلميذ أو الطفل.

5. استغلال الطاقات الكامنة لدى الأطفال وتوجيهها في الاتجاه الصحيح.

6. العمل على ملء فراغ الأطفال بما فيه فائدتهم جسمياً وعقلياً وفكرياً وخلقياً.

دلائل ومؤشرات:

من خلال استعراض واستقراء الدراسات السابقة وتحليلها ومناقشة نتائجها يتضح ما يأتي:

1. ان التفسيرات التي تطرقت اليها بعض الدراسات التي قدمت حول القيم انطلقت من منطلق مادي ولذا نجد تبايناً كبيراً في التفسيرات لأن أصحابها اعتمدوا على مقاييس وضعية وقد اخفقوا في تكوين معيار ثابت وصادق لها لأن ميزة القيم عندهم متغيرة غير ثابتة، كدراسة (Ozmon,1968) ودراسة المغربي (1994).

2. غالباً ما جاءت القيم الأخلاقية جزءاً أساسياً من تلك الدراسات. وان دراسة القيم الأخلاقية بجانبها التربوي فيها تكاد تكون محدودة، كدراسة التوم\(1983)، ودراسة محمود (1991)، ودراسة وقائي والحلو (1999)

3. احتلت القيم الإسلامية الأولوية في أغلب نتائج تلك الدراسات على الرغم من انها طبيعية ومنطقية إلا أنها تدل على أهميتها بالنسبة للفرد والمجتمع وان الذين يعيشون بغيرها يتعرضون إلى التفكك الاجتماعي والانحلال الأخلاقي قال تعالى في كتابه العزيز: (إِنَّ الَّذِينَ قَالُوا رَبُّنَا اللَّـه ثُمَّ اسْتَقَامُوا تَتَنَزَّلُ عَلَيْهِمُ الْمَلَائِكَةُ أَلَّا تَخَافُوا وَلَا تَحْزَنُوا وَأَبْشِرُوا بِالْجَنَّةِ الَّتِي كُنْتُمْ تُوعَدُونَ) (فصلت /30-32).

4.أن بعض الدراسات السابقة اهتمت بتعرف مدى تقدير الأفراد لسلوكهم الأخلاقي والصراع القيمي والأنساق القيمية السائدة بين الأفراد والفروق

بينها فيما أهتم القسم الأخر بأخلاقيات مهنة التربية والتعليم ومقارنة بين السلوك الأخلاقي والممارسات الأخلاقية لمديري المدارس والمعلمين، ومدى تمثل الطلبة للقيم من ساعد على إثراء الإطار النظري للبحث الحالي كدراسة سلمان (1985) ودراسة العوا (1987)، دراسة فرحان ومرعي (1988)، دراسة داود (1990).

5. اتصفت أغلب الدراسات السابقة بأنها كانت مسحية هدفها تعرف واقع القيم السائدة وتأثيراتها على شخصية الإنسان، كدراسة بكر (1975) ودراسة داود (1990)، ودراسة الحديد (1999).

6. أكدت نتائج بعض الدراسات السابقة أن المناهج الدراسية لمختلف المراحل الدراسية تحتوي قيماً متعددة وتذبذباً في تلك القيم ولاسيما مناهج التربية الإسلامية وأنها تحتوي قدراً مناسباً من القيم الإسلامية ولكن ليس بالمستوى المطلوب كدراسة أكاديمية البحث العلمي والتكنولوجي الأردنية (1987) ودراسة السويد (1992)، ودراسة جحجوح (1999).

7.أظهرت نتائج بعض الدراسات السابقة أن تعليم القيم في نظم التعليم العربية غائبة في كل محاولات التطوير والتي تضطلع بها وزارة التربية والتعليم في بعض الأقطار العربية، كدراسة عبد الحليم (1999).

8.أشارت نتائج بعض الدراسات السابقة التي تناولت القيم السائدة في المناهج الدراسية أن تلك المناهج ترتكز على قيم المجال المعرفي أكثر من المجالات الأخرى كدراسة جحجوح (1999).

9. يختلف البحث الحالي عن البحوث السابقة من حيث كونه تناول القيم الأخلاقية بجانبها التربوي والمستمدة من القرآن الكريم والسنة النبوية الطاهرة وفي ضوء المنهج الإسلامي الذي يحدد المعايير الواضحة لبناء شخصية الإنسان المسلم أخذاً بنظر الاعتبار التغيرات والتحولات السريعة

التـي يشـهدها عالمنـا المعـاصر في مختلـف ميـادين الحيـاة الإنسـانية والـذي لم تتناولـه الدراسات السابقة على حد علم الباحث.

10. أن المنظومـة القيميـة الأخلاقيـة التـي سـوف يتبناهـا البحـث الحـالي تسـتمد أصـولها ومقوماتها وأحكامها من القرآن الكريم والسنة النبوية الطاهرة.

11. أثرت الدراسات السابقة الباحث وذلك من خلال الإطلاع على المنهجية المناسبة لدراسـة المنظومات القيمية والتعرف عـلى المراجـع والمصـادر والمقترحـات والتوصـيات التـي تضمنتها تلك الدراسات.

12. أن ما يمكن استخلاصه مما عرض من دراسات سابقة أن منظومة القيم الأخلاقية يمكـن تطويرها إلى مستوى أشمل توازناً وتكاملاً وذلك بالتمثل الصحيح لتلك المنظومة من خلال الرجوع إلى منابعها الأصلية المتمثلة بالقرآن الكريم والسـنة النبويـة الشريـفة كمرجعية أساسية لبناء شخصية الإنسان المسلم ومساعدته في أعادة النظـر في بنائـه الفكري وتصحيح صوره الذهنية وتحضيره بغية ترجمة تلك القيم إلى سلوك أنساني.

وتأسيساً على ما تقدم فأن الباحث أراد من عرض تلـك الدراسـات الاستشـهاد والاسـتدلال بها لغايات خلقية ومعرفية وعلمية ومرجعية صائبة كإطار نظري تربوي يعزز من أهمية البحث الحالي ويسهم في تركيب أجزائه ووحدته مـن حيث المنهجية العلميـة المخطـط لهـا، ومـن حيث الوصف والاستنباط والتحليـل والتركيـب لاستكشـاف المنظـــومة القيميـة الأخلاقيـة ومـن حيث النتائج المتوقعة منــــــه.

الفصل الثالث

المبحث الأول

مفهوم القيم

ان موضوع القيم قديم قدم الإنسان نفسه، وقد تناوله الفلاسفة وعلماء الاقتصاد وعلماء التربية وعلماء النفس ولقد لقيت دراسة القيم عناية كبيرة واهتماماً عظيما من رواد الفكر الفلسفي وأقطاب الدراسات الأخلاقية القدماء والمعاصرين.

وقد عرف هؤلاء الفلاسفة القدامى والمحدثين مفهوم القيمة، ولكنهم عبروا عنها بأسماء متنوعة (الخير) (والخير الأسمى) (والكمال)، فعندما تعرض أفلاطون وديكارت لبحث مشكلة القيمة لم يلجأ فصلها عن مشكلة الواقع. اذ بدأ الواقع في نظر كلا الاثنين يخضع لمبدأ سماه أفلاطون بالخير وسماه ديكارت بالكامل او الله.. وهذا المبدأ يمثل قيمة الوجود وقيمة الكمال على السواء، فثمة تطابق بين القيمة والماهية والوجود كما ان هناك تماثلاً في مراتبها (فال، 1967، 419).

وما فلسفة أفلاطون في جوهرها ومضمونها الا فلسفة قيم وان كانت فلسفته تنصب على عالم الوجود كله، فان الغرض الأقصى لتأمله الفلسفي هو (الخير) الذي يدرك بكونه أساس الوجود والمعرفة على السواء (جويك،1949: 114) فيقول أفلاطون على لسان سقراط ان صورة الخير هي موضوع العلم الأسمى وان امتزاج هذا الجوهر بالأشياء العادلة، وسائر الأجسام المخلوقة يجعلها نافعة ومفيدة (أفلاطون، د، ت: 198).

وفي الوقت الذي اتجه فيه الفلاسفة الكلاسيكيون إلى القول بوجود علاقة بين القيمة والكينونة، رأى كانت الالماني (1724-1804) وجود تعارض بينهما من جانب وهذا واضح جلي في نظريته عن القيم الأخلاقية التي تخضع لفكرة الواجب، فعالم القيم في نظره،وكذلك عالم الأشياء في ذاتها موصدة امام فهمنا النظري، ولكنه منفتح امام عقلنا العملي ففي الأول ليس هناك اية علاقات خاصة بالقيم، أما الآخر ففيه وفرة في العلاقات المرتبطة بالقيم (فال، 1967 :419)

ولكن (كانت) في آخر كتبه النقدية (نقد الحكم) قد اتجه إلى القول بوجود قيمة داخل العالم الواقعي تعتمد على التنظيم والغائية الكامنة، وقام بتحليل هذه القيمة عندما تحدث عن الاستاطيق وعلم الكائنات الحية (فال،1967 :420)،وان اول من استعمل لفظة (القيمة) وحلل فكرة القيمة من الناحية الفلسفية هو لوتس (LOTIZE) (رويه، 1960: 3) واللاهوتي ريتشل (Ritachi) وعلماء الاقتصاد النمساويين بوجه خاص أمثال مانجر(Menger) وفون وايزر(Von Wieser) وفون بوم بافرك (Von Bohm baverk) ثم اهتدى نيتشه بعد ذلك إلى نظريته التي تهدف إلى إعادة تقويم كل القيم، ويرى نيتشه ما يراه رجال الدين من ان مرجع الحكم بالخيرية والشرية هو الله بأوامره ونواهيه او العقل العملي العام لدى الناس جميعاً كما يرى(كانت) ان مرد ذلك في رأيه إلى الطبيعة الإنسانية الخاصة وما فيها من غرائز، وبذلك يكون لكل طائفة متماثلة تقديرها الخاص للأعمال الأخلاقية (موسى، 1953 : 283).

وتمثل فلسفة القيم كما ظهرت عند لوتس، وكما تمت تنميتها بعد ذلك عند فلاسفة كثيرين آخرين، محاولة لإعادة الكشف عن نوع من الوحدة في النواحي التي تعرضت للتصدع بتأثير الثورة الكانتية، وحدث ذلك في العهد الذي بوغت فيه الإنسان بمواجهته عالم خال من القيم وهذا يعني ان نظريات القيمة لا تظهر الا في اللحظات التي يقل فيها الشعور بالقيمة في ذاتها، أي عندما يتضاءل الشعور بالقيمة فنحن نحيا في عالم يمكن مقارنته بالكهف الذي أشير أليه في كتاب الجمهورية كما هو موجود(فال، 1967: 420-421)، وهكذا ذاع استعمال كلمة (القيمة) بين جمهرة المثقفين وهكذا أخذت نظريات القيمة المكانة الأولى في المانيا حوالي 1900 وفي إنجلترا وأمريكا عام 1910 اما في فرنسا فقد ظل الأمر على عكس ذلك على الرغم من أن بعض البحوث المهمة التي نشرت متفرقة، ودام ذلك حتى السنوات الأخيرة (رويه، 1960: 4).

والواقع ان أهمية دراسة القيم لا تقف داخل نطاق الفكر الفلسفي وحده بل تتعداه فالقيم من المفاهيم الجوهرية في جميع ميادين الحياة الاقتصادية والسياسية والاجتماعية وهي تمس العلاقات الإنسانية بكافة صورها، وذلك لأنها(ضرورة

اجتماعية)، ولأنها معايير واهداف لابد ان تجدها في كل مجتمع منظم سواء اكان متأخرا ام متقدما فهي تتغلغل في الأفراد في شكل اتجاهات ودوافع وتطلعات، وتظهر في السلوك الظاهري الشعوري واللاشعوري، وفي المواقف التي تتطلب ارتباط هؤلاء الأفراد تعبر القيم عن نفسها في قوانين وبرامج التنظيم الاجتماعي والنظم الاجتماعية (ذياب، 1966 :16)، وان النشاط القيمي يتجلى اكثر ما يتجلى، في أولوية الإرادة، وقد اختص الذكاء بإتاحة الفرصة أمامها لتعي ذاتها وتعي غاياتها، وان أصالة القيمة لتتكثف في ملتقى تحول الشيء الممكن إلى شيء موجود ومتحول يبدو وكأنه يتبع مشيئتنا وحدها. ولكن النشاط القيمي لا يزيد في جوهره عن انه نشاط تفضيلي او ترجيح أي نشاط (شعور بما يستلزم الوجود) وبما يستلزم ان وجد، ولابد من الانتباه إلى ان هذا التفضيل لا يحيل إلى حركة آلية وسير آلي لان السير الآلي جملة حركات حسب بنية سابقة.. مثال ذلك الة متحركة تستطيع أحداث النتائج التي هيأت لأحداثها.ولكنها لا تقوم الا بدور وسيط بين الفاعل الذي يراها وبين النتائج الناجمة عن حركتها، وهذا النوع من النشاط يباين النشاط القيمي المنصف بان له وحدة ذاتية، وقصدا شعوريا يتطلع إلى غاية ومعرفة تتعالى على ما تحقق من مراحلها حتى تنجز وحدة وجودها في حيز الوجود (العوا، 1987: 218) لمفهوم القيم التي قدمها المشتغلون والباحثون في هذا المجال وكذلك اختلافهم في طريقة واسلوب تناولها وقياسها. فان هناك مجموعة من الخصائص المشتركة بين تلك التعريفات والتي لخصها (شوار تزوبلسكي) : (في انها عبارة عن مفاهيم او تصورات للمرغوب تتعلق بضرب من ضروب السلوك، او غاية من الغايات، وتسمو او تعلو على المواقف النوعية، ويمكن ترتيبها حسب أهميتها النسبية)(Structre,1987.550-562)، وفي ضوء ما تقدم ان تناولنا لمفهوم القيم في بحثنا الحالي كونها تكشف (عن الأحكام التي يصدرها الفرد بدرجات معينة من التفضيل او عدم التفضيل للموضوعات او الأشياء وذلك في ضوء تقوية هذه الموضوعات، أذ ان هذه العملية تتم من خلال التفاعل بين الفرد بمعارفه

وخبراته، وبين ممثلي الإطار الحضاري الـذي يعيش فيه ويكتسب مـن خلاله هـذه الخبرات والمعارف).

ان مفهوم القيم من المفاهيم التي يتوافر استعمالها عندما يتناول حديث الناس عن المهم والخطير في الأمور، فهو من المفاهيم التي تستخدم مـثلا عنـد الحديث عـن انقسـام العـالم إلى معسكرين ثـم هـو مـن المفاهيم التي تستعمل للمقارنـة بين النظم الاقتصادية والسياسية والعلاقات الإنسانية في المجتمعات البشرية.. وهو ايضا من المفاهيم التي تستخدم عند الحديث عن مستقبل العالم ومصير الإنسانية، ولا يقتصر حديث القيم على المشكلات العامة ذات الطابع القومي او الدولي فحسب بل نجده يتناول كذلك سلوك الأفراد، والقيم في هذا المجال من الوسائل الهامة في التمييز بين أنماط حياة الأفراد والجماعات (عماد الدين وآخرون، 1962: 4) وخلاصة القول ان القيم تتغلغل في حياة الناس أفراد وجماعات ترتبط عندهم بمعنى الحياة ذاتها لأنها ترتبط ارتباطا وثيقا بدوافع السلوك والآمال والأهداف. ويعد مفهوم القيم من المفاهيم التي حظيت باهتمام الباحثين من تخصصات مختلفة، وقد نتج عن ذلك نوع من الخلط والتباين في استخدام هذا المفهوم من تخصص لأخر، بل ويستخدم استخدامات متعددة داخل التخصص الواحد، فـلا يوجد تعريف واحد لمفهوم القيم يأخذ بها جميع المشتغلين فـي مجال علم النفس الاجتماعي ـ كموضوع يقع في دائرة اهتمامه(Muguire , 1985.233-364).

طبيعة القيم :

نستطيع ان نعـرف طبيعـة القيم مـن خـلال التتبع التـاريخي للفكر الفلسـفي اذ المـح أفلاطون في كتاباته عن فكرة القيمة وذلك حين جعل الخير على راس الفضائل كما أوردنا انفا وفي كتابات أر سطو إشارة إلى ان الصور التي تتجلى فيها الأشياء هـي التي تمثل غاياتها وأقدارها ولذلك يقول :(والخير قد يقال على أنحاء في الذات وفي الكيف، وفي المضاف والذات والجوهر اقدم من المضاف فأن المضاف يشبه الفرع والشيء العارض في الذات، فليس لهذه اذن صورة مـا عامـة، وايضا لما كان الخير يقال له على حسب الاتجاه الذي يقال به الموجود وذلك انه يقال في الذات، كما يقال اللـه والعقل،

ويقال في الكيف مثل الفضائل ويقال في الكم مثل العدل، ويقال في المضاف مثل النافع، ويقال في الزمان مثل الوقت المواقف ويقال في المكان مثل الوطن، وواضح أنها ليست لها خير واحد مشترك لأنه لو كان واحدا لما كان يقال في جميع المقولات لكن كان يقال في واحد منها فقط، وكذلك لو كانت الخيرات كلها صورة واحدة لكانت جميع الخيرات علم واحد وليس الامر كذلك بل ان تحت مقولة واحدة من الخيرات علوما كثيرة مثال ذلك الوقت المؤقت المواقف، العلم به في الحرب لتدبير الحرب. والعلم به في المرض للطب والعلم بالمعتدل، اما للغذاء فللطب، واما للتعب فعلم الرياضية) (ارسطوطاليس 1979 : 17). تنامى الاهتمام بدراسة القيم عند الفلاسفة المحدثين حتى نشأ فرع للقيم من فروع الفلسفة قائم بذاته سمي (Axiology) أي علم القيم في الكلمة اليونانية (Axios) والتي يقابلها في الإنكليزية كلمة (Worth) وفي العربية(القدرة) و(الاستحقاق) فهذا الفرع من الفلسفة يبحث في طبيعة القيم واصنافها ومعاييرها ويسمى احيانا (نظرية القيم) وتعد نشأته من اكبر إنجازات القرن التاسع عشر في ميدان الفلسفة، وكان من ابرز العاملين على تطويره اقطاب (الكانتية الجديدة) من اتباع (كانت) مثل لوتس (Lotze) وريتش (Retch) و (ميوتل) (Meinong e) و (رنيفلز) (Ehvenfis).

وقد اسهم (نيتشه) (Nietsche) في تطويره في كتابه تطور الأخلاق- (ncyclopedia, 1973. 961

(962 ولقد كانت دراسة القيم ضمن مواضيع الاقتصاد الأساسية، وظهرت نظريات عديدة تبحث في طبيعة القيم، الا انها لم تعرف علميا الا في القرن التاسع عشر بوصفها من المواضيع الفلسفية الأصيلة التي شغلت منزلة الصدارة بين موضوعات الفلسفة من حيث الأهمية والأسباب التاريخية لهذا التغيير في المواقف واضحة تماما وهي تبدو في الانتقال من العقلانية إلى الإرادية والنظام القاسي للروح البشرية الذي يبدو في التطبيق الكلي لمفاهيم النشوء والصراع من اجل الوجود وهذا التغيير التدريجي يأتي من دعوة نيتشه إلى إعادة تقييم القيم وكيفية تصنيفها فهو يعد الأب الروحي لفلسفة القيم اذ كان أول من زعزع اليقين من القيم في العصر

الحديث واليه يعود الفضل في البحث عن طبيعة القيم وكيفية تصنيفها (نازلي، 1978 : 16)، والاتجاه الذي يرمي إلى خلق جمال جديد للقيم يرجع إلى الفلسفة الألمانية اذ يعد الأب المؤسس لحركة القيم في الفلسفة الحديثة هو رودلف هرمان لوتسه وهو أول من حلل القيمة من الناحية الفلسفية لأنه ارتأى ان نقطة البداية الميتافيزيقية (ما وراء الطبيعة) بغية هي الأخلاق وشاركه في هذه الجهود زميله اللاهوتي ريتشتل في مؤلفة (الدفاع عن المسيحية) ثم تابع الفلاسفة الألمان جهودهما في هذا المجال (Nicoles ,1969. 50-51) اما التطور اللاحق في نظرية القيم فيرجع إلى اتجاهين أساسيين ظهر فيهما مايسمى بالمدرسة الألمانية الأولى والثانية الأولى هي المدرسة الاقتصادية التي تضم المتخصصين في القيمة الاقتصادية أمثال مانجروفون وايرز وفون يوشيم بافرك (Nicoles,1969.50.51).

أما المدرسة الألمانية الثانية في القيم (المدرسة الفلسفية) والتي تضم (برنتانو) وكلا من اهرنفلس، ويوتيخ وتلامذته الذين بحثوا في القيمة بمعناها الفلسفي العام بتأثير من أسلافهم السابقين(Nicoles,1969.50) وكذلك هناك مدرسة بارن كانتيه الجديدة أسسها فيلهام فندلياند (1848-1915) وتطورت لدى هوجو متستر برج وقد اثرت المدرسة الألمانية للقيمة في الفلاسفة الأميركيين باتجاهها نحو ايجاد نظرية عامة للقيمة واتضح هذا التأثير لدى كل من بيري وباركر وياربان وبما يتفق مع المفهوم الشامل للقيمة قد حاول فلاسفة القيمة من المدرسة الالمانية والذين اثروا تاثيرا جوهريا في معظم فلاسفة الأمريكان والإنجليز ان يجدوا نظرية عامة للقيمة مشارا أليها، علم للقيمة (Nicoles,1969 ,.50).

لقد طور برنتانو خلال محاضراته في علم الأخلاق في جامعة فينا عام 1876 حتى عام 1894 العمل الأساسي لنظريته في القيمة محددا أساس التقسيم في عواطف ومواقف الإنسان في التناقض بين مركب العواطف الإيجابية، الحب الميل، السرور، وايضا العواطف السلبية مثل الكراهية، وعدم الميل، والنفور وقد وصفت الفئة الأولى من الأفعال العاطفية بأنها حب والثانية بأنها كراهية (عطية 1989: 135)، وقد طور

ميتونج تلميذ برتثانو تحليلا منظما للتقييم بما يتماشى مع أفكار أستاذه وفي معالجة كـل مـنهما، فان القيمة ليست قيمة مستقلة بذاتها امام الأشياء ولكنها سمة اشتقاقية تنبع من علاقة الأشياء بالبشر الذين يتفاعلون معها تجريبيا ومع ذلك فلها أساس موضوعي في مميزات المواضيع الخاصة بها، والقيمة بهذه الصورة ذات الأساس الموضوعي المستقل عن الفكر والعاطفة والخبرة ترتبط بالنتيجـة التـي تـرى خبرات القيمة اما ان تكون مناسبة او غـير مناسبة وهذا المفهوم للصلاحية الموضوعية لدى مدرسة برتثانو تم التمسك بها بوساطة تابعي هـوسرل في الفينمولوجيا مثل شنيدر وايضا كتابات هارتمان (عطية،1989: 135).

وكان ما بين ابرز ما كشـفت عنه نظريـة القيم الحديثة هـو التمييـز بـين القيم الذاتيـة (Subjective) التي تنشا من النفس، فهي داخلية (Internal) وتعبر عن علاقة الشخص بأحد الأمـور او الأشياء في بيئته وعن رغبته الشخصية فيهـا، والقيم الموضوعية (Objectivr) والامـور والأشياء حتى تكون قيمتها كامنة فيها. وخارجه (External) مستقلة عـن نظر الإنسان اليهـا وعلاقتـه بهـا ورغبته فيها خارجه عنه.

ولعل اول مـن نبـه إلى ذلك في العصر الحديث الفيلسوف الألماني (كـانت) وتبعه (لوتسه) و(ريتش) (Rotsch) وغيرهم الذين توصلوا إلى نتيجة ان القيمـة الموضـوعية تعني أمـوراً واشياء ليست مجرد ما يرغب فيه الأشخاص فحسب، بل ما تكون جديرة بالإعجاب والتقدير وبان تكون مرغوبة لذاتها وذهب   إلى هذا الاتجاه الفيلسوف الفرنسي أوجست كونت (August conte) مؤسس الفلسفة الوضعية المتوفى عام 1857 م وهو اول من وجه الدراسات الأخلاقيـة وعزلهـا عـن الفلسفة وحاول ان يجعلها علما او ان يصوغها صياغة علمية (موسى،د، ت،292)

وقـد شرط القيم بـالواقع لا بالتـأملات واستعمل في الوصول إلى ذلك مـنهج الملاحظـة والتجريب وجاء بعده (دوركهايم) الذي نظر إلى الأعمال الأخلاقيـة عـلى انها ظواهر اجتماعيـة فطبق عليها التجربة والملاحظة وتدرس في الماضي لشرح الحاضر وفهمه وتعلمه وليكون من هـذا قانون عـام في سلوك السبيل السوي دون ان يلجأ إلى

علم آخر لتقدير ما شاء من اخلاق ولكن (دور كهايم) مع هذا الاتجاه القوي الواضح نجده يميل إلى المذهب العقلي او انه مذهب ينتمي إلى مذهب عقلي على أساس اجتماعي فهو يرى ان العمل او الحقيقة الأخلاقية تتحدد بطابع الإلزام والجزاء وان العقل وحده يبني عنده الفن الاجتماعي او الأخلاقي. وان للعقل كل الحرية في تدبير هذا العمل دون ذلك، وان كان تبرير العمل الذي لا يرتكز على تحليل تاريخي يكون بناءاً في الهواء (موسى، د، ت: 293)، أما المدرسة الأمريكية والتي تأثرت بالفلسفة الألمانية. فقد اعد بيري بعد ان شهد تسارعاً للأحداث والأفكار بعد الحرب العالمية الأولى، أنموذجا للمدرسة الأمريكية لدراسة القيم فيقول عنه شنيدر قد كانت إحدى الإنجازات الجوهرية في النزعة الواقعية الجديدة الأمريكية والتي كانت قادرة على ان تواجه مواجهة فعالة الأخلاق الثانية المتعارف عليها (هربت، د، ت: 435)، وهناك اتجاه فكري يرى ان القيم موضوعية ومطلقة ويمثله جماعة المثاليين والحدسيين والمطلقين الذين يؤكدون ان العالم عالمان متشابهان، عامل المثل وعالم الواقع، وان القيم المنبثقة من عالم المثل هي القيم السائدة. ويمثل هذا الاتجاه قديم من أيام الفيلسوف اليوناني أفلاطون. والقيم عند أصحاب هذا الاتجاه تتسم بعدة سمات منها انها خالدة ووحيدة وثابتة وموضوعية وغير قابلة للتجديد ومعيارية وإلزامية وقبلية ومتعالية عن الحس ثم يردون هذه القيم مرة إلى جوهر المطلق ومرة إلى مملكة الغابات ومرة ثالثة إلى الإرادة العليا الميتافيزيقية ومرة رابعة إلى الحدس الخلقي (أحمد، 1983: 6- 9)، وهناك اختلاف بين من تناولوا موضوع القيم فهل هي نسبية ام مطلقة فالبراجماتيون يرون ان القيم نسبية فليس هناك خير مطلق او شر مطلق فالخير او الشر يعود للممارسة والخبرة اذ يرى (ديوى) ان الخبرة والممارسة ينبوع القيم أما المثاليون فعلى النقيض من ذلك فهم يرون ان القيم مطلقة لان القيم الحقيقة في عالم المثل كذلك فهي ثابتة ومطلقة وفيها الخير سواء مارسها الإنسان أم لم يمارسها. أما الفلسفة الإسلامية فقد احتوت قيم مطلقة كالصدق والأمانة والعدل وقيم نسبية مما ليس فيها نص وتحتاج إلى اجتهاد او إجماع لإقرارها.

اما مكونات القيم فتتكون من ثلاثة مستويات رئيسة هي : المكون المعرفي والمكون الوجداني، والمكون السلوكي.

أولاً : المكون المعرفي :

ومعياره الاختيار أي انتقاء القيمة من إبدال مختلفة بحرية كاملة بحيث ينظر الفرد في عواقب انتقاء كل بديل ويتحمل مسؤولية انتقائه بكاملها وهذا يعني ان الانعكاس اللاإرادي لا يشكل اختيارا يرتبط بالقيم ويؤكد كولبرج على التطور المعرفي الخلقي ويشمل ثلاث مكونات افتراضية ممكن تمييزها، وهي الحكم الخلقي والأخلاق العاطفية والسلوك الخلقي، ويرى ان التطور النموذجي يشمل الانتقال من مستوى الحدود الخارجية (العقاب والثواب) في الطفولة نحو المستوى الاجتماعي في الالتزام الخلقي ثم باتجاه مستوى الالتزام الخلقي والثبوت المنطقي في استيعاب الأخلاق (Berzonsky,1981.7-8)، ويعد الاختيار المستوى الأول في سلم الدرجات المؤدية إلى القيم ويتكون من ثلاث درجات او خطوات متتالية هي.. استكشاف البدائل الممكنة، والنظر في عواقب كل بديل ثم الاختيار الحر.

ثانياً :المكون الوجداني :

ومعياره التقدير الذي ينعكس في التعلق بالقيمة والاعتزاز بها والشعور بالسعادة لاختيارها والرغبة في إعلانها على الملا ويعد التقدير المستوى الثاني في سلم الدرجة المؤدية الى القيم ويتكون من خطوتين متتاليتين هما : الشعور بالسعادة لاختيار القيمة واعلان التمسك بالقيمة على الملأ.

ثالثاً:المكون السلوكي :

ومعياره (الممارسة والعمل) او (الفعل) ويشمل الممارسة الفعلية للقيمة او الممارسة على نحو يتسق مع القيمة المنتقاة على ان تتكرر الممارسة بصورة مستمرة في اوضاع مختلفة كلما سنحت الفرصة لذلك وتعد الممارسة المستوى الثالث في سلم

الدرجات المؤدية إلى القيم وتتكون من خطوتين متتاليتين وهي ترجمة القيمة إلى ممارسة او بناء نمط قيمي (العاجز، 1999 :7 – 8).

وظيفة القيم :

تؤدي القيم دورا جوهريا وأساسيا في توجيه السلوك على مستوى الفرد والجماعة، فهي الموجه له في كل تصرفاته واقواله نحو الأفضل، مما ينعكس أثرها الإيجابي على شخصية الإنسان ومن ثم على أفراد المجتمع من خلال تفاعله وتعامله معهم. ان منظومة القيم اذا استقرت وتجسدت في شخصية الفرد تصبح وكأنها معيارا ومحركا وموجها لسلوك الفرد.

فالقيم هي مجموعة من الأحكام المعيارية المنطلقة من الثوابت المتصلة بمضامين واقعية يتشربها الفرد من خلال انفعاله وتفاعله مع المواقف والخبرات المختلفة بعيدة عن الذوبان شرط ان تنال هذه الأحكام قبولا من المجتمع والتي تتجسد في سياقات الفرد السلوكية او اللفظية أو اتجاهاته واهتماماته، فالقيم الاجتماعية والفضائل الخلقية هي التي تعطي البشرية صورتها وما هيتها الإنسانية مما يتطلب اتخاذ القرارات الخلقية واصدار الأحكام القيميمة وتحديد المواقف السلوكية بشكل مستمر (رضا، 1972 : 124).

ان جوهر السلوك الاجتماعي للفرد يقوم على مبدأ النظام التربوي الذي يحكم العلاقات بين الناس وعلى القيم التي يتمثلونها بينهم، أذ تؤدي القيم دورا كبيرا في تحقيق التوائم بين الفرد ومن حوله، فهي تربط بين البناء الاجتماعي والشخصية الفردية، فالمنظور القيمي يعد من أوضح مصادر الإحساس الواعي لدى الفرد بالذات وبالآخرين (نشواني، 1984 : 37).

والقيم هي موضوع العلوم الإنسانية والطبيعية على السواء، اذ تقف وراء كل عمل إنساني، وكل تنظيم اجتماعي واقتصادي أو سياسي، فموضوعها هو علاقة الإنسان بالكون الذي يعيش فيه، ونظرته الى ذاته وإلى الآخرين، وإلى سلوكه وأنواع ضبطه، وإلى مكانه من المجتمع بأنظمته وعلاقاته وبماضيه وحاضره ومستقبله (عفيفي، 1980 :139). ولكل مجتمع إطاره القيمي الخاص الذي يشترك فيه ابناء هذا المجتمع،

وليس معنى هذا ان أبناء المجتمع صورة متشابهة، فواقع الأمر ان لكل فرد إطاره القيمي الخاص الذي يميزه عن غيره ولكن المقصود ان بين أفراد المجتمع الواحد بعض القيم المشتركة التي تشعرهم بالانتماء لبعضهم على الرغم من نقاط الاختلاف المتعددة بينهم، وعلى الرغم من ان القيم ذات ثبات واستمرار نسبي، فهي قابلة للتغيير نتيجة للتفاعل المستمر بين الفرد وبيئته، وليس معنى ان القيم تتجاوب تماماً مع البيئة، فالواقع ان كثير من المشاكل الاجتماعية تنبع من عدم تجانس قيم الجماعات المختلفة بالمجتمع الواحد (كاظم،1962: 33).

فالقيم ضرورية في حياة الناس، أذ إنها تساعدهم على تحقيق مقدرتهم الذاتية على الاختيار والابتكار والتجديد، وهي ضرورية ايضا للمجتمع لتنمية وتطوير أنظمته الاجتماعية والتربوية.

ان القيم من أهم دعامات البناء الاجتماعي وتماسكه وهي الركائز الأخلاقية للمجتمع، إذ تساعد على تنظيم العلاقات الاجتماعية الإيجابية بين أفراده ولا يستقم المجتمع بدونها لأنه إذا فقدها يفقد أهم مقومات تماسكه وضمان اطمئنان الفرد والمجتمع وسير الحياة بطريقة منتظمة في طريق العدل والخير ويتحقق بها ولا يوصف في الأقل بواحدة من الضد منها، ان الإنسان مخلوق اجتماعي بالفطرة ولا يمكن عزله عن محيطه الاجتماعي، فالإنسان كائن مخلوق خلقا ديناميا يتفاعل مع كل ما يحيط به من مؤثرات تتأثر ويؤثر فيها. ولذا فان قيم الفرد في جوهرها هي نتائج ذلك التفاعل بأبعاده البنائية الذاتية والمؤثرات الاجتماعية التي تكتنفه وهذا هو مصدر التمايز بين الناس.

فالقيم بناءاً على ما سبق هي نوع من القناعة المرتكزة على منظومة المعتقدات التي يؤمن بها الفرد بحيث تحدد عبرها التصرفات المقبولة اجتماعيا من غير المناسبة. وتعد التنشئة الاجتماعية المصدر الرئيسي لاكتساب الفرد لقيمه فالقيم لا تنقل بواسطة الوراثة البيولوجية وإنما يتم اكتسابها بالتعلم(sonck,1971) لذا اتجه علماء التربية إلى جعل القيم من أولويات اهتماماتهم فيما يقومون ويخططون به من أبحاث ودراسات ووفق برامج منظمة، إذ لا يمكن النظر إلى التربية بمعزل عن القيم الأخلاقية

والمعتقدات، ومن ثم فلا بد من وضع القيم في الاعتبار في اية عملية يكون الهدف منها بناء الإنسان وتربيته. فالقيم تؤدي دورا بارزا في توجيه سلوك الفرد عند استخدامها في التعليم لأنها تعتبر دليلا يسترشد به المربي حول ما ينبغي ان يقوم به وما يجب ان لا يقوم به وذلك من خلال مختلف الأنشطة المصاحبة للمنهج وكذلك النشاط المنهجي وهي تعزز الدافعية لدى الفرد لاستخدام الوسائل والأجهزة في التعليم وتثير نشاط المعلمين لكونها تفاعل بين البعد الوجداني والبعد المعرفي الذي يحدث داخل شخصياتهم.

لذا كانت التربية في مجملها تدور حول عملية أساسية وهي بناء شخصية الفرد بناءا متكاملا من جميع جوانبها روحيا وعقليا ووجدانيا وخلقيا واجتماعيا   (خليفة، 1992 : 210)ٰ فان ذلك لا يتم إلا من خلال إكسابها مجموعة من   القيم الأساسية الوظيفية التي تضفي عليها كمالها الأخلاقي وتأتي في مقدمة هذه   القيم احترام الذات وحب التفوق والتدين المستنير (الزنتاني، 1993: 25)ٰ وقد كشفت الدراسات على   أهمية القيم في خلق البيئة التربوية المناسبة التي تحقق المزيد من التفاعل وزيادة استيعاب التلاميذ وفهمهم (قمر، 1992 : 13).

ان الإنسان ليس فقط مخلو ق له اهتماماته الاجتماعية والاقتصادية والسياسية بل له أيضاً اهتمامات قيمية يبلورها ويعيشها في مختلف نواحي الحياة المختلفة   وان الإنسان هو المسؤول عن تطوير منظومته القيمية التي يؤمن بها في ضوء عمليات التفكير التي يمارسها للوصول إلى مجموعة من المسلمات والقناعات الشخصية التي يطور على أساسها منظومته القيمية والتي يجب ان لا تتعارض مع قيم المجتمع.

ان القيم لا تؤدي أكلها إلا إذا توفرت لها البيئة الخصبة الملائمة فيحصد ثمارها وبدون ذلك تبقى قيما نظرية لا قيمة لها في حياة الفرد.

فالقيم الأصيلة التي يتمسك بها الفرد والناتجة عن قناعة راسخة تحدث تغيرا ملموسا وشاملا في سلوكه وهي تمثل إطارا مرجعيا في تنظيم سلوك الفرد وتوجيهه بالاتجاه الصحيح.

- ان وظيفة القيم والتعامل معها ضرورة فردية واجتماعية اذ ان وجوها مـرتبط بوجـود الإنسان والمجتمع، وهناك مجموعـة مـن الوظـائف التـي تؤديها القـيم للفرد ومـن الوظائف المباشرة للقيم توجيه الأفعـال الإنسانية او أفعـال الأفـراد في المواقـف التـي يتعرضون لها في مختلـف جوانـب حياتهم، ويطلـق عـلى هـذه الوظيفة أولاً بالوظيفـة الدافعة.

- والوظيفة الثانية هـي، الوظيفة التوافقية حيث تؤدي القيم إلى تحقيق التوافق النفسي والاجتماعي للفرد، حيث ان لكل مرحلـة عمريـة مجموعـة مـن السـمات والخصائص المعرفية والوجدانية والسلوكية التي تميزها عـن المراحـل الأخـرى وان هـذا النسـق القيمي التوافقي في حالة توازنه يؤدي إلى تحقيق توافق الفـرد مـع القواعـد والمعـايير الاجتماعية والأخلاقية السائدة في المجتمع.

- ان معرفة الفرد لمضمون النسق القيمي السائد في محيطه يسـهل عليـه عمليـة فهـم العالم المحيط به، كما ان القيم تـزود الفـرد بـالحوافز والبواحث لإصلاح ذات الفـرد وتقويم اعوجاجها، كما إنها تساعد في تشكيل الخلق القويم للفرد وكبح جماح النـفس البشرية وضبط شهواتها.

- الوظيفة الثالثة :ان للقيم دور بارز وفعال في إبراز دور العقل وتثقيفه ليحتل مركـز القيادة لسلوك الفرد وان القيم تعطي النظم الاجتماعية أساساً عقليا وتحمي المجتمـع من الأنانيـة والدونيـة وتزوده بالوسـائل والأسـاليب التـي تسـاعده عـلى التعامـل مـع المجتمعات الإنسانية الأخرى (B u hler,1962, 76)

- الوظيفة الرابعة :كما ان دور القيم في مجال الوقاية، لا يقل عن دورها في مجال العلاج وذلك سواء فيما يتعلق بالوقايـة من الإصابة بالأمراض النفسية او الوقايـة مـن بعـض المشكلات الخطيرة كمشكلة تعـاطي المخدرات (هـول،1971: 97) ولـذلك فـان علـماء الصحة النفسية لا يهملون في دراسـاتهم قـيم المجتمـع واخلاقـه ودينـه وظروفـه الاجتماعية والسياسية والثقافية وهم لا يمارسون مسؤولياتهم في الصحة النفسية وفي علاج الانحراف وفي الوقاية

منها بعيدا عن قيمهم واخلاقهم ومعتقداتهم الدينية. ولهذا فان أي عملية تهدف إلى تعديل السلوك ينبغي ان تضع في الاعتبار جميع جوانب الشخصية بما في ذلك القيم وذلك لما لها من أهمية في مجال التوافق النفسي والاجتماعي وفي هذا الصدد يشير (بوهلر) إلى ان للقيم أهمية كبيرة في مجال العلاج النفسي(العاجز والعمري، 1999 :13).

كما أكد (كارل يونج) في أبحاثه ودراساته النفسية ضرورة غرس قيمة الأيمان لدى المريض النفسي حتى يتم شفاءه، كما أوضح ان الشخص يصبح مريضا نفسيا بعد ان ظل الطريق عن الجوانب الدينية والروحية، وان المريض النفسي لا يتسنى له الشفاء الا حين يسترد نظرته للحياة الدينية حيث توفر القيم الدينية الأمن والأمان بالنسبة للفرد (خليفة،1992 :200).

وان لوظيفة القيم ونسق القيم أهمية وبخاصة في الإرشاد والعلاج النفسي حيث تعد من اهم الخصائص الشخصية للعميل، وتفيد دراسة القيم في لفت نظر العاملين في الإرشاد والعلاج النفسي والتربية إلى ضرورة تقبل الفروق الفردية في القيم بين الثقافات الفرعية المتباينة، كذلك يلعب نسق القيم دورا هاما في تحديد أهداف عملية التعليم وعملية الإرشاد والعلاج النفسي. (زهران ومحمد، 1985: 73-113).

وفي هذا الصدد يرى الاختصاصيون النفسيون ان القيم لا تقل أهمية عن الاتجاهات في خدمة حاجات الدفاع عن الانا وهي وظيفة من وظائف القيم، فهذه الوظيفة تساعد الفرد على تبريرات معينة لتامين حياته. أما الوظيفة الأخرى للقيم فقد كشفت نتائج الدراسات عن أهمية القيم في مجال الإنتاج، فالقيم بعامة والقيم الدينية بخاصة ترتبط ارتباطا وثيقا بالعمل ومستوى الإنتاج، وذلك لان العمل يعتبر حاملا للقيمة ومن خلاله يحقق الفرد وجوده هذا من ناحية ومن ناحية ثانية فان للعمل غايات يهدف اليها ترفع مستوى حياة الناس وزيادة الإنتاج وخفض البطالة، ولهذه الغايات قيمه، كأن ينجم عن زيادة الإنتاج قدر عظيم من الرفاهية، كما يؤدي تمسك

الأفراد بالقيم الدينية إلى زيادة توافقهم في الحياة من خلال تحقيقهم لكيانهم ووجودهم ومكانتهم الاجتماعية في العمل (أبو النيل، 1978:117).

ان وظائف القيم المذكورة انفا تمثل ركنا أساسياً في تكوين العلاقات بين الفرد والمجتمع، كما انها تسهم بشكل فعال في تحديد طبقة التفاعل بينهم وان هذه الوظائف المتعددة تعود بالنفع على شخصية الفرد من جهة وعلى حياة المجتمع من جهة ثانية.

ويمكن تناول وظائف القيم على المستوى الفردي والاجتماعي وكما ياتي :

أولا: وظيفة القيم على المستوى الفردي.

1. ان القيم تنمي لدى الفرد الإحساس بالأمان، اذ تمنحه الفرصة المناسبة في التعبير عن ذاته وبالتالي مساعدته على فهم الآخرين والتوافق والتكييف معهم.
2. تعمل القيم كموجهات للسلوك ومعايير يستخدمها الفرد لتقويم نشاطه، فهي تحكم سلوكه وتجعله يتسم بالتوحد والتناسق وعدم التناقض في كل ما يصدر عنه وكل ما يقوم به من أنشطة.
3. القيم تمثل قوة دافعة للعمل بل وأدائه على خير وجه وفي احسن صورة، وبذل كل جهد لإنجازه.
4. تعمل القيم على إصلاح الفرد أخلاقيا واجتماعيا وتربويا اذ تزوده بشعور عال من التوجه الداخلي النابع من صميم الذات يدفعه لتحسين إدراكه ومعتقداته لتصبح الرؤيا أمامه واضحة لفهم العالم المحيط به.
5. تساعد على التنبؤ بسلوك الأفراد ليسهل التعامل معهم في ضوئها من خلال تحديد ما لديهم من قيم او أخلاقيات في المواقف المختلفة.
6. تساعد الفرد في الحصول على استحسان ورضا الجميع ممن حوله فمن يتحلى بالقيم الأخلاقية يكون محل اعتزاز وتقدير من جميع أفراد المجتمع، فالفرد الصادق الامين يكون محل اعتزاز وتكريم وتقدير من افراد المجتمع والعكس هو الصحيح.

7. تعمل القيم على ضبط وتوجيه سلوك الفرد، فلا تغلب شهواته على عقله ووجدانه، لانها ترتبط بأسس واحكام محددة يستطيع من خلالها التميز بين الصواب والخطأ، فيتصرف في ضوئها (أبو العينين،1988: 35).

ثانيا : وظيفة القيم على المستوى الاجتماعي :

1. تحفظ للمجتمع تماسكه الاجتماعي والأخلاقي، حيث تحدد له أهداف حياته ومثله العليا ومبادئه الثابتة المستقرة التي توفر له التماسك والثبات اللازمين لممارسة حياة اجتماعية سليمة. فكلما زادت وحدة القيم داخل المجتمع زاد تماسكه وارتباطه وكلما ضعف ارتباطه زاد تفككه الاجتماعي واهتزت قيمة الأخلاقية.

2. تدفع القيم الأفراد في المجتمع إلى العمل وتوجه نشاطهم وتعمل على ضغط هذا النشاط موحدا ومتماسكا وتصونه من التناقض والاضطراب (الشافعي،1971: 373).

3. وقاية المجتمع من الانحرافات والآفات الاجتماعية المرضية، لذلك فأنها تعمل على إصلاح الفرد خلقيا ونفسيا ووجدانيا وتوجهه نحو عمل الخير والإحسان والعمل الصالح.

4. تقي المجتمع من الأنانية المفرطة والنزعات الشهوانية الطائشة، حيث تحمل الأفراد على التفكير الموضوعي في أعمالهم، على أنها محاولات للوصول إلى أهداف، هي غايات في حد ذاتها، بدلا من النظر أليها على إنها مجرد أعمال لإشباع الرغبات والشهوات، ولذا فان القيم والمثل العليا في أي جماعة هي الهدف الذي يسعى جميع أعضاؤها للوصول اليه (أبو العينين،1988: 35-36).

5. تساعد القيم على التنبؤ بمستقبل المجتمعات، اذ هي الركيزة الاساسية التي تقوم عليها الحضارات الإنسانية، وهي مؤشرات للحضارة. فالمجتمع الذي يلتزم افراده بالقيم الأخلاقية الأصيلة يتنبأ له بحضارة ورقي وازدهار، بينما

المجتمع الذي تنهار قيمه الاخلاقية تسقط حضارته ويسير في طريق التخلف والتمزق الاجتماعي والانحطاط.

6. تزود القيم المجتمع بالكيفية التي يتعامل بها مع المجتمعات الإنسانية الاخرى اذ تحدد له اهداف ومبررات وجوده فيسلك افراده في ضوئها فتعطي المجتمع شكله المتميز وتحدد له ما يجب ان يكون عليه والطريق الذي ينبغي على افراده ان يسلكوه.

7. تستخدم القيم في عملية العلاج النفسي والإرشاد التربوي والمهني، اذ تمكن افرد المجتمع من السيطرة على النفس (ضبط النفس)، كما تستخدم في مجال التوجيه المهني والإرشاد التربوي والنفسي بما يساعد على اختيار الأفراد الصالحين للمهن المختلفة.

8. ربط اجزاء ثقافات المجتمع ببعضها حتى تبدو متماسكة ومترابطة ومتناسقة وبما يساعد على تماسك المجتمع ووحدته الاجتماعية.

9. تحفظ للمجتمع استقراره وكيانه بمساعدته على مواجهة التغيرات التي يتعرض لها من خلال تحديد الاختيارات والبدائل الصحيحة التي تسهل على الناس حياتهم.

وتأسيسا على ما تقدم فان الوظائف الفردية والاجتماعية للقيم تتكامل فيما بينها لتؤدي ما ياتي :

1. بناء الذات الإنسانية القادرة على التوافق والتكيف الإيجابي مع ظروف الحياة بالشكل الذي يجعل الإنسان قادرا على اداء الدور الحضاري المطلوب منه اتجاه المجتمع وبما يتناسب مع قدراته وإمكاناته الشخصية.

2. تعطي المجتمع الخصائص والسمات التي تميزه عن المجتمعات الأخرى (العاجز والعمري،1999 :13).

وخلاصة القول ان القيم تعد منظمات اجتماعية للعلاقات والتفاعلات التي تحدث ما بين الفرد والجماعة لتؤدي دورا جوهريا وفعالا سواء على المستوى

الفردي او الجماعي، وهي تقدم تبريرات لأفعال الأفراد وتعطي تفسيرات للسلوك والدوافع الكامنة خلفه، مـن هنا يمكن اعتبارهـا مـن أهم الأسـاليب والوسـائل التي تزيد مـن فهم الشخصية وتمكن من تفسيره التباين في السلوك (كامل، 1996: 669-693)، وان الشخصية هي عبارة عن التنظيم القيمي للفرد (محمد، 1990: 87)

تصنيف القيم :

يمكن القول ان ترتيب القيم داخل السلم القيمي يتباين من بناء إلى بناء ومن زمان إلى زمان آخر، لان القيم في حقيقة الأمر تعكس الواقع الاجتماعي السائد، لذا فان فئات القيم الإنسانية تتنوع في البناء الواحد ويعزى السبب في ذلك إلى تباين الاهتمامات والمصالح الروحية والاقتصادية والسياسية وكذلك إلى اختلاف تفضيلات الأفراد أنفسهم وتباين أحكامهم التقديرية والواقعية لمظاهر النشاط الاجتماعي (فرج 1989: 394).

ويقر الكثيرون من درسوا موضوع القيم، انه من الصعب تصنيفها تصنيفا شاملا، وفي هذا الصـدد يقـول كلاكهـون (K lukhoho). نحـن لم نكتشـف بعد تصنيف شامل(Parson,1985,p.44. ويقول سورلي (s orley) (من المستحيل ان تكون هناك قاعدة يمكن على أساسها تحديد كل القيم)(S orley,1981,p.22) ولذا فالفلاسفة والعلماء تجنبوا أية محاولة لتصنيف القيم او تمييز بعضها عن بعض، هذا من جهة ولكن من جهة أخرى ان تصنيف القيم يساعد على الإيضاح وتجنب البلبلة والخلط ولذلك حاول البعض من المهتمين والعلماء تقديم اقتراح لسلم قيمي ينتج من وضع الأشياء في مراتب ودرجات بعضها فوق بعض وبعضها ارفع من بعض ولذلك كان من خصائص القيم انها تترتب فيما بينها ترتيبا هرميا فتهيمن بعض القيم على غيرها او تخضع لها، بمعنى ان قيمة ما تهيمن على باقي القيم عنده وتحتل الدرجة الأولى وقمة النسق القيمي وتكون في مركز الصدارة في حياته لأنها القيمة العليا من وجهه نظرة خاصة وعلى حساب فلسفته للأمور وتقويمه للاشيا فمن الأفراد من تسيطر عليهم القيمة السياسية مثلا ومنهم من تسيطر عليهم القيمة الاقتصادية وهكذا والقيمة العليا عند الفرد تكون بسبب سيطرتها القوية عليها عاملا من عوامل تكامل سلوك

الفرد، بمعنى انها توجه القيم الأخرى، التي لا تعمل الا مرؤوسة لها ومسترشدة بها ومؤتمرة بأوامرها، فلو فرضنا على سبيل المثال ان القيمة العليا عند فرد من الأفراد، هي القيمة الدينية فان هذه القيمة الرائدة، تكون بؤرة السلوك والتصرفات عند الفرد ليصدر منها الإشعاع الذي يلون باقي القيم جميعها بلون خاص وبصنفها المميز وبذلك تطبع الشخص بطابع خاص هو الطابع الديني، وهكذا يمكن ان يقال عن القيمة السياسية والقيمة الاقتصادية او اية قيمة تسيطر على نسق القيم التي يؤمن بها الفرد وتحتل مكان الصدارة من بين القيم الأخرى التي يؤمن بها وهكذا هو الفرق بين السياسي والفنان والمهندس والأديب ورجل الدين والطبيب والعامل والجاهل، فسلوك كل من هؤلاء يختلف عن سلوك الآخر لأنه يدل على ترتيب خاص للقيم في سلم القيم عند كل منهم (ذياب،1966: 79) بمعنى ان الاختلاف بين شخص واخر سببه الاختلاف في فلسفة كل واحد منهم ونظرته للحياة وهذا حتما يقودنا إلى اختلاف الجماعات والشعوب يعود إلى الفلسفة التي تؤمن بها هذه الجماعات او تلك الشعوب.فيقول الفندي بهذا الصدد : " إلى ان كل شعب من الشعوب يحيا حياة خاصة او يتخذ قيمة من القيم أساس كيانه، فتارة يكون قلب الحياة (أي القيمة العليا) السياسة، وتارة يكون الاقتصاد او تارة أخرى يكون الدين، وتارة يكون غير ذلك من أنواع النشاط الإنساني فكلما قرب الفرد من قلب الحياة في الشعب الذي يعيش فيه قرب من القيم الأولى أي المختارة في أمته، او كلما بعد عن ذلك القلب بعد عن تلك القيم وانزوى الى قيم اقل أهمية"(W hite,1951,.11-12)

من ابرز التصانيف التي تناولت تصنيف القيم هي :

أولاً: تصنيف القيم عموما على أساس أبعادها :

1 : بعد المحتوى Emanation of Content :

ويعد من ابرز التصانيف التى قدمت في هذا المجال_التصنيف الذي قدمه سبرينجر (Spranger) أذ أحتوى هذا التصنيف ست أنماط من القيم هي (ذياب 1966 : 52-97):

أ.القيم النظرية:

ويقصد بها اهتمام الفرد في اكتشاف الحقيقة منمياً في سبيل ذلك اتجاها معرفيا صرفا نحو العالم المحيط به لموازنة الأشياء وفق أهميتها للقوانين التي تحكم الموجودات بقصد معرفتها من دون النظر إلى قيمتها العملية والنفعية او الجمالية وتظهر هذه القيمة لدى أرباب الفكر والفلاسفة (الشيخ، 1964، 29).

ب.القيم الاقتصادية :

ويقصد بها اهتمام الفرد بما هو نافع ماديا ويكون العلم وسيلة للحصول على الثروة وزيادتها عن طريق الإنتاج والتسويق واستهلاك البضائع واستثمارها الأموال وهى تظهر لدى رجال الأعمال والمال (جوراد،1973: 106).

ج.القيم الجمالية :

ويقصد بها اهتمام الفرد بما هو جميل من حيث الشكل والتناسق والتوافق وذلك لان ينظر إلى العالم المحيط به نظرة تقدير له من ناحية التكوين والتنسيق والتوافق الشكلي فالشخص ذو القيم الجمالية يسعى وراء الشكل والتناسق ويحكم على كل خبره من حيث التماثل والتناسب (أبو حطب، 1974: 56).

د.القيم الاجتماعية :

ويقصد بها اهتمام الفرد بغيره من الناس لأنه يحبهم ويميل إلى مساعدتهم ويجد في كل ذلك إشباعا لرغباته. والذين يتميزون بهذه القيمة يتصفون بالحنان والإيثار ومشاركة الآخرين في مشاعرهم (إبراهيم،1961: 264)

هـ.القيم السياسية:

ويقصد بها اهتمام الفرد بالحصول على القوة لهذا فهو يهدف إلى السيطرة والتحكم بالأشياء والأشخاص ويتصف أيضا بقدرته على توجيه غيره والتحكم فى مصائرهم لأنهم يهتمون أساسا بالقوة ويعبرون عن أنفسهم بالرغبة في السيطرة مهما كانت مهنتهم (A llport,1931,.10)

و. القيم الدينية :

ويقصد بها اهتمام الفرد بما وراء العالم الظاهري والرغبة في معرفة اصل الإنسان ومصيره وذلك لانه يرى ان هناك قوة تسيطر على العالم الذي يعيش فيه وعليه ان يحاول ان يصل نفسه بهذه القوة لانها تعبر عن معتقدات ومشاعر دينية (القري،1995: 106).

2. بعد المقصد.

وتصنف القيم من حيث المقصد إلى نوعين هما :

أ. قيم وسيلية : (Instrumental Values) :

وهي تلك القيم التي ينظر اليها الأفراد والجماعات على انها وسائل لغايات ابعد (السامرائي،1988: 104).

ب. قيم غائية : (Goal Values) : وهي أهـداف وفضـائل تصـنعها الجماعـات والأفراد لأنفسها (ذياب، 1966: 76).

3.بعد الشدة (Demention of Intesiy)

.وهذا النوع من التصنيف هو (بعد الشدة) يهتم بالقيم مـن حيـث درجـة الالتـزام التـي تفرضها، وبنوع الجزاء الذي تقدره وتوقعه على من يخالفهـا الا انـه يميـز ثلاثـة مسـتويات لشـدة القيم والزامها وهي :

أ. القيم الإلزامية :

وتشمل هذه القيم والفرائض والنواهي، وبهذا فهي تضم قيما ذات قدسية يلتزم بها افراد ثقافة معينة وعلى المجتمع تنفيذها بقوة وحزم سواء عـن طريق العرف وقوة الرأي العام او عـن طريق القانون والعرف (ذياب،1966: 23)

ب.القيم التفضيلية :

وتشمل القيم التي يشجع المجتمع افراده على التمسك بها لكنه لا يلزمهم مراعاتها إلزامـا يتطلب العقاب الصارم الحاسم الصريح لمن يخالفها منها النجاح في الحياة العملية او الترقية في ميدان العمل (إسماعيل وآخرون : 1982: 180).

ج.القيم المثالية او الطوبائية :

وهي قيم يجد الناس استحالة تحقيقها بصورة كاملة على الرغم من انها كثيرا ما تؤثر تاثيرا بالغ القوة في توجيه سلوك الأفراد مثل القيم التي تدعو إلى مقابلة الإساءة بالإحسان (إسماعيل وآخرون، 1982 : 20).

4. بعد العمومية (Demension Generality) تصنف القيم من حيث عموميتها إلى :

أ. القيم العامة : وهي قيم يصح انتشارها في المجتمع كله ويتوقف انتشارها في المجتمع على مدى التجانس فيه، ومن امثلة هذه القيم الاعتقاد في اهمية الدين والزواج وغيرها (ذياب، 1966 :82).

ب. القيم الخاصة : وهي القيم المتعلقة بمواقف وبمناسبات اجتماعية معينة او بمناطق محدودة او جماعة خاصة (ذياب،1966: 82).

5. بعد الوضوح (Demention of Explicitness) : تقسم القيم من حيث وضوحها إلى نوعين :

أ. القيم الظاهرة : وهي القيم التي يصرح بها الناس ويعبرون عنها بالكلام والسلوك معا.

ب.القيم الضمنية : وهي القيم التي تستخلص ويستدل على وجودها من ملاحظة الاختيارات والاتجاهات التي تتكرر في سلوك الأفراد (مرعي وأحمد، 1984: 232).

6. بعد الدوام (Demention of permanenoy) : تصنف القيم من حيث دوامها إلى نوعين هما :

أ. القيم العابرة : وهي القيم العارضة القصيرة الدوام مثل القيم المرتبطة بالموضة (ذياب 1966 :90).

ب.القيم الدائمة : وهي القيم التي تبقى وتدوم زمنا طويلا ويعتقد البعض ان القيم العابرة ترتبط بالقيم المادية اما القيم الدائمية، فترتبط بالقيم الروحية (مرعي وأحمد 1984: 233).

ثانياً : تصنيف نيكولاس رجر(1969):

قدم نيكولاس رجر محاولة لعرض مختلف أسس تصنيف القيم على النحو آلاتي (Nicoles, 1969,p.13).

أ. التصنيف على أساس محتضني القيمة : وهي تشمل القيم الشخصية وقيم العمل وقيم الجماعات العليا والقيم القومية.

ب ـالتصنيف في ضوء موضوعات القيم وتكون على الشكل التالي :

ت	نمط القيمة	تفسير موضوع التقويم
1	قيم الأشياء	الخصائص المرغوبة في الأشياء، والحيوانات كالسرعة والنقاء
2	قيم بيئية	الخصائص المرغوبة البيئية الطبيعية غير الإنسانية كالجمال في المناظر الطبيعية
3	القيم الفردية والشخصية	السمات المرغوبة في الأفراد والأشخاص، كالشجاعة والذكاء والبصيرة
4	القيم الجماعية	الخصائص المرغوبة في العلاقات بين الفرد والجماعة التي ينتمي اليها أعضاء الأسرة كالحوار والمهنة.
5	القيم المجتمعية	الخصائص المرغوبة فيما يتصل ببناء المجتمع ونظمه كالعدالة الاقتصادية والمساواة أمام القانون

ب ـ التصنيف على أساس المنفعة وهي كما يأتي :

ت	فئات القيم	نماذج من القيم
1	مادة طبيعية	الصحة، الراحة، سلامة البدن
2	الاقتصادية	الامن الاقتصادي، الإنتاجية
3	الأخلاقية	الأخلاق، الالفة
4	الاجتماعية	الحرية، العدالة
5	السياسية	السياسة
6	الجمالية	الجمال، التناسق
7	الدينية (الروحية)	الشفقة والصفاء والضمير
8	الفكرية	الذكاء، الوضوح
9	المهنية	التقدير المهني والنجاح
10	العاطفية	الحب، القبول

ج ـ التصنيف على أساس الأغراض والأهداف :

يقصد بذلك تصنيف القيم وفقا للغرض المحدد او الهدف الخاص الذي يتحقق بوجودها مثل القيمة الغذائية للطعام او القيمة التبادلية لبعض السلع، والقيمة الاقتصادية لـبعض المـوارد، والقيم التعليمية لبعض البرامج، والقيمة التاريخية لبعض الأشياء.

د.التصنيف على أساس العلاقة بين محتضني القيمة والفائدة وتصنيفها كما يأتي :

1. القيم ذات التوجه الشخصي الذاتي، النجاح، الراحة، الخصوصية.

2. القيم ذوات التوجه نحو الآخرين وهي:القيم ذوات التوجه الجماعي الداخلي وهي :

أ.   القيم الأسرية (التوجه نحو الأسرة).

ب.   القيم المهنية (التوجه نحو المهنة).

ج.   القيم القومية (الاعتداء بالقومية).

د.   القيم المجتمعية (العدالة الاجتماعية).

ه.   القيم ذوات التوجيه الإنساني كالقيم الجمالية او القيم الإنسانية.

و.   التصنيف على أساس العلاقة بين القيم ذاتها ويعتمد هذا التصنيف على مدى ارتباط القيم ببعضها البعض.

ثالثاً: تصنيف شلر (إبراهيم،1968) :

يعتبر شلر في تصنيفه للقيم بأن القيم الأخلاقية ليست نوعاً من جملة أنواع القيم، بل هي تصاحب جميع القيم الأخرى لدى وضعها موضع التنفيذ وقد وضع شلر في تصنيفه للقيم أربع مستويات هي :

1. المستوى الأدنى : وهو مستوى قيم الملاءمة والمنافي، وهي قيم الطبيعة الحسية، وهي تختلف باختلاف الأفراد ويطلق على هؤلاء أصحاب مذهب اللذة.

2. مستوى القيم الحيوية : وهي تشمل الصحة والمرض، الراحة والتعب، الحياة والموت وتعرف بتعارض النبالة والحقارة.

3. مستوى القيم الروحية : وهذه القيم مستقلة عن الجسد وهي تشتمل على قيم الحقيقي والجميل والعادل، وعلى القيم الحيوية ان تتراجع أمام هذه وتضحي بها في سبيل هذه القيم الروحية التي تنتظم في الثقافة.

4. مستوى القيم الدينية : وقوامها المقدس، وموضوعها المطلق وتشتمل على مشاعر الإيمان والعبادة، وتهيمن على سائر القيم، لأنها اساسها ومبدؤها المحبة

رابعاً: تصنيف وايت (White) 1951.

فقد صنف رالف وايت القيم إلى مجالين هما :

ـ مجال الأهداف.

ـ مجال مستوى معايير الحكم.

وجدول رقم (2) يمثل القيم الأساسية ورموز القيم التي يتضمنها تصنيف وايت

خامساً: تصنيف كراثوهل (Krathwahl) :

يشمل تصنيف كراثوهل الاستقبال والاستجابة والحكم القيمي والتنظيم القيمي والتنظيم

في ضوء الخصائص الآتية (L andsheers,1985, p.363):

1.الاستقبال : يقصد به ان تكون لدى المتعلم الحساسية لوجود ظاهرة معينة او مثيرات معينة وكذلك تتحقق الرغبة في تسلمها او الاهتمام بها ويشمل الوعي والرغبة في الاستقبال والانتباه المنضبط.

2.الاستجابة: ويقصد به الاستجابة للمثيرات برغبة واقعية او السلوك الذي يتجاوز الانتباه والاهتمام بالظواهر وليس تسلمها فقط وتشمل قبول الاستجابة والرغبة فيها والرضا عنها.

3. التنظيم القيمي : ويقصد به القيم داخل نسق معين بعد تحديد ترابطها وتشمل تكوين مفهوم قيمة معينة وتكوين نظام للقيم.

4.الحكم القيمي : ويقصد به إصدار أحكام في ضوء قيمة معينة ويشمل إدراك الظواهر على أنها جديرة بالاعتبار ويتضمن تقبل القيمة وتفضيل القيمة والاعتقاد الراسخ.

5.التنظيم في ضوء الخصائص : وهذا يعني ان تنظيم القيم التي تكونت قد احتلت مكاناً في الهرم القيمي وفي نظام منسق داخلي بحيث يكون لها السيطرة على الفرد ولمدة كافية ويتضمن هذا التنظيم تكوين فئة عامة من القيم والتميز في ضوء هذه الفئة من القيم.

سادساً :تصنيف شارلز مورس (Morris,1956)

صنف مورس القيم إلى نوعين هما كما ياتي :

1. **القيم العاملة (operational values)، والتي يمكن الكشف عليها من خلال السلوك التفضيلي.**

2. **القيم المتصور (Conceived values)، وتعني التصورات المثالية لما يجب ان تكون، ويتم في ضوئها الحكم على السلوك او الفعل، ويمكن دراستها من خلال الرموز العاملة في مجال السلوك التفضيلي.**

سابعاً: تصنيف روكتش (Rokeach) 1973.

صنف روكتش (Rokeach) القيم إلى قسمين هما :

1. **القيم الغائية (Terminal values) : وتتكون من 18 قيمة وهي كما يأتي:**

الحياة المريحة	**الحياة المثيرة**	**الإنجاز**
السلام العالمي	**جمال العالم**	**المساواة**
الامن العائلي	**الحرية**	**السعادة**
الانسجام او التناغم الداخلي	**الحب الناضج**	**الامن القومي**
المتعة	**النجاة والخلود في حياة الاخرين**	**احترام الذات**
التقدير او الاعتراف الجماعي	**الصداقة الحقيقية**	**الحكمة**

2. **القيم الوسيلية : وتتكون من (18) قيمة وهي كما يأتي :**

طموح	**واسع الأفق**	**قادراً ومتمكن**
مرح	**نظيف**	**شجاع**
متسامح	**خدوم**	**أمين**
واسع الخيال	**مستقل**	**مثقف**
عقلاني او منطقي	**محب**	**مطيع**
مهذب	**متحمل المسؤولية**	**منضبط (ضبط النفس)**

وقد تعامل روكتش مع نسق القيم على أنها مجموعة من الاتجاهات المترابطة فيما بينها، وتنتظم في شكل بناء متدرج وأشار إلى ان نسق الاعتقاد اللاعتقاد (Belief j Disblief) يعتبر نسقا شاملا للقيم وانساق القيم والاتجاهات (Rokeach,1973,p.79)

وقد حاول عدد من الباحثين المختصين في مجال القيم تطوير انظمة من التصنيفات للمنظومات القيمية (البطش،1990: 96) فقد صنفها كلاكهون إلى ثلاثة أقسام هي :

1ـ القيم الجمالية.

2ـ القيم المعرفية.

3ـ القيم الأخلاقية.

وتأسيسا على ما تقدم اتضح لنا بان ليس هناك اتفاق بين الفلاسفة والعلماء والباحثين التربويين على تصنيف معين للقيم هذا من جانب ومن جانب اخر ان هذه التصانيف اعتمدت على الفلسفة الغربية بمدارسها المختلفة وعلى ثقافة المجتمعات الغربية.

المبحث الثاني

القيم والثقافة

تقوم العلوم الاجتماعية على حقيقتين أساسيتين : أحدهما ان الإنسان كائن اجتماعي واما الأخرى فتتصل بالسلوك الإنساني الذي يصدر في أشكال او أنماط منتظمة وفي صورة على قدر كبير من الاطراد والتواتر إذ لولا هذا التواتر لما نشأت العلوم الاجتماعية وقد عنى الباحثون في العلوم الإنسانية والاجتماعية بدراسة هذا التواتر في السلوك الإنساني وفي الحياة الجمعية وقد استخدموا لذلك مفهومين، ما زالا من المفاهيم الأساسية في الحقل الاجتماعي وهما الثقافة والمجتمع، فالثقافة لا توجد الا بوجود المجتمع ثم ان المجتمع لا يقوم الا بالثقافة (ميشيل، 1997: 7-8)، ان مفهوم الثقافة يشكل بحد ذاته إحدى الأفكار الكبرى التي ساعدت البشرية على تحقيق الكثير من جوانب التقدم والتطور الاجتماعي، ويعزى ذلك بصفة خاصة إلى ما ينطوى عليه مفهوم الثقافة من عناصر داخلية منها. سمة العالمية بمعنى ان كل بني البشر لديهم ثقافتهم الخاصة (محمد واخرون، 1990: 118). ولذلك فان الثقافة بصفة عامة تساعد على التمييز بين فرد واخر وبين جماعة واخرى، وبين مجتمع واخر، بل ان الثقافة هي التي تميز الجنس البشري من غيره من الأجناس لان الثقافة هي التي تؤكد الصفة الإنسانية في الجنس البشري فالمفهوم الثقافي يدل على السلوك الذي يمارسه الإنسان ويشمل على شعوره ومعتقداته وحياته داخل إطار مجتمعه، وقد حاول كثير من العلماء الاجتماعيين والتربويين والنفسانيين منذ القرن الماضي الوصول إلى تعريف او تحديد لمفهوم الثقافة وما زالوا وهناك اليوم ما يزيد على مائة وخمسين تعريف للثقافة بعضها جامع وشامل وبعضها محدود (محمد وآخرون، 1985: 200) ولعل اقدم التعريفات للثقافة هو تعريف ادوارد تايلور E. B. Tylor (الكل المركب الذي يشمل على المعرفة والمعتقدات الفنون والأخلاق والقانون والعرف وغير ذلك من الإمكانيات او العادات التي يكتسبها الإنسان عضواً في المجتمع (E.B. Tylor.1971).

وهكذا يبرز هذا التعريف العناصر اللامادية (المعنوية) لحياة الناس في جماعة كالأخلاق والقانون والعرف والقيم، إلى جانب العنصر المادي للثقافة علاوة على العلاقات بين الناس وبين العناصر المكونة للثقافة.

اما كلاكهون فقد عرف الثقافة بأنها وسائل الحياة المختلفة الي توصل اليها الانسان عبر التاريخ الظاهر والمتضمن العقلي واللاعقلي التي توجد في وقت معين والتي ترشد وتوجه سلوك الأفراد في المجتمع (Kluckhohn,1945,.97)

ولعل من ابسط تعريفات الثقافة واكثرها وضوحا تعريف روبرت برستد الذي ظهر في اوائل الستينات أذ عرفها بقوله (ان الثقافة هي ذلك الكل المركب الذي يتالف من كل ما نفكر فيه، او نقوم بعمله، او نتملكه كأعضاء في المجتمع)(Biersteds,1963,115)،

يظهر هذا التعريف الصيغة التأليفية للثقافة لتصبح ظاهرة مركبة تتكون من عناصر بعضها فكري وبعضها سلوكي وبعضها مادي.

أما تعريف الدمرداش : فقد عرفها:(ذلك النسيج الكلي المعقد من الأفكار والمعتقدات والعادات والتقاليد والاتجاهات، والقيم وأساليب التفكير والعمل وأنماط السلوك، وكل ما ينبني عليه من تجديدات او ابتكارات او وسائل في حياة الناس مما ينشأ في ظله كل عضو من اعضاء الجماعة او مما ينحدر الينا من الماضي فنأخذ به كما هو او نطوره في ضوء ظروف حياتنا الراهنة)(الدمرداش، ومنير،1972: 48-49).

وقد عرفت منظمة الأمم المتحدة للتربية والعلوم والثقافة (اليونسكو) في إعلان مكسيكو (يوليو/1982) حيث ينص التعريف (ان الثقافة بمعناها الواسع يمكن ان ينظر اليها على انها جميع السمات الروحية والمادية والفكرية والعاطفية التي تميز مجتمعاً بعينه او فئة اجتماعية بعينها، وهي تشمل الفنون والآداب وطرائق الحياة كما تشمل الحقوق الأساسية للإنسان او نظم القيم والتقاليد والمعتقدات)(الرميحي، 1983: 190).

ويفسر الاعلان بعد ذلك الثقافة تفسيراً اجرائياً فيقول :(ان الثقافة هي التي تمنح الانسان قدرته على التفكير في ذاته، وهي التي تجعل منه كائناً يتميز بالإنسانية المتمثلة

من العقلانية والقدرة على النقد والالتزام الأخلاقي،وعن طريقها -عن طريق الثقافة- نهتدي إلى القيم، ونمارس الاختيار، وهي وسيلة الإنسان للتعبير عن نفسه، والتعرف على ذاته مشروع غير مكتمل وإعادة النظر في إنجازاته دون توان عن مدلولات جديدة وإبداع أعمال يتفوق فيها)(الرميحي، 1983: 192).

ومن خلال تعدد وتنوع تعريفات الثقافة يمكن حصر هذه الأنواع في اتجاهين واضحين : احدهما الثقافة على إنها تتكون من القيم والمعتقدات والمعايير والرموز والأيديولوجيات وغيرها من المنتجات الفعلية اما الاتجاه الآخر فيربط الثقافة بنمط الحياة الكلي لمجتمع ما والعلاقات التي تربط بين أفراده هؤلاء الأفراد في حياتهم. ولمعرفة أي التعاريف اصح واشمل للثقافة كان لابد ان نميز بين ثلاث مصطلحات هي : التميزات الثقافية، والعلاقات الاجتماعية وانماط الحياة فالتميز الثقافي (culturalbias) يشير إلى القيم والمعتقدات المشتركة أو العلاقات الاجتماعية (socialrelations) تعرف بانها انماط العلاقات الشخصية بين الأفراد اما عندما ترمز إلى تركيبة حية من العلاقات الاجتماعية والتميز الثقافي فنحن نرمز إلى نمط الحياة.(way of life) (Beudict,1934.) وان استمرار نمط الحياة يعتمد على وجود علاقة تسانديه متبادلة بين تميز ثقافي معين ونمط محدود للعلاقات الاجتماعية. واي تغير في طريقة إدراك الفرد للطبيعة المادية والإنسانية على سبيل المثال يؤدي إلى تغيير في مدى السلوك الذي يستطيع الفرد تبرير عيشه فيها، ان القيم المشتركة والمعتقدات لا تتلاقى بشكل عشوائي وانما هي دائما مرتبطة بالعلاقات الاجتماعية التي تساعد في إضفاء الشرعية عليها (ميشيل 1997، 32)   واذا ما أراد الأفراد صياغة نمط حياة لأنفسهم ان يتفاوضوا حول مجموعة القيم والمعتقدات. القادرة على دعم هذا النمط، وهدفنا هو بيان انه عبر نطاق واسع من الظواهر سواء كانت طريقة توجيه اللوم ام تفسير اللامبالاة او إدراك المخاطرة تفرز العلاقات الاجتماعية تفضيلات ومدركات معينة تحتفظ بدورها تلك العلاقات. ان طبيعة الثقافة من حيث كونها ربانية او بشرية، لها اثر فاعل وحاسم في نوعية القيم والمعايير التي تشكل منها تلك الثقافة، وهي بالنتيجة ذات اثر حاسم في أنماط السلوك التي درج عليها الأفراد، وإذا كانت

التربية تعني من بين ما تعنيه اقتباس المعارف مــن كنــوز الثقافة بغيــة النجــاح في الحيــاة ثم العيش بانسجام مع كياننا(مسعود، 1999: 53) ويتصل بدراسة علم الانسـان والتربيـة ثلاثة جوانب تتصل بالعلاقة بين القيم والثقافة بوجه خاص، واحدها هو التباين بين القيم والثقافة وممارسـتها الفعلية أي التباين بين الجانب المثالي والواقعي في الثقافة، والثاني : هـو الصـراع بـين القيم التــي تولدت عن التغيير والثالث : هـو عــدم الاتســاق بـين القيم الثقافيـة الســائدة وقيم الأقليات في الثقافة الواحدة (نيلر، د،ت: 131). والقيم تدخل في نطاق الثقافة وتستمد منها، فما هي الا انعكاس لطرق تفكير الأفراد في ثقافة معينة، وفي حقبة زمنيـة معينـة،وكما يقـول(بنجسـتون) انهـا تنتج مـن تحديد الثقافة للمفاهيم المرغوبة فيها(عبد اللطيف، 1992: 51).

وتقوم القيم بحماية المجتمعات من التغيرات (الطارئة) مـن خـلال تحديـدها لاختيـاراتـه الصائبة لكونها تقوم بربط ثقافته ببعضها فتظهرها بشكل متناسـق (أبـو العينـين،1988: 44) وتعمـل الثقافة من خلال كائنات إنسانية وهم بدورهم ومن خلال سلوكهم المنظم، يحاولون خلق النظـام الاجتماعي، فالأسرة والمدرسة ومؤسسات التنشئة الاخرى تحاول ان تعلـم الأطفال الاعتقادات الرئيسة والاقتراحات الرئيسة النابعة من الدين والقانون والقيم والتقاليـد حتـى يـتعلم الطفـل ان يكون سلوكه مقبولا ممن حوله(محمد وآخرون،1985: 311).

ان الثقافة تعني كل أساليب الحياة التي قام بها ويقوم بهـا الإنسـان ويتعلمهـا ويعلمهـا وينقلها إلى الأجيال المختلفة ويشترك فيها مع غيره من أعضاء الثقافة وهي تشمل على كـل أنمـاط السلوك والعادات والتقاليد والأفكار والمعتقدات والقيم والمثل العليا والمحرمات وجميع الأساليب الثقافية، واللغة وكل أساليب الاتصال والفنون والآداب والأشياء المادية الناتجة عنها ويرجع تعقـد الثقافة إلى تراكم التراث الثقافي وتداخل الأنماط الثقافية التي تدخل في تكوين الثقافة في المجتمـع، وكل نمط ثقافي يتكون من عدد كبير من العناصر الثقافية (الفقي، 1977: 7).

ومن الطبيعي ان تشكل منظومة قيم الأفراد من منظومة اكبر هي (منظومة القيم المجتمعية) تلك التي تتكون من مصادر التفكير العليا في المجتمع الدين القانون الفلسفة، العرف ... وغيرها.

تشكل القيم أحد أهم مشتملات الثقافة لاي شعب من الشعوب كما هو موضح في المخطط (2) :

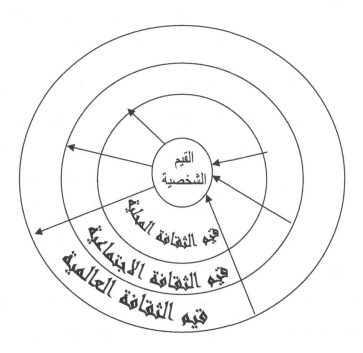

مخطط (2)

ومجمل القول ان منظومة قيم الفرد تتكون في إطار الخبرات التي يتعلمها ومن خلال خبراته تنبثق القيم موجهات عامة لسلوكه وتصبح تلك القيم تعبيرا عن الكينونة او الهوية لكل فرد كذلك فان منظومة القيم المجتمعية هي تلك القيم التي تسود الثقافة وتستمد من مصادر التفكير العليا في المجتمع وتصبح محل احترام وتقدير الأفراد كافة وتصبح هي الأخرى جزءاً أساسياً في تكوين ما يسمى (الشخصية الاجتماعية) او (الشخصية القومية)(حسان وآخرون، 2000: 252) ان الثقافة والمجتمع والشخصية هي

المصدر الرئيس للقيم كمعتقدات وان الاتجاهات وأنماط السلوك هم النتيجة المترتبة على تبني القيم اذن القيم بوصفها موجهات نحو الحياة كامنة خلف الاتجاهات وانماط السلوك وهي مرتبطة بالخبرات التي تعيشها في هذه الحياة تلك الخبرات تماما كما هي مصدر والقيم أيضا العامل الرئيس فيما يطرأ على نسق القيم الشخصية والمجتمعة من تغيرات (محمد وآخرون، 1985: 354) وتبدو أهمية القيم على بكونها اهم عناصر الثقافة بسبب الدور الذي تؤديه في تمايز المجتمعات بعضها عن البعض الآخر، ولكي تفهم طبيعة أي مجتمع والعلاقات السائدة بين أفراده ينبغي ان تحدد الاتجاهات القيمية السائدة فيه عن طريق دراستنا لمواقفه وحلول المشكلات الأساسية التي تواجهه.

والقيم الأساسية في الثقافة تشكل ضمير الجماعة ومصدر الالتزام في المجتمع أي انها مصدر الأمر والنهي بالنسبة للواجبات والمخرجات الثقافية، وهي تعبر عن نقاط الالتقاء بين ضمائر أعضاء الجماعة، وان ضمير الفرد يتكون من الطفولة الأولى نتيجة الالتزام بالأوامر الصادرة للفرد من السلطة الضابطة الخارجية (الوالدان، المدرسون وغيرهم) التي تمثل ثقافة المجتمع وبالتدريج يتعلم الطفل ويصبح قادرا على القيام بالسلوك المرغوب فيه في المواقف المختلفة (إسماعيل، 1982: 42) وتتأثر القيم بالبيئة الثقافية للفرد بحيث تختلف قيمة باختلاف بنية المجتمع الثقافية (هنا، 1966: 602) وهذا يظهر دور القيم على مستوى الجماعة اذ انها تساهم في تنظيم النشاط الاجتماعي للمجتمع من خلال موقعها الجوهري في صميم الثقافة المجتمعية (Schaeller,1992,92) ان قيم الثقافة هي مثالياتها التي تستحق الكفاح من اجلها، بعضها محددة مثل قيمة الأمانة وبعضها الآخر يشق تحديده مثل إيماننا في القيمة العليا للفرد وبعضها مثل الوطنية دائما على شفاه الناس بينما بعض منها مثل إمكان قياس الواقع ، نادرا ما يعترف بها(نيلر،د،ت: 129) وبما ان الثقافة تضم المعتقدات الدينية وأيدلوجيته الاجتماعية، فان التمايز في التركيب الاجتماعي يؤدي إلى تمايز في القيم لدى المجتمعات المختلفة في الأزمنة والأمكنة المختلفة ولذلك فان القيم تترك بصمات واضحة على مجموعة السلوكيات والتصرفات لدى الأفراد، ويؤدي إلى الاختلاف في

مستوى الإدراك والتفكير والنظرة إلى الأمور لدى أفراد المجتمع الواحد إلى اختلاف في القيم داخـل هذا وعلى الرغم من هذا التباين والتمايز الا انها تحتل مكانة مرموقـة بـين العوامـل الضـرورية في توجيه سلوك الأفراد وتنظيمها(الديوي، 1996: 67).

ولذلك فان القيم تعد منظمات اجتماعية. للعلاقات والتفاعلات الاجتماعيـة بـين أعضـاء الجماعات بعضهم مع البعض الآخر وبين المؤسسات المختلفة وهي جميعا ما يحـرص المجتمـع عـلى ان يتمثله أبناؤه، وهم يتشكلون ليصبحوا أعضاء فيه(عثمان، 1986: 157).

ويرى بعض الباحثين ان القيم هي القواعد والأسس التي يستطيع الناس من خلالها وبواسطتها ان يستعيدوا آمالهم ويواجهوا تصرفاتهم (خوري، 1983: 87).

بينما يرى بركات: ان القيم هي مجموعة القوانين والمقاييس التي تنبثق من جماعة ما وتكون بمثابة موجهات للحكم على الأعمال والممارسات المادية والمعنوية وتكون لها من القوة والتأثير على الجماعة بما لها من صفة الضرورة والإلزام والعمومية واي خروج عليها او انحراف عنها، يصبح بمثابة خروج عن أهداف الجماعة ومثلها العليا (أحمد،1983: 4) وهناك من الباحثين من يعتقد بان القيم هي (معتقدات بخصوص ما هو حسن او سيئ وما هو مهم او غير مهم وهذه القيم تولد الاتجاهات التي تحدد السلوك) (فرانسيس، 1995: 37).

ويصفها زاهر محصلة تفاعل معينة وأنها محدد أساسي من المحددات الثقافية للمجتمع (زاهر، 1984: 12) هناك علاقة ما بين الثقافة والقيم وهي علاقة متبادلة وقوية لا تقبل الانفصام، فالقيم التربوية لا بد لها من جذور تستمد منها قوام حياتها وتصورها العام الذي هو مبرر وجودها بالعلاقة ما بين التربية والثقافة والقيم علاقة متبادلة أحدها يؤثر في الآخر فبدون تربية يصعب غرس القيم وتنميتها وبدون القيم تصبح التربية عقيمة غير ذات فائدة (العاجز وآخرون، 1999: 19).

وتعد الأسرة من أهم الجماعات الاجتماعية الأولية التي تتولى غرس قيم الثقافة العامة للمجتمع ككل وفي الوقت نفسه غرس القيم التي تعتنقها الأسرة ذاتها وقيم الأسرة تتضمن كل أساليب الحياة والتفكير. وفي كل أسرة مجموعة من أشكال السلوك

والاتجاهات المقبولة اجتماعيا تدور حول محاور كالدين والجنس والإنتاج وتكوين الأسرة وتربية الأطفال ومناشط العلاقات الاجتماعية فالفرد يولد وهو خلو من المعايير التي تحدد تعامله مع المواقف والأشياء والأشخاص ومن الأهداف التي تنتظم عليها محاور حياته بعد ذلك، ثم تتولى الأسرة رسم توجيهاته في الحياة من خلال ما تمثله الثقافة قيما لها(زاهر،1984 : 62-63).

وان ما تقوم به الثقافة من تأثير في توجيه وأحيانا في تشويه الإدراك الحسي- بالعالم الخارجي قد أثبتت التجارب ان الإيحاء الاجتماعي يؤدي دورا هاما في تكوين الإطارات المرجعية للإحساس، اذ يمكن جعل الثقافة غمامة او مجموعة عدسات من خلالها يرى الإنسان بيئته الخارجية (وصفي، 1981: 128).

ومما لا شك فيه ان لكل فرد من أفراد المجتمع نظامه او طريقه القيمي الخاص به الذي يتضمن أولويات القيمة ضمن إطار أهميتها بالنسبة التي يقرها الفرد للقيم مثل قيم الإيمان والأمانة والمساواة والعدالة والحرية والخصوصية والمسؤولية وما إلى ذلك ان لقيم الإنسان اثر على سلوكه فاثر السلطة التي تشتمل عليها القيم لا تقل عن اثر السلطة التي تشمل عليها الحقائق العلمية(فينكس، 1965: 10).

ويتضح لنا ان القيم جزء أساسي من مكونات ثقافة المجتمع، وهي الوجه البارز لهذه الثقافة، وأي فكر مهما كان علميا وتقدميا لا يستطيع الارتقاء بالأمة ما لم يكن مرتبطا بمنظومة قيم، تتمتع بإيجابياتها ونفعيتها، بشكل يجعلها حاضرة وضابطة للسلوك الاجتماعي المنتظم والفعال (قمر، 1992: 79) ويتجسد البعد الثقافي للقيم من خلال انها " تعمل على ربط أجزاء الثقافة بعضها ببعض، فترتبط العناصر المتعددة والنظم، حتى تبدو متناسقة وأنها تعمل على إعطاء هذه النظم أساساً عقليا يستقر في ذهن أعضاء المجتمع" (غيث، 1963: 93).

ان التحليل الأنثروبولوجي[1] للثقافة يتمحور حول التنظيم المؤسسي للجماعة والمؤسسة وظيفة او جملة وظائف من حيث الفعل الثقافي ويدل على الفعالية التي تلبي حاجات الإنسان وعمله ويميز ميندكوفسكي في التنظيمات المؤسسية بين أربع زمر كبرى هي عنده بمثابة أطر عامة تخطيطية او كليات أنثروبولوجية هي الأبعاد الأربعة لمفهوم الثقافة الأنثروبولوجية : الأدوات المنزلية الثروات المعبرة للاستهلاك الاتفاقات الناظمة العضوية على حد تعبيره لعمل الجماعات المتواجدة مع بعضها الأفكار والقيم والمعتقدات والعادات واللغة والمورثات الشفوي والكتابي ويتوصل إلى ان الثقافة هي جهاز ذي ثلاثة اوجه، مادي، إنساني، روحي يمكن للإنسان من مواجهة المشكلات العينية التي تعرض له بوصفه جسدا هو عبد حاجاته العضوية، او يمكن من ان يعيش في محيط هو في الوقت ذاته حليفة طالما انه يوفر له المواد اللازمة لعمله،وعدوه الآلي بما انه يصبح بالقوى المعادية (بروكيلات، 1968: 38)

وهناك تياران يوضحان العلاقة بين الثقافة والقيم والتيار الأول هو التنازل عن القيم القائمة والتيار الأخر هو اتخاذ موقف الجمود والتقوقع والتحجر وعدم السماح للقيم التي يأخذ بها المرء او المجتمع نفسيهما وكلا التيارين خطير وضار بالكيان الثقافي للمرء والأمة على السواء، ذلك لان الحياة الثقافية بحاجة إلى النمو والتدرج والاستمرار. وهذا يتطلب جميعا عدم القفز من حالة إلى أخرى فجأة، وأيضا عدم التحجر والتقوقع والجمود على حال واحدة فالثقافة في تطورها تشبه الكائن الحي الذي يتصل ماضيه بحاضره، ويتصل حاضره بمستقبله، فإذا انخلع الكائن الحي عن ماضيه بازاء الحاضر، او اذا انخلع عن الحاضر في تقدمه إلى المستقبل فانه يكون بذلك قد فقد قواما جوهريا من قواماته.

واذا حاولنا البحث عن المصادر التي يكسب منها الفرد قيمة لوجدنا ان الفرد يكسب قيمة من عضويته في الجماعة التي يعيش فيها، فمن خلال تفاعله في جماعته

(1) الأنثروبولوجي: علم الإنسان

يمتص القيم السائدة في تلك الجماعة ويجب ملاحظة ان القيمة ليست مجرد رغبة او تفضيل، وانما هي مركب يجمع الأمور المرغوبة لدى الفرد ومقاييس ما يجب ان يكون كما تحددها الثقافة. والقيم لها مقومات الحياة الاجتماعية وبدونها تصبح مستحيلة، فبدون القيم لا يستطيع النسق الاجتماعي تأدية وظائفه في تحقيق أهداف الجماعة، ولا يمكن ان تستمر الحياة الاجتماعية بدون معايير في داخل الفرد ومعايير يوافق عليها بصورة ما، الأفراد الذين يعيشون معا ويعملون معا في داخل الجماعة وبدون تلك المعايير أي القيم لـن يكون هنـاك أمـان شخصي- بالنسبة للفرد ولا تنظيم اجتماعي بالنسبة للجماعة وانما ستعم الفوضى والإهمال وعـدم تقدير المسؤولية ويسود السـلوك الفطري الخـالص. وبعبـارة أخـرى سـينهار الفـرد وتتفكـك شخصيته وينهـار التنظيـم الاجتماعي للجماعة، بدون قيم لا يستطيع الأفراد الحصول على ما يريدون وما يحتاجون إليه مـن الأفراد الآخرين فيما يتعلق بالأمور الشخصية والعاطفية وبالتالي لن يشعروا في داخل ذاتهـم بـأي قدر من النظام ويختفي الشعور بوجود أهداف موحدة، فضلا عن ذلك تضيف القيم القدرة عـلى التنبؤ عن طريق توقع استجابات معينة، وهكذا بدون القيم يعيش الناس في عالم (مشوه متقلب الأوضاع يختفي منه النظام في داخل الجماعة وفي داخل الفرد، وبدون القيم لا يمكـن ان تتكامـل شخصية او تنظم جماعة)(وصفي، 1981: 184).

القيم والتربية :

ينبثق ارتباط القيم بالتربية من خلال أهمية القيم في صياغة الأهداف التربويـة المبنيـة على فلسفة التربية والتي تنبثق أصلا عن فلسفة المجتمع وتأتي أهمية القيم في تعبيرها عن فلسفة مجتمع ما وإطار حياته وتوجيهه للتربية وفلسفتها وأهدافها التي تعتمد في بلورتها وصياغتها عـلى وضوح القيم، لاختيار نوع المعارف والمهارات وتعيين الأنماط السلوكية المرغوبة (أبو العينـين، 1988: 36) ويمكن تفسير العلاقة الوثيقة ما بين القيم والتربية تعد التربية عملية قيمية، تعبر عن أهدافها بطريقة صريحة او ضمنية في

حدود الإطار الثقافي الـذي تعيش فيه ومـن خلاله تسعى إلى بناء القيم في المجالات الخلقيـة والنفسية والاجتماعية والفكرية والسلوكية (أحمد،1983: 32).

ولتضمين القيم في الجوانب المختلفـة للتربية لابد مـن اتخـاذ اسـتراتيجية ترتكـز علـى منظومة قيمية، تصل إلى الناشئة عبر قنوات مبرمجة مـن خـلال العملية التربويـة ولتفعيـل هـذه المنظومة فمن الضروري الاهتمام بدراسة القيم، بطريقة علمية موضوعية مسايرة للتغير الثقافي والتكنولوجي والثورة العلمية التي تستدعي النظـر في تشكيل معارفنا ومفاهيمنا عـن الحيـاة، لتصويب تصورا تنا عن ذاتنا والعالم المحيط بنا نظرا لتدهور وعدم الاستقرار في القيم والمكتسبة لدى افراد المجتمع ولا سيما الشباب الذين فقدوا القدرة على الاختيار والابتعاد عـن تلـك القيم وهذا ما يدفعهم إلى التمرد والضياع والاغتراب (زاهر، 1984: 7).

وقد عد بعض فلاسفة التربية القيم مصدرا أساسيا لأهداف التربيـة، اذ ان هنـاك علاقـة ضرورية بين القيم وأهداف التربية، لان أية أهداف تربوية، ما هـــي الا تعبير عـن أحكـام قيميـه سـواء أكان هذا التعبير عن وعي ام عن غير وعي (محمد، 1989: 11).

والقيم هي موجهات للسلوك، فالقيم تملي على أفراد المجتمع اختيـاراتهم السـلوكية وان لكل مجتمع له قيمه الخاصة سواء أكان هذا المجتمع قرية ام مدينة ام مصنعا ام مدرسة، مسجدا ام مجتمع أمة في بعدها القومي، والقيم تملي الاختيار السلوكي ... ووظيفة القيم في توجيه السلوك تجعلنا نتحرى الدوافع ونتقصى الأحوال والظروف البيئية والمجتمعية.

والقيم لن تكون قيما الا اذا وصلـت إلى مسـتوى العقيـدة وهـذا هـو الفـرق بـين القيم والاتجاه، لان القيمة معتقد يتصف بثباته ورسوخه وليس كالرغبة او الاتجاه مجرد حاجة عرضية في ظرف معين، ويحل مكانه اتجاه آخر او رغبة أخرى اما المعتقدات فهي الضمير الحي البـاقي لجوهر الإنسان (إحسان وآخرون، 1989 : 254) امـا التربيـة فهـي اللبنـة الأساسـية التـي تنطلـق منهـا المبادئ القيمية سواء أكانت تربية مقصودة ام غير مقصودة في الاتجاهين الرسمي غـير رسـمي، إذ تعمل على بناء قيم تربوية ذات ركائز صلبة ويؤكد

التربويين على دور التربية في بناء الحضارة الإنسانية التي تستلزم إعادة بناء الإنسان بناءً تمثل القيم الخلقية صلبه وجوهره، عن طريق التربية التي يجب ان تعمل على بعث القيم في النظام بمراحله وأشكاله المختلفة داخل المدرسة وخارجها وعدها جزءا لا يتجزأ من الأهداف والمناهج وطرائق التدريس (عبد الدايم،1988: 57).

ويؤكد لطفي على دور المؤسسات التعليمية والتربوية في بناء القيم وترجمتها إلى دلالات سلوكية، لاعتبارات مختلفة تتعلق بطبيعة هذه القيم وتغلغلها في البناء الاجتماعي والجماعة ومن أهمها :

- ان التربية في ذاتها عملية قيمية، وان بناء القيم ليست مسؤولية المؤسسة التعليمية لوحدها.

- ان بناء القيم وثيق الصلة بأساسيات الوجود الإنساني.

- ان بناء القيم يتطلب الثنائيات في هذا البناء من عالم المثل وعالم الواقع وبين الأنانية والغيرية، للحد من اغتراب الإنسان عن إطاره الثقافي .

- ان بناء القيم يجب ان يستمد مقومات بنائه من المصادر السماوية، بوصفها جزء لا يتجزأ من حياة البشر، ويجب ان يحتوي البناء الجوانب المادية والمعنوية في الحياة (أحمد، 1983 : 33).

ويتضح لنا ان تحقيق غايات التربية وأهدافها لا يتم الا باتباع الوسائل السليمة والتي تشمل جميع جوانب النظام التربوي بما فيه لترسيخ القيم والعادات والعرف الاجتماعي والتربوي المستمد من ثقافة المجتمع وحضارته. ولذلك يعتقد عبد الغفار (ان تربية الإنسان ليست مجرد تزويده بكم من المعرفة، سواء كانت كثيرة ام قليلة، ولكنها بالدرجة الأولى نسق من القيم يسهم في تشكيل الضمير او الوازع الداخلي الذي يضبط سلوكه وبالتالي فالمعرفة النظرية لابد ان تقترن بالممارسة والعمل وان تترجم إلى سلوك وقيم)(عبد الغفار، 1994: 179).

وعلى الرغم من اختلاف التربويين في كثير من النواحي الا ان جميعهم يؤكدون على بعض القيم مثل أهمية سلطة البالغ والاحتياج للنظام وقيمة المعرفة والنجاح

التربوي وتظهر القيم الثقافية في منهج المدرسة أيضا اذ تقدم الدراسات الوطنية قيم الديمقراطية المفتوحة والحركة الجماعية وإمكانية تحسين مصير الإنسان وكذلك تحوي الأنشطة والنظام المدرسي القيم المقبولة السائدة اذ يتعلم الطفل أثناء الدرس المواظبة والكتابة وأسلوب الإصغاء إلى المعلم ويتعلم كيف يسأل ويكتسب الولاء للمدرسة والتضامن مع رفاقه الطلبة(penelope.L.1984,196-197) الا ان معرفته بهذه القيم لا يعني اكتسابه لها حتى تصبح قيمه الخاصة اذ تتدخل عوامل أخرى في الأمر مثل معايير مجموعة الرفاق وعدم تفضيل بعض المدرسين وربما عدم تحمس أبويه للتربية (Frederick,1985,50-60).وان الصراع بين القيم التقليدية والقيم الجديدة في الاختلاف بين الهدف وبين الاثر الفعلي للتدريس وبين تأثير مدرس وربما يضن ان لديه أثرا والأثر الذي يحدثه فعلاً من رأي (سبندلر) ان التربويين يميلون عموماً إلى ان يكونوا اقل تقليدية عن العامة من ناحية القيم (Geoegy,1981,50).

وتفيد كلمة التربية لغة : التنمية، يقال تارة رباه أي نماه، ربى فلانا أي غذاه ونشأه، ربى بمعنى نمى قواه الجسدية والخلقية وتربى تنشا وتغذى وتثقف (المعجم الوسيط، مادة ربى).

ويعرف النجيحي التربية بأنها (عملية إعداد المواطن الذي يستطيع التكيف مع المجتمع الذي ينشا فيه، ولذلك فهي تعمل على تشكيل الشخصية الإنسانية في أدوار المطاوعة الأولى تشكيلا يقوم على أساس ما يسود المجتمع من تنظيمات سياسية واجتماعية واقتصادية)(النجيحي، 1981: 121).

ولهذا كان لابد للإطار الثقافي الذي يقوم عليه المجتمع من ان يحدد أبعاد العملية التربوية، واتجاهاتها، بحيث لا تخرج عن هذا الإطار الا تطويرا له وتقدما به في عملية زيادة أخذه بيد المجتمع نحو مستقبل افضل.

وعلى هذا الأساس تحتل القيم مركزا أساسيا في توجيه العملية التربوية وفي هذا المجال لا تعمل التربية على المحافظة على التراث الثقافي ونقله من جيل إلى جيل بما في

ذلك القيم الأخلاقية وحسب، وانما تعمل على تطوير هذا الواقع الثقافي مقتربه بذلك بقدر مما تستطيع ما وضعته أمامها من تصور لما ينبغي ان يكون (النجيحي، 1981: 121).

وتهدف التربية إلى غرض سام، وهوان تبلغ بالإنسان حد الكمال المناسب له (البياتي،1990: 20) والتربية الصالحة هي الأداة لإعداد الفرد والمجتمع لتقبل التنمية الاقتصادية والمساهمة فيها بفاعلية، فهي فضلا عن أنها جزء من التنمية الاجتماعية أداة لهذه التنمية ولكل تنمية أخرى، سواء أكانت تنمية اقتصادية ام ثقافية او روحية او سياسية وقد عرفت التربية بأنها (تنمية الإنسان في أبعاده الستة الروحي (البيولوجي العقلي والمعرفي والانفعالي العاطفي، والسلوكي والأخلاقي والاجتماعي) في إطار بعد مركزي هو الإيمان بالله وبوحدانيته، للوصول بالإنسان نحو الكمال، من مجتمع متضامن قائم على قيم ثابتة (الشيباني، 1985: 186).

والقيم هي التي توجه العملية التربوية كاملة، وهي في الوقت نفسه بحاجة إلى وسائل وأساليب ومعلمين ونظام، أي انها في حاجة للتربية، فالعلاقة أذن بين القيم والتربية علاقة تبادلية، فمن دون تربية يصعب غرس القيم وتنميتها، ومن دون القيم تصبح التربية عقيمة غير ذات فائدة.

وتنبثق أهمية القيم في التربية من خلال أهمية التربية المقصودة ودورها في إحداث تغيرات قيمية مرغوبة لدى الأفراد في المجتمع، فالتربية المقصودة تعد عملية اجتماعية يخضع فيها الأفراد لتأثيرات بيئية مختارة ومسيطر عليها وبصورة خاصة البيئة المدرسية، لكي يكتسب أولئك الأفراد أقصى ما يمكن من نمو فردي وكفاءة اجتماعية (مسعود، 1999: 41-42) .

وان الوسيلة الناجمة لحل أية مسألة اجتماعية من مسائل التربية هي تصدر دوما عن نظره شاملة وموقف كامل، وتشمل هذه الحلول في مضمونها تطوير وتغيير القيم، وتنتشر في جميع جنبات التعليم بانتشار الجهاز العصبي في جسم الإنسان (سليمان، 1975: 40) وان لا تربية من دون مجتمع وتراث اجتماعي، وان المجتمع بقيمه وتجربته وتراثه ينقل الفرد من مستوى الحياة الحيوانية الغريزية إلى مستوى الحضارة والحياة الإنسانية،

وان التربية لا تكون تربية حقه اذا كانت مجرد تربية اجتماعية، هدفها ربط الفرد بعادات مجتمعة وتراثه وقيمه وآماله، فالتربية الاجتماعية المحضة لابد ان تكون تربية محافظة، اتباعية لا إبداعية، ولابد ان تكون تربية إلزامية قائمة على السلطة والتلقين والتأديب والأمر، وكثيرا ما يكون هدفها ان تكون لدى الناشئ، عن عناصر ومؤثرات خارجة عن وعيه،ولا يرقى الفرد إلى الوجود الإنساني الحق ولا يغدو قادرا على تطوير قيمة الإنسانية وعلى تطوير مجتمعه الا اذا انتزع نفسه بمعنى من المعاني من المجتمع، والا اذا اصبح في النهاية سيد نفسه وأفكاره، والا اذا غدا في خاتمه المطاف من هو أي ما يصبو إلى ان يكون (عبد الدايم، 1977: 17) لقد ظهر مفهوم التربية الأخلاقية تعبيراً عن الوظيفة الخلقية والقيمية للتربية واكتسبت هذه التربية، معان عديدة تبعا للمصادر والفلسفات التي استندت اليها، والتربية الأخلاقية في معناها الواسع، انما هي تربية القيم - أيا كان مصدرها وتطوير وإنضاج النظام الأخلاقي المعنوي في شخصيات الافراد ومن نافلة القول ان مفهوم الأخلاق نفسه يستند إلى أسس فلسفية ونفسية واجتماعية والقيم ايا كان مصدرها هي في التحليل النهائي موضوعات ذات طبيعة أخلاقية، أي تتسم بطابع معياري يشكل العلاقات الإنسانية بين بني البشر(عبد الدايم، 1974: 223).

ومن خلال ما تقدم يتضح لنا بصورة قاطعة لا تقبل الشك ما للقيم من أهمية بالغة بالنسبة لتربية الأفراد والجماعات في المجتمع، لأنها تتصل اتصالا مباشرا بالأهداف التي تسعى التربية إلى تحقيقها. وللقيم وظائف متكاملة تنعكس إيجابيا على الفرد اذ تساهم في بناء الشخصية السوية القادرة على المشاركة الفاعلة في بناء المجتمع وتحقيق أهداف العملية التربوية فيه، ويبدو اثر القيم واضحا في بناء المجتمع القوي المتماسك الذي تسوده علاقات سليمة في كل جوانب الحياة. وقد كشفت الدراسات على اهمية القيم في توفير البيئة التربوية المناسبة التي تحقق المزيد من فهم التلاميذ واستيعابهم والتفاعل الجيد بين المعلم والتلاميذ(حسان وأخرون 1989 : 242).

ان القيم تشكل عنصرا حيويا في بناء العملية التربوية، فان التربية في مجملها تدور حول عملية أساسية، وهي تشكيل الشخصية السوية المتضافرة في جوانبها

الروحية والعقلية والوجدانية والخلقية والاجتماعية، وهذا يتم من خلال إكساب هذه الشخصية عددا من القيم الأساسية الوظيفية التي تضفي عليها صلاحها الأخلاقي ومن هـذه القيم حب التقوى واحترام الذات والصدق والصبر والعفة وهذه القيم يسعى الإنسان إليها في كل زمـان ومكان والقيم في الوقت نفسه قيد وضابط وقاعـدة تـنظم التعامـل والتواصـل بـين الناس وهـي وسيلة تربوية وثقافية أساسية.

وتقديرا لـدور القيم في تـدعيم العمليـة التربويـة وتحقيـق أهـدافها وفي مقدمتها بناء الشخصية المتوازنة، اذ حث علماء التربيـة طلبـة العلـم عـلى الالتزام والتمسك بـالقيم التربويـة والأخلاقية والإنسانية والروحية، وهي قيم تنظم علاقة الفرد بخالقه.

وتأسيسا على ما تقدم آنفا، ينبغي ان تتركز التربية من الناحية القيمية على النواحي الأتـية :

1ـ تكوين توجه سلبي نحـو القيم المسـتهدف تعديلها حتى تهـوي عـلى السـلم القيمـي للمجتمع، وتفقد وظائفها الاجتماعية وتتحول إلى مجرد اهداف هامشية.

2ـ تكوين توجه إيجابي نحـو القيم المسـتهدفة وتقنـين وظائفها الاجتماعيـة فتصعـد عـلى السلم القيمي.

3ـ العناية بالتوجه نحو القيم القديمة التي لم تفقد وظيفتها الاجتماعية بعد، وفقا للنظـام الجديد، والعمل على تدرجها في السلم القيمي وفقا لمكانتها بين القيم المختلفة (هلال، 1987: 94-226).

وتؤثر قيم المجتمع على المستقبل المهني للفرد، فالمستقبل المهني للفرد لا يعتمـد فقط على استعداده للعمل وانما على المجتمع الذي يعمل فيه والتوجهات السائدة فيه. لذلك اصبح من الضروري ان نتساءل عن القيم الأخلاقية التي يحتاج المجتمع لتحقيق النمو لنفسه.

وهناك مجموعة من الوسائل التي يمكن ان تستخدمها الأسرة في تنميـة وتطوير القيم الأخلاقية لدى أبناءهم ومن هذه الوسائل :

1. تنصيب أنفسهم قدوات تحاكي السلوك الأخلاقي. وان اكثر القدوات تأثيرا في سلوك الأبناء هم الآباء حيث يقف سلوك الأبوين كمصدر أساسي ومن خلال مراقبة سلوكهم ليتعلم الطفل كيف يعد سلوكه ومن فوائد الاقتداء أيضا انه يكشف للأبناء على مدى تمسك الآباء بالقواعد السلوكية التي حددتها الثقافة والقواعد المحبوبة. وهذا من شانه ان يشجع الأبناء على تمثل هذه القواعد.

2. إتاحة معلومات دقيقة للطفل عن سلوكه.

3. إتاحة معلومات عن النتائج الآجلة المترتبة على السلوك ويقصد به ان الأطفال مع ازدياد العمر الزمني في تعليم النتائج المترتبة على سلوكهم وبخاصة المباشرة منها (الفورية) ويعد تعلمهم للنتائج المباشرة المترتبة على سلوكهم أسرع كثيرا من تعلمهم النتائج الآجلة. ومن هنا تقع مسؤولية كبرى على الآباء من حيث تعليم أبنائهم هذه النتائج (حسين، 1987: 44).

القيم والطبيعة الإنسانية :

ان الطبيعة الإنسانية هي نتائج للمقومات الحضارية وأثرها، والحضارة هي نتاج نشاط الأفراد، وحصيلة تفاعلهم مع الحياة، واي فهم للطبيعة الإنسانية إنما يرتبط بأنواع الحركات الاجتماعية السائدة من ناحيتين :

— أولهما: ان هذا الفهم ان هو الا نتيجة تنظيم فكري يعطي هذه الحركات سندا ودعامة.

— والأخرى: ان الحركة الاجتماعية نفسها تظهر من جوانب الطاقات في الطبيعة الإنسانية ما كان خامدا في الأوضاع القديمة (حامد، 1968: 168) وقد حاولت المدارس الفلسفية ان تدرس الطبيعة الإنسانية كل حسب أساسها الفلسفي فمنها من أكد على الجانب المادي فقط ومنها من أكد على الجانب الروحي ومنها من أكد على الجوانب الروحية والمادية معا والباحث يتفق مع امتزاج الطبيعة الإنسانية من جسد وروح، اذ بامتزاج هذين العنصرين تتحقق الحياة

وان لكل من هذين العنصرين صفات تختلـف عـن الأخـرى وهـذا لـيس بالشيء الغريب فلدينا أدلة كثيرة منها الماء مثلا يتركب من اتحاد ذرتين هيـدروجين وذرة أوكسـجين، وعـلى الرغم من ان الماء في شكله وخصائصه العامة مختلف عن مجموع خصائص هاتين المـادتين، ولو حللنا الماء إلى مادتين يفقد طبيعته ولا يبقى هناك ماء.

وكذلك طبيعة الإنسان مركبة من المادة والروح معا، ولهـذا نجـد فيهـا دوافـع فطريـة بعضها مادي وبعضها روحي ومعنوي، وبعضها الثالث مختلف عن هذا وذاك وهو خاصية الإنسان ناتج عن ذلك التركيب الخاص وبه يمتاز الإنسان عن الكائنات الحية الأولى ولذلك يقول الكسيس (ان الإنسان كل لا يتجزأ شديد التعقيد ومن المستحيل إيجاد فكرة مبسطة عنـه، فالإنسـان الـذي يعرفه الأخصائيون ليس الإنسان المحسوس او الإنسان الحقيقي انما هو رسم تخطيطي يتكون مـن التخطيطات التي تكون الأنسجة البدنية وأمزجة الجسم، انه المجتمع الهائل من الخلايا المجموعـة من الأعضاء والشعور وهو إلى جانب هذا الشاعر والبطل والقديس انه ليس فقط الكـائن المعقـد اشد التعقيد الـذي يحللـه العلـماء بوسـائلهم الفنيـة الخاصـة بـل هـو ايضـا جمـاع ميـول البشر- وتهيؤاتهم ورغباتهم)(كارل،1983: 21).

والإنسان في طبيعته وسلوكه مشكلة الوجود، ولغز الحياة الغامض فهو ليس بملك خالص الطهر والنقاء ولا هو بشيطان جوهره الخبيث ولا هو باله يحكم ويـدبر ولا هـو بحيـوان يخضـع ويسخر، انه مشكلة اكثر الكائنات شقاء وأعمقها ألما وأرهفها حساسـية، ولعـل السر- في شقاء الإنسان انه لا يستطيع ان يبلغ مرحلة الاتزان المطلق(محروس،؟ 1988: 9).

ان الوقوف عـلى أبعـاد الطبيعـة الإنسـانية ومعرفـة منطلقاتهـا ومحـددات سـلوكها هـو المصدر الحقيقي للتنظير التربوي، واختلاف النظريات التربوية انما يعزى أساسا إلى اخـتلاف الفهـم للطبيعة الإنسانية واختلاف الوقوف على أبعادها.وعندما اراد أفلاطون ان يؤسس نظريته التربوية اتخذ من نظرته للطبيعة الإنسانية بجوانبها المختلفة أساسا

لذلك، فجاء فكره التربوي صدى وانعكاسا لنظرته للإنسان وفهمه للطبيعة الإنسانية وهكذا كل الفلسفات الأخرى التي جاءت بعد أفلاطون إلى يومنا هذا عندما تضع نظريتها التربوية فإنها اتخذت من نظرتها للإنسان أساسا لذلك ولذلك يمكن القول بان التنظير التربوي يقوم أساسا على الفهم للطبيعة الإنسانية، فالإنسان هو مادة التربية متعلما ومعلما(محروس، 1988: 9).

وأهمية دراسة الطبيعة الإنسانية ضروري لتكوين أساس فلسفي للتربية وبهذا الصدد يقول فينكس (وحيث ان التربية هي عملية توجيه ونمو الأفراد فان طبيعة الفرد تصبح مسألة على درجة كبيرة من الأهمية بالنسبة لفلسفة التربية)   (فينكس، 1965: 697). ويستطرد فينكس ليوصي بان (المفهوم المتميز للتربية يتوقف على معنى الطبيعة الخاصة بالفرد الإنساني)(فينكس، 1965: 698).

ولقد قام الإنسان ومنذ بدء الخليقة، بكثير من المحاولات للتعرف على طبيعته وكشف أسرارها ومعرفة كنهها وإزالة الغموض عنها، ولذلك شغلت الطبيعة الإنسانية الباحثين والمفكرين في مختلف العصور والأزمان، ولا يوجد فيلسوف الا وقد اهتم بدراسة الطبيعة الإنسانية وتحليلها وكانت له آراء وأفكار بشأنها، وشغلت الطبيعة الإنسانية المربين لان فهم الطبيعة الإنسانية ووضوحها يساعدهم على التعرف على أسس عملية التربية والتعليم، ولان الوقوف على أبعاد الطبيعة الإنسانية وفهمها وهو المصدر الحقيقي للتنظير التربوي (فينكس، 1965: 698).

وكما أوضحنا آنفا بان المصدر الأساسي للقيم عند الأفراد هو ثقافة المجتمع الذي ينشئون ويعيشون فيه، ومصدرهم القيم الثقافية السائدة في مجتمع ما وهو تاريخ الجماعة وتراثها التاريخي الذي نقله عن طريق التنشئة من جيل إلى جيل فالتنشئة هي وسيلة الجماعة في المحافظة على قيمها الأساسية عرضا، أي في الجيل الواحد، وطولا، أي تتابع الأجيال، كما انها تسهم في تعديل وتطوير ما يحتاج منها إلى تعديل وتطوير.

وعن طريق التنشئة، يكتسب الطفل القيم الأساسية والدعامات الأولى اللازمة لبناء ذاته وشخصيته وتحديده دوره في محيط الأسرة. وتمثل الأسرة من ناحية ثقافة

المجتمع بصفة عامة وتميل من ناحية أخرى الثقافة الفرعية التي ينتمي اليها بصفة خاصة (نجيب، د،ت: 158).

ان تشكيل القيم واستقرارها عند الإنسان يأتي من خلال قدرته وقابليته على الفهم الواضح للحقائق المتصلة بالأمور والمسائل الوجودية سواء الطبيعية منها ام ما وراء الطبيعة وعلى مدى استفادة الإنسان من القيم الحقيقية التي تشكل الانطلاق لمسيرته في الحياة الدنيا.

وان القيم تهيئ للإنسان خيارات معينة، فتكون لديه القدرة على الاختيار والاستجابة لموقف معين، وانها تمنح الإنسان إمكانية تنفيذ ما هو مطلوب منه، لذلك فالقيم تجعله اقدر واكثر تماسكا وصبرا على التكييف وتحقق للإنسان الشعور بالإفادة لأنها تمنحه القوة والصلابة على مواجهة ضعف النفس، والقيم كذلك تدفع الإنسان لتطوير وتحسين وتهذيب أفكاره ومعتقداته وتساعده على فهم الآخرين من خلال توسيع إطاره المرجعي في فهم علاقاتهم معهم وانها تساعده على تقويم الفرد وإصلاحه أخلاقيا وفكريا واجتماعيا ونفسيا(حسان، 1989: 103).

ان القيم بالنسبة للإنسان وسيلة علاجية ووقائية تساعده على ضبط نزواته وشهواته وتعمل الأسرة عن طريق عملية التنشئة الاجتماعية على إكساب الطفل السلوك الذي يتوافق مع القيم التي تدين بها، وعلى هذا الأساس فان الأسرة قد تعمد على أساليب الثواب والعقاب في تنشئة الطفل وذلك بإثابته على حسن سلوكه وبعقابه على سوء سلوكه، فتدعم الأسرة بهذه الأساليب السلوك الذي يتماشى مع القيم الأساسية التي تدين بها، وتمنح السلوك الذي يتعارض معها، وفوق ذلك فهي تستعمل الأساليب اللفظية، التي تساعد الطفل على ان يتبنى الاتجاهات والقيم التي تمكنه تدريجيا من ان يسلك السلوك المرغوب فيه من تلقاء نفسه إلى ان يصل إلى المستوى الذي يستطيع فيه ان يضبط نفسه دون حاجة إلى توجيه خارجي(حسان، 1989: 241).

وللقيم وظائف متكاملة تنعكس إيجابيا على الفرد اذ تساهم في بناء الشخصية السوية القادرة على المشاركة الفاعلة في بناء المجتمع وتحقيق أهداف العملية التنموية فيه

والتي تستطيع التكيف مع متغيرات الحياة الثقافية والاجتماعية بطريقة صحيحة، ويبدو اثر القيم واضحا في بناء المجتمع القوي المتماسك الذي تسوده علاقات سليمة ليس فقط في مجال التعليم بل في جميع مجالات الحياة (الزنتاني، 1993: 21).

ويحاول الإنسان ان يضفي على الطبيعة وعلى نفسه بعض الافتراضات والاعتقادات وبعض أنماط السلوك والعلاقات الإنسانية والتي من خلالها يحاول خلق طريقة إنسانية للحياة في مكان الوجود العضوي للإنسان، فمن اجل الاستمرارية والبقاء، يحاول الإنسان ان يكون بعض الافتراضات الخاصة بالكون، كيف يعمل ؟ وأين مركز القوى الذي يتحكم في الحوادث والأشخاص ؟ كما يحاول الإنسان أيضا ان يدرك مكانه في الطبيعة،كيف خلق ؟وما هو مصيره ؟ وما هي علاقته فرداً مع أقرانه في الجماعة الإنسانية ؟ باختصار يحاول الإنسان ان يطور مفهوما عن الطبيعة الإنسانية،وتصورا عن ذاته من اجل ان ينظم ويوجه سلوكه طبقا لهذا ولاشك ان هذه التصورات والمفاهيم تختلف وتتنوع حسب الثقافات المختلفة (محمد وآخرون، : 310-311)ان الشخصية الإنسانية ليست مجرد وعاء يتم ملئه بما يراه البعض من معارف وقيم او مجرد صفحه بيضاء يخط عليها الكبار ما يرونه ملائما من وجهة نظرهم، ليس الأمر يمثل هذه الحتمية او الخير بل ان ثمة حرية للإرادة الإنسانية في الاختيار من بين القيم (مدكور، 1991: 74) وفي عالم القيم الإنسان قيمه سامية، هو حر ومسؤول يتميز بمقدار ما يلزم ببناء شخصيته وتحمل مسؤولياته الجماعية، بكل صدق واستقامة انه إنسان بمقدار ما يحترم الآخر أنساناً ويتفاعل معه ويعد الحرية فعل تحرر دائم وتحرير دائم في سبيل تدعيم الكيان الذاتي والمجتمعي من هنا فان المجتمع القيمي الأصيل هو الذي يحترم الإنسان، ويحافظ على شخصه وكرامته وحرياته من دون اعتبار لجنسه او لونه او عنصره او طائفته او مذهبه او وضعه الاجتماعي والاقتصادي (انطوان، 1999: 5).

والقيم هي الموجهات للسلوك ولذلك فهي عظيمة الدلالة من الوجهة التربوية لأنه يترتب على ذلك سعي المربين لترسيخ قواعد أخلاقية لحياتنا الاجتماعية وتقدير التفاعلات البشرية التي تجري في المجتمع (حسان وآخرون، 1989: 254).

والقيم أداة النقد الاجتماعي، فالقيم بوصفها مثل عليا ونماذج معيارية تدفع الأفراد إلى تطوير حياتهم الشخصية في اتجاهها وكذا المجتمع اذ الوظيفة النقدية للقيم في منتهى الأهمية، ذلك ان القيم فيما تحمله من تطلعات وغايات نبيلة، وبما تنطوي عليه من قواعد ومعايير أخلاقية، انما تستثير همة الأفراد فيتخلون عن عادات وسلوكيات هابطة ويدفعون في طريق قويم آخر طريق القيم(حسان وآخرون، 1989: 257).

ان المجتمع الإنساني في حقيقة الأمر بمثابة (بناء حضاري) يعكس حياة معنوية يتمثل لها الأفراد وتتميز بالقوة والأصالة وذلك لان المجتمع يتمثل في نظام من الأعضاء والوظائف يميل إلى الاحتفاظ بنفسه بعيدا عن عوامل الهدم التي تهدده من الداخل او الخارج ولهذا يميل الأفراد إلى إدراك هذا الاتصال بوصفه تعبيرا عن الروابط المتقاربة حتى يتيح ذلك لمشاعرهم ان يؤثر بعضها في البعض الآخر تأثيرا إيجابيا، وان بعض المفكرين ذهبوا إلى ان للإنسان ملكة خاصة يتجاوز عملها مجال التجربة، هذه الملكة في وسعها ان تتصور أمرا آخر غير ما هو كائن، أي ان من شانها إدراك المثل العليا وبناء على ذلك فان قيم الأشياء يتعلق تقديرها بالمثل المدركة ولذلك فان للأشياء قيمة حين تعبر عن مظهر من مظاهر المثل العليا، وكذلك تعلو قيمتها او تنخفض وفقا للمثال الذي تعبر عنه من جهة، وطبقا لما تستوعبه هي نفسها من معناه وتعكسه من جهة أخرى(محمد وآخرون،1990: 342).

الفصل الرابع

دراسة نقدية لمفهوم القيم

في الفلسفات الغريبة

المبحث الأول

القيم من وجهة نظر الفلسفات الغربية الوضعية

تقسم القيم صنفين: صنف يلتمس لذاته ويطلب غاية ويكون مطلقاً لا يحده زمان ولا مكان فجمال الزهرة يقوم لذاته وصنف نسبي ينشده الناس وسيلة لتحقيق غاية، ولهذا يختلف باختلاف حاجات الناس ومطالبهم، وقيمة العربة (السيارة) مرهونة بما تؤديه من خدمات،الصنف الاول يطلق عليه اسم القيمة الذاتية values Intrinsic ويسمى الآخر بالقيم الخارجية Extrinsic orlnstamenta (الطويل،1976:379).ويسمى هذا الصنف حسب اتجاهه في الإنسان:

- فالاتجاه الأول: الاتجاه الداخلي الذاتي: ويرجع هذا الاتجاه المعيار إلى قوة داخلية (ذاتية) فطرية في الإنسان بها يميز بين السلوك الأخلاقي وغير الأخلاقي وتاخذ تلك القوة المميزة أسماء مختلفة عند أهلها وان اتفقوا في مضمونها فمنهم من يقول أنها الحدس فهو قوة فطرية يميز بها الإنسان بين الخير والشر. ومنهم من يقول أنها الضمير(الطويل، 1967:379) ومنهم من يقول بالعقل وهم أصحاب المذهب العقلي الذين يرون ان العقل هو القوة الادراكية الوحيدة التي تميز بين الخير والشر في السلوك وتمتد جذور هذا المذهب إلى فلاسفة ألا غريق الأخلاقيين أمثال سقراط وافلاطون ونجده ايضا لدى المعتزلة، ويمثله في أوائل القرن التاسع عشر الفيلسوف الالماني (كانت) الذي جمع في مذهبه بين الإرادة الخيرة بذاتها والعقل فيقول مثلا: لا يوجد شيء يمكن عده خيرا على وجه الإطلاق دون قيد الا شيئا واحدا وهو الارادة الخيرة (عمانؤيل، 1965: 17).
- اما الاتجاه الاخر: الاتجاه الخارجي: هو الاتجاه الذي يقيس الأعمال الأخلاقية التي لا تمت إلى باطن الإنسان بصلة، وقد أنقسم انصار هذا الاتجاه إلى مذاهب مختلفة فمنها المذهب البراجماتي الأمريكي الذي يقيس الأعمال

الأخلاقية بمدى ما يقدم من نفع او نجاح عملي، ماديا او معنويا. وسواء اكان هذا النفع خاصا بالفرد ام بالمجتمع، وكلما عاد النفع إلى اكبر قدر ممكن من الناس زادت درجة اخلاقية الفعل النافع(الطويل،1967: 273) **وعلى حد تعبير جون ديوي** John Dewey **لاخيريه قصوى ولا شرية مطلقة بل هناك عدة مواقف، كل موقف يتسم بخيرية او شرية لاتتشابه مع الموقف الاخر وان القيم أساسها العادات والخبرة(** Dwey.j.,1929: 252)**، ويمثل جماعات الوضعية الفرنسية يزعامة اوجست كونت الذي وسط القيم بالواقع لا بالتاملات واستعمل في الوصول إلى ذلك منهج الملاحظة والتجربة** (Miltone,1219: 20).

وفي خضم هذين التيارين المتصارعين تسبح الفلسفات الوضعية عند تناولها لموضوع القيم. والباحث سيعرض للقيم وجهة نظرا المذاهب الفلسفية الرئيسة فيما يأتي:

الفلسفة المثالية:

تبدأت الفلسفة المثالية منذ سقراط وافلاطون، إلى ان وصلت في العصر الحديث(باركلي) و(كانت) و(هيجل). اما في عصرنا المعاصر فترتبط بكل من(كروتشه) و(جنتلي) و (كارلايل) و (كولريدج) و(بوزانكت). وقد تعددت المذاهب في تاريخ الفلسفة المثالية تحت مسميات مرتبط بالفلاسفة الذين سبق ذكرهم.

نظرة المثالية إلى القيم :

تعلن الفلسفة المثالية ان القيم مطلقة و غير متغيرة، فالخير والحق والجمال لا تتغير بصورة أساسية من جيل إلى جيل، او من مجتمع إلى مجتمع، بل تظل ثابتة في جوهرها فهي ليس من صنع البشر بل هي جزء من طبيعة الكون ذاتها(نيلر، 1977: 39)**، وتعتمد هذه الفلسفة على الأساس القيمي الذي وضعه الفيلسوف اليوناني افلاطون وهو أساس يتمثل عالم القيم الذي يجمعه مثلث افلاطون الحق الخير الجمال او ما يسمى القيم**

العليا (حسان وآخرون، 1989: 214) وقد جعل (افلاطون) مثال الخير الاعلى في المنزلة الرفيعة الاولى، واظهر ان سائر المثل انما تستمد وجودها وماهيتها من الخير أذ يقول: (أن جميع الموجودات المعقولة تستمد وجودها وما هيتها من الخير ...... ولا يمكن التطلع إلى مثل الخير من غير مشقه وعناء، ومن غير ان يدرك الفكر ان هذا المثل الاسمى هو سبب كل صالح وجميل)(أفلاطون، د، ت: 13).

كانت هذه نظرية افلاطون في شبابه والتي تتلخص بان الخير واحد وان الفضائل مهما تعددت أسماؤها فأنها ترجع إلى الخير وتصدر عنه، ويكفي ان يكون الإنسان على علم بالقيم الأخلاقية لكي يسلك سلوكا فاضلا، فالسلوك الأخلاقي قائم على معرفة، وليس للشر سوى خطأ يمكن اصلاحه بالتربية والتعليم،ومن ثم فان الفضيلة يمكن اكتسابهما عن طريق التعليم (أبو ريان 1961:208).

ولكننا نجد ان افلاطون تناول نظرية المثل في الجمهورية قد نضج بعض الشيء عن المحاورات الأولى، وتتحدد معالم النظرية بعد العرض المبدئي في اقراطيلوس، ثم التطور الذي لاحظناه في فيدون والذي انتهى بناء إلى افتراض وجود علل ثابتة للظواهر الحسية هي مكونات العالم العقلي أي المثل.

وفي الجمهورية يقرر أفلاطون الحقيقة دون مناقشة فيقول: ان هناك مثالا لكل مجموعة من الأشياء تحمل اسماً واحداً (أفلاطون، د، ت:137) وعلى قمة هذه المثل يوجد الخير لايمكن ان يدرك الا بالحدس. اذن نجد ان افلاطون يعرض لنظرية جديدة تستند إلى نظريته القائلة بثلاثية النفس والفضائل عنده اربع: الحكمة والشجاعة والعفه والعدالة، ووظيفة العدالة ان تحفظ النظام والتناسب بين الفضائل الثلاث الاولى، فالحكمة فضيلة العقل والعفه فضيلة النفس الشهوانية، وأما الشجاعة فهي وسط بينهما وهي فضيلة النفس الغضية، فأذا ماتحقق التوازن أي العدالة بين قوى النفس وفضائلها حصلت النفس على السعادة، وهذه العدالة هي حالة باطنية عقلية أخلاقية تتجاوب مع النظام في العالم المحسوس (أفلاطون، د، ت: 205). والمخطط (3) يوضح تلك النظرية.

وإن مجتمع الخير هو المجتمع العادل، وبقدر اقتراب المجتمع بوظائفه الثلاث التي هي (الوظائف الاقتصادية والحربية والتشريعية) والإنسان بقواه الثلاث التي هي

1. قوة العقل (التفكير وموضعها الدماغ)
2. الغضب (وموضعها الصدر)
3. الشهوة (موضعها البطن)

أي ان الوظائف الثلاث للمجتمع تقابل قوى الإنسان الثلاث الموجودة في عالم المثل يمكن ان يتحقق العدل بدرجة تتناسب مع درجة الاقتراب من المثالية.

ولهذا فقد وجه افلاطون نظامه التعليمي ليتحقق بقدر المستطاع هذا العدل والحق (أحمد، 1982: 152) وترى الفلسفة المثالية بان لهذه القيم حق السيادة، وهي هدف النظريات الأخلاقية لأنها ثابتة وازلية وخالدة، ولايمكن الوصول اليها الا عن طريق العقل المتسامي المجرد من كل ما يتعلق بشهوة الإنسان، ويؤمن المثاليون بان جوهر العالم هو العقل والافكار والموجودات الكبيرة والصغيرة وان للاشكال ظلالها، والعقل المطلق او عقل الاله الذي يخلق الحقيقة والافكار هو أساس المعرفة والقيم التي تظهر في اشكال واعمال أنسانية غير كاملة (الكيلاني 1988: 119).

ونظرة الفلسفة المثالية للقيم تقوم أصلاً على الاعتقاد بوجود عالمين احدهما مادي ولآخر معنوي (سماوي) وان الإنسان الكامل يستمد قيمه من عالم السماء وهي قيم مطلقة كاملة وتتمثل في الحق والخير والجمال (زاهر، 1984:12).

فقيمة الحق تتعلق بكل ما هو معرفة وقيمة الخير بكل ما هو سلوكي، أما قيمة الجمال فتختص بكل ما هو وجداني، ان هذه القيم الثلاث كامنة في طبيعتها وهي ثابتة ولا تتغير بتغير الظروف وملابساتها وكائنة في العالم الخارجي أي انها سابقة على الوجود المحسوس وكائنة في عالم المثل، فنظرية القيم عند المثاليين حتى المثالية الحديثة تقوم على أساس ان القيم ازلية ثابتة مطلقة معطاة وهي لهذا ليست من صنع الإنسان بل هي جز من نسيج الكون ودور الإنسان يتمثل في حمل هذه القيم وعلى عاتقه تتحقق الغائية الإلهية على الأرض فهو همزة الوصل بين الأحداث الواقعة والقيم. وتتحدد القيم هل

هي من مصدر الهي او مصدر عقلاني وترتبط بطبيعة الأشياء وصفات الأفعال فالفرد مطبق للقيم في ضوء الفلسفة المثالية (بيومي، 1981:163).

أما المذهب المثالي الذاتي والذي يمثله جورج باركلي فقد امن بان العقل الالهي هو الذي يعرض علينا المعاني ونظامها، ودوام الله هو الذي يؤيد اعتقادنا بدوام الأشياء والإرادة الإلهية هي التي وضعت العلاقات بينها: " فكون الغذاء يغذي والنوم يريح ووجوب ان نزرع لكي نحصد، وبالاجمال وجوب استعمال وسائل معينة للوصول إلى غاية معينة، هذه امور نعرفها لاباستكشاف ترابط ضروري بين معانينا، بل فقط بملاحظة القوانين الموضوعة في الطبيعة "، وعلى ذلك ليست الطبيعة ما يعتقد الفلاسفة الوثنيون من انها علة مغايرة لله: انها اللغة التي يخاطبنا بها الله (كرم، 1966:17). واعد باركلي العالم الخارجي مجرد افكار تقوم في العقل، اذ لاوجود عنده لغير العقول وما يجري فيها من خواطر، ويدور بها من افكار والراي عنده ان " الموجود هو المدرك والمدرك معنى وليست الاجسام الا تصورات للروح، ومن ثم كانت المادة مجرد فكرة "(الطويل،1976:47).

اما موقف المذهب المثالي النقدي والذي يمثله (كانت) من القيم اذ يقترح(كانت) فلسفة اخلاقية اقل اجتماعية، هو يدعو البشر إلى ان يعامل كل واحد منهم الاخر غاية لاوسيلة، ان القانون الأخلاقي عنده ضرورة ان تعمل باستمرار وكان سلوكنا سيتحول ليصبح قانون الطبيعة الشامل وسيكون ملزماً لجميع الناس (نيلر، 1977: 57)، ونجد الأخلاق عند (كانت) تقوم على العقل ذلك لانه لما كان العلم كلياً ضروريا أي صادرا عن العقل فيلزم ان الفلسفة الخلقية لاتقوم علىالتجربة الظاهرة ولا عن حس باطن، بل على العقل وحده، فان العقل الذي يمدنا بمعنى الواجب الذي هو الركن الركين في الأخلاق (كرم،1966:214). ولما كانت الأخلاق عنده تقوم على العقل اخذ ينادي بفصل الأخلاق عن الدين واذا فهي اخلاق مستقلة لاتحتاج إلى دعامة خارجية تؤيدها، ويرى ان للحقائق الأخلاقية ميدان غير ميدان الحقائق العلمية، فلا تعارض بينهما اذن ولا اختلاف (بيومي،1953: 226).

هذه الأخلاق تخضع لقوانين ثابته وضرورية مثل قوانين الطبيعة، ونظرا لأن هـذه الأخـلاق معنية بما وراء الواقع فانها تقـوم عـلى أسـاس مـن حريـة الارادة، لان الواجـب لايـؤدي اداء حقـا الاممن توافرت فيهم ارادة قوية وحرية كاملة، واذا كان يقدس اوامر العقل المطلقة فلانـه يعتقـد ان الواجب الصحيح ما أملاه العقل واذا كان يمجد الشخصية الإنسانية، فذا راجع إلى انـه يـرى ان لغة الواجب هي لغة الإنسانية جمعاء، وان اوامره تشريع عام يتساوى امامه كل الافراد فهـو اذن يجمع في فكرة الواجب كل هذه النواحي ويقول بنظرية هي في آن واحد أخلاق الواجب والحريـة والعقل والإنسانية(بيومي، 1953:225).

ولما كان العقل الإنساني في نظر (كانـت) يشـتمل عـلى قـوانين تعتمـد احـدهما في تحصـيل المعارف على الحس والتجربة، ويسـميها (العقـل النظـري) بيـنما تعتمـد الآخـرى عـلى افكـار غـير مكتسبة وقوانين فطرت عليهما نفوسنا ومتئصلة فيها ويسميها (العقل العملي) اما العقل النظـري فيعتمد في ادراكه لحقائق الأشياء على الحواس والتجربة، وكلاهما معرض للخطأ والضـلال،فهو اذن لايصلح ان يتخذ أساسا تقام عليه الأخلاق، بخلاف العقل العملي الذي يعتمد في معرفته للحقـائق على أساسا فطرية تجعل منه قوة باطنية للانسان وجدت كاملة فيه منذ خلق وإلى الابد وهـي مـا اطلق اسم "الضمير".. ومع فطرية هذه القوة فان أومرها يمكن تعليلها نظريا(رمضان،1998: 331).

وهــذا الضمير لا يقيس الأعمال الأخلاقية في ضوء مايصدر عنه من لذة أوالم وانمـا يقيسـها بمقدار ما فيــها من المطابقة او عدم المطابقة للواجب مهما جلبت لصاحبها من الالام وخلقت من المتاعب وهذه هي (الاوامر المطلقة) التي يجب علــى الإنسان الإذعان لها والتقيد بهـا. مـن هنـا نستطيع ان نحدد الخير فـــي هـذه الحيـاة بانـه لـيس شـيئاً اخـر سـوى الارادة الخـيرة او ارادة الخير(بيصار، 1967: 13).

والإرادة الخيرة والواجب متلازمان، وهذا يؤدي إلى ان الارادة الصـالحة مفروضـة علينـا اذ ان طبيعتنا ناقصة، وبسـبب هـذا الـنقص لاتكـون كـل ارادة صـالحة بالضرـورة، ولا تكـون الارادة الصالحة صالحة دفعة واحده وذلك لانها ارداة العمل بمقتضى الواجب

دون أي اعتبار اخر اذا كان الواجب معنى عقليا صرفا فكيف يمكن ان يكون دفعه نفسيا إلى العمل يمكن ذلك بوساطة بين العقل والحس، فهناك عاطفة ليست كسائر العواطف منبعثة من مؤثرات حسية، ولكنها متصله اتصالا مباشراً بتصور الواجب أي انها صادرة عنه وانه هو موضوعها تلك هي عاطفة الاحترام، على ذلك يكون الواجب ضرورة العمل احتراماً للواجب (كرم، 1966: 248).

وبأدائنا للواجب نصبح أهلاً للسعادة والخير الأسمى، ولكن الحياة الدنيا في قصرها لاتسمح بتحقيق السعادة كاملة، فلابد لنا ان نسلم بالخلود كي تتم السعادة المنشودة.. واخيرا تقتضي العدالة ان تكون السعادة موزعة بين الناس على حسب استحقاقهم وأدائهم لواجباتهم. وفي هذا ما يستلزم وجود قوة عظمى تشرف على توزيع الخير والسعادة بالقسطاس بين الناس، فالواجب والخير الأسمى والسعادة تقودنا حتما إلى التسليم بالحرية، والخلود الروح، ووجود الله وهذه هي دعائم الأخلاق عند(كانت)(بيومي، 1953: 229). ويرى (كانت) أن كل شيء في الطبيعة يتصرف بصورة معينة لانه خلق هكذا واذن فهو لا ينصرف بغير ذلك الذي يتمشى ـ معه، وهذا هو ما يمكن ان نقوله عن الإنسان بعده ظاهرة طبيعية بحتة فهو يتبع ما تمليه عليه غرائزه، وهو يخضع لدوافعه ويرضى رغباته لان طبيعته تملي عليه ذلك، ولان غرائزه ودوافعه تتمشى مع طبعه، لذا عندما يدرك الإنسان واجبه ويعتزم القيام به يصرف النظر عما اذا كان يريد أن يعمل الواجب أولا، ويصرف النظر أيضاً عما اذا قام فعلا بهذا العمل او لم يقم لابد من القول بان الإنسان كما يرى " كانت " يختلف عن غيره من المخلوقات ولكونه يختلف عن غيره يمكنه ان يتحرر من المؤثرات التي تلقيها عليه الوراثة والظروف البيئية التي تحدد فيما عدا هذا تكوينه النفساني تماما كما هو حادث في تكوينه الجسماني أذ لكونه عضوا في هذا المظهر من الحقيقة يتحرر من المؤثرات المكانية الزمانية واذن فلكونه قادرا على ان يتصرف عضواً خلقياً يؤمن بقوة وفاعلية الواجب وان يبذل جهده وارادته في هذا التصرف يعد حرا او بمعنى ادق لا يخضع الا لنفسه فقط أي

يخضع لما يعرف به من نظام خلقي موجود في الكون وهو يخضع لكونه أنساناً (جود، 1956: 66-67).

ويقول " كانت": (ان المعنى العام للخير والشر يجب ان لا يجري تعينه قبل القانون الأخلاق الذي يبدو كما لو انه يجب ان يكون أساسا لذلك المعنى العام، بل يجب ان يعين فقط بعد القانون الأخلاقي وبواسطة) (كانت،) وبهذا تصييغ الأخلاق بالصيغة المطلقة او الميتافيزيقية.

وعلى هذا رفض (كانت) ان يبني الأخلاق على أساس أحكام البشر النسبية المادية لان هذه الأحكام غير ثابتة ولا مطلقة (وهي تختلف باختلاف الزمان والمكان) وانما تبني الأخلاق على أسس ثابتة مطلقة باطنية (ترى الأشياء في ذاتها أي على حقيقتها) فالعقل في رأي (كانت) يكون صالحا، بسبب ان نتائجه تكون صالحة او بسبب انه فعل حكيم، بل انما يكون كذلك لأنه صادر عن اطاعة هذا الحس الباطني بالواجب، انه القانون الأخلاقي الذي يصدر عن خبرتنا الشخصية ولكنه يشرع لنا بصورة استبدادية كل سلوكنا من ماضي وحاضر ومقبل وان الشيء الوحيد الصالح بهذا القانون العام هو الإرادة الصالحة، وارادة اتباع القانون الأخلاقي يغض النظر عن المكاسب او الخسائر التي تنجم عنه، بالنسبة لنا(ديورانت، د، ت:35).

وخلاصة القول ان (كانت) يقترح فلسفة أخلاقية اقل اجتماعية، فهو يدعو البشر إلى ان يعامل كل واحد منهم الآخر غاية لا وسيلة، ان القانون الأخلاقي عند كانت يقرر ضرورة ان تعمل باستمرار وكأن سلوكنا سيتحول ليصبح قانون الطبيعة الشامل وسيكون ملزما لجميع الناس (نيلر، 1977: 57).

اما موقف المذهب المثالي (الموضوعي) المطلق والذي يمثله الفيلسوف هيجل والذي يرى اننا لا نعرف العقل آلا من خلال التاريخ، حين تتحول الغرائز البهيمية والانفعالات العمياء إلى ما نسميه في منطق التاريخ بالإرادة الخيرة او الفكر الراجح، وهذا يعني أننا نستمد من التاريخ قيما نضعها على سائر الأفكار والارادات. وقد ميز هيجل بين (الروح الذاتي) و(الروح الموضوعي) وذلك بالتمايز الحادث بين (ألانا) من

جهة والمجتمع من جهة أخرى ولذلك حسم هيجل هذا التعارض بين الوعي الذاتي والموضوعي فأشار إلى ما يسميه بالأخلاق الذاتية والأخلاق الموضوعية (قباني، 1978: 242).

تمثل الأخلاق ما يطلق عليه هيجل الروح الموضوعي الذي نصل اليها بالانفصال من علم المنطق إلى فلسفة الطبيعة إلى فلسفة الروح، حيث تصعد من الروح الذاتي (الذي يشمل علم الإنسان وفيومينولوجيا الروح وعلم النفس) إلى الروح الموضوعي والذي يشمل(الحق المجرد،الأخلاق الذاتية،الأخلاق الاجتماعية) حتى نصل إلى الروح المطلق الذي يتجلى في الفن والدين والفلسفة ولذلك يرى بريهة (أن موضوع فلسفة الروح الهيجيلية هو إلى حد ما موضوع العلوم التي تسمى بالفرنسية العلوم الأخلاقية وبالألمانية علم النفس الحقوق،التاريخ،علم الاجتماع، أما الجزء الأخر فيشمل الأخلاق والفن والدين والفلسفة)(بريهه، 1985: 400)، ويذكر بريهه ايضا (ان هيجل لا يغير مسلكه بانتقاله من المجموعة الأولى إلى الثانيه فهو يدرس موضوعات المجموعة الثانيه مثل الأولى بصفتها أشكالات ضرورية لحياة الروح وليس المهم عنده إعطاء توجيهات خلقيه وجمالية ودينية، بل كما في القسم الأول فهم علة هذه الوقائع الروحيه وماهيتها) (بريهه، 1985: 200). وتقترن كلمة الحق بالأخلاق عند هيجل فيقول: (حين نتحدث عن الحق فأننا لا نقصد فقط ما يفهم عادةً من هذه الكلمة، اعني القانون المدني لكننا نعني بها أيضاً الأخلاق أو الأخلاق الذاتيه والحياة الأخلاقية وتاريخ العلم فهي كلها تندرج ضمن الأخلاق (هيجل، د، ت:294). والمقصود بالحق هو الوجود الذي يجسد الأرادة الحرة ومن ثم فأن الحق حسب تعريفه هو الحريه بوصفها فكرة يقول هيجل أن (أساس الحق هو الروح بصفة عامة ومجاله الخاص ونقطة بدايته هي الإرادة والإرادة هي التي تكون حرة بحيث تشكل جوهر الحق وغايته في أن واحد في حين أن نسق الحق هو مملكة الحرية وقد تحققت بالفعل أو هو عالم الروح وقد خرج من ذاته نفسه على انه طبيعة ثانية)(هيجل، د،ت:294).

ويلخص هيجل مراحل تطور الإرادة الحرة في ثلاث مراحل الأولى إرادة مباشرة ويكون مفهومها في هذه الحالة مجرداً، أذ الشخصية وتجسدها هو الشيء الخارجي

المباشر وتلك هي دائرة الحق المجرد أو الصوري والمرحلة الثانية إرادة منعكسة ترتد إلى ذاتها في تجسيدها الخارجي تتصف بالذاتية مقابل الكلي العام وتلك هي دائرة الأخلاق الذاتية ومرحلة الثالثة تتكون من وحدة هاتين (فكرة الخير: وهي لا تدرك في الفكر فقط لكنها تتحقق في الإرادة المنعكسة على ذاتها مع العالم الخارجي معاً وتلك الفكرة في وجودها المطلق هي دائرة الحياة الأخلاقية والمخطط (4) يوضح تلك المراحل، وبالطريقة نفسها تنقسم الحياة الأخلاقية على الشكل الاتي (هيجل، د، ت:106).

أ. الروح الطبيعي (الأسرة).

ب. روح منقسمة وظاهرية (المجتمع المدني).

ج. الدولة بوصفها حرية كلية وموضوعية.

ويميز هيجل هنا بين الأخلاق الذاتية والأخلاق الاجتماعية فالأولى هي الأخلاق الفردية أو أخلاق الضمير وهي ما يفهم عادة من كلمة الأخلاق والأخلاق الاجتماعية تعني الحياة الاجتماعية وما فيها من مؤسسات ومنظمات كالأسرة وغيرها ويرى هيجل أن الأولى أخلاق مجردة أما الأخلاق الاجتماعية أو النظام الاجتماعي العقلي، إذ تزودنا المؤسسات والمنظمات الاجتماعية وما فيها من قوانين بالمضمون الذي يفتقر أليه الضمير الحي (هيجل، د،ت: 143). وفي الأخلاق الذاتية تنتقل الأرادة من الخارج إلى الداخل فبعد أن كانت في (الحق المجرد) موجود في شيء خارجي تعود في الأخلاق الفردية إلى نفسها فإذا كان القسم الأول يمثل موضوعيتها فهذا القسم يمثل ذاتيتها (ان الحرية أو المبدأ الضمني للأرادة يمكن ان يصبح واقعيا بالفعل في الارادة بوصفها ذاتية فحسب ... وعلى ذلك كما يقول هيجل " فانه الدائرة الثانية وهي الأخلاق الذاتية تصور الجانب الواقعي للفكرة الشاملة للحرية)(هيجل د،ت:145) إلى ثلاثة أقسام هي:

1.الفرض والمسؤولية (هيجل، د،ت:223).

2.النية والرفاهية(هيجل، د،ت:233).

3.الخير والضمير(هيجل، د، ت: 236)

الانتقادات التي وجهت لفلسفة التربية المثالية:

1. المثالية هي الفلسفة التي تعطي الأولوية للفكر (العقل - الذات - الوعي- الشعور) على الوجود، ففي المثالية نجد الفكر متميزا عن الموضوعات والمثالية لاتقبل ان يكون للاشياء وجود في ذاتها مستقل عن الفكر. لان ما هو خارج الفكر لايمكن ان يكون متعقلاً، وبالتالي لايكون شيئا والذات العارفة انما تفكر أي تعقل الأشياء بالفكر، واداة الفكر في التعقل هي الافكار، اذن فلا شيء هناك سوى الافكار، فالفكر هو الواقعة الاولى، وهو أول المعطيات وبالتالي فأن كل تفسير وكل قضية أنما يفترض الفكر او الذاتية فالمثالية تشير إلى الرأي القائل "ان تكون موجودا وان تكون معروفا يعد نفس الشيء، فالفعل الذي بوساطته ياتي الشيء إلى العقل هو العقل نفسه الذي ياتي بوساطته نحو الوجود "(أمين، 1985: 1).

وتأكيد المثالية على اسبقية الوعي الادراكي، وكون الأشياء تعتمد في وجودها على المعرفة هما المبدا الرئيس للمثالية (Perry,1912,114). والمثالية حين تنطلق بأهتمامها بالعقل تهمل الانشطة الإنسانية الاخرى التي لها صلة بالنواحي الجسمية والقدرات الاخرى.

2. أعلت شأن الروح وأهملت تربية الجسم وتنطلق المثالية أساساً من الصدارة المطلقة للروح على المادة، وهي حين تطبق (تفضي إلى تصرف تأملي، يهمل المشكلات الزمنية وطبيعة الإنسان الأرضية، ويعني أساساً بكمال الروح ونجاتها، ولكن الزهد والعزوبة والعزلة الارادية، لا يمكن ألا أن تكون صفة لبعض الناس، الذين لايستطيعون حتى في أقصى روحانيتهم، أن ينخلعوا عن الطبيعة المادة، ولو فيما يتصل بالماء الذي يشربونه، والهواء الذي يستنشقونه)(Perry,1912,114).

3. ومع إقرار الفلسفة المثالية بخلود القيم الروحية توكد عموميتها، واشتراك الافراد فيها، بمعنى ان العقول اذا ابتدأت التفكير في نقطة واحدة تصل إلى

نتائج متشابهة وعمومية الحقائق على هذه النحو تحتم ان المجتمع لكي يصل الفرد فيه إلى كمال ذاته لابد ان يشتمل على قيم ومثل يشترك الناس بها جميعا (قورة، 1985: 95).

4. ان غرض التربية المثالية وهدفها هو الارتفاع المتدرج، نحو الوصول إلى إثبات المطلق، ومحاولة الوصول بالإنسان، إلى أقصى درجات الكمال الروحي، ليكون اهلا للوصول إلى الكمال المطلق، والهدف الاعلى، وهو السعادة للفرد والخير للدولة. والغرض الاجتماعي مهم في الفلسفة المثالية اذ تعمل التربية المثالية على ان يصل الفرد إلى إكمال ذاته، وذلك بان تشتمل على قيم ومثل، يشترك فيها الناس جميعا (قورة، 1985: 177). ولذلك تحاول المثالية ان تخضع الافراد وان تحد من حريتهم وان الحرية في نظرها لاتتم الا عن طريق الخضوع للدولة وتعد الافراد وسائلاً لتحقيق المثل العليا التي تصبو الدولة إلى تحقيقها، ولا يصبح الفرد في نظرهم انسانا بالمعنى المراد الا اذا انطوى تحت لواء دولة معينة ومن اشهر دعاة هذا المبدا افلاطون وهيجل أي انهم يؤمنون بالمذهب الديكتاتوري في السياسة (جعفر، 1952: 58،59).

5.ومن الانتقادات الموجهة ضد الفلسفة المثالية ان منهاج التربية لديها يسير على مبدا القديم على قدمة وعدم قابلية المنهاج المثالي للتطور، أي ما توصل اليه الاجداد من تراث ثابت ومطلق لهذا هدفت هذه الفلسفة إلى حشو ادمغة التلاميذ بالمعلومات (الحعقري، 12: 1999).

الفلسفة الواقعية:

تميل الواقعية بصفتها رد فعل ضد الاحلام المنتمية للطور الاول، إلى الأقسام بطابع النقد وحتى اللامبالاة، فالواقعية تميل إلى التقليل في قيمه الدور الذي تلعبه الغاية وإلى الاعتقاد، مبيناً بأن مهمة التفكير هي دراسة التتابع للاحداث التي لا يمكنه، لعجزه ان يـؤثر بها أو ان يغيرها، وفي حقل الفعل تميل الواقعية إلى التركيز علـــى القوة التي لا تقاوم القوى القائمة، والخاصية التي لا مهرب منها للاتجاهات الموجودة. وهكذا فهي تصر على ان الحكمة الكبرى تكمن في قبول تلك القوة والاتجاهات وفي التكيف على ما ينسجم معها(قربان، 1981: 41).

ويطلـق المذهب الـواقعي على مجموعـة مـن المـذاهب التي تشـترك إلى جانـب عدائها للمثالية في خصائص أظهرها القول بأن للاشياء الخارجية وجـوداً عينياً مسـتقلاً عـن العقـل الـذي يقوم بأدراكها، وعن جميع أفكار ذلك العقل وأحواله، ومعرفـة العقـل مطابقـة لحقـائق الأشـياء المدركة، فليس العالم الخارجي كما هو مدرك في عقولنا الا صورة لهـذا العالم كـما هـو موجـود في الواقع، والعلاقة التي تقوم بين الأشياء الخارجية وأفكارهـا التـي تمثلهـا في عقولنـا علاقـة مشـابهة وتطابق، فالمعرفة عند الواقعيين ادراك عقلي او حسي مطابق للاعيان في الخارج، أو هـي أنعكـاس العالم الخارجي على العقل (الطويل،1976: 324).

نظرة الواقعية للقيم:

ان القيم عند دعاة المثالية كانت تحتل الاولوية المطلقة، وانها سابقة على الوجود الـواقعي ومستقلة عنه، وهي تتسم بالثبات والاستمرارية، وهي مثالية بعيدة عن العالم المادي، وظل الامر كذلك حتى حدث الأنقسام الذي تعرضت له القيم بينها وبين الواقع المحسوس، وهـذا الأنقسـام أساسه التميز الخلقي بين المثالية والواقعية وبين الغايـات والوسـائل، الأولى تهتم بالقيم المثاليـة البعيدة عن الواقع بينما الثانية تهتم بالواقع وتعايشه بكل ما فيه من شرور دائم (أحمد، 1983: 25).

ويرى الواقعيون ان القيم يستدل عليها عن طريق الحواس، وعن طريق التجربة لانها صادرة عن الواقع المحسوس، وانها متغيرة وغير ثابتة ونسبية ويمكن قياسها عن طريق وسائل علمية وبحثية شأنها شأن اي موضوع قابل للبحث والدراسة والعلوم الطبيعية وعليه تصبح القيم فعلاً اجتماعياً له ضوابطه ومقاييسه ومواقفه العلمية عندما يتعامل مع الواقع ومعطياته(حسان وآخرون،: 217).

وينظر أصحاب الفلسفة الواقعية للقيم على اسس الاعتقاد ان في كل شيء قيمة خاصة به، وان القيم موجودة في عالمنا المادي وليست خيالاً أو تصوراً، فالقيم نسبية ومطلقة في آن واحد ومصدرها العقل، وللقيم سلم ثابت تحتل القيم العقلية والتجريبية أعلاه (هندي، 1990: 65) وان الإنسان يستطيع ان يكتشف القيم باستعمال الأسلوب العلمي والخطوات العلمية مما يعني ضرورة استعمال العقل(زاهر، 1984: 48)..

ويؤكد الواقعيون ان القيم يتم الحصول عليها من الطبيعة، وأن الإنسان يصدر أحكامه الخاصة بالقيم الجمالية والخلقية بناء على ملاحظاته للطبيعة التي تمده بالأساس الذي يعتمد على اصدار هذه الأحكام فالإنسان الخير يختار القوانين الطبيعية التي تعبر عن الخير فالطبيعة هي التي تزود الإنسان بالمبادئ التي تحكم تقديره للخير والجمال(مدكور، 1984: 99).

وتقوم فكرة الفلسفة الواقعية على ان مصدر كل الحقائق هو هذا العالم، فلا تستقي الحقائق من الحدس والالهام، وانما تأتي من هذا العالم الذي نعيش فيه (عالم الواقع) اي عالم التجربة والخبرات اليومية، ولذلك رفض الواقعيون ان يكون للقيم أي مكان خارج حدود الطبيعة والعالم، فالخير عندهم ما تلائم مع الطبيعة،والشر هو ما يبعد الأفراد عن هذه الملاءمة، ويرون أنه، بما ان كلا من الطبيعة البشرية والطبيعة المادية ثابتة، فإن القيم التي توفق بينهما ثابتة أيضاً(نيلر، 1977: 96)

والقيم عند الواقعيين اجتماعية، تحقق للانسان سعادة ومنفعة وتكون بمثابة الحافز له على العمل والنجاح وتحقيق الذات، ويتفق الواقعيون على ان القيم موضوعية، ذلك أساس دائم، لكنهم يختلفون فيما بينهم حول أسباب ذلك والأعتقاد، كما يتفقون

على أن الناس يمكن ان يميزوا القانون الخلقي باستعمال العقل الـذي وهبـه اللـه للإنسان (زاهر، 1984: 13).

ولنأخذ أنموذجين في الواقعية الأول هو الفيلسوف اليوناني أرسطو رائد الواقعيـة قـديماً والاخر رالف بارتون ممثلاً للواقعية الجديدة، فأرسطو الـذي ولـد سـنة 384 ق.م ودخـل أكاديميـة (أفلاطون)، ودرس عليه خلال عشرون عاماً وبعد وفاة استاذه أفلاطون أسس مدرسـة خاصـة في ملعب رياضي يحمل اسم (لوقيون): وظل أرسطو يعمل فـي مدرسته حتى وفاة (الأسكندر) سنة 323 ق.م مما أضطره إلى الرحيـل إلى مدينـة (خلقيس) في جزيـرة (أوربـا) وتـوفي هنـاك 322 ق.م (العوا،1958: 79).

ينتقد (أرسطو) نظرية أستاذه (أفلاطون) في المثل ويعدها فرضية زائدة لا يمكـن البرهـان عليها، والإفادة منها، فهي لا تفسر العالم الذي يكتنفنا ولا توضح معرفتنا به، ولا يتبين كيف يتفق لما هو مستقل عن عالمنا، مفارق له منفصل عنه، ان يجعل هذا العالم واقعياً أو معقولاً في أذهاننا، ان المثل المتعالية لا يمكن ان تعد مبدأ الحركة في العالم الأرضي ونحن لا نستطيع ان نكتشفها في عالم الحس ما دامت لا توجد فيه ولذلك فأن فلسفة أرسطو تتميز بأن لها منطلقاً واقعياً تـنعكس آثاره في تفكيره وكتبه جميعاً.

لا ريب ان كتاب (الأخلاق النيقوماخية) (أرسطو، 1947: 195) أدق وأشمل تعبير عـن تفكير (أرسطو) في الأخلاق وهو ينطوي بوجه الاجمال على ما جاء في كتبه الأخلاقية الاخرى.

ويقسم هذا الكتاب إلى عشر كتب يضم كل واحد منها عدداً مـن الأبـواب والفقـرات وقـد بحث (أرسطو) في الكتاب الأول الخير ووجدان الخير الأسمى للانسان هو السعادة ولكن السعادة لا تتحقق الا بالفضيلة، ولذا فقد تناول في الكتاب الثاني نظرية الفضيلة وذكر في الكتـاب الثالـث فضيلة الشجاعة، وفضيلة العفة بوجه خاص، ثم انتقل في الكتاب الرابع إلى الكـلام عـلى عـدد مـن الفضائل الاخرى ودرس نظرية العدالة في الكتاب الخامس كما بحث في الكتـاب السـادس نظريـة الفضائل العقلية وبين نظرية الاعتدال في الكتاب السابع وبحث ايضاً نظريـة اللـذة، امـا الكتابـان الثامن والتاسع

فيبحثان في نظرية الصداقة، اما الكتاب العاشر فيتناول موضوع السعادة ويتساءل (أرسطو) عن الخير الذي يمكننا ان نتبعه في جميع أعمال حياتنا ويرى، كما رأى فلاسفة الأغريق جميعاً، بل كما يرى عامة الناس، ان الخير اسمى الخير هو السعادة. اما صلة السعادة بالفضيلة فأنها لا تتضح الا بايضاح معنى الخير، والخير في الطب مثلاً هو الصحة وفي فن الحركات العسكرية هو الظفر، وهو البيت في فن العمارة فالخير هو الغاية نفسها التي نبتغي، ودائماً من اجل تلك الغاية يفعل الإنسان باستمرار كل الباقي وبنتيجة بينة اذا كان يوجد لكل ما يمكن الإنسان ان يفعله على العموم غاية عامة اليها نتيجة لكل افعاله، فهذه الغاية الوحيدة هي الخير كما يسنطيع الإنسان ان يتعاطاه واذا كان يوجد عدة غايات من هذا القبيل فتكون اذن هي "الخير"(ارسطو 1947: 196).

والخير المطلق هو السعادة وان الخيرات تقسم إلى ثلاثة انواع: خيرات خارجية، وخيرات البدن وخيرات النفس، ولكن" خيرات النفس هي في نظرنا تلك التي نسميها على الاخص وعلى الأفضل خيرات، وأن ما يؤيد حدنا هو ان الإنسان السعيد يلتبس عادة بالإنسان الذي يسير سيرة حسنة ويفلح، وما يسمى اذن بالسعادة هو ضرب من الفلاح والصلاح والسعادة هي احسن ما يكون وأجمل ما يكون وألذ ما يكون في آن واحد"(ارسطو، 1947: 200) ولكن هذه المزايا لا توجد مجتمعة الا في الاعمال الصالحة، في احساس أعمال الإنسان، ومجموع هذه الأعمال، أو على الأقل العقل الوحيد الذي هو الاحسن والاكمل بين جميع الاخر هذا ما نسميه السعادة (ارسطو، 1947: 200).

ويعرف أرسطو الخير بالنسبة للانسان بأنه:" نشاط للروح طبقاً لمبدأ الخير ووفق ما هو أحسن وأكمل اذا كان هناك أكثر من نوع واحد للخير" (ارسطو، 1947: 205).

ولقد قسم أرسطو في كتبه الاخرى الخير إلى نوعين: خير الإدراك، وخير الخلق، اما خير الأدراك فينشأ وينمو بطريق التعليم وهونتائج الخبرة ودور الزمن، اما خير الخلق فينشأ عن العادة. ولما كانت الطبيعة لا تمنع ولا تمنح خير الخلق فهي تترك كل فرد منا قادراً على ان يحصل على هذا الخير عن طريق تكوين العادة، وبناء على هذا يتكون الخير من عنصرين: الوجود الخير Well being وعمل الخير Well doing فالوجود

الخير ما هي الا خير الادراك او فصيلته، وهي مرتبطة تمام الأرتباط بالحق المطلق او العام الذي يدين به المذهب الافلاطوني، وهي عامل من عوامل نمو الفرد ورفاهيته اما عمل الخير فهو خير العمل أو فضيلته التي يمكن تحقيقها عن طريق التعود وهي تمثل المظهر الاجتماعي لهذا المثل الاعلى اي الحق المطلق، فالفضيلة لا تتكون مطلقاً من مجرد معرفة الخير بل من تطبيق هذه المعرفة او الافكار او المبادئ (مترو، 1949: 150).

لقد عني أرسطو بدراسة تفاصيل من زاوية نظرته إلى الفضيلة حداً وسطاً بوجه عام وسعى إلى تحديد الفضائل اما بالاستناد إلى طراز العاطفة حيناً، او بالاستناد إلى طراز العمل حيناً آخر، ويمكننا ان ننظم الفضائل حسب أرسطو إلى:

1. ثلاث فضائل تمثل الموقف الملائم ازاء عواطف أولية مثل الخوف واللذة والغضب.
2. أربع فضائل تتصل بما يسعى اليه الإنسان في حياته الاجتماعية، وهي امران الثروة والشرف
3. ثلاث فضائل تتعلق بالصلات الاجتماعية
4. خصلتان لا تبلغان درجة الفضيلة لانهما لا تتعلقان بالارادة بل هما حالتان متوسطتان ممدوحتان تقابلان العاطفة ونعني بهما الحياء والثار للكرامة (العوا 1958: 95-96).

ويرى أرسطو أن الحياة الجيدة (الخيرة) ليست صفة لشيء واحد وانما هي وصف لاشياء ووصف لوظائفها المختلفة من حيث الجودة، والإنسان الخير أو الجيد هو الذي يؤدي وظائفه في الحياة اداءاً ممتازاً وتكون حياته في الحياة الخيرة (التكريتي، 1988: 83).

وان الخير هو هدف الأخلاق عند أرسطو، وذلك لأنه الشيء الذي يتشوقه الكل والغاية التي يرغب فيها الجميع، ان الخير الأسمى الذي يهم الجميع هو تدبير المدن او بعبارة اخرى تحقيق علم السياسية، لان غاية علم السياسة هي الخير الذي يخص الإنسان، وان الخير للمدينة أعظم وأكمل من خير الفرد (ارسطو طاليس 1979: 94) وأن الغرض في تدبير المدن هو الخير الاعلى للانسان وان القادرين على ذلك هم اولئك الذين

ينتفعون بالمعرفة ويتمردون على اللذات والشهوات ويعملون بما يوحيه الفكر والرأي (ارسطو طاليس، 1979: 95).

ويرى ارسطو ان الإنسان خير على نحو عام وهناك جانبان من الخير جانب يرثه الإنسان بحسب الفطرة التي زود بها وجانب اخر يتصل باستعداده وقدراته فيما لو توفرت لها التربية السليمة، ولقد وضع أرسطو معياراً للخير المكتسب وهو ما عبر عنه بالفضيلة وقد حددها بأنها وسط بين رذيلتين هي الافراط والتفريط وان الحياة الفاضلة بالاعتدال فلا تصير إلى الزيادة والنقصان فمثلاً (القوة والصحة) فأن الرياضة المفرطة والناقصة مفسدة للقوة أضرت بالصحة بينما المعتدلة تحفظ الصحة وتزيد فيها كذلك الحال في العفة والشجاعة وسائر الفضائل الأخرى (ارسطو طاليس، 1979: 104).

أما الأنموذج الثاني هو الفيلسوف رالف بارتون بيري ممثلاً للفلسفة الواقعية الجديدة وقد ولد في عام 1876 في بونتمي في فرمونث بنيوانجلندا في امريكا والتحق بجامعة برنسيون وعلى الرغم من أنه كان متجهاً منذ البداية إلى دراسة اللاهوت اذ كان مشبعاً بعاطفة دينية قوية الا انه تحول إلى الفلسفة حين التحق بهارفارد وهذا الانتقال كان ذا اثر عميق وبعيد النتائج في حياة بيري وفلسفته فقد كان الانتقال إلى هارفارد رحلة روحية خطيرة وتحولاً واضحاً بالنسبة له "لقد أنتقلتُ من الايمان إلى النقد، أذ حدث هنا ولاول مرة شيء ما في عقلي لقد وجدتُ أخيراً طريقة تمكنني من ان افكر بحرية ومع ذلك أظل خيراً" ويضيف بيري ان "هذا ما جعله شغوفاً بالفلسفة الأخلاقية منذ البداية وهو السبب الذي تكمن وراء توسعه في هذا المجال حتى احتوى مملكة القيم"(Perry,1930,195-196)

ولذلك بقي شيئان ملازمان لبيري طويلاً. الفكر النقدي الذي قاده للواقعية والخير الأخلاقي الذي وجهه للقيم، وكان أشكاله هو تحقيق التوفيق بين هذين الجانبين، وينعكس ذلك بشكل أدق داخل نظريته في القيمة التي تحاول التوفيق بين المنفعة العامة في جانب والواجب في جانب آخر.

وقد حصل بيري على الماجستير عام 1889 وعلى الدكتوراه عام 1897 من جامعة هارفارد التي ظل يدرس فيها منذ سنة 1902 حتى أحيل للتقاعد عام 1946(Frakel,1966,p.152) وكون مع زملائه الواقعين مجموعة نشرت بعد عدة اجتماعات مشتركة في يوليو 1910 ما أطلقوا عليه "البرنامج والبيان التأسيسي الاول لستة من فلاسفة الواقعية الجديدة". وقد تعددت اسهامات بيري في الفلسفة وتأريخ الفكر الامريكي وهناك ثلاثة اتجاهات أساسية تدور حولها كتابات بيري: الاول هو اتجاه تكنيكي أكاديمي في الفلسفة تمثل في الواقعية الجديدة ونظرية القيمة، والثاني دراسات تتعلق بالفكر الامريكي، والثالث كتاباته عامة اجتماعية تتناول قضايا الديمقراطية (Reek,1964,43)

يقدم بيري مفهوماً للقيمة على أنه مفهوم لأقسام الشعور المختلفة كما يقول ليرد: والخير ايضاً هو توافق وتكامل مجموعة من الاهتمامات، وكذلك الخير الاقصى الذي هو انسجام مجموعة من الاهتمامات الخاصة بالأفراد وكذلك مفهوم السعادة التوافقية (jahn,1945,52).

ويقدم بيري تعريفاً للقيمة يربطها بالاهتمام ويقدم تعريفه على الشكل الاتي أي شيء له قيمة، أو يعد قيما في المعنى الاصلي الجوهري الجامع حين يكون موضوع اهتمام ما، أي ان القيمة تعرف بالاهتمام، ويتوقف معناها على معنى الاهتمام وكلما زاد الاهتمام زادت القيمة، فأي موضوع أيا كان يكتسب قيمة عندما يستوعب أهتماماً ما ايا كان هذا الاهتمام، ويمكن صياغة ذلك في شكل معادلة رياضية على النحو الاتي س قيمة =هناك اهتمام ب بـ س(Berr,1926,1118).

ولذلك عرفت نظرية بيري في القيمة على انها نظرية في الاهتمام، فالاهتمام هو لمصدر الأساسي والسمة الدائمية لكل قيمة، فأي موضوع يكتسب فيه عندما يستوعب أي اهتمام ايا كان هذا الاهتمام، فمهما كان الاهتمام فهو حقيقته قيمة، ويمكن لاي موضوع محايد ان يصبح في الحالة التي يعبر فيها الشخص عن الاهتمام به (perry,1966,52.).

وتعريف بيري للقيمة يقتضي فحص الاهتمام، وذلك المفهوم الذي يعد أساس القيمة فما هو الاهتمام؟ وما معناه وطبيعته وما هي مكوناته وخصائصه يعرف بيري الاهتمام كالاتي "الاهتمام هو سلسلة من الاحداث يتحكم فيها توقع نتيجتها أي ان الشيء يكون موضوعاً للاهتمام عندما يؤدي هذا التوقع إلى القيام بأفعال أولاً تمكن من تحقيقه "(Perry,1954,17).

ويتكون الاهتمام عند بيري مجموعة من الخصائص تمثل الوعي بمظاهره المختلفة الأدراك والنزوع والوجدان، وهي تقابل الشعور والجهاد والمعرفة. أولها الخاصية السيكولوجية، ويقصد بها اهتمام نظرية بيري بجانب الوجدان والشعور (لدى الكائن البشري مقابل النظريات المعاصرة الاخرى التي تمد مفهوم القيمة ليشمل الكائنات في الكون(Perry,1954,17). قدم لنا بيري نظريتين في فلسفته في القيم الاولى خاصة بالقيمة العامة الشاملة والثانية هي نظرية القيمة المقارنة وهي ليس بمعنى القيمة لكن تدرجها Grading وعلومها وتسلسلها (مراتب القيم) Ranking والحكم النقدي عليها "فالناس يهتمون بما يدعونه لقيمهم من علو اكثر اهتمامهم بقيمهم ذاتها وما تنادي به الشرائع والأديان وتتمسك به ليس هو الخير ولكن الخير الاقصى" (Perry,1954,50).

هذا ما يطلق عليه "تصنيف القيم" وقد بذلت محاولات متعددة في بيان تلك المشكلة الأساسية المتعلقة بمكانة "الخير" وذلك بتصنيف القيم إلى معايير، وكانت هذه التصنيفات تتخذ عادة شكل سلسلة. من الأزواج المتقابلة كالقيم الكامنة مقابل القيم الوسيلية، والقيم العليا مقابل القيم الدنيا، والقيم الثابتة مقابل المتغيرة، ومن تحليل مختلف أنواع القيم يمكن ترتيب الأشياء الخيرة في سلم متدرج من القيم ولا بد من ان تكون هناك قيمة ما حتى نصل إلى مفهوم القيمة العليا او الخير الاسمى (هنتر، ت: 247-275). وتحقيق هذا الخير يغدو إلى حد بعيد تنظيماً لكل القيم والاهتمامات الاخرى في صلتها ببعضها التي تنتج من تنظيم منسجم للاهتمامات يطلق عليها بيري اسم السعادة التوافقية وهي الاطار النظري أو النظرية التي يصيغ فيها بيري أفكاره عن التكامل بين

الرغبات والأنسجام بين الاهتمامات وهو محور فلسفته في الخير الاقصى والقيمة الشاملة والهدف النهائي للاخلاق عنده، وهي فكرة أساسية لدى أفلاطون نجده في تصوره للعدالة وهـي أيضاً من المثل العليا التي ينطوي عليها النشاط العلمي (هنتر، د،ت:275).

وعلى ذلك فنظرية القيمة المقارنة لا تبحث في الغير انما تتناول الخير الاقصى كهدف وغاية، وذلك الخير الاقصى يفترض تنظيماً تصاعدياً في " نظام تسلسلي مفرد وشامل أذ يشغل كل موضوع سواء كان خيراً أم شراً مكاناً فريداً تحدده علاقاته الحسنة او السيئة تجاه المجموع الكلي ويتطابق هذا ويرتبط بموضوع هام، وهو امكان قياس القيم (Perry,1954,626).

لكي نصل إلى مفهوم الخير الاقصى علينا ان نحدد طرق قياس القيمـة، وتـدرج مسـتويات الخير، أي أن نحدد بأي معنى من المعاني يمكننا القول ان قيمـة مـا "أفضـل" أو "أسـو" مـن قيمـة اخرى. من الضروري علينا القيام بفحص المباديء الخالصة بالمقارنة الكمية من أجل قياس القيمـة (Perry,1954,626).

واذا كان أرسطو قد أكد على ان الخير هـو غـرض أفعـال الإنسـان جميعـاً اذ يقـول " كـل الفنون، وكل الابحاث العقلية، وجميع أفعالنا، وجميع مقاصدنا الأخلاقية تظهـر ان غرضها شيء من الخير ترغب في بلوغه، وهذا هو ما يجعل تعريفهم للخير تامـاً اذا قـالوا أنـه موضوع جميـع الأفعال"(ارسطو، 1947: 168) فأنه في عمل بيري الرئيس "النظرية العامة ".

يتضح معنيان لمفهوم الخير، الأول هو الخير العام الذي يعادل القمة في مفهومها التكاملي الشامل، والثاني هو الخير بمعناه الأخلاقي الخاص، الـذي يعـد جـزءاً مـن كـل ويوضـح بيري ذلك بقوله:(هناك اصطلاحات خاصة ينبغي على كل نظرية أخلاقية ان تعطى لها معـاني محـددة مثـل الحق والخير والجمال، ولدينا معنيان للكلمة "الخير": فهي من معناها العـام تعنـي الطـابع الـذي يتخذه اي شيء مـن كونـه موضوعاً لاهتمام إيجابي وعلى ذلك فكـل مـا يرغب فيه الإنسان او يحميه او يريـده خير اذن. اما مفهومها الخاص

فأن صفة "خير أخلاقي" توهب إلى الموضوعات بواسطة الاهتمامات المنظمة تنظيماً متناسقاً (Peery, 1954,101) ومن هنا فالمعنى الاول للخير اكثر عمومية هو القيمة العليا التي تنظم سائر القيم بينما المعنى الثاني اكثر تخصصية قاصر على الخير الأخلاقي وبناء على التمييز بين هذين المعنيين، فأن الثلاثي الشهير (الحق، الخير والجمال يتطلب اعادة وتوضيح).

يضع بيري الأخلاق في العالم، فهناك شيء مستمر ومتداول في العالم نطلق عليه مفهوم الأخلاق، وبالتالي فمهمة الفلسفة الأخلاقية او النظرية الأخلاقية هي البحث في هذا الدوام وليس هناك شك في هذا القول، فالأخلاق شيء مستمر في العالم وهي تظهر في كل المجتمعات والعصور. وأن الأخلاق موجودة هدفاً يسعى في طلبه، وان لها مثلها الأعلى فكلمة مثل عليا انها موجودة في الواقع، فالحديث عن المثل العليا معناه في نفس الوقت الحديث عن تحققها ولا فرق (Perry,1954,86)، ومن هنا لا يمكن التعامل مع الأخلاق "بمعزل عن الخير والشر-" وأذ ان الأخلاق تتحقق بالسلوك فأنها تنمو من حقائق حسية معينة، فالأخلاق في الحقيقة هي أكثر المواد جميعاً انسانية وهي أقربها إلى الطبيعة البشرية، وتتصف بالحسية التي لا يمكن محوها، وهي ليست له ميداناً منفصلاً ولكنه معرفة مادية بيولوجية تأريخية، وضعت في محتوى إنساني أذ تضيء مناشط الإنسان وترشدها (ديوى، 1963: 295).

الانتقادات التي وجهت لفلسفة التربية الواقعية فهي:

1. اذا كانت الواقعية تؤمن بان الإنسان عن طريق فكره، يصل إلى الحقائق، ويصل إلى معرفة العالم الذي يعيش فيه، فأن هذا فيه من الخطورة ما فيه، اذ ان هناك من الحقائق ما لا يمكن للعقل ان يصل اليها عن طريق أدواته المعروفة.

2. يرى قسم من الواقعيين ان الإنسان بطبيعته ميال للشر اكثر منه للخير وتكون وظيفة التربية كبح جماح الشر عن طريق النظام والعقاب ويقول آخرون أن الكون محايد فلا هو خير بطبيعته، ولا شرير بطبيعته، فالخير والشر- والقبح والجمال أمور اجتماعية تختلف باختلاف المجتمعات وبأختلاف الافراد.

3. ترى الواقعية ان الحرية لا تحقق على وجهها الأكمل الا اذا تمتع الفرد بجميع حقوقه وامتيازاته، ويتم ذلك التمتع في نظرهم عن طريق تقلص ظل الحكومة تقلصاً كبيراً وضعف سلطانها على الافراد، وتعد الدولة والمنظمات السياسية والاجتماعية وسائل لاغايات بينما يعد الفرد غاية بحد ذاته او وسيلة لغاية اخرى لا صلة كبيرة لها به وهي بذلك نظرة إلى الحرية نظرة جزئية وليست نظرة متكاملة واعتبر ان الحرية الفردية والتنظيم الاجتماعي شيئان متناقضان.

فالتنظيم الاجتماعي الحقيقي لا يكون الا اذا وافقته حرية فردية، والحرية الفردية بدورها لا تزدهر دون وجود حارس ومنظم هذا إلى ان الاعتراف بأهمية الحرية الفردية شيء والقضاء على التنظيم الاجتماعي عن طريق القضاء على النظام ذلك لان التنظيم الاجتماعي عنصر هام في المحافظة على الحرية وعدم تحولها إلى فوضى.

4. ان القيم يستدل عليها عن طريق الحواس وعن طريق التجربة لأنها صادرة عن الواقع المحسوس وانها متغيرة ونسبية ولا وجود للقيم الثابتة لامطلقة.

5. أدى التفريق بين العقل والجسد إلى ايجاد مجتمعات طبقية مكونة من حكام وصناع وتجار وجنود وعمال وهذا التقسيم يولد شبه عنصرية نتاجها الصراع والتنافر مما يؤدي إلى الإخلال من التركيز على التربية العقلية كلما وجه التعليم نحو الطبقات الادنى.

الفلسفة الماركسية:

يراد با الماركسية التطور الذي أدرك هيجل (ت 1831) الالماني وانتهى إلى المادية الجدلية التي بشر بها كارل ماركس (1883) وفردريك انجلز(ت 1895) وفصل بينها لينين ونجارين وستالين وغيرهم مع وجود الخلاف بين هؤلاء جميعاً في تفسيرهم لهذه المادية الجدلية، وتعد الماركسية أكمل تعبير عن الاشتراكية، وهو تقوم على الدعوة إلى محاربة الرأسمالية حتى اذا قضت عليها تيسر تحقيق الشيوعية بعد ذلك وتعزى المادية

الجدلية إلى ماركس لأنه كان أول وأكبر من صاغ الشيوعية نظرية فلسفية متسقة (الطويل،1976: 76).

لقد عد ماركس المادة المحور الأساسي لفلسفته فالمادة توجه العالم وتفسر التأريخ وما التأريخ عند الماركسية الا صراع بين طبقات نتيجة عوامل اقتصادية (حسان، 1983: 43).

ان التربية الماركسية عملية ديالكتيكية ليست مطلقة تتغير بتغير أوضاع المجتمع وهي عملية سياسية (العراقي،1984: 212) لا يتم تحديد أهدافها ووسائلها بطريقة نهائية (علي، 1981: 215).

أما مبادئ الفلسفة التربوية الماركسية فأنها تتمثل:

1. بتكوين العقلية الشيوعية لدى ابناء المجتمع المعادية للرأسمالية، والملكية الفردية والدين وتنمية روح الجماعة وتشجيع الخدمة الاجتماعية في نفوس أبناء المجتمع وأخضاع أهداف الفرد ومصالحه إلى أهداف مجتمعه.

2. أنكار الطبقية وأزالة الفوارق بين الطبقات والمساواة بين الاجناس والقوميات ودفن النزاعات العرقية، ومكافحة العقائد الدينية، وتحقيق المساواة بين الرجل والمرأة وبين جميع الشعب بتوحيد التعليم للجميع بسيطرة الدولة عليه واعداد أفراد مدافعين عن الدولة (كاونتس،د،ت:22).

3. الاحترام الكامل للشخص الذي يدفع بالعمل نحو تطوير الشخصية (Makarenko,1959,p.12). والربط بين التعليم والعمل المنتج لايجاد الوحدة بين النظرية والتطبيق (سمعان، 1959: 333) والاهتمام بالتنمية المادية مع الاهتمام بالعلم والتكنولوجيا (ناجي،1981: 43).

والتربية الماركسية تربية واسعة تشمل الجهاز الثقافي كله وتشمل جميع المؤسسات والهيئات التي تسهم في تربية الصغار والكبار، وتهتم الماركسية أهتماماً كبيراً بالتربية فعن طريقها تقوم المدرسة بغرس العقائد الشيوعية في نفوس الصغار وتشكيل التلاميذ بما يتلاءم والنظرة الماركسية، وتنمية الروح الوطنية والمثل الشيوعية فيهم(مرسي،1988: 190).

وتسعى التربية في المنظور الماركسي إلى ان تأخذ من العمل أداة لها، اي الربط بين التعليم والعمل المنتج لخلق المواطن الجديد (القادر على الانتاج والاهتمام بالتنمية المادية ولا تتحقق التنمية المادية الا بالعلم والتكنولوجيا)(عبودة 1976: 339).

ولنأخذ أنموذجاً في الفلسفة الماركسية الا وهو لينين الذي أضاف إلى الماركسية نظرية الثورة البروليتارية وتكنيكها أي اللينينية (لينين، د،ت: 35) ولد لينين واسمه فلادمير اوليانوف سنة 1870 في سمبرسك ودرس في ثانويتها ثم التحق بكلية الحقوق في (فازان) وانتمى للماركسية وهو في التاسعة عشرة من عمره في صفوف الحزب حتى انشطر إلى شطرين في مؤتمر لندن سنة1903 وهو البلشفيك والمنشفيك وترأس لينين البلشفيك واستطاع ان يقود ثورة آذار سنة 1917 بنجاح ليحاول ان يطبق أفكار ماركس على أرض الواقع ومن أشهر بحوثه وتآليفه ومحاضراته:" مقومات الابداعية والاقتصادية 1897، و " نمو الرأسمالية في روسيا 1899) وما العمل، (والمنهاج الريفي للثورة الاولى) و(المادية التجريبية – الانتقادية)، و(انهيار الاهمية التائية) و(الاستعمار اعلى مراحل الرأسمالية) و (دروس في الثورة) و (الدولة والثورة 1917) و(الثورة البروليتارية ومرض الشيوعية الطفولي 1920) ويقول لينين:" الماركسية هي أكثر أمم الأرض تقدماً وهي: الفلسفة المدرسية الالمانية والاقتصاد السياسي المدرسي الانكليزي والاشتراكية الفرنسية المرتبطة بالمذاهب الثورية بوجه عام"(لينين،د،ت:205). وهذه التيارات هي الأجراء الثلاثة، او المصادر الثلاثة الرئيسة للماركسية اللينينية ولكن (ستالين) يحدد هذه الفلسفة النظرية - العملية معاً بقوله:" ان المادية الجدلية هي النظرية العامة للحزب الماركسي - اللينيني. وانما دعيت هذه النظرية بأسم المادية الجدلية لان نظرتها إلى حوادث الطبيعة وطرق تحريها ومعرفتها هي نظرة جدلية ولان تفسيرها وتصورها لحوادث الطبيعة اي نظريتها، نظرية مادية، اما المادية التأريخية فأنها توسع مباديء المادية الجدلية حتى تشمل دراسة الحياة الاجتماعية، وتطبق هذه المباديء على حوادث الحياة الاجتماعية، وعلى دراسة المجتمع ودراسة تأريخه" (ستالين،1945: 8).

اما موقف لينين من المسألة الأخلاقية فهو يجيب عن تساؤل "هل توجد أخلاق شيوعية هل يوجد تخلق شيوعي قيجيب بقوله: نعم ويردف قائلاً:" يزعمون غالباً ليس لنا أخلاق خاصة بنا، وتتهمنا البرجوازيةفي الاغلب باننا نهدم كل الأخلاق، وفي ذلك خلط يشوش الافكار ليزرع الاضطراب، ويبث الضلال في عقول العمال والفلاحين فبأي معين ننكر، نحن الأخلاق، وننكر التخلق"(لينين وماركس، 1954: 578)، ويشير لينين، أن الأخلاق المستمدة من الله لا يعترف بها لانه لا يعترف بالله فيقول: "بالمعنى الذي تشير به البرجوازية في دعواها ان التخلق مشتق من اوامر الله، ففي هذه النقطة يقول بداهة، اننالا نؤمن بالله "اننا نعرف حق المعرفة ان رجال الدين وكبار الملاكين العقاريين والبرجوازيين يتكلمون بأسم الله ليكفلوا مصالحهم الاستغلالية، وقد يستعيضون عن اعتبار الأخلاق مستمدة من اوامر الله بدعوى انهم يمنحون التخلق من جمل مثالية او شبه مثالية، تنحل كلها دائماً إلى شيء يشبه أوامر الله شيئاً جدا كبير، فكل اخلاق من هذا النوع أخلاق مستمدة من قصورات غريبة عن الإنسان، غريبة عن الطبقات"(لينين 1954: 578) فالأخلاق عند الماركسية تستهدف مصلحة النضال الطبقي البروليتاري[1].

نظرة الماركسية للقيم:

ان الماركسية ترد القيم إلى الأساس الاقتصادي، وهذا هو الموقف الصريح لها من القيم، ولها موقف اخر تجاه القيم، وهو موقف غير معلن موجود في البناء الاعلى او الايديولوجية فالقيم وبخاصة الخلقية منها، تنشأ بمولد المجتمع الإنساني، وعندئذ يفرض المجتمع على أفراده مطالب محدوة معبراً عنها في المستويات والمقاييس الخلقية،هي موضوعات غير ثابتة، متغيرة تتحول بتطور المجتمع بسبب تغير الانتاج، ولا سيما علاقات الإنتاج (لطفي،1978: 32)، وكذلك ان الماركسية لا تؤمن بوجود اخلاق أبدية مطلقة، وانما بوجود اخلاق نسبية واقعية، هي أخلاق البرولتاريا، لذلك فهي

(1) البروليتاري : طبقة العمال الأحرار وفق المفهوم الماركسي .

ترفض اي تعاليم أخلاقية مقررة من قبل، حتى ولو كانت بأسم الدين وعلى وفق هذا الفهـم فـأن الأخلاق لا توجد خارج المجنمع الإنساني، وانما تتبع مصالح النضـال الطبقـي البروليتـاري، اي انها تستمد من القضاء على التفاوت الطبقـي: ومـن اقامـة المساواة بـين النـاس وتحقيـق الاشـتراكية العلمية وتسعى الماركسية إلى تأييد قيمة الوطنية واحترام الكبار، وتقدير العـاملين للصـالح العـام، والنظام،واحترام العمل، وهي لا تختلف كثيراً عن القيم الأخلاقية للمجتمع القـديم(مصطفى ومقلـد، 1968: 77).

والماركسية لا تعترف بغير ما يقع تحت البحث والتجريب، ولا تؤمن بغير القيم التي تؤدي اليها ويساندها العلم(مرسي،1988: 76).

ويمكن رصد ملامح موقف الماركسية من القيم على الشكل الاتي:

أولاً: قيم التغير هي مبدأ الحياة، فكل ما في الحياة يتغـير ويتطـور امـا السـكون والجمـود فهو على حالة واحدة يعني انعدام الحياة ويتحقق هذا التغـير نتيجـة عوامـل داخليـة نابعة منه وليس خارجه عنه.

ثانياً: ترتكز هذه القيم على أسس ثلاثة هي:

أ.المادية الجدلية: وهي تعني ان كل ما في الوجود يضم عناصر   متناقضة ومتساوية وفي هذا التناقض والتصارع وهو ما يعرف بوجود الاضداد، وهناك قانون الشمول في الكم إلى الكيف او العكس ثم قانون نفي النفي بمعنى الجديد ينفي القـديم(مصطفى ومقلد،1968: 77).

ب. المادة التأريخية: وهذا الأساس ينطبق على تطور المجتمع وسير الاحداث فيـه حيث يقرر ان كل مجتمع محكوم في حركته بـثلاث قوى رئيسـة هـي قوى الانتـاج وعلاقـات الانتاج والاوضاع الايديولوجية، ومغزى ذلك أرجاع كل تغير في القيم إلى أسباب مادية لا معنوية.

ج. الصراع الطبقي: ويعني صراعاً قيمياً ينشب بـين الطبقـات، لان كـل طبقـة تحـاول ان تحقق قيمها على حسب قيم الطبقة الاخرى.

ثالثاً: أن أسلوب الانتاج هو الأساس في صوغ سائر القيم.

وتقول الماركسية بالأخلاق الطبقية التي تتجسد في تصورها الثنائية الأخلاق الشيوعية والأخلاق البرجوازية، وهي ثنائية موضوعية اجتماعية، متناقضة، انسجمت مع قوانين الجدل الماركسي الذي قلب المفهوم الأخلاقي الهيجلي فوضع العوامل المادية - الاقتصادية بالذات الفكرة المطلقة في صميم البناء الأخلاقي، والعلاقات الأخلاقية(جعفر،1968: 23). اذ يقول كارل ماركس "الناس يقيمون علاقات اجتماعية وفقاً لانتاجهم المادي،وينتجون ايضاً المباديء والمقولات والافكار وفقاً لعلاقاتهم الاجتماعية،وانسجاماً مع ذلك يرى ان كل الأخلاق في المجتمع الطبقي هي بالضرورة طبقية تأخذ ظاهرياً قيما خالدة وغير قابلة للتبدل وفوق التأريخ (غارودي، د،ت:131).

ولهذا كانت الأخلاق الطبقية بالنسبة للماركسية نسبية، امكانية التغيير فيها قائمة على أساس بناء أخلاق غايتها تحقق المجتمع الشيوعي في اطار الحتمية التأريخية التي تفترض ان حركة المجتمع من مرحلة الرأسمالية إلى مرحلة الاشتراكية ضرورة توجهها حركة التأريخ وتنفذها الجماهير، ومعنى هذا ان مهمة الجدلية المادية الأخلاقية لا تقف عند حدود فهم العلاقات المقابلة بين الإنسان وظروف وجوده فحسب، وانما ايضاً في الانطلاق من هذا الفهم الصحيح إلى السيطرة على تلك الظروف والقدرة على توجيهها وتسيرها نحو وجهة إرادة الإنسان (جعفر، 1968: 229).

الانتقادات التي وجهت لفلسفة التربية الماركسية:

لم تنتقد فلسفة من الفلسفات بقدر ما انتقدت الماركسية وقد اثارت هذه الفلسفة وما تزال تثير أعظم صراع فكري عملي وسياسي وان اهم الانتقادات التي وجهت للفلسفة الماركسية منذ نشوئها وحتى انهيارها هي:

1. الموقف السلبي من التراث وأفكار الدين والذي خرجت به الماركسية ايضاً نتيجة تفسيرها للمجتمع الأوربي، وموقفها السلبي من التراث معناه انكار لاحد عوامل مكونات القومية، وانكارها للدين معناه انكار لاحد مكونات الشخصية الإنسانية والشخصية القومية ايضاً، وهذا الانكار الذي ينطلق من أساس نفي وإنكار كل معتقد يتجاوز الطبيعة والمادة، يعني تجريد

الإنسان والامة من العوامل الروحية التي تشكل مكوناً أساسياً في الحياة (غورباتشوف 1990: 29).

2. التفسير الطبقي لحركة التطور التأريخي، والذي أنطلق من أن تاريخ كل مجتمع لم يكن سوى تاريخ طبقات، امراء ورقيق، أشراف وعامة، سادة واقطاعيين ورقيق أرض معلمين وصبية، ولهذا تعد الشيوعية حاملة رسالة الطبقة العاملة التي تجد الحقيقة فيها فقط، وتعد رابطة الفرد بطبيعته اقوى من كل الروابط وهي الأساس ان هذا التفسير الاحادي لحركة التأريخ أفقدها حقيقة هذا التطور ولا سيما في دول العالم الذي يعد الصراع القومي فيها الأساس وما الصراع الطبيعي الا جزء منه كما جرد هذا التفسير هذه الحركة من شواخصها الحضارية كالرابطة القومية والعوامل الروحية، لذلك كانت أخلاقية تأريخ المجتمعات بوصفه تأريخ طبقات أثبتت الأحداث ومنها الانهيار الذي حصل للشيوعية انها مفهوم مجرد وغير واقعي.

3. استلاب حرية الفرد وغياب التوازن بين مصلحته ومصلة المجتمع من خلال ذوبان مصلحته في مصلحة المجتمع، والذي ينتج عنه استسلاماً لديمقراطيته، أي أهمال الحرية هذه يؤدي إلى غياب المبادرة الفردية وبالتالي يؤثر سلباً في مصلحة المجتمع(سيف الدولة، 1971: 121).

4. عدم الاعتراف بالملكية الخاصة والنشاط الخاص فالأرض بأكملها ملك للدولة والموارد الطبيعية ووسائل الانتاج كلها ملك للدولة او لجمعيات العمال التعاونية(المولى،1979: 69).

5.ان تناقض ماركس، او زلته الكبرى، تمثل في انه أراد التوفيق بين المادية من جهة وبين الاعتقاد بتحقيق العدالة تحقيقاً آلياً ؟ من جهة اخرى... فلم يخالجه أدنى ريب بصحة فكرة سلخ عمره في طلبها، وهي فكرة انتصار العدالة وتحققها القريب في الأرض، نعم ان من الجميل ان يحتاج المرء إلى هذه الفكرة كي يعيش، ولكن من الاجمل ان يرجح المرء جانب الحقيقة على جانب الفكرة

التي يحتاج هو اليها. ولعل الاختيار الاقصى لاية روح هي اختيارها بين الحقيقـة والحيـاة، وهذا لا يعني تشاؤم روح تولي وجهها شطر الموت، فما مـن انسـان يجهـل ان الحقيقـة لا تطابق الحياة دائمة (العوا،1958: 204).

الفلسفة الوجودية:

تعني الوجودية ان الوجود سابق على الماهية، بمعنى ان الإنسان يوجد أولاً ثم يتعرف على نفسه يحتك بالعالم الخارجي فتكون صفاته ويختار لنفسه أشياء هي التي تحدده فالإنسان يوجـد ثم يكون(بدران،1993: 255).

وقد برزت هذه الفلسفة إلى الوجود عـلى يـد المفكر الـدينماركي سـيرن كيركيجارد (Sern Kierkeggard- 1813- 18855) عندما حاول الرد على الفيلسوف الالماني هيجل. اذ رأى ان البعد عـن المعاني المجردة والالتصاق بالكائنات الموجودة، ورد المعاني إلى الأفراد الـذين يتصفون بها هي الفلسفة الحقيقية، فلا معنى ولا فلسفة في نظره للبحث في الموت مثلاً على أنه معنى كلي مجرد ولكن البحث في هذا الموضوع يصبح ذات معنى اذا اتجه إلى الشخص الذي يموت ويعاني المـوت، فذوات الموجودات الفعلية لا المعاني المجردة الجديدة بان تكون لب الفلسفة، وبهـذا اوضـع كـير كجـارد أسـاس الفلسـفة الوجوديـة وجعـل ذلـك الأسـاس الفـرد الموجـود لا العقـل والفكـرة المجردة(Morris,1966,.) ثم جاء بعد كارل يسبرز (Karl Jaspers, 1883) ومـارتن هيـدرجر (Martin Heidegger, 19761) وجون بول سارتر (Jan Poul Sarter) وغيرهم وكلهم يرسمون خطى كير كجـارد وان انقسما إلى تيارين، تيار حمل طابع النزعة الدينية والذي مثله كيركجارد وكـارل يسـبرز وتيـار النزعة الالحادية والذي مثله سارتر وكامي والتياران يلتقيان فـي نقـاط مشـتركة أساسـية وهـي التأكيد على الوجود الإنساني ولاإنساني في القيام لعمل ما وهذا هو وجوده(Brubacher,1962,140).

تؤكد الوجودية على مظهر روحي في الإنسان وهو الـوعي او الادراك الشعوري، وبـالوعي يمكن ان نبدأ عملية تحقيق الـذات عـلى ان الوجوديـة لا تهمـل الجانـب الجسـمي في الطبيعـة الإنسانية، فالإنسان لكي يختار فعليه ان يجازف في الحياة من اجل خلق نفسه

ومن أجل مسؤوليته الخاصة، فلابد ان يستعمل جسمه الذي يمكنه من هذه المواجهة(مرسي،1988: 89).

أصبح لمفهوم الفلسفة على يد الوجودية دلالة جديدة تدل على فن معرفة النفس عن طريق معايشة الأشياء الخارجية، اذ يرى كيرجارد انه كلما ازددت تفكيراً قبل وجودي بمعنى ان الذاتية ينبغي لها ان تكون نقطة البداية وان الإنسان يوجد على مسرح الحياة رغماً عنه وبعد ذلك يجد نفسه واذا لم يكون بالامكان تحديده مسبقاً فذلك لأنه لا شيء في البداية وبعد ذلك سيصبح شيئاً وانه سيفعل ما سيكون في المستقبل، لان الإنسان في البداية خطة واعية بذاتها فيقول سارتر: ان الوجود يسبق الماهية(مرسي، د،ت: 89) بمعنى ان الحقيقة القائلة بأن الأشياء سابقة منطقياً على اية ماهية او اي تعريف يقرأه قبل اي من هذه الأشياء، فالأشياء توجد أولاً ثم يقوم بتفسيرها(نيللر،1977: 80) وتشير الوجودية إلى ان الكون لا معنى له ولا هدف وما الاهداف الا اسقاط لرغباتنا الشخصية في النظام والواقع ان العالم فوضى واضطراب وانه قد قذف بنا فيه لنصطرع مع متناقضاته ومتاهاته، ونحن لا نملك سوى الوعي بأننا مجهولي الهوية ومن هذا الوعي لا نعني الا حقيقة واحدة هي حتمية الموت(مرسي،1988: 85). لذا ينصب اهتمام الوجودية على الوجود ذاته وتهمل ما وراء الطبيعة لان موقف الإنسان في هذا العالم موقف الشعور بالوحدة والقلق من مواجهة المستقبل نهاية الوجود (الموت) غير متأكد من معناه وما قدر له فيه ممزوجاً بمشاعر الانزعاج والرهبة والخوف(قورة 1985: 222).

ولنأخذ سرن كيركجارد (1813-1855م) فهو أبو الوجودية الحديثة، وأول فيلسوف أوربي يحمل لقب المفكر " الوجودي" وقد نشأ كيركجارد نشأة دينية صارمة، ويبدو انه سيطر عليه الاحساس بذنب ارتكبته أسرته ثم جات مسألة حبه التعس وخطبته لفتاة صغيرة هي (ريجينا اولسن، Regina Olsen) وما تلا ذلك من فسخ لهذه الخطبة ولقد صاحب ذلك كله ميل للاستبطان وللمزاج السوداوي حتى أنه كتب عن نفسه في يومياته في سن الثالثة والعشرين يقول انه "ممزق داخلياً " وبلا أدنى أمل أن يحيا حياة دنيوية سعيدة "(Kierk,1959,40).

ولقد انشغل كيركجارد بالمشكلة الدينية وبالكيفية التي يمكن للمرء بها أن يصبح مسيحياً ورأى أن تقدم الذات البشرية انما يتم عن طريق الانتقال من المرحلة الحسية الجمالية إلى المرحلة الأخلاقية حتى تصل إلى المرحلة الدينية. ولقد ازداد كيركجارد قرب نهاية حياته عنفاً في هجماته ضد المؤسسات المسيحية، ففي اليوميات التي كتبها في سنواته الاخيرة رأى المسيحية شيئاً فشيئاً على انها نبذ للعالم، وقرار داخلي للفرد، وقد ألف وهو في الثالثة والثلاثين من عمره في عام 1846 كتابه "الحاشية الختامية غير العلمية" الذي يظل اسهاماً عظيم الاهمية في نظرية المعرفة، وقد كان انتاج كيركجارد على الرغم من وفاته في سن الحادية والأربعين انتاجاً ضخماً فقد كتب كتباً ومقالات عديدة منها "الشذرات الفلسفية " ومقالة "الفرق بين العبقري والرسول" و"التدريب على المسيحية" وغيرها (الموسوعة الفلسفية المختصرة، 365-366).

لقد انتقد كيركجارد فلسفة هيجل لما في منهجها الجدلي من نزعة عقلية مذهبية تؤمن بأن الروح او الفكر يعي ذاته في تجليه التأريخي، بينما يحسب (كيركجارد) على العكس ان بين الفكر وبين الوجود هوة لا يمكن اجتيازها الا بطفرة هي الطفرة بين الماهية والوجود بين المجرد والمشخص، بين المعقول والجائز، فكل مذهب يعتمد موضوعه يفترضها لاحتياجه اليها في بناء صرحه المذهبي، وهذا يعني ان ثمة قراراً يسبق الفكر الذي يبني المذهب وقد أخطأ هيجل كما أخطأ أصحاب المذاهب الفلسفية جميعاً لانهم عاشوا في المجرد ولكن احد منهم لم يعش عيشاً ميتافيزيقياً في الواقع، وان كانوا جميعاً ملزمين بالرجوع إلى (مقولات) مشخصة(العوا، 1958: 622).

أن مفهوم الفلسفة أخذ على يد الوجودية معنى ودلالة جديدين فمن المعروف ان كلمة فلسفة تعني "حب الحكمة" الا انها عند الوجوديين أصبحت على معنى آخر اذ ا نها تتألف من كلمتين: من كلمة صوفيا وهي مشتقة من كلمة سوفوس اليونانية وتعني الشخص الالوف الذي يحب معاشرة الأشياء ويجد ذلك متعة قربه لا من الأشياء فحسب، بل من نفسه ايضاً، وتتألف كذلك من كلمة (فيليا) وهي تدل على التعاون او

التعاطف المشترك وبذلك أصبحت الفلسفة تدل على فن معرفة النفس عن طريق معاشرة الأشياء الخارجية (هويدي، 1979: 234-235).

ترفض الوجودية اي ضرب من التقيد الحرفي بالقواعد، اذ ينظر إلى القوانين والقواعد على انها اعباء مفروضة على الموجود البشري من الخارج تجبره على نمط في السلوك محدد سلفاً، وتمنعه في تخفيف ذاته الفريدة الأصيلة، وهكذا تميل الوجودية إلى تشجيع ما يسمى عادة (بالموقف) الأخلاقي. ويتحدد اتجاه الفعل في مثل هذه الأخلاق بالموقف الفريد الذي يجد فيه الفاعل نفسه(ماكوري، 1981: 385) فتؤكد الوجودية على حرية الفرد وعدم ذوبانه الاجتماعي، فالوجودية تحرر الإنسان من القيود الاجتماعية جميعاً وتجعله غير خاضع لأية قوة من قوى المجتمع لان الفرد هو الأساس الذي يرتكز عليه المجتمع من الناحية النظرية وهذا يعني ايمان الوجودية بالفرد منعزلاً عن القوى الاجتماعية(جعفر،1967: 106).

وترى الوجودية ان الأخلاق يجب ان ترتكز على الموقف لانها تتجه نحو المستقبل، فهي تنظر إلى ما هو جديد ويتحدد الفعل فيها آخذاً في اعتباره ما هو جديد فالأخلاق تتحمل مخاطرة التركيز على الموقف بدلاً من القانون (ماكوري 1981: 386).

وترى الوجودية ان القيم غير مطلقة، وغير محددة بمعايير خارجية، وان القيم التي تمثل أهمية لكل انسان نسبية تتوقف على الظروف، تتحدد بالاختيار الحر الفردي، فهي مسألة شخصية فردية بحتة(مرسي د.ت: 206). وان القيم الأخلاقية لا تعني شيئاً لانها كيفية من كيفيات العدم، ان القيمة ترتبط بالحرية، وبما ان الحرية تختار نفسها فأنها تختار قيمتها، فالأخلاق اذاً تتضمن قانوناً واحداً هذا القانون هو: اختر نفسك بنفسك وهذا القانون في طبيعته يلبي نداء الإنسان دائماً، فالإنسان قد حكم عليه ان يكون حراً(العراقي 1984: 71). وتطالب الوجودية الإنسان ان يطور مفاهيمه القيمية والأخلاقية بنفسه، فالإنسان يتعرف على قيمة من القيم من خلال تعرفه عليها أثناء ممارسته لحريته، فحريته هي أساس القيم فالفرد هو المسؤول الأول والاخير عن اختيار القيم التي يتبعها في

حياته وانه ليس مسؤولاً عن صنع نفسه وحسب، بل انه مسؤول عن صنع عالمه كذلك اذ ان كل ما يحدث للانسان انما يحدث بسببه(حسين، د،ت:87).

نظرة الوجودية إلى القيم:

أ. القيم لا تنفصل عن الموجودات كما هي الحال عند افلاطون، وانما نابعة من وجود الموجود ولا انفصال بينها، والقصد من الموجود على حد تعبير هيدجرهو، يمكن امتثاله واحصاؤه وكل ما يخضع للمشاهدة والتجريب، اما الموجود فهو مرادف للقيم، انه اللاموضوعي الذي لا يتأمل في عالم الاعيان وتكون مهمة الموجود هي محاولة الارتقاء نحو الوجود اي نحو القيم (صفدي،1961: 35).

ب. يتمثل التوحد بين الوجود والقيم في الحرية، فوجود الإنسان مرهون بحريته ويترتب على ذلك مسؤولية الإنسان الكاملة عن وجوده فما من قوة تستطيع ان تدفعه إلى التخلي عن حريته انه هو نفسه وهو وحده الذي يختار ما يكون اياه.

ج. حرية الإنسان مطلقة لا قيود عليها حتى وهو في أشد المواقف قهراً وجبراً اذ ان سوط الجلاد لا يمكن ان يعفي الإنسان من كونه حرا (أحمد 1982: 91).

د. ان قيم المعرفة الإنسانية تقوم على علاقة تفاعلية بين عنصرين لا ينفصلان هما الذات والموضوعية، فالذات الإنسانية لا تستطيع ان تدرك الموضوع دون ان تخرج من ذاتها او تعلو عليها، ومع ذلك فهي لا تستطيع ان تعي وتشعر بهذا الأدراك دون الرجوع إلى ذاتها وبظاهرة خروج الذات ورجوعها، تظل قيم المعرفة كما هي(نيللر، 1977: 41).

الانتقادات التي وجهت لفلسفة التربية الوجودية

1. **انها فلسفة تشاؤمية تبث اليأس لدى الشباب وتدفعهم إلى مغادرة القيم الاجتماعية الأخلاقية، اذ ليس هناك قيم مطلقة، وما على الإنسان الا ان يخلق القيم لترضي نزواته وأهدافه وكذلك فهذه الفلسفة ضد العالم المعاصر للبشر بالامال فهم ضد التكنولوجيا.**
2. **ان الوجودية أتجهت نحو الإنسان الفرد وأهملت ما يجب أن تكون عليه البشرية من تضامن وحصرت الإنسان في وجوده المفرد.**
3. **انهمكت الوجودية بقضايا لا حل لها كالموت والقلق والضياع والألم. دون أن تعطي مجالاً للتفكير في السعادة والحياة.**
4. **تأكيدها على الفرد والمبالغة في تحقيق فردية الفرد جعلها تهمل المجتمع واحتياجاته ومتطلباته: وهي لا تتعاطف مع أهداف المجتمع الحديث ومنجزاته.**
5. تنفي وجود قانون للاخلاق ولذلك فهي لا تتقيد بالقواعد والقوانين، فمضمون الأخلاق الوجودية يمثل نقطة ضعف فيها.

الفلسفة البرجماتية:

تمتد أصول هذه الفلسفة إلى العصور البعيدة، فهي قديمة قدم الإنسان نفسه اذ عرفت على نحو غير منظم وغير محدد لدى السفسطائيين وافلاطون وأرسطو وكانت تعني أسلوب الحياة أيا كان ذلك الأسلوب، وقد ساهمت العلوم التجريبية في تطويرها فضلاً عن نظرية النشوء والارتقاء، ونمو الديمقراطية وظهور الحضارة الصناعية (مدكور 1984::227).

وتصور الفلسفة البراجماتية العصر العلمي الذي نعيش فيه اليوم بصفة عامة والحياة العملية التي يعيشها الامريكيون في مدنهم الصناعية الحديثة بصفة خاصة (بدران،: 227) لقد جاءت البرجماتية تعبيراً عن عصرنا العلمي من بعض وجوهه،

وانه انفجر ينبوع هذه الفلسفة على يد (تشارلز بيرس (1839-1914) واخذت روافده تتدفق في سرعة وغزارة فاخضبت مختلف المطارح من دنيا الفكر والثقافة (علي، 1995: 65).

وظهرت الفلسفة البرجماتية أبان القرن التاسع عشر كرد فعل لموجات الفلسفة المثالية التي كانت تطغى على الفكر الامريكي والتي جاءت اليه من أوربا وعلى وجه التحديد من ألمانيا، اذ شعر جماعة من خريجي جامعة هارفارد بضرورة التوجه الجديد نحو (الفعل) ونحو (المستقبل) فاتفق هولاء على ان يجتمعوا في منزل أحدهم ويتناقشون ويتباحثون في المشكلات الفلسفية يربطهم جميعاً رابط واحد هو الايمان بمنهج العلم التجريبي، وبأنه هو منهج التفكير السليم وبأن الفلسفة اذا ما أرادت ان تخرج من نطاق الحلقة المفرغة التي ما فتئت تدور فيها منذ الأزل، لا بد ان تقيم نسقها على أساس من العملة التي تقوم على العمل والخبرة والتجريب حتى يمكن ان تصبح مثل العلم أداة فعالة لخدمة المجتمع البشري وكانت هذه الجماعة تتكون من (بيرس، رايت وجرين، وليام جيمس وفرانس ايوت) (Weiner ,1949.14).

ولقد استعمل بيرس كلمة براجماتية Pragmatism من دراسته للفيلسوف الالماني (كانت) ويعني ذلك ثائر البراجماتية ايضاً بالمثالية وبخاصة فلسفة كانت اذ ميز كانت بين ما هو برجماتي Pragmatic وما هو عملي Practical فالعملي ينطبق على القوانين الأخلاقية التي يعدها اولية (قبلية) بينما البرجماتي ينطبق على قواعد الفن وأسلوب التناول الذي يعتمدان على الخبرة ويطبقان في مجال الخبرة. اما وليم جيمس فيرى ان الكلمة مشتقة من الكلمة اليونانية Pragma ومعناها (مزاولة و (عملي)(شنيدر،1964: 310) وقد أعطى للبراجماتية طابع النفع فقد عثر على اصطلاح "القيمة الفورية (Cash Value) لما تصفه بأنه صادق، وكأن العبارات الصادقة مثل السلع المطروحة في السوق، قيمتها قيما يدفع فيها من ثمن لا في ذاتها (Blan,1946,255).

وأضاف وليم جيمس إلى هذه القيمة بقوله ان الفكرة تظل صادقة ما دامت لم يعارضها معترض ممن تعاملهم على أساسها، فهي كالذي يعامل الناس معتمداً على

حسابه في البنك فالفكرة مثلها مثل ورقة النقد تصلح للتعامل إلى ان يعترضها معترض بحجة انها باطلة(James,1943,207)

ويحاول بيرس تعديل هذه الفكرة ويسرع إلى ادخال تعديل في كلمة Pragmatism لتصبح Pragmaticism ليصبح تداولها على الالسن أقل شيوعاً فيحميها من أساءة الاستعمال (علي،1995:60).

اما الفارس الثالث في هذه الفلسفة والذي أرسى معالمها فهو جون ديوي والذي وضع أسماً جديداً لها Instrumentalism نسبة إلى (وسيلة) وأحياناً نسميها بـ (الأدواتية) نسبة إلى (أداة) وقد وضع ديوي للفلسفة البرجماتية منهجاً علمياً تجريبياً محدداً (الأهواني، 1968: 11).

لقد طور هؤلاء الفلاسفة بيرس، وجيمس، وديوي، الفلسفة البرجماتية العملية التي تؤكد قيمة العلم وترفض تبديد الفكر فيما لا طائل تحته وترى ان لا قيمة للمعرفة الا اذا أدت إلى عمل وأدت إلى حلول وتطبيقات فأن الفكرة هي خطة العمل أو مشروع له (الطويل، 1976: 322).

ولنأخذ جون ديوي أنموذجاً لهذه الفلسفة اذ ولد ديوي بتاريخ 1859/10/20 في مدينة برلنجتون Burilington احدى مدن ولاية فرمونت Vermont الواقعة في شمال الولايات المتحدة الامريكية على مقربة من حدود كندا (Eneyclopedia,1967,P.2/380)، وتوفي في مدينة نيويورك بتاريخ 20/ 5/ 1952 على أثر أصابته بمرض ذات الجنب بعد ان عاش أكثر من تسعين سنة قضى شطراً كبيراً منها في المطالعة والتدريس والتأليف والأسفار(جعفر، 1954: 37).

وخلال حياة ديوي تطورت الحياة في الولايات المتحدة الأمريكية من مجتمع زراعي بسيط إلى أمة صناعية متحضرة معقدة، وقد طور ديوي أفكاره التربوية بشكل موسع أستجابة للتطور السريع في فترة التغير الحضاري(Eneyclopedia,1967,P.2/381)

أكمل ديوي تعليمه الثانوي عـام 1875 م ودخـل جامعـة فرمونـت Vermont القريبـة مـن منطقته وتخرج عـام1879(Eneyclopedia,1967.2/381)وأخـذ يبحـث عـن عمـل في مدينتـه فعمـل مدرساً براتب قدره 40 دولار في الشهر، وبعد سنتين أنتقـل للتـدريس في احـدى المـدارس الريفيـة القريبة من ولاية فيرمونت (Malcoim,1970.9)، ولكـن أشـتغاله بالتـدريس لم يمنعـه مـن مواصلـة أهتمامه بالفلسفة وبتشجيع من أستاذه توري Torrey كتب ديوي ثلاثة مقالات ففي المقالة الاولى التي كتبهـا سـنة 1882 بعنـوان "الافتراضـات الميتافيزيقيـة للمـذهب المـادي، في المجلـة الفلسـفية التأمليــة والتــي كــان يحررهــا المــربي المعــروف الأســتاذ وليــام تــوري هــاريس W.T. Hairis (Frederick,1966.109) واتبعها بمقالة ثانية في العام نفسه، أمام المقالة الثالثة فكانـت في عـام 1883 وفي العام ايضاً نشر مقاله الأول في صحيفة فرنسـية (رفيوفيلوسـوفيك) وكـان ذلـك بدايـة لـذيوع أسمه خارج بلده وهو لا يزال في سن الثالثة والعشرين من عمره (بريمكـان، د،ت: 25) وأكمل دراسته العليا في جامعة جوفز هويكنز وأشرف جورج سلفستر موريس على اطروحة ديوي الموسومة "علم النفس عند كانت" (Frerick,1966.109)

وبذلك تعرف ديوي على المثالية بشكل قد أثر تأثيراً عميقاً في تفكيره ولـذلك يقـول ديـوي "وفي اعتقادي انه في صالح السيد موريس فقد تعرف على كانت من خلال هيجل بدلاً مـن هيجـل عبر كانت، وذلك فأن موقفه ازاء كانت (Kant) كـان الموقـف النقـدي الـذي تبنـاه هيجـل نفسـه، وفضلاً عن ما تقـدم فأنـه أحـتفظ بشيـء مـن التأهيـل الفلسـفي الاسـكتلندي الاول القـائم عـلى الاعتقاد الشائع بوجود العالم الخـارجي، واعتـاد (مـوريس ان يسـخر مـن أولئـك الـذين اعتقـدوا بضرورة أثبات وجود هذا العالم، فأن القضية الفلسفية الوحيدة التي شغلته تتصل بمعنى الوجـود، وكانت مثاليته من النمط الموضوعي تماماً (Fredrick,1966.109).

وتخرج ديوي وعين مدرساً، فأستاذاً للفلسفة في جامعة مشيغان من عـام 1884 حتـى عـام 1894 ليتولى منصب رئيس قسم الفلسفة وعلم النفس والتربية جامعة

شيكاغو. وهناك صاغ فلسفته التربوية (ديوي،1963: 155) وقد أسس مدرسة ملحقة بجامعة شيكاغو أستطاع فيها أن يختبر أفكاره العلمية ويعدلها ويطورها وفق أفكاره التربوية والنفسية (الأهواني، 1968: 155) ومن عمله بهذه المدرسة بدأ ديوي يبتعد شيئاً فشيئاً عن النظرة الهيجلية في الافكار ليحل محلها النظرية الاداتية (الوسيلية) في المعرفة هذه النظرية التي عدت الأفكار عامة وسائل، وأدوات تستعمل لحل أشكالات علمية في البيئة التي يواجهها الإنسان يومياً (Encyclopedia,1965.680)

والصفة المميزة لديوي هي محاولته استعمال منهج العلوم في التفكير في القيم الأخلاقية والسياسية والجمالية وغيرها تفكيراً قد ينتهي إلى تغييرها تغييراً يناسب ظروف الحياة الحاضرة او بعبارة اخرى، هو اتخاذه من الفكر ذريعة للعمل على نحو يحقق للانسان ما يبتغيه في مجتمع صناعي براجماتي منذ أول نشأته، بل تأثر في أول مراحله بالفلسفة الهيجلية، ثم استطاع ان يتخذ لنفسه أسلوباً (طريقة البراجماتية) بقية حياته وكانت الاعوام التي شكلته من الوجهة الفلسفية تشكيلاً حاسماً وهي الأعوام العشرة الممتدة من 1894 إلى 1904(محمود، 1980: 159) وقد حاول ديوي ان يقيم برامج لمدرسته التطبيقية وادارتها على مباديء الفلسفة البراجماتية التي من بينها وجوب الاتصال والتعاون بين المدرسة والبيت، ووجوب اتصال خبرات التلاميذ في المدرسة بخبراتهم خارج المدرسة، ووجوب جعل الأطفال يتعلمون عن طريق خبرتهم ونشاطهم الذاتي ووجوب احترام ميول التلاميذ وحاجاتهم وحريتهم في التعبير عن أنفسهم، ووجوب مراعاة الفروق الفردية بين التلاميذ، وعد التربية عملية اجتماعية والتركيز على التعاون بدلاً من التنافس إلى غير ذلك من المباديء التي كانت مطبقة في هذه المدرسة التجريبية (Freperlg,1960,610-611) وفي عام 1904 اختلف ديوي مع رئيس جامعة شيكاغو نحو الاستاذ هاربر حول طريقة ادارة المدرسة المختبرية فكتب ديوي إلى كاتل في جامعة كولومبيا يخبرهم بحاله فعمل كاتل على تعيينه استاذاً للفلسفة وعلم نفس في جامعة كولومبيا عام 904 (Encyclopedia,1960.82)ولقد لازم ديوي جامعة كولومبيا مدة

47 عاماً إلى حتى عام 1930 أذ أحيل على التقاعد وبعد ذلك أصبح أستاذ الفلسفة الفخري في هذه الجامعة(Encyclopedia,1996.681).

واذا كان ديوي قد أشتهر بأعماله وكتبه التربوية كمرب من أعظم مربي هذا القرن العشرين فأنه قد كانت له الشهرة نفسها تقريباً في عالم الفلسفة، اذ ألف العديد من الكتب في الفلسفة وكتب المئات في المقالات فيها،وقضى جل حياته في تدريسها، وكان يدعي انه الناطق بلسان الفلسفة الامريكية والحامل للوائها. وقد أتى بتجديدات كثيرة تقدمية في مفهوم الفلسفة وفي وظيفتها وفهم مشاكلها التقليدية كمشكلة الطبيعة الإنسانية، ومشكلة المعرفة، والقيم الأخلاقية، وغيرها من اشكالات الفلسفة وانتقد ديوي الفلسفات القديمة في تركيزها دراسات نظرية ميتافيزيقية لا تمت للحياة الواقعية بصلة، وقد نادى من جانب آخر بوجوب ربط الفلسفة بمشاكل الحياة والعالم والحضارة (الشيباني، 1982: 336).

نظرة البراجماتية إلى القيم

يعتقد ديوي ان القيم الأخلاقية هي أمور إنسانية تنبع من صميم الحياة التي يعيشها لذلك فهو ينتقد هذه النظريات وينتقد الأديان السماوية التي تقوم باعلاء من شأن الحياة الروحية فيقول:" ولقد أقام الناس لأنفسهم حلماً عالمياً غريباً عندما أفترضوا أنه بدون مثل أعلى ثابتة الخير لن يكون لديهم أستنارة للخلاص من المشقات الحاضرة ولن تكون لديهم رغبات للتحرر من الظلم والضغوط الواقعة عليهم وتخليص العمل الحاضر من كل ما يجعله مضطرباً " (ديوي، 1963: 296).

ولذلك أعتقد ديوي بأن كل الفلسفات والاديان السماوية والوضعية التي أعتقدت بوجود قيم أخلاقية ثابتة في عالم علوي مثالية حاولت ان تقسم الغايات إلى ذاتية، ووسيلية، والغايات الذاتية هي التي ترجى اقدامها وقيمتها في نفسها، أما الغايات الوسيلية فهي الوسائل التي تتخذ لتحقيق الغايات الذاتية ونتج عن هذا ان انقسم الخير إلى ذاتي ووسيلي وانفصل الخير الذاتي بذلك عن مواقف الاهتمام في حياة الإنسان العادية وأصبح ما يهم الإنسان في هذه الحياة هو الخير الوسيلي (ديوي، 1963: 306).

ونتج عن هذا ان تميز الخير الأخلاقي عن الخير الطبيعي، والخير الأخلاقي هو الفضائل كالامانة والشجاعة والفقه. اما الخير الطبيعي فهو الصحة والاطمئنان الاقتصادي والفن والعلم وغيرها ومحاولة الفصل هذه ما هي الانتيجة لفصل الشخصية الإنسانية عن البيئة الاجتماعية..

وبعد ان ينتقد ديوي الأخلاق في الفلسفات يقدم نظريته في الأخلاق قائلاً: "ولكن الأخلاق في الحقيقة هي أكثر المواد جميعاً انسانية وهي أقربها جميعاً إلى الطبيعة الإنسانية وتتصف بالحسية التي لا يمكن محوها وهي ليس لاهوتية ولا ميتافيزيقية ولا رياضية وحيث انها مباشرة بالطبيعة الإنسانية فلكل ما يمكن معرفته عن العقل الإنساني والجسم الإنساني في علم وظائف الاعضاء وعلم الطب، والأنثروبولوجيا وعلم النفس مما يناسب البحث الأخلاقي في الطبيعة الإنسانية تعيش وتعمل في بيئة وهي لا تكون في هذه البيئة كما تكون النقود في صندوق ولكن كما يكون النبات في التربة وضوء الشمس... وعلى هذا فالطبيعة والكيمياء والتأريخ والأحصاء وهندسة العلم جزء من المعرفة الأخلاقية ما دامت تساعدنا على فهم الظروف والمؤسسات التي يعيش الإنسان في ظلها وعلى أساسها يشكل مخططاته وينفذها فالعلم الأخلاقي ليس شيئاً له ميدان منفصل ولكنه معرفة مادية بيولوجية تأريخية وضعت في محتوى انساني أذ تضيء مناشط الإنسان وترشدها " (ديوي، 1963: 309).

يؤمن ديوي بأن المصدر الأساسي للقيم الأخلاقية هي الخبرة والتجربة فالفرد يكتسب قيمه الأخلاقية وضميره الأخلاقي عن طريق خبرته وتفاعله مع البيئة المحيطة به مثلها في ذلك مثل بقية معارفه ومهارته وعادته واتجاهاته الذي يكتسبها هي الاخرى عن طريق الخبرة لذلك يقول "فعندما يقوم الطفل بسلوك معين فأن من حوله يستجيبون اذ يمدونه بالتشجيع ويزودونه بالموافقة أو انهم يمنحونه عبوساً وتعنيقاً وما يقوم به الاخرون نحونا عندما نقوم بسلوك معين نتيجة طبيعية لعملنا كما تفعل النار بنا عندما نلقي بأيدينا فيها فالبيئة الاجتماعية قد تكون مصطنعة كما يحلو لك ولكن استجابتها لاعمالنا عمل طبيعي لا مصطنع" (ديوي 1963: 323).

اذن القيم الأخلاقية هي أخلاق اجتماعية لا تنبع من الذات والضمير ولكنها تكتسب نتيجة تفاعل الفرد وأعماله بأنها أخلاقية اذا ما ساعدت على النمو الكامل للفرد، وعلى النهوض بالمجتمع وحل مشاكله وعلى تحقيق المصلحة العامة وفي اعتقاد ديوي بأن الأخلاق ظاهرة اجتماعية فيقول "ان الحكم الأخلاقي والمسؤولية الأخلاقية هما العمل الذي تخلقه البيئة داخل أنفسنا هاتان الحقيقتان معناهما ان كل الأخلاق اجتماعية ليس لأننا يجب ان ندخل في اعتبارنا نتائج أفعالنا على مصالح الاخرين لكن هذه هي الحقيقة "(ديوي، 1963: 323).

وينظر البراجماتيون للقيم في ضوء فلسفتهم على انها أمر نسبي تتوقف على الظروف والأفراد وخبراتهم، فالحكم على القيم لا يختلف عن الحكم على أي شيء اخر من حيث اعتماده على الحقائق، وبما ان الحقائق امر نسبي وتختلف من ظرف لآخر او من خبرة لاخرى، فإن القيم أمر نسبي أيضاً فالقيم لديهم تخضع للتجربة التي من خلالها يتم الاختيار، وعلى هذا الأساس فأن أحكام الناس ونظراتهم ورغباتهم إلى القيم متغيرة، فالقيم ذاتية وليست موضوعية فقيمة أي شيء تكمن فيمايقدمه من منفعة أوما يشبع من حاجة ملحة (الحياري،1994: 29)

الانتقادات التي وجهت لفلسفة التربية البرجماتية:

1. الخطر في البرجماتية انها لا تؤمن بالله، الا لأنه ينفع، وكأن أمر صلة الإنسان بالله، هي صلة نفعية، ولذلك فهذه الفلسفة لا تكفي لتكوين وتنشئة الإنسان الصالح لهذه الحياة.
2. **رفضت الجانب الروحي، ولذا فهي فلسفة مادية اذ نظرت للانسان كونه وحدة متكاملة، الا انها استثنت من ذلك الروح لانها تعتقد ان الروح من الأمور الغيبية ولذا فهي لا تقيد التربية بمعايير روحية، فليس في رأيها وجود سابق للقيم والمعايير الروحية، ولكنها تنشأ من خلال القيام بالتجارب الناجمة وتتولد من خلال حل المشكلات المتنوعة، وترى ايضاً أن الخبرة**

الذاتية للفرد والنجاح الفردي هي الأساس للاخلاق، وهـي بـذلك تؤكـد التنـافس، وتنمـي الفردية والنجاح والمنفعة والبقاء للأقوى (صالح، 1969: 105).

3. تركز البراجماتية على الحاضر، وهي في هذا لا تهمل المستقبل فقط، بـل انهـا لا تعطيـه مركزه وأهميته، بسبب تركيزهـا بشـدة، علـى صـعوبة تطبيـق هـذا المـذهب في واقـع الحياة، أذ لا يصلح للتطبيق الا في " عصر يسوده التحرر المطلق وهي ليسـت جـديرة بالتطبيـق في مثل هذه الآونة الحاضرة، التـي تحكمهـا ظـروف بركانيـة ثوريـة أنتجتهـا الحروب العالمية" (قورة،1985: 503).

4. ان هذه النظريـة مـا هـي الا تعبيـر عـن واقـع المجتمـع الأمـريكي وتطـوره الاقتصـادي والاجتماعـي في تطـوره العلمـي وتقدمـه الصـناعي، وهـي محـور القيـم الحضـارية والاجتماعية التي تؤكد الربح والنجاح، ونمو الروح الفردية والنزعة العمليـة والواقعيـة والنفعية معبرة عن ازدهار الرأسمالية وقوة البرجوازية (نوفل، 1980: 27).

5. ترفض البرجماتية المعيار الثابت للسلوك وترى أنه لا يوجد شيء حقيقي وغـير نهـائي للابد، وذلك لأننا نعيش في عالم متغير بأستمرار.

المبحث الثاني

القيم الأخلاقية في نظر الفلاسفة قديما وحديثا

1.احيقار العظيم:

هو حكيم عراقي قديم، وهو وزير سنحاريب، الذي يحسن المشورة ويصوغ الحكمة في قول موجز بليغ ابن القرن الثامن قبل الميلاد.(بهنام، 1967:23) ومن مسوغات حكمته التي منحته الرشاد للبلاد والهداية للابناء والمشورة للملوك مهرعاً للملمات منقذاً للمستعصيات، الا ان الحياة تغيرت عليه، فكانت نوائب الدهر وعضاته قاسية مؤلمة،برغم حكمته وصلاحه وادبه الواسع ومشورته الصائبة اصبح جزاؤه عن عمل الخير شراً،وعن المودة والإحسان نكراناً للجميل لا تهامه بالخيانة، فقاس الالام المبرحة، تجرع كؤوس العطب والمرارة بوشاية كاذبة من ابن اخته (نادن) إلى درجة ان الملك افتقد حكمته لكنه احتاج لمشورته بعد ان جنى عليه، ولهذا كان ايمانه بالقضاء والقدرة وصبره الجميل نذيراً بخلاصه فخرج من ظلمات سجنه بريئاً وهو عظيم القدر رفيع الشأن.(فريحة 1962: 91). ومن خلال العبارات التي صاغها احيقار، وصايا لابن اخته نادن نستطيع التوصل إلى نظرته إلى القيم الأخلاقية:

1. **العناية في تربية النشء الجديد: لقد أوضح احيقار ما لدور التربية والالتزام بطاعة الوالدين من شأن كبير في اعداد جيل قوي مؤمن بالأخلاق الفاضلة والصفات الجميلة، وكذلك حثهم على العمل والمثابرة لذلك قال:**

- **يابني، انك لن تضل اذا عاشرت حكيماً، ومع الضال لن تتعلم حكمة.**
- يابني، عاشر الحكيم تصبح حكيماً مثله، ولا تعاشر الوقح المهذار لئلا تحسب نظيره.
- **يابني لا تحرم ابنك من الضرب (التأديب) لان الضرب للصبي كالسماد للبستان، وكالجام للبهائم وكالقيد في رجل الحمار.**

– يابني، اخضع ابنك مادام صغيراً قبل ان يفوقك قوة ويتمرد عليك فتخجل في مساوئه (c0wlex,1923,P.215).

– يابني،اذا ضربتك لن تموت، واذا تركتك تتبع هوى قلبك لن تحيا.

2.الأخلاق الفاضلة:اكد احيقار في وصاياه على القيم الحميدة ةالأخلاق الفاضلة التي شـانها تنظيـم العلاقـات بـين النـاس، كالصـدق في القـول والمعاملـة الحسـنة والعطـف والـبر والاحسـان ومساعدة الفقراء والمحتاجين والتعاون والتآزر وبر الوالدين وغيرها من الصفات التي شأنها تنظيم اواصر المجتمع والمساعدة على استقرارة، كذلك المحافظـة عـلى كـتمان السر‍ وكـل مالـه اهميـة في مسيرة الحياة الإنسانية بتجنب الثرثرة اذ يقول احيقار:

– شـيئان هـما فضيلة، وفي ثلاثـة يسـير شمس الاولى مـن يشرب الخمـر ويقدم للاخرين والثاني من يختزن الحكمة، والثالث من يسمع الكلمة ولايفشيها.

– يابني، لاتدع كل كلمة ولاتفش كل سر.

– اعظم ماتراقب راقب فمـك، واغلق قلبك عـلى كـل مـا تسـمعه، لان الكلمـة كالطير اذا ارسله الإنسان لن يستطيع اصطيادها ثانية.

– احص كلمات فمك ثم أطلقها نصيحة إلى أخيك، ان الخراب الـذي يحدثـه الفـم اشد خطراً من الخراب الذي يحدثه الحرب.

– لا تفش أسرارك لصديقك لان اسمك لن يبقى محترماً لديه(cowlex,1923,P.215).

3. الخـير ومحاسـنه والشر‍ ومسـاوئه: لقـد شـبه احيقار صـفة المـؤذي الشرـير بـالعقرب مستخلصاً من جميع حركاتها خبثاً شراً اذ يقول:

– العقرب يجد الخبز ولا ياكله لكي يعيش به (بل الأطيب لديه ان يتذوق فقط، أي ينفث فيه سمومه وبالتالي يصبح مؤذياً لكل من يتناوله.

وصور الشر بالوحش الكاسرة اذ يقول:

– الأسد يبتلع الإبل وهو كامن في غاره.

– ويسفك دمه ويأكل لحمه، هكذا هي معاشرة الناس (cowlex,1923,P.215).

ولهذا اكدت حكمة احيقار على المعاقبة الصارمة للشرير اذ قال:

– اذ ابدأ الشر من الناس، فان الالهة ستعاقبهم بالشر مقابل ذلك نلمس الخطوة التي اثنى فيها على فاعل الخير والإطراء على الرجل الصالح، اذ أورد:

– العيون الصالحة لـن تظلـم، والآذان الصـالحة لـن تضـم، والفـم الصلـح سـيحب الحقيقة وينطق بها.

– الرجل الرفيع الخلق الطيب القلب هو كالقوس القوي بيد رجل جبار.

– ان الإنسان لا يعرف ما يقلب رفيقه، وعندما يجد الرجل الصالح رجلاً شريراً فانه يحذره.

– الرجل الصالح لن يرافق الشرير في الطريق ولا يتعامل معه(cowlex,1923,P.215).

4. نبذ المشاجرة والخصومة: وهي صفتان تجلبان الكراهية والحقد وتولدان الشرـ والاذى وتزرعان البغضاء والضغينة في النفوس الضعيفة ففي حكمة احيقار فقد اشار بكلمات بليغة اذ يقول:الخصومة تعكر الماء الصافي بين الأصدقاء الأوفياء(بهنام،1976: 142).

5. الدعوى إلى الصدق: دعا الأقدمون إلى الصدق في القول وشجبوا صفة الكذب وبكل مـا تحمله هذه الكلمة من بشـاعة والحـق الـذي لهـا مـراء فيـه ان جميـع الـذين طرقـوا ضروب الحكمة في مختلف الأوقات اكدوا مـراراً النهـي عـن الكـذب لمـا لهـذه الصفة السيئة من عواقب وخيمة اذ يقول:

– كل ما تسمعه يجب ان تمنحه بأذنك، لان جمـال المـرء بصـدقة وقبحـه بكـذب شفتيه.

– اذا العرش قام اولاً على الكذب، فان الكذب سيذله أخيراً وسيبصق بوجهه.

(c0wlex,1923,P.229-230).

2. بيكي احد حكماء مصر القديمة:

هو احد الحكماء الذين عاشوا في عهد الاسرة الثامنة عشرة وهو يرى ان المرء لا يفعل الخير إطاعة القانون، او تثبيتاً للنظام فحسب بل امتثالاً لالهه الداخلي (برستيد، 1929: 112) وهو ما يعرف الان بالضمير.

ان المصريين القدماء عرفوا كثيراً مما نعرف الان من الأخلاق العلمية ولذلك جاء في مجمل دفاع وجد في كتاب الموتى يتقدم به الميت دفاعاً عن نفسه موجه إلى اوزوريس:"انني لم اقترف اثماً، ولم اعتد على احد، ولم اسرق، ولم اتسبب في قتل احد غيله وغدراً، ولم أقتل الحيوانات المقدسة، ولم اتلف ارضاً مزروعة،ولم اشي بأحد، ولم اغضب مطلقاً، ولم ازن، ولم ارفض سماع الحقيقة، ولم اسيء لا إلى الملك ولا لأبي، ولم الوث الماء، ولم اجعل سيداً يسيْ معاملة عبده ولم أحنث في يميني، ولم اغش في الميزان، ولم احرم رضيعاً مرضعته،ولم ا صد شياً من طيور الالهة، ولم أمنع الماء في ابانه، ولهم اقطع قناة ماء من مجراها، ولم اطفىء ناراً حين الحاجة اليها، ولم استحف في صوت الله في قلبي اني طاهر اني طاهر." (برستيد، 1929: 105).

3. بوذا حكيم الهند

اسمه الحقيقي سيدارتا جوتاما وقد سمي بوذا (أي الحكيم) وابن الملك اقليمية في منتصف القرن السادس قبل الميلاد، ونشأ كما ينشأ امثاله ابناء الأسرات الكبيرة في اللذائذ والمسرات حتى بلغ عمره كما يقال تسعة وعشرين عاماً وصادف ان راى على مايرون في احدى جولاته شيخاً نال منه الزمن، ومريضاً وجثة، ورجلاً من رجال الدين، فتأمل فيما وقف عليه عيناه، واطال التفكير في الإنسان وما يلازمه على الأرض من شفاء والام، واعتزم في نفسه امراً فترك مقره خلسة وذهب يحيا حياة العزلة والتفكير حيث اراد،ثم انقطع تماماً في غابة ست سنوات، قضاها في التفكير، وخرج بعدها يعلن للناس انه صار "بوذا" أي حكيماً وفهم تماماً ان الحياة لاتخلو مطلقاً من الالم، وان

التخلص منه لايكون الا بالزهد في الدنيا والاعراف عـن الرغبـات والشـهوات وخيرات هـذا العـالم المادية، والاجتماعي علـى التأمل واخذ النفس بالمحبة والصداقة للجميـع، وظـل عمـراً طـويلاً " 45عاماً" يبشر بمذهبه في الهند كلها حتى توفي نحو سـنة 480 تقريباً قبـل المـيلاد(موسى، 1953: 240).

ومن اهم تعاليم بوذا انه الغي نظام الطبقات فكان مذهبه ثورة اجتماعية أشارت بمبادئ المساواة والاخوة الطيبة اذ قال:" عيشوا مخفين اعملكم الطيبـة معلنين أخطـاءكم احبـوا النـاس والكائنات كلها، ليست الولادة من الطبقة معينة هي النى تخلق البراهمـي الحـق فهـذا لا يتعلـق بالأم، انا اسمي براهميا الفقير، الذي لااريه له، والذي هو بـري يتحمـل الإهانـات والضربـات ولـو بالحديد وبصير وطيبة، والذي لايضرب حيوانا ضعيفاً أو قوياً ولا يسـمح أن يكـون كـذلك والـذي لايقاوم المعتدي عليه، والذي لا يحسد حاسد به كل اولئك هم البراهميون الحقيقيون بهذا الاسم "(ماريون، 1927: 119).

ويقول بوذا نفسه في بيان وجوب مقابلة السيئة بالحسنة " اذا كان الحقد يرد عـلى الحقـد بالمثل فكيف ينتهي اذاً".

اراد بوذا ان يعلم العالم سعادة النفس في عالم الخلود (النرفانا) ويعرف بوذا الترفانا بانهـا " القاء البضاعة الزائدة من رغباتنا الشخصية حتى لا يعوقنا شي عن اتحاد انفسنا مع الكون. او قل هي التحرير العظيم من الموت الذي يطرأ على الاحياء، إلى الحياة الابدية، لانه مـادام سـعينا وراء المطالب الأرضية، فاننا نبقى ابدا الدهر مرتبطين بالأرض وننتقل من حيـاة إلى حيـاة، ومـن زنزانـة إلى زنزانة ولا اصل لنا من خلاص حتـى ينتهـي جشـعنا.(تومـاس، 1962:40) وقـد عـبر بـوذا في اسـلوب جميل من هذة الفكرة في الكلمة الاتية " عندما تخمدنا الشهوة فتلك هي الترفانا. عندما تخمـد نيران الكراهية فتلك هي النرفانا، عندما يكبح جناح الكبريـاء فتلـك هـي الترفانا،ليس لي ان اعلم إلاشيئاً واحداً هو محو العذاب "

ان الخطة التي يضعها بوذا لعلاج التخلص من شهواتنا وتجنب الم الكرمـا (الجزاء)هـي في الوصايا الثمان وهي:

1.تعلم كيف تفهم نفسك.

2. كن صبوراً.

3. تحدث في رفق.

4. كن في فعلك نبيلاً.

5. اعمل بأمانة.

6. ابذل جهد ك في كل حين.

7. كن سريع الاستجابة لحاجات جارك.

8. لتكن نظرتك إلى العالم رحيمة.

وقد لخص بوذا هذه الوصايا الثمان في ثلاث كلمات: الشفقة والتقوى والمحبة وكان بوذا يبشر بتقوى قوامها أيمان واحد بسيط، هو الاخوة الجامعة،وقد استطاع بهذا الأيمان ان يكون صبوراً مع المشاغبين من اخوته في البشرية فكان يرد الشر بالخير، ويجيب الإساءة بابتسامة (موسى،1953:43).

4. كونفوشيوس:

ولد من اسرة كبيرة عام 551 ق.م. ولما بلغ من العر سبعة عشر عاماً التحق بعمل مدني كاتباً في المكتب الوطني لتموين الحبوب، ثم تزوج في التاسعة عشرة من عمره ثم ترك زوجته وابنه الوحيد واصبح مدرساً متجولاً وكان يدرس (التاريخ والشعر واداب اللياقة)(موسى،1953: 31) وبعد رحلة في شرق الصين وغربها وشمالها وجنوبها كان فيها معلماً للأخلاق (موسى،1953: 31).وخلال تجواله استطاع تعلم الحكمة عندما بدا يبحث عن اجوبة لأسئلة جديد فراى امراة تبكي فسائلها قائلاً:" فيم حزنك وبكاءك أيتها المرأة" أجابت: انني ابكي ولدي الذي افترسه النمر في هذه المنطقة، وسبقه زوجي إلى نفس المصير. ومن قبل زوجي لقى ابوه حتفه بالطريق عينها" فسألها " ولم اذن لم تنتقلوا حتى الان إلى مجتمع متمدن" فما كان من المرآة الا ان تسأله بدورها:"واين يا سيدي يمكن ان تجد مثل ذلك المجتمع " وهنا الجم السؤال لسان كونفوشيوس بما فيه من تحد. فقر قراره عندئذ ان يجد في البحث عن مجتمع

متمدن (توماس،1962: 55-56) ولذلك اهتم بعد ذلك بالإنسان وفضائله، وتنظيم امور حياته من غير تشاؤم كما كان عند البوذيين، ومن غير تكلف في البحث عن ادلة عقلية في مسائل نظرية فوضع فلسفة اجتماعية أخلاقية تقوم على أسس دينية بسيطة، وعلى أسس في الطبيعة الإنسانية (أبو ريدة،1980: 56) وقد اهتم كونفوشيوس بالأخلاق الفردية والاجتماعية وبإرساء العلاقات الاجتماعية على أسس من المحبة والاحترام، وهي عنده خمس علاقات هي "بين الحاكم والرعية، وبين الآباء والأبناء، والأخ الكبير والأخ الصغير، والزوج والزوجة، والصديق والصديقة " (منرو، 1958: 18). ويسود هذة العلاقات مبدأ عام هو: لا تعامل غيرك بما لاتحبه لنفسك" (أبو ريده، 1980: 16).لقد وضع كونفوشيوس مجموعة من القواعد يعود الناس أنفسهم بها على حب النظام والطاعة فاخضع كل عمل في الحياة للرعاية الشديدة لقانون آداب السلوك ذي التفاصيل الدقيقة وقد فضل كونفوشيوس ان يطلق عليه اسم قانون الأخلاق(توماس، 1985: 58). والمذهب الأخلاقي الذي بشر به كونفوشيوس أسس على بعض الأفكار والآراء الميتافيزقية اذا اتخذ من المجتمع البشري غرضاً وحيداً لتفكيره وتأمله،فهو يرى بان في التفكير شيئاً كثير الفائدة ولكن البحث افضل بكثير، ودعا ايضاً إلى الاهتمام بالإنسان في حياته والعدول عن مناقشة الموضوعات الخاصة بالموت والأرواح وكأنه يتساءل فيقول اذا كنا نجهل ماهية الحياة فهل نستطيع معرفة الموت وما وراء هذا العالم (توماس، 1962: 85).

وكانت تعاليم كونفوشيوس تبحث في جميع مقتضيات الحياة، فهي تحاول تنظيم العلاقة بين الحكومة والأنظمة والقوانين والشرائع والأخلاق والعادات وجميع شؤون الهيئة الاجتماعية ولذلك وضع كونفوشيوس مجموعة من القواعد يعود الناس أنفسهم بها على حسب النظام والطاعة فأخضع كل عمل في الحياة للرعاية الشديدة لقانون آداب السلوك ذي التفاصيل الدقيقة، وقد فضل كونفوشيوس أن يطلق عليه قانون الأخلاق، وكان هذا القانون غريبا معقدا كما كان يبدو للعقل الفري مجموعة مسلية إلى حد ما ينبغي ان يتناولها الناس في المناسبات المختلفة والمراحل المتباينة في الحياة كما

أشار بأنواع الملابس والانحناءات التي ينبغي ان يؤدوها عندما يحيون بعضهم بعضا، والطريقة التي يسيروا بيها في الشوارع فالرجال على الجانب الايمن والنساء على الجانب الأيسر وكان صارما بوجه خاص فيمن يتعلق بسلوك الأطفال نحو والديهم، هذا النظام كونفوشيوس لأدب السلوك المشار باتباعها جعل من الشعب الصيني واحدا من اكثر الشعوب المدققة في الرسميات في التاريخ كما أعطى الشعب ايضا شعورا باحترام الذات،والشعور باحترام الآخرين (توماس،1962: 58-59)

ويؤمن كونفوشيوس ان المرء يولد مفطورا على الخير وفي ذلك يقول: (يولد الإنسان مستقيما فمن فقد الاستقامة وما زال في الحياة، فنجاؤه من الموت انما هو من حسن طالعه)(موسى،1953: 33)، ويقول ايضا: (ان الناس يولدون خيرين سواسية بطبيعتهم، وكأنهم كلما شبوا اختلف الواحد منهم عن الاخر تدريجيا وفق ما يكتسب من عادات. وقال ان الطبيعة الإنسانية مستقيمة، فإذا افتقد الإنسان هذه الاستقامة أثناء حياته، افتقد معها السعادة، فالإنسان خير بطبعه، أما الحيوانات الأخرى فهي ذات طبائع شريرة) (الشهرستاني 1961: 22).

5.الفلسفة اليونانية قبل سقراط (فيثاغورس) أنموذجا

ولد فيثاغورس (472_497 ق. م) ولد في ساموس احدى الجزر الايونية المقابلة لملطيا في حكم بوليقراطيس طاغية ساموس.. وهجر وطنه فرارا من الطاغية او نفيا او خشية من الفرس وقد اشد ضغطهم على اسيا الصغرى فذهب إلى ملطية ثم زار فينيقيا وتعرف فيها على بعض العقائد الشرقية ثم زار مصر وبقي فيها مدة طويلة يدرس عقائد وفلك وهندسة قدماء المصريين.ولما استولى قمبيز على مصر ذهب معه إلى بابل ودرس هناك الحساب والموسيقى واسرار المجوس والزرادشتية , ثم عاد إلى ساموس وتركها مرة اخرى إلى كريت ثم استقر في افريطون او كروتون في جنوب ايطاليا حيث افتتح مدرسة (الأهواني، 1954: 70-71).

وتأسست جمعية فيثاغروس واستطاعت ان تاخذ زمام الحكم وبعد بضع سنوات ظهرت حركة معارضة تزعمها فيلون الذي قضى على هذه الجمعية(كرم، 1946: 20). واهم آراء الفيثاغورية هو:

1. ينسب لهم القول بالتناسخ وكان فيثاغورس يعتقد بذلك ويقول اكسنوفان وهو معاصر لفيثاغورس في بعض اشعاره ان الاخير اوقف شخصا عن ضرب كلبه لانه يعوي لانه عرف فيه صوت بعض أصدقائه (الالوسي، 1990: 79). والفيثاغورية تؤمن بالخلود، فبعد الموت تهبط النفس إلى الجحيم تتطهر بالعذاب، ثم تعود إلى الأرض تتقمص جسماً بشريا او حيوانيا او نباتيا، وما تزال مترددة بين الأرض والجحيم حتى يتم تطهيرها، مثلما قالت الاورفية ويروي ان فيثاغورس كان يدعى انه متجسد للمرة الخامسة (كرم، 1946: 24).
2. فضلا عن الزهد الاورفي يرى فيثاغورس ضرورة الاشتغال بالعلم الرياضي والموسيقي لتساعد على تصفية النفس، والتطهير عنده يتم بالفكر النظري اكثر منه بالعملي بحيث ان دارس العلوم يكون اقرب إلى التطهير من مزاولها مثل ذلك ان اللاعب المزاول للعب اقل درجة من العارف بأصول اللعب (توماس،1962: 78).
3. قالوا ان مبادئ الأعداد هي عناصر الموجودات او ان الموجودات أعداد وان العالم عدد ونغم، والعالم ما هو الا نظام مبهم من الأعداد او الأنغام، او قل هو وحدة من الأجسام السماوية تتحرك سويا بنظام إيقاعي وتحدث أنغاماً (وهي موسيقى الأجسام الكروية) في أثناء حركتها هذه، أما فلسفة الرياضيات فلسفة العلاقات المتبادلة بين الأرقام جميعها، فقد كانت عند فيثاغورس الإجابة عن النظام الغامض للكون وجماله (موسى،1953: 47).
4. ان الخير في انتصار الروح على الجسم وان الفضيلة في الأعراض عن الذات، وان العفة جهاد بين العقل والشهوات وكانوا يدعون إلى ان يفحص المرء ضميره ليعلم ماأتى من خير او شر وفي ذلك يقول:(لا تجعل للنوم عليك

سبيلا قبل ان تعرض عن نفسك ما مر بك في يومك وما عملته طيلة النهار، فنساءل عما نقصك من خير كان يجب ان تعمله، وعما اتيت من شر كان يجب تركه، وهكذا نستعرض أعمالك واحدا بعد آخر، فان رأيت اخيرا انك اقترفت اثما ندمت والا سررت) (شفيق، 1980، 25).

6- سقراط (469 ق. م – 399 ق.م)

ولد سقراط في اثينا في عام 469ق. م وبدا حياته نحاتا كأبيه الا ان ميله للحكمة ظهر في سن مبكرة بتأثير الاوساط الفيثاغورية فاخذ يغذي عقله ويهذب نفسه، كما افاد من مناهج السوفسطائيين حتى كون لنفسه منهجا خاصا به ولم يأخذ بشكوكهم. كما اطلع على الطبيعيات والرياضيات واقتنع بان العلم انما هو العلم بالنفس من اجل تقويمها واتخذ شعارا له جملة قرأها في معبد دلفي هي (اعرف نفسك بنفسك) اما من الناحية الخلقية فقد كان يقسو على جسمه القوي ليروضه على طاعة العقل (الموسوعة الفلسفية المختصرة،: 269-270). فبينما كان يخدم في الجيش وهو شاب صغير كان يمشي فوق الثلج والجليد، حافي القدمين، في الوقت الذي كان يتذمر منه الجنود الاخرون ويرتجفون، وهم ينتعلون احذية مبطنة بصوف الغنم، ولم يكن من سقراط الا أن يعنفهم على شكواهم، ثم يستمر في سيره وهو يغني (توماس،1962: 78).

وكان سقراط يحاور الناس في افكار تعرض له في الطريق، او مسائل كان السفسطائيون قد اثاروها وعلقت في اذهان بعض الناس، وبشكل خاص فئة الشباب وكان يحاور في بعض القضايا التي اثارها الشعراء والكتاب والفنانون والسياسين وذلك ليمتحنهم من اجل كشف عدم وعيهم وجهلهم، ومختبرا غرور المعرفة لديهم محاولا تحويل المعرفة الوهمية الفاسدة إلى معرفة حقيقية كاشفا المدعين منهم الذين يزعمون العلم والمعرفة في كل ميادين الحياة الاجتماعية ولاسيما في ميدان السياسة وميدان التربية (أحمد وأخرون، 1988: 111).

وبعد ان اشترك سقراط في حربين دامت الاولى من عام 432 ق.م إلى عام 429 ق.م ووقعت الثانية في عام 422ق. م ودخل بعد ذلك إلى مجلس الشيوخ، وعرف

بالنزاهة واستقلال الرأي بين الديمقراطيين والارستقراطيين وكانت له موقف مشهورة جهر فيها بالحق والعدل ولا يخشى في الحق لومة لائم. وما ان انقضت فترة انتخابه حتى عاد إلى سابق عهده من البحث والعلم والحكمة والفلسفة (شفيق،1980:26).وقد اخذ سقراط مبدأ السفسطائيين على الرغم من انه انتقدهم في كثير من الافكار الا انه اقر مبدأهم القائل (بأن الإنسان مقياس الاشياء جميعا) ولذلك طالب بان يعرف الإنسان نفسه، وعدّ ذلك جوهر موضوعاته ومحاوراته لذا نجد ان الفلسفة عند سقراط قد انحصرت في دائرة الأخلاق باعتبارها اهم ما يهم الإنسان وهذا معنى قول (شيشرون) (106 – 43 ق.م). ان سقراط انزل الفلسفة من السماء إلى الأرض، أي انه حول النظر من البحث والعناصر إلى النفس وتدور الأخلاق حول ماهية الإنسان (عبد الدايم، 1975: 59). لان الإنسان اذا استطاع معرفة نفسه فانه يتمكن من كبح ميوله واهوائه (مشنوق، 1971: 39).

لقد ربط سقراط بين المعرفة والفضيلة، وذكر بان المعرفة هي الفضيلة، والمعرفة عند سقراط هي معرفة النفس، وهي تنبع من الداخل، ولا تأتي من الخارج وهذه المعرفة هي التي توجه السلوك نحو الافضل (أحمد وآخرون،1988: 111). وقد عنى سقراط بتحديد الفضائل وكيفية تطبيقها، وبذلك تسموا الأخلاق، وتطهر النفوس لذلك اعتبر سقراط مؤسسا لعلم الأخلاق، واهم الفضائل عنده هي معرفة النفس وضبطها والتحكم بها(حساني، د، ت:42). وعد المعرفة ضرورية للعمل الحر، وهي فن الحياة الحق، ومع ان هذه المعرفة هي اساس فن الحياة فان عدم كفايته التعليمية كانت السبب الاساسي أخفاقه في احداث اصلاح في الحياة الاثينية (منرو، 1949: 126).

7. الفلسفة الرومانية (افلوطين) أنموذجاً:-

ولد افلوطين في ليقوبوليس من اعمال مصر الوسطى في سنة (205م) تثقف في مدينته وفي الثامنة والعشرين قصد إلى الاسكندرية (كرم، 1966: 286). والتي انتقلت اليها الفلسفة بعد ان بناها الاسكندر عام 331 ق.م واسس فيها البطالمة مكتبتها الشهيرة وصارت الاسكندرية ملتقى العالمين، ومثابة العلماء والفلاسفة من كل فج، مابين يهود

ومصريين ويونان ورومان. وفي هذه المدرسة العالمية تالفت المدرسة الافلاطونية الجديدة على يد (امونيوس ساكاس المتوفى 241م) ثم افلوطين المصري الذي تتلمذ له وعاش من عام 205 إلى عام 270م (موسى، 1953: 142).

لقد تتلمذ افلوطين على أمونيوس من 232 إلى 242، وفارقه ليواكب الامبراطور غورديانوس في حملته على الفرس (بريهيه، 1981: 243). لانه اراد الاطلاع على الافكار الفارسية والهندية، ولكن هذا الجيش، بعد أن طرد الفرس من سوريا انهزم إلى العراق، فلجا افلوطين إلى انطاكية، ثم رحل إلى روما وهو في الاربعين واقام بها حتى وفاته عام 270م (كرم، 1946: 287).

لقد تاثر افلوطين بفلسفة افلاطون وفلسفة آرسطو، بتعاليم زرادشت التي درسها بفارس وان فلسفة افلوطين عرفت بالفلسفة الفيضية وهي ترى ان جميع الموجودات صدرت عن الله بطريق الانبثاق كما يفيض النور عن الشمس والحرارة عن النار من غير ان ينقص ذلك الشمس والنار شيئاً وبما ان النفوس فاضت هكذا عن الله فهي تشتاق اليه دائماً وتحس ميلاً اليه وإلى الاتصال به، برياضة النفس والايمان في التامل والتفكير والغيبة عن الوجود(بريهيه،: 244).

وعن هذا المبدأ فيما بعد الطبيعة نشر (افلوطين)، اخلاق مدرسة الاسكندرية فلسفتهم كلها، تقوم على التصوف الذي يدعو للتأمل اكثر مما يدعو للبحوث العقلية المحركة، هذه الأخلاق هي سير دائم نحو الكمال وارتفاع مستمر إلى الله ولهذا يرى (افلوطين) ان التامل هو الفضيلة التي لها القيمة الحقة وان جعل السعادة في العمل معناه جعلها في اشياء غريبة عن الفضيلة(موسى،1953: 113).

ان الحرية الإنسانية عند افلوطين لا تتأثر بحركة السماء فان هذه الحركة انما تساهم في الاحداث على النمو الذي به تساهم الجسيمات، فتؤثر في الكيفيات الجسمية من حرارة وبرودة، وفي الامزجة الجسمية الناتجة عنها، اما الخلق والفضيلة والعلم والاختراع، فأمور مباينة للجسمية فكيف تحدثها الكواكب، وكيف يكون للكواكب دخل في الرذائل والكواكب آلهة. إننا إذا جعلنا النفس في ذاتها وفي صلتها بالجسم، قلنا

انها ليست خاضعة للطبيعة او الكواكب، أما اذا اتحدت بالجسم، فقد صارت جزءاً من الطبيعة وعبدة للقدر الذي تساهم فيه الكواكب، فالأفعال الصادرة من التأثر بالأشياء الخارجية، والأفعال الرديئة ليست جديرة بان تسمى إدارية ولكن حين تسترشد النفس بالعقل المجرد، فحينئذ يجب القول ان أفعالها متعلقة بها، ليست نظام العالم موجوداً بذاته ولكنه متعلق بالنفس المديرة للعالم طبقا للعقل فليس للفضيلة سيد، وهي ستدخل أفعالها في نسيج الكون لان المحسوسات تابعة للمعقولات (كرم،1946: 295).

اما أمهات الفضائل المعروفة، وهي الحكمة والشجاعة والعفة والاعتدال او العدالة فليس لها من قيمة الا تطهير الروح بأبعادها عن الشر وأبعادها من الإثم وهذه الفضائل كما تطهر الروح تزكي العقل وتساعده على الاستغراق في التأمل والتفكير، حتى يصير المرء أهلها لان تهب عليه نسمة من رحمة الله، فيصل إلى الانجذاب الذي يجعل من المحب والمحبوب شيئاً واحدا بانصراف المحب من ذاته حتى لا يشاهد الا الله وحده (موسى،1953: 143). هذا الانجذاب هو الخير الأعلى والسعادة القصوى التي تدوم الا لحظات لكنها تملأ النفس غبطة لا يدرك كنهها ومدى لذتها الا من سعد بهذا الاتصال الذي لم يتذوقه (افلوطين) نفسه الا أربع مرات فيما يروي عنه تلميذه (فورفوريوس)(موسى،1953: 144).

ان في اخلاق الافلاطونية الحديثة نزعة صوفية روحية غالبة لا تتفق مع تلك النزعات العقلية التي اثرت من اليونان فان مرد ذلك إلى ما كان من تاثر رجالاتها ولاسيما افلوطين بالتصوف الشرقي بسبب تطوافه ببلاد الشرق واخذه من تعاليمه.

9. جوهان آموس كومينيوس (1592 - 1671)

ولد كومينيوس في نفتر احدى مدن مورافيا في عام 1592، وكانت حياته مليئة بالمآسي والمحن والاضطهاد، فان نشأته الدينية، بكونه احد رجال كنيسة مورافيا وراعي هذه الكنيسة واحد اتباع جون هس جعلته يعاني من ويلات الحروب الدينية التي دارت رحاها في ارض وطنه بين الكاثوليك والبروتستانت وخاصة في فترة حرب الثلاثين.

فقد نسف بيته واحرقت كتبه واعماله الأدبية والتربوية، وقتلت شريكة حياته واطفاله. واضطر ان يعيش اغلب فترات حياته في المنفى(شفيق،1980: 211).

ان فلسفة كومينيوس هي فلسفة حسية واقعية اذ يرى ان الإنسان اشرف المخلوقات واعزها سلطاناً، وقصارى غايات الإنسان لاتدل في هذه الحياة لان الحياة الدنيا دار يتزود الإنسان فيها لحياة اخرى دائمة هي الاخرة، وان الزاد المطلوب للاخرة يتضمن اموراً ثلاثة اولها ان يعرف الإنسان نفسه معرفة صحيحة وثانيها ان يقدر سياسة نفسه ويكون سيدها مسيطراً عليها وعلى كل شيء في العالم السفلي، وثالثها ان ينسب نفسه واعماله وكل شيء آخر إلى قدرة الله عز وجل شأنه. ويرى كومينيوس ان الإنسان والنفس الإنسانية لن تصل إلى هذه المراتب الثلاث حتى يتصف بثلاث: العلم والفضيلة والتقوى (محبة الله) (أمين، 1925: 270).

ويعتقد كومينيوس ان الدين يجب ان يتخذ التربية وسيلة للتاثير في الناس والوصول اليهم إلى الأهداف السامية. كما يرى ان التربية هو خير سبيل لاصلاح المجتمع واصلاح الفرد فهو يقول في كتابه المرشد الأعظم: (ان الهدف الأسمى للإنسان هو السعادة الأبدية بالاتصال بالله) فالغرض من التربية هو مساعدة الإنسان على الوصول إلى تلك الغاية العظيمة وقد كان رجال التربية في ذلك الحين يرون ان التربية تساعد على الوصول إلى تلك الغاية بالعمل على تحطيم الغرائز والشهوات، بسلوك مسلك تهذيبي وروحي يؤدي إلى تلك الغايات، الا ان كومينيوس اتجه اتجاهاً يختلف عن هذا الاتجاه. فهو يعتقد ان الغاية الدينية القصوى يحصل عليها الإنسان بسيطرته على نفسه ولضمان ذلك ينبغي ان يعرف الإنسان نفسه، كما ينبغي ان يعرف كل الأشياء، فالمعرفة والفضيلة والتقوى هي أهداف التربية(شفيق،1980:214).

10.اسبينوزا (1632 - 1677):

ولد باروخ اسبينوزا في مدينة امستردام في 24 من نوفمبر عام 1632 لأسرة يهودية برتغالية هربت من الاضطهاد هناك إلى هولندا (رسل،1983: 76). وكان اسبينوزا محباً للاطلاع شغوفاً بطلب العلم والمعرفة، وكان ابوه يعده ليكون حبرا من احبار

اليهود فبعثه إلى المدرسة حاخام مشهور يدعى مورتيرا (Morteira) فتعلم على يديه اللغة العبرية وتلقى اصول التلمود والكابال فدرس الديانة اليهودية وتاريخ اليهود والفلسفة اليهودية التي خلفها فلاسفة اليهود في الاندلس ومن بين هؤلاء ابن ميمون وابن عزرا وموسى القرطبي والتي كانت فلسفتهم متاثرة بفلسفة المسلمين وبخاصة فلسفة ابن رشد(شفيق، 1980: 130).

ثم درس اسبينوزا اللغة اللاتينية لدى طبيب يدعى فان دن إندة مما ساعده على اكتشاف فلاسفة القرون الوسطى وعلى رأسهم القديس توما الاكويني وفلاسفة عصر النهضة، ومن بينهم (فيتشينو) و (برونو) وفلاسفة العصر الحديث من امثال (بيكون) و (هوبز) و (ديكارت)(سبينوزا، د،ت:9).

وبعد أن درس هؤلاء اصبح بعيدا عن الفلسفة اليهودية، واصبحت عنايته بالطقوس الدينية اقل مما كانت عليه، وحمل من الفكر مالايمكن للديانة اليهودية ان ترضى به وقد حاول بعضهم رده إلى حظيرة الدين، وقد حكم عليه حكام امستردام بالنفي مدة شهر(كريستون، 1966: 11). فلجأ إلى احد ضواحي امستردام بعدما لقيه من محاولة اغتيال من طرف بعض المتعصبين، وبعد تنازله التلقائي عن حقوقه في تركة ابيه على اثر مادبرته له اخته من دسائس دينية لحرمانه من الميراث(سبينوزا،د،ت: 9). وقام بتغيير اسمه العبري (باروخ) إلى بتيديكتوس في اوفركرك باحدى ضواحي امستردام (كريسون، 12:). ثم بعد ذلك اقام في ضواحي لاهاي وقد توفي بعد اصابته بمرض السل الذي عانى منه طويلاً وكانت وفاته في الحادي والعشرين من شهر فبراير عام 1677 عن عمر لا يتجاوز الأربعة والاربعين (كريسون،1966: 23). واهم مؤلفاته:

1. مبادئ في فلسفة ديكارت.
2. رسالة اللاهوت والسياسة.
3. رسالة في اصلاح العقل.
4. علم الأخلاق.

اما الأخلاق عند اسبينوزا فنجد ان الأخلاق عنده عاطفية طبيعية في مبدئها، عقلية نظرية في منتهاها حيث اعتمد في تحليله للميول والعواطف على ديكارت فيرى ان اساس الميـول والعواطف غريزة حب البقاء، التي تدفعنا لان نسير ونتحرك ونجد ونعمل وعنها تتولد الميـول والعواطف الاخرى، فباسمها تسعى وراء النافع وتتجنب الضار وفي اشباعها ما يبعث علـى السـرور وفي معاكستها ما يلحق بنا الالم. واللـذة والالم بوجه خاص يدخلان في كثير العواطف، فالحب والبغض ليسا الا لذة او الما شخص واتصل بشئ معين، ولولا خشـية الألم مـا اشفقنا علـى البؤسـاء وعطفنا على المحتاجين، ولولا الرغبة في لذة المدح والاطراء ما تعلقنا بالشجاعة والتضحية(كرم، 1946: 149).

هذه الأخلاق وان كان هدفها السعادة بوجود اللذة وانتقاء الألم، الا ان هذه الأخلاق بوجه عام تدور على ان (محاولة الفهم هي اساس الفضيلة الاولى والاوحد) (ول ديورانـت، د.ت: 226). وذلك لان التفكير يجعل الإنسان ان يرى موقفه من جميع نواحيه، اما اذا تحكمت فيه العواطف فانه لايرى من الموقف الا جانباً واحداً، وبذلك يصل إلى نتائج باطلة وكلما استطاع العقل ان يحول ما فيه عواطف إلى افكار كلما صار اقوى وابعد عـن ان تـاثر عليـه العواطـف الجامحـة، وشـهوة الإنسان ان كان مصدرها الذي تولدت عنه فكرة مبهمة ناقصة عدت عاطفة، امـا اذا نشـأت عـن فكرة مضبوطة واضحة كانت فضيلة محمودة، فكل ما يعمله الإنسان ويكون مبنيـاً علـى اسـاس مـن العقل والتفكيـر بهـا لاعـلى المشـاعر والعواطـف فهـو عمـل فاضـل واذن لا فضيلة في رأي (اسبينوزا) الا العقل(أمين ومحمود، 1985: 11). ثم يقرر ان العقل يجب ان يصنع قانونـا ينظم رغبـات الإنسان المتنافرة وبعدئذ يستطيع الإنسان ان يسلك سلوكاً يتفق مع ما يمليه العقل الـذي يعيننا ان ننظر إلى المواقف المختلفة نظرة واسعة شاملة تنفذ بمساعدة الخيال إلى ابعد النتائج، فبالعقل والخيال معاً يستطيع الإنسان ان يتنبأ بما عساه ان يحدث، وبهذا يستطيع ان يتحكم في مسـتقبله وان يحرر نفسه من كثير من القيود بهذا وحده يكفل الإنسان حريتـه، اذ الحريـة الحقـة هـي سيطرة العقل وفاعليته وهي التخلص من اغلال العواطف العمياء التي لا تسترشد بهدى العقـل، ولن يكون الإنسان حراً الا

بقدر ماهو عالم عاقل، ولكي تكون انساناً كاملاً لا ينبغي ان تتحرر من قيود المجتمع ونظامه، لان سمو الإنسان هو في التحرر من فردية الغرائز وتحكمها، وبهذا وحده يكمل الإنسان الحكيم (ول ديورانت،د.ت: 231). ونظراً لان القوة الدافعة لنا من وراء كل افعالنا، هي حفظ الذات، فانه يرى ان الانفعال يمنع الذهن من الوصول إلى رؤية عقلية كاملة للكون(رسل، 1983: 82).

وعلى هذا فأن (اسبينوزا) يبحث عن التحقيق الكامل لكل فرد وللجميع بوصفه الرجل النموذجي للعصر الجديد، والفرد لا يستطيع ان يحقق ذلك في عزلة عن الناس اذ انه ليس هناك في العالم شيئ ينفع الإنسان بقدر ما ينفعه أخوة الإنسان، ان قوة الإنسان أي فضيلته، تزداد وكلما يخطو الإنسان خطوة جديدة نحو التعاون الذي يضم هذه القوة إلى قوة الاخرين من البشر(لويس، 1978: 103). ويرى ان الإنسان يكون في حالة عبودية مادام خاضعا للمؤثرات والاسباب الخارجية وهذا يسري في الواقع على كل شيئ متناه، ولكن بقدر ما يستطيع الإنسان تحقيق الوحدة مع الله الا يعود خاضعاً لهذه المؤثرات، لان الكون في مجموعة لا يخضع لتحكم شيء، وهكذا فان المرء يتوافقه اكثر فاكثر مع الكل يكتسب قدراً مناظراً من الحرية ذلك لان الحرية هي بعينها الاستقلال، او التحكم الذاتي، وهو لا يصدق الا على الله وعلى هذا النحو نستطيع ان نحرر انفسنا من الخوف (رسل، 1983: 83/2). ولهذا يقول اسبينوزا (ان الإنسان الحر لا يفكر في شيئ اقل من تفكيره في الموت، ان حكمته تكمن في التأمل في الحياة لا في الموت)(لويس، 1978: 103).

ويرى اسبينوزا ان سعادة الإنسان الحقة تكون بالفضيلة والكمال العقلي وان ذلك يستلزم ان يكون المرء خيراً، والخير هو الحرية أي عدم استعمل للهوى والشهوات التي تتطلب الخبرات الحاضرة العابرة التي لاقيمة لها ولا نظام بينها، الحرية تكون بالحياة حسب قانون العقل الذي يقارن الخبرات المستقلة بالخبرات الراهنة، وموضوع هذا العقل، الذي يصبو اليه ويتطلبه، هو نوع من الخير لايمكن ان يبيد وهو العلم، وخاصة العلم بالحقائق الخالدة.

وبهذا يجعل (اسبينوزا) قاعدة السلوك مبنية على اساس من العقل والتفكير لاعلى المشاعر والعواطف وحدها. كما انه لم يكن مثل (كانت) يعتقد ان هناك خصومة بين الفضيلة والسعادة وان احداهما تتطلب تضحية الاخرى.

11.مالبرانش(1628 – 1715):

ولد مالبرانش في السادس من أغسطس سنة 1628 في باريس وكان ابوه سكرتيراً للملك لويس الثالث عشر، وله عشرة أولاد أخرهم (مالبرانش) فاعتنى بتربيه وافرغ جهده في تثقيفه وتهذيبه ودرس في (السوريون) الدين والفلسفة على اختلاف مذاهبها ولاسيما فلسفة ارسطو(غلاب،1988: 171). وقد تأسست فلسفة مالبرانش على مذهب ديكارت الذي اعتبره مالبرانش المعلم الصحيح واخذا ايضا بعض الأقوال من اغسطينوس وتوصل بعض النظريات وبرع أيضاً في الرياضيات واشتغل في الطبيعيات، أما أهم مؤلفاته فهي:

أ.البحث عن الحقيقة.

ب.رسالة في نواميس الحركة.

ج.تأملات مسيحية.

د.الأخلاق.

هـ مابعد الطبيعة.

و.محبة الله.

اما عن الأخلاق فقد ذهب مالبرانش إلى البصيرة او القوة المعصومة يسميها بالعقل العام الخالد، او العلة الأولى الكاشفة للكل، الا انها هي التي تحكم على الأفعال من حيث خيرتها وشريتها، وهي مقياس الفضائل والرذائل وهذا ليس من اختصاص العقل البشري وذلك لانه يجزم بان كل الأخطاء الأخلاقية لم تأت الا عن طريق العقول البشرية الخاصة، وعلى ضوء هذه النظرية استطاع (مالبرانش) ان يكتشف في سهولة حقيقية الفضيلة والواجب بهيئة لايغيرها اختلاف الأزمان ولا ينال منها تباين البيئات،

لانها مبنية على اساس النظام العام في الكون وتحقيق الكمال المطلق وهذان الأساسان لا يختلفان البتة (غلاب، 1988: 174).

وذهب إلى ان الفضيلة هي حب النظام الالهي للعالم، والفضائل التي لا تصدر عن هذا المبدأ هي ظاهرية غير صحيحة وذلك لان الإنسان كائن عاقل فهو لايرتب فضيلته او كماله الاعلى محبة العقل أي محبة النظام ولاتهم في ذلك معرفة الحقائق النظرية (رمضان، 1998: 192). لقد عنى مالبرانش يعلم الأخلاق فتناوله البحث في كثير من كتاباته فيقول بأنه لا يوجد علم له كثير اتصال بنا اكثر من الأخلاق، ذلك لانه هو الذي يعلمنا واجباتنا نحو الله والملك والأهل وجميع ما يحيط بنا بصفة عامة، كما يعلمنا الطريق الذي يجب سلوكه لنكون سعداء سعادة خالدة، ولهذا فكل الناس في حاجة ماسة لتعلمه، ولكنه مع ذلك كله، فهذا العلم حتى الآن رغم مرور آلاف السنين بعيدة عن الكمال بعداً كبيراً (موسى، 1953: 238).

12.جون لوك: (1632 – 1704):

ولد جون لوك في رينجتون لمقاطعة سومرست بانجلترا 1632 اثناء حكم الملك شارل الاول، وكان ابوه محامياً من جامعة البيوريتان اشترك في صفوف البرلمان حيث اندلعت الحرب الاهلية ولم يكن جون لوك يتجاوز العاشرة من عمره فكانت هذه البيئة المكافحة التي نشأ فيها لوك من اكبر العوامل التي ادت إلى تفتح ذهنه على بعض الافكار السياسية السائدة في ذلك الوقت، وتوجيه نظرة إلى الاشتغال بالسياسة فيما بعد بحيث جعلت منه بعد ذلك فيلسوف الحرية لا في انكلترا وحدها بل في اوربا ايضاً (شفيق،227). وقد توفي في الثامن والعشرين من اكتوبر عام 1704م (توماس، 1978: 274).

ويعد لوك في الجانب السياسي أباً لليبرالية الحديثة في أوربا كما كانت مقالاته عن النظام النقدي رائدة في علم الاقتصاد الانكليزي وفي الفلسفة يعتبر لوك من الفلاسفة الاوائل الذين أسهموا في وضع مشكلة المعرفة بمعناها الحديث حيث طالب الناس ان يرفضوا المبادئ والأفكار الفطرية، وان يتعقموا بأفكارهم وفي سبيل ذلك قام

لوك بتحليل اللغة ومعاني الألفاظ وانتهى إلى التمييز بين الصفات الأولية والصفات الثانوية، وتحليل فكرة الجوهر وله في تطبيق المنهج التجريبي الاستقرائي في مجال الفلسفة ولا سيما في نظريه المعرفة(أبو ريان، د،ت: 120). أما الأخلاق فلم يضع مذهباً مكتملا، فجاءت أراؤه الأخلاقية مبعثرة في مختلف أعماله، وأشتهر بانتقاده لنظرية الافكار النظرية، وقد أنسحب هذا على أرائه الأخلاقية فقد نفي وجود مفاهيم ومبادئ أخلاقية فطرية لكن يدركها الإنسان بالتجربة(معجم علم الأخلاق، 1984، 1984: 332).

وعلى هذا فالتجربة هي أساس الأخلاق وليست الفطرة، ولهذا انكر لوك الصورة القائمة التي رسمها (هويز) لمعيشة الإنسان في حالة الفطرة فان هذا المجتمع البدائي أذا كان خاليا من القوانين المدنية فأن أفراده يسلكون فيما بينهم بحسب القانون الطبيعي الأخلاقي الذي فطر عليه الإنسان حيواناً عاقلاً يستطيع بعقله أن يميز بين الخير والشرـ وأن يعرف حقوقه وواجباته بازاء الآخرين فحياة البشر نشأة الحكومة كانت (حياة سلام وتبادل للمعرفة والحماية)(اللبان، 1954:55).
ومن أهم آرائه في الأخلاق إنكاره لحرية الإرادة بمعناها العام، ويرى أن كل ما لدى الإنسان من حرية هو تصرفه العملي بمقتضى فكرته الخاصة، فلدى الإنسان رغبات معنية وله أن يقارن بين نتائجها، ثم يختار واحدة، ويؤجل واحدة ويثبت ثالثة وهكذا، وفي هذا وحده تقع حرية الإنسان، وهو في أختياره رغبة، ورفضه أخرى يسير تبعا لما تبعثه الرغبات من لذة أو ألم، ولما كانت اللذة عند (لوك) هي الخير، وألا لم هو الشر، كان الخير والشرـ أو اللذة والالم هما الدافعان الاساسين لسلوك الإنسان ومقياس السلوك من حيث النقص والكمال هو مقدار مطابقته للقانون الأخلاقي الذي يفرض نفسه على عقولنا فرضاً(أمين ومحمود،1936: 242).

ويرى أننا جميعاً مزودون بغريزة العقل التي هي أحد القوانين المقدسة لوجودنا البشري والقوانين المقدسة عنده تخضع حتما لاقامة البرهان عليها، شأنها شأن مبادئ الرياضة فيقول: أن فكرة الكائن الأسمى الذي لا حدود لقوته وخبرته وحكمته والذي

نحن صنيعته وعليه نعتمده، وكلنا فكرتنا عن أنفسنا بأننا كائنات تدرك وتعقل وترحم هذه الأفكار، اذا ما تربعت وبحثت كما يجب من شأنها أن تجعل من الأخلاق علماً دقيقاً(توماس،1964: 242). وهنا نجد لوك قد أضاف نغمة جديدة وهامة إلى هذا القانون الخلقي الشامل وذلك أنه صاغ مثلاً أخلاقياً على صورة قانون علمي.

13. لاينبز (1646م - 1716 م)

ولد وليم لاينبز في ليبزيغ سنة 1646م من اب كان قانونينا ضليعا واستاذا للاخلاق في جامعة(ليبزيغ) وكانت امه ابنة استاذ في الحقوق وذات ثقافة عالية (طعمة، 1955: 13)، وقد توفي ابوه ولم يبلغ الطفل السادسة من عمره، وترك مكتبة غنية استطاع (لاينبز) ان يقرا فيها كتب القدماء والمحدثين في سن مبكرة بدأ دراسته العالية في جامعة ليبزيغ ثم انتقل إلى جامعة (ابينا) وفي سنة 1666 حصل على مرتبة الدكتوراه في الحقوق وشغل منصب مستشار حقوقي لحاكم المدينة وبقي حتى سنة 1672 والف في هذه الفترة دراسات مختلفة تنم عن اهتمامه بالمسائل الدينية وبوجه خاص من ذلك كتابه المسمى اعتراف الطبيعة ضد الملحدين وسافر إلى باريس وبقي هناك حتى سنة 1676م حيث عاد إلى المانيا مارا بامستردام اذ التقى بالفيلسوف اسبينوزا الذي اطلعه على كتاب الأخلاق فاعجب به. ثم وصل إلى هانوفر، واستقر مبدئيا فيها خلال 40سنة الأخيرة من حياته وشغل وظيفة مدير مكتبة الدوق (دي لنبورغ) ثم أسس مجلة الأبحاث العلمية الشهيرة (اكتا) ثم أسس جمعية العلوم التي غدت مجمعا علميا وتوفي سنة 1716.

اخضع (لاينبز) الفلسفة كلها للحكمة او الفلسفة الأخلاقية وجعل السعادة غرض الإنسان في هذا العالم، واتخذ مبادئ العقل، وهي مبادئ مطلقة كليا أساساً متينا يضفي على العدالة كما يضفي على الأخلاق قيمة مطلقة.

ربط (لاينبز) الخير والعدل بالإرادة الإلهية ربطا وثيقا، فالله هو الكائن الأسمى القادر على كل شيء،وهو في ان واحد عقلا وصلاح من معين (مجده) ينبع الحق وللحق بوجه عام ثلاث درجات هي: الحق بالمعنى الدقيق اولا: وهو يستند إلى النصوص،

ويقوم على مبدأ العدالة التعويضية، ثم يأتي الأنصاف بل الإحسان وعماده العادلة التوزيعية.

اما التقوى او (الإخلاص) فأنها أخيراً، حق شـامل رفيـع يسـتند إلى مبـدأ العدالـة الكونيـة وتفترض الدين الحق الصحيح، ومن هذه الدرجات الثلاثة تصدر الأمور آلاتية: لا تـؤذ احدا، اعط لكل إنسان نصيبه، كن للجميع نافعا (لاينبز 1955:1955)، الحق بالمعنى الدقيق او العدالة يهدف إلى إنقاذ السلام والإحسان اسمى من ذلك لانه يتطلـع إلى سـعادة البشرـ جميعـا، كـما يجـوز لهـا ان تتحقق في هذا العالم، ولابد من اللجوء إلى الفلسفة من اجل تحديدها وهذه الفلسفة تبين لنا ان كل شريف نافع، وكل ما هو معيب يضرنا، وهذا البرهان محال لو لم تعـم في نفوسـا روح خالـدة، ولو لم يوجد اله يحكم الكون، او لولم تكن ثمة (جمهورية تؤخذ الاشياء كلهـا بعـين الاعتبـار. امـا التقوى (العدالة الكونية)، فهي ارفع درجات العدالة بل هي (احسان الحكيم) او تدينه(العوا،1958: 318).

نقد فلسفة لاينبز الأخلاقية

لقد حملت فلسفة لاينبز تراث التأمل البشري خلال ثلاثة وعشرين قرناً فقد بذل جهوداً في محاولة لتوحيد الفلسفات، أذ بنى فلسفته الأخلاقية عن فكرة الكـمال المتيافيريقي، وجمعـه بـين السعادة والفضيلة، والعقل والمحبة. لم يقف (لاينبز) عند ظاهرة من ظواهر الكون والقمة وقوفـه على جملة الظواهر كلها كان همه الاول التأليف بين عناصر ايجابية ينتزعها من المذاهب المختلفة ليجعل منها نوعاً من فلسفة خالدة هي في الواقع فلسفته الأخلاقيـة الانتقائيـة، وكـان لا يـتردد في جني هذه العناصر من حقـول الفكـر القـديم والحـديث، لا يفـرق بـين لاهـوت الشرقيين وجـدل الاغريق، وأثار أباء الكنيسة، وفلسفة المتكلمين وصفوة القول، أستغرق (لاينبز) في محاولتـه تبرئـة اللـه حتى نسي الإنسـان وشرط الإنسـان، نـادى بضرـورة التسـامح ولكنـه تجاهـل صـلات النـاس بعضهم ببعض، وأعقل طراز ارتباط الانا بالانات ولكن غـاب عنـه أن النـاس يتعـاملون في الواقع ويسلكون بين قطبين متنابذين، أحدهما قطب الخصومة والعدوان، والاخر

قطب المحبة والإحسان ولكنهم لا يتجهون بعضهم إلى بعض، بتوسط الـلـه، ولا تهـدف نوايـاهم الاتحاد بالله لبلوغ الاحتكاك، عن هذا الطريق بأقرانهم من الناس، وقـد ضـحى (لاينبـز) في سـبيل فكرة الخلود والثبوت، وهي لباب فكرة الخير المطلق، ضحى بإمكانات الواقع وبالمعطيات الراهنة، وبالمغامرة الذاتية، وبالتنوع والتجديد، وفي شأن فكرة الضرورة المينا فيزيقة التي يعتزمها ويسرف في مراعاتها، أنها تحذف الغاية مـن كـل بحـث اخلاقـي وكـل مـذاكرة اخلاقيـة، وكـل شـعور واع يستهدف الحكم على قيمة العمل الأخلاقي مثل اتخاذ قرار ارادي مسؤول في صـدوره ومـن الخـير المطلق الخير بالذات الاشكل آخر من اشكال تسمية الضرورة الميتافيزيقية باسم مرادف جديد.

أن (لاينبـز) يضـحي بحريـة الارادة في سـبيل الضرـورة المعقولـة، ضرورة تفسـير الحـوادث والاشياء تفسيراً تصورياً مفهوماً، ولكن الأخلاق بـدون حريـة هـي أخـلاق خاليـة مـــن التحقيـق، وجلي ان الأخلاق التي تشاد بوجه عام على اسس الميتافيزيا هي أخـلاق معرفـة هـدفها الحقيقيـة غاية ومثالا ولكن الحقيقة، ذات الحقيقة، معرفة ما هو. والأخلاق لا تبحث في الكائن بل تتنـاول ما ينبغي أن يكون، وأن وضعت النزعة الفعلية الميتافيزيائية التحليـل موضـع الصـدارة، واتخذتـه سلم المعرفة والنظر، فأن الأخلاق تنبو على ذلك وهـي تقـدم النيـة وتعـدها اصـلاً فعـالاً في حقـل الضمير وجمال السلوك (العوا،1954:328).

14. دافيد هيوم (1711-1776م).

ولد هيوم في السادس العشرين من ابريل عام (1711) في ادنبره-باسكتلنده من اسرة وسط بين الفقر والغنى ومات ابوه وهو رضيع، فـالقى عـلى الام عـبء تربيـة أبنائهـا مسـتمدة أسـباب الرزق من ضيعة صغيرة كانت لزوجها ولا يعرف شيء لتعلمه في بدايـة حياتـه (محمود، د، ت: 14-15) والتحق في جامعة ادنبرج وهو في الثانية عشرة من عمره فاجاد دراسة اللغتين اللاتينيـة واليونانيـة القديمة والفلسفة وحصل على شهادة القانون (أبو ريان د،ت: 141) وفي عام 1734 ارتحل إلى فرنسا وهو في الثالثة والعشرين من عمره وعكف على الدراسة قرابة ثلاثة سنوات في مدرسـة (لافليش) أذ درس ديكارت

وظل يفكر ويكتب المقالات إلى ان اكمل كتبه الفلسفية وهو (رسالة في الطبيعة البشرية قبل ان يبلغ الخامسة والعشرين من عمره ولقد ذاع صيت هيوم حتى لقبه احد رجال عصره وهو جيمس بوزيون (بانه اعظم كاتب في بريطانيا)(أبو ريان،د،ت: 141).

واتصل بالفيلسوف جان جاك روسو وتوثقت بينهما اواصر صداقة واصطحبه إلى بريطانيا كلاجئ سياسي وانتهت الصلة بينهما بقطيعة مشهورة (محمود، د،ت: 30)، ثم عاد هيوم إلى ادنبره موطنه الاصلي فقضى بها باقي عمره حيث اصيب في امعاه بالسرطان وعلم انه لم يعد بينه وبين ختام الاجل كتب سيرته في كتاب (حياتي) ومات في الخامسة والعشرين من اغسطس عام 1776 (محمود، د،ت:31).

ويرى هيوم ان الأخلاق علم تجريبي نسبي يرتبط ارتباطا وثيقا بعلم النفس ويستند إلى الغريزة، ويقوم على اسس المشاركة او التعاطف بين البشر- لتحقيق منفعتهم أي مصالحهم المشتركة، ويجزم بانه يعتمد في اخلاقه على الجاذبية الطبيعية التي لا ترتبط بالإنسان (أبو ريان،د،ت: 95).

ويرى هيوم ان سلوك الإنسان عمل آلي محض، وليس هناك ما يسمى بالارادة الحرة فأن عرفت طبيعة الإنسان امكنك ان تتنبأ بتصرفه في كل مواقفه المقبلة، وهو يزعم ان الدافع الاساسي لسلوك الإنسان هو اللذة والالم، وبهما تميز بين الخير والشر وليس العقل هو الذي يوجه اعمال الإنسان لان الفعل ملكة فطرية محضة لا شأن لها بالجانب العملي وكل اثره هو انه يوجه الدافع الذي ينبعث من الشهوة او الرغبة، فهو يبين لنا ما هو حق ولكنه لا يستطيع ان يؤثر في السلوك على نحو معين. ان ما يدفع الإنسان إلى العمل هو المشاعر والعواطف وهو يقسم هذه المشاعر إلى هادفة وعنيفة فالأولى تشمل الجمال والقبح والاخرى تشمل الحب والكره، والحزن والسرور، والغرور والتواضع (كرم، 1946: 180).

والاحكام الخلقية عدد خاضعة للعرف والعادة والبيئة الطبيعية والانسانية فالبطولة مثلا ذات مظاهر مختلفة لدى المحاربين والمسالمين، واذ حكمنا بالخير والشر

يرجع اولا وبالذات إلى عاطفة اخذناها من المجتمع فجعلتنا نقدر الحسن ونمقت القبيح. نتمسك بالسار وننفر من الضار.

وعلى هذا فأساس الأخلاق عند التعاطف، او عاطفة الزمالة أو الإنسانية التي تحملنا على محبة الخير للناس جميعا، واذا كانت الميول الخيرية ارفع من الميول الانانية وكانت هذه مذمومة وتلك ممدوحة، فليس يرجع ذلك إلى طبيعتها بل إلى عموم منفعتها، ولما كانت الأخلاق صادرة عن الغريزة. كانت اصولها واحدة عند الجميع ورجعت الاختلافات إلى اختلاف الظروف فالمحبة الابوية مثلا غريزة عامة، وقتل الاطفال مظهر من مظاهرها في بلد جوه فقير(كرم، 1946: 180).

من نافلة القول ان هيوم اتخذ موقفا معاديا للتصورات الفلسفية المطلقة والافكار المجردة عموما تلك التي لا تنبثق من الواقع، مما جعل المفكرين يشكون في امكان المعرفة عنده، ولكن الحقيقة ان هيوم لما يشك الا في كل ما هو بعيد عن الواقع والتجربة، وانه وقف عند هذا الحدود ورفض ان يتخطاها ويتقبل التصورات والافكار الميتافيزيقية المجردة واوضح ان العقل عاجز عن ادراك الطبيعة الحقة للاشياء كما هي موجودة في ذاتها مستقلة عن التجزئة. ومن ثم فهو يشك في الميتافيزيقا، وإلى حد ما في الدين وتقبل صحة العلوم الطبيعية والأجتماعية على أساس أنها علوم تنصب على دراسة ظواهر طبيعية او سلوكية فكانه يرد المعرفة إلى ظواهر لا تربط بينها سوى علاقات تجريبية فحسب ام الرياضيات فأن هيوم لا يشك فيها مطلقا (أبو ريان،د،ت: 158).

نعت هيوم نفسه بنعت الريبة، ورأى ان الفلسفة المثلى هي فلسفة الشكاك، وهي حتما فلسفة انسانية يقول(كن فيلسوفا، ولكن كن دائما إنساناً في فلسفتك كلها) (العوا، 1958: 1/396) وهذه الفلسفة الريبية فلسفة احتمالية وان الأخلاق التي تلائمها ليست هي الأخلاق العقلية بل الأخلاق التي تستمد وحيها من وحي الغريزة اجل ان المحاكمة قد تتدخل اثناء توجيه العمل او تمييز جوانب الرغبة في شيء مغطى او تبيان وسائل الناجحة في بلوغ غاية مرموقة والأخلاق وقف على الطبيعة الإنسانية، ولكن من

المتضرر ان تنالها بالطريقة التجريبية التي توافق الفلسفة الطبيعية لان هذا الطريقة تبقينا في ميدان الحوادث ولا تبلغنا ميدان الواجب بوجه من الوجوه ولو نظرنا من زاوية الطبيعة وحدها إلى النوايا، النوايا الصالحة او الطالحة، لقينا انها ليست سوى إدراكات ونزعات ووجدنا ان الأخلاق كل الأخلاق هـي في الانتقال من (الكائن) إلى (الواجبة) ولا يظهر التقدير الأخلاقي الا بظهور العواطف الإنسانية وهذا التقدير شبيه للتقدير البديعي فهناك لذة نوعية تعرب عنها كل لغة من اللغات بالفاظ خاصة.

ان النقد الموجه إلى فلسفة هيوم الأخلاقية هو ان اكتشاف الخير ومعرفته وطلبه كل ذلك يصدر عن عاطفة اخلاقية خاصة طيبة تسمى الغريزة الإنسانية وهي شعو ر عميق يدفعنا إلى محبة خير الناس جميعا لا تهم زملاؤنا واقاربنا وهذه العاطفة النبيلة تختلف عن محبة الذات التي تطلعنا على مصلحتنا الخاصة وتحملنا على الاثرة حملاً الاثرة دميمة تباين المروءة وان اخلاق (هيوم) اخلاق نفعية موسعة تستهدف الإنسانية بأسرها بيد انها نفعية لا يشاع على أسس العقل ومنطق التأمبل والحساب ولا ترتكز على دعائم التجربة والتربية والتهذيب بل تنجبس من ينبوع القلب وتمتاز بأن لها اصلا واحدا في الناس، وهو الطبيعة البشرية (العوا،1958:1/ 396).

15.اوجست كونت (1789- 1857م).

ولد اوجست كونت في عام 1789 بمدينة مونبليه، من اب ضابط رقيق الحال وام ذات عاطفة رقيقة متدينة، وكان الوالدان يعتنقان الكاثوليكية وهما من انصاره أسرة ال بورون (رمضان،1998: 428). وفي عام 1807 التحق اوجست بالمدرسة الثانوية وفي عام 1814 التحق بمدرسة الهندسة الحربية وفي 1816 كان له يد في مظاهرة قامت ضد بعض اللوائح التي لم ترض بالرأي فأبعد من المدرسة هو وتلاميذ صفه الذين كانوا يتبعون سان سيمون ان يرجئ الإصلاح العلمي ليشرع في الإصلاح الاجتماعي، مخالفة لأقتناعه، بعد قراءة دي مستر، ان الشرط الأول للنجاح إعادة وحدة الاعتقاد إلى العقول كما كان الحال في العصر الوسيط، ولكن بوساطة العلم لا بواسطة الدين، ونشر بهذا المعنى كتاب بعنوان (مشروع الأعمال العلمية الضرورية لاعادة تنظيم المجتمع

1822) تم كتاب (السياسة الواقعية عام 1824) يعلن فيها ان فلسفة القرن الثامن عشر القائمة على حرية الإنشاء ثم اخرج كتابه الاكبر (دروس في الفلسفة الواقعية) في ستة مجلدات عام 1842 ثم نشر كتابا بعنوان (مقال في الروح الواقعي 1844) ثم كتابه الكبير الثاني (مذهب في السياسة الواقعية). ثم كتاب في علم الاجتماع يضع ديانه الإنسانية 1851 - 1854 في اربع مجلدات واقتصره في كتاب التعليم الديني الواقعي 1852(كرم، 1946: 316-317).

ثم بعد موت صديقته مدام كلوتيلدي فو سيطر على عقله نزعة صوفية قوية ظهرت في تفكيره وكتاباته ولا شك ان علاقته القصيرة مع هذه السيدة والنهاية المأساوية تحولت في ذهنه إلى افكار فشغل نفسه ليضع ديانة جديدة للإنسانية (الخشاب، د،ت: 20).

عاش كونت بعد ذلك حياة كلها زهد وتقشف وفي ايامه الاخيرة وجه همه الى التوفيق بين انصار الكاثوليكية وانصار المذهب الوضعي واراد ان يكون من الفريقين جهة واحدة ضد العناصر الثورية (الخشاب، د،ت: 20). ثم في اواخر حياته اصيب بمرض السرطان ومات في باريس عام 1857(كرم، 1946: 316).

لقد كان الهدف من وضعية اوجست كونت هو الإصلاح الذي يحتمه عليه واجب الوطن مفكراً له مكانته في عصره. وهذا الإصلاح في نظره لا يستقيم بغير اخلاق لذا نجد ان ما يقصده كونت من تأسيس علم الاجتماع سنة 1830 هو الوصول إلى قواعد خلقية وسياسية، ثابتة نهائية تحقق سعادة الإنسانية وكانت وسائله في ذلك اكتشاف الحقائق الأساسية التي تضمن الوحدة بين العقول. وهذا هو الذي ادى الى وضع اسس الفلسفة الوضعية (بريل، د،ت:388). وهذا يعني ان الأخلاق تأتي بعد الاجتماع وكان مقتنعا شديد الاقناع بأن الأخلاق يجب ان يكون لها علم ينظمها لانه اكثر تعقيدا فهو خلاصة ما تنتهي اليه الغاية الإنسانية كما كن يرى ان الأخلاق هي انفع العلوم لانها تنظم السلوك الإنساني ويجب ان تكون جميع العلوم الاخرى مقدمة للوصول إلى وضع قواعد ثابتة لتنظيم علاقة الإنسان بغيره وبالمجتمع ولذلك اضاف في

اخـر حياتـه إلى قائمـة العلـوم الستة الأصيلة التي هـي (الرياضة، الفلك، الطبيعة، الكيميـاء، البيولوجيا، وعلم الاجتماع) علم سابع هو علم الأخلاق (بدوي، 1980: 158).

وهذه الأخلاق في نظره ليست علما نظريا مجردة لانه لاحـظ عيبا مشـتركا بين المـذاهب الأخلاقية السابقة ادى إلى الخروج عن جادة الصواب هذا العيب يستخلص في نظرة في انها قبل ان تصبح الدراسات الاجتماعية علما وضعيا مـن هنـا كانـت غلبـة النزعـة الميتافيزيقيـة عـلى تفكـير اصحابها(بدوي، 1980: 158).

ويمكن اجمال الخصائص الرئيسة للأخلاق العلمية الوضعية عند كونت فيما يأتي:

1. ان الأخلاق عند كونت تقوم على اساس العلم الوضعي كذلك تحقق صفاتـه الإنسانية وهي.

أ. حقيقية أي انها تقوم على الملاحظة لا على الخيال وتنظر إلى الإنسان كـما هـو كـائن بالفعل لا كما تتصور ان يكون.

ب. انها تعتمد على التجارب التي أحرزتها الإنسانية عن طريق الميـول التـي سـارت فيها الدوافع التي دفعتها لأنواع النشاط العادي وذلك خلال القرون التي زودنـا التاريخ بمعلومات عنها (الطويل، د،ت:249).

ان الأخلاق نسبية متغيرة وليست مطلقة ثابتة، وهذه الأخلاق تستمد نسبيتها مـن نسبية المعرفة لان التسليم بنسبية الحقائق في مجـال المعرفة يفضي- بها إلى التسـليم بنسـبية القيم في مجال الأخلاق وغيرها من العلوم المعيارية ولما كان القول بنسبية الحقائق ابستمولوجيا لم يمنع من التمييز بين الحق والباطل او الصواب والخطأ فأن التسليم بنسبة القيم الأخلاقيـة لـن يحول دون التفرقة بين الخير والشر كما يتـوهم البعض (الطويـل، د،ت: 246). ومـن ناحيـة اخـرى ان وجـود النـوع البشري عنـد الوضعيين يتوقـف عـلى مجموعـة كبيرة مـن الشرـوط الطبيعيـة والفلكيـة والفيزيقية والبيولوجية و الاجتماعية.

فالأخلاق عند كونت عملية وضعية، نسبية متغيرة ليست مطلقة اجتماعية ليست فردية، غيرية غريزية، منهجية ليست تلقائية (بدوي، 1980: 168)

3. ان مذهب كونت الأخلاقي يقع في منزلة وسط بين الفلسفة النظرية وبين السياسة الأخلاق ترتكز إلى الفلسفة، ولكن السياسة تستمد مبادئها من الأخلاق

اما النقد الموجه إلى فلسفة اوغست كونت فهناك أخطاء جمة وتصورات خيالية وتنبوأت كذبتها الوقائع، ولكن ميزة هذا الفيلسوف تتجلى اول ما تتجلى، في انه مؤرخ بارع للعلوم، ومؤسس لاتجاه علمي صحيح، وواضع علم جديد بطريقة جديدة، هو علم الاجتماع (الكونتي) وقد بنى عليه اخلاقا طريقة نبيلة، واراد ان تكون الإنسانية وحدها، أي المجتمع الإنساني، ينبوع القيم كلها، حتى القيم الدينية والأخلاقية بل انه اراد، فوق ذلك، ان تعد الإنسانية، ويعد المجتمع الإنساني موضوع الابحاث الرفيعة في الفلسفة والدين والأخلاق معا

غير ان صاحب الفلسفة الوضعية (كونت) لما عجز عن ان يسبغ صلة العلم على الفلسفة عمد إلى قلب الاية، فأضفى صفات الفلسفة على العلم ذاته، وادعى اتصاف العلم بالصفة الكلية، ولكن هذا التحويل لن يغير شيئا من حقيقة العلم وواقعه بل غير الفلسفة ذاتها، وادعى اتصاف العلم بالصفة الكلية، ولكن هو التحويل لم يغير شيئا من حقيقة العلم وواقعه بل غيرت الفلسفة ذاتها، فأصبحت اسمى اشكال المعرفة الوضعية واكثرها سعة، اما العلم بالمعنى الصحيح، فقد ظل خاصا لا عاما ووجب على الفلسفة ان تمثل وجهة نظر الـ (كل) او (المجموع) حسب (اوغست كونت) ان العلم الجيد على الاجتماع، قد تقدم بجهوده تقدماً يفوق كل تقدير، ومن اليسير ان نفسر (قناعته) الموهومة بأنه كان يستعجل(إعادة التنظيم الاجتماعي) الذي وضع فلسفته من اجله، ولذا نجده واثقا بأن اكتشافه العظيم لقانون حركي وهو قانون الاحوال الثلاث يكفي لانجاز هذا العلم، حتى ظن ان (اهم ما يجب صنعه في هذا العلم قد صنع) غير ان علماء الاجتماع يفكرون اليوم (ان كل شيء تقريبا لم يصنع بعد)(بريل،د،ت: 417).

على الرغم من ان نظرية اوغست كونت في الأخلاق تتميز، بوجه خاص يحرصها على الأيمان بتغلب الإيثار على الأثرة، وسهرها على التأليف بين العاطفة

والعقل، ولكنها تخطى في الواقع في حين تدعى ان الفرد فكرة مجردة وانه لا يوجد البته من حيث هو فرد، وان الحق الأوحد الذي يتمتع به الفرد إنما هو حق القيام بواجبه، ولعل السبب في ذلك ان فيلسوف الوضعية لم ينظر إلى الفرد من الناحية السلبية وقد بدأ له ان الـ(شخصي) يرادف معنى الـ (الحيواني) أي الـ (أناني) فنطق بالحكم بفسادهما جميعها، ويشاء ان يكون مذهبه منطقيا، ولكنه وقع في براثن العاطفة ورجح جانبها الى جانب العقل، ولم يركز عاطفة الإيثار الكريمة حول الفرد، بل وجد إنها تهدف إلى تحقيق واجب(عش للغير) او واجب ان (الحب مبدأ) وكلا الواجبين غامض مبهم لانه عام مشتت من جهة ولاننا نعلم من جهة اخرى ان الحب نغمة تنبثق من أعماق الكون الصميمي لدى الفرد، وتنصب على اكثر الأشياء أصالة لدى الفرد الأخر الذي نحبه ونتعلق به. بيد ان (اوغست كونت) لا يدعونا إلى محبة الأصالة في الغير بل إلى تخصيص حبنا بالكائنات العاقلة وحسب، وجعل الإنسانية بمثابة السويداء في قلب تلك الكائنات، ورأى ان نفرد ها بالاحترام والإجلال والتقديس.

ان في فكر (اوغست كونت) كثيرا من التمركز الذاتي في الواقع كما هي الحال في فكر (هيجل) وهما يتفقان بأنهما يقبلان كلاهما وهم اخر الفلاسفة فينزلق المفكر طوعا في مهاوي الاعتقاد بأن حركة الأشياء وحركة الإنسانية لا يمكن ان تهدف إلى شيء اخر سوى نتائجه، وهو ونظريته، مما يساعد على تصور ان كل شيء انما ينتظم نهائيا حول رسالته مفكر، ولذا فأنه ليس في الصدفة والاتفاق ان ينتهي المفكر إلى تركيب ذاتي يدير ظهره للوضعية.

لقد حاول الباحث من خلال استعراضه لمجموعة من الفلاسفة والمفكرين الذين تناولوا الفلسفة الأخلاقية منذ نشوء الحضارات القديمة في وادي الرافدين ومصر والصين والهند ثم اليونان والرومان لينتقل بعد ذلك إلى العصر الحديث تاركا العصور الوسطى ليتناوله في الفصل القادم والمتمثل في الحضارة العربية الإسلامية وفلاسفتها. وفي العصر الحديث تناول جما من الفلاسفة الذين لم ينظوا تحت خيمة مدرسة او اتجاه فلسفي محدد لاننا قد تناولنا المدارس الفلسفية في المبحث الأول من هذا الفصل ولذلك

سلطنا الضوء على الفلاسفة الذين كان لهم استقلالا ذاتيا أي دون ارتباطهم لفلسفة محدودة، بل كان من هؤلاء الفلاسفة من حاول ان يكون مدرسة خاصة بـه او اتجـاه بعيـدا عـن الاتجاهـات المعروفة.

الفصل الخامس

المبحث الأول

القيم التربوية والأخلاقية في القرآن الكريم والسنة النبوية الشريفة

أن الإسلام قرأنا وسنة قدم للإنسانية نظاما تربويا أخلاقيا عمليا شاملا هدى ورحمة للعالمين، ففي آداب الإسلام وأخلاقياته ومعنوياته ما يقوم دستورا للحياة في كل صور الحياة وأسماها، وللحضارة في أرقى ما تصل إليه الحضارة يصوغ المعاملات والعلاقات الاجتماعية والسلوك الإنساني على الحق والخير ولا يضع قيودا على الضمير أو يحول دون تقدم الفكر، ولا يكبل الإنسان بالزهد والتقشف، ولا يرضى أن يسلم نفسه للترف والمتاع، بل كان بين ذلك قواما يدعو إلى التأمل والنظر في خلق الله، وإمعان الفكر ليسمو العقل إلى حقيقة الكون والكشف عن أسراره (النجار، 1976: 18).

ويعد القرآن الكريم المصدر الأساسي لتعاليم الإسلام وأحكامه وقيمه وتوجيهاته، وهو صالح لكل زمان ومكان، وهو لم يترك من صغيرة ولا كبيرة من الأصول والأسس والمبادئ التي تفيد الإنسان وتنفعه في حياته وأخرته إلا تضمنه وأشار إليه بشكل مباشر، فالقرآن الكريم هو حبل الله المتين ليس بفلسفة ولا نظرية، لذا فهو مصدر صالح يمكن المسلمين أن يشتقوا منه أسس ومبادئ وفلسفات ونظريات حياتهم، بما فيها فلسفتهم التربوية الأخلاقية ونظامها التعليمي(الشيباني،1985: 104) .

أن الباحث الذي يسير غور الآيات القرآنية والأحاديث النبوية الطاهرة ويستقرئها يجد ذخيرة وفيرة من القيم التربوية والأخلاقية التي تنظم علاقة الإنسان بربه من جهة ومع بقية أفراد المجتمع من جهة ثانية .

ولذا نجد أن المنظومة القيمية التي أرست دعائمها العقيدة الإسلامية مرتبطة ارتباطا قويا بالأيمان بالله، وعليه فأن التربية التي يدعو أليها الإسلام هي تربية خلقية تسعى إلى بناء الإنسان بناءا خلقيا سليما وتجعله يعود إلى ذات نفسه والى القيم الخلقية التي يلتزم بها في جميع أنماط سلوكه مثل الصدق، والأمانة والعدل، والرحمة، والحلم،

والحرية وغير ذلك من أمهات الفضائل الإسلامية والمرتبطة ارتباطا وثيقا بحقيقة الأيمان(المرزوقي،1982: 1402).

أن ربط التعليم بالقرآن الكريم والأحاديث النبوية الطاهرة، يساعد على إبراز العلاقة التي تربط الدين بواقع الحياة وبمشاكلها ومناشطها، ويقوي لدى الناشئة الشعور الديني وروح الفخر والاعتزاز بدينهم وتراثهم الإسلامي(علوان،1981: 406-407). أن القرآن الكريم كتاب للإنسانية، فهو كلام الله ووحي سماوي وليس من إبداع الفكر الإنساني، وهو كتاب يقدسه ويحترمه جميع المسلمين(الطباطبائي،1978: 5) .

وهو مصدر الأخلاق وميزان القيم، فالأخلاق الفاضلة وسيلته وغايته في تحقيق سعادة الفرد والمجتمع، وتقوية العلاقة بين الفرد وربه(مدكور،1984: 40) .

أن قيم المجتمع الإسلامي تنبثق من مصدرين أساسين هما: كتاب الله وأحاديث وسنن الرسول الكريم محمد (ﷺ)،والحقيقة أن الفلسفة الأخلاقية في منظور الإسلام ذات شقين هما (العوا،1987: 422) .

1. الشق النظري: الذي يحدد الإطار الفكري أو ما يصلح تسميته بالنظرة الأخلاقية كما تبدو في القرآن الكريم والسنة النبوية الشريفة .
2. الشق العملي: وهو الذي يبين ممارسات العملية الأخلاقية في عالم الواقع، أي أن الإسلام قدم مبادئ أخلاقية عامة تألف فيما بينها لتكون في مجملها نظرية تشكل القاعدة الأساسية لكل الممارسات العملية . ولم يبقى جانب من جوانب الحياة الإنسانية إلا وقد صيغ في الإسلام صياغة أخلاقية: الجانب النظري والجانب العملي، العقائد والعبادات والجانب الاجتماعي إلى غيرها من الجوانب ذات العلاقة بالإنسان، وجعلت تلك الجوانب كلها بشكل متكامل، فلا تبقى قضية من قضايا الإنسان إلا وقد بين له ما ينبغي أن يفعل فيها، وما هو ألا عدل ولأقوم ؟ أن تلك القضايا صيغت من أجل بقاء الإنسان في دائرة مكارم الأخلاق مجتنبا سيئها، مقبلا على طيبها(حوى والفاوجي،1979: 322). لقد ربط الإسلام ربطا محكما بين العقيدة، والعبادات

والأخلاق، فالعقيدة الصحيحة لا بد تعبر عن نفسها في العبادة الخاشعة الصادقة وهذه لا بد أن تؤدي إلى ممارسة عملية للفضائل الأخلاقية(مسعود،1999: 123).

أن أهم ما يميز القيم الإسلامية بشكل عام والقيم الأخلاقية بشكل خاص، ربط العقيدة بالعمل والقول بالفعل، والنظرية بالتطبيق، ولا قيمة لأيمان لا يتبعه عمل صالح يبرهن على صحته (الشيباني، 1988: 241).

فالأيمان هو أساس الأخلاق الفاضلة، وهو المعين الذي تنهل منه الأخلاق الإسلامية، والأيمان لا يكون أيمانا حتى ينبع من القلب والضمير عن رضي خالص، ولا خير في كلمة ينطق بها اللسان زورا ويكفر بها القلب، فذلك هو النفاق الذي يعده الإسلام شرا من الكفر الصريح (عبد الرحمن،1999: 77)

ولذا فالأساس الأول في القرآن الكريم هو الأيمان بوجود آله واحد، فرد صمد لا يشاركه في ملكه أحد يتصف بصفات الكمال جميعها، وله الأسماء الحسنى، والإسلام حدد معالم الأيمان تحديدا دقيقا لا يقبل التعطيل والتشبيه وحدث ذلك في الأديان الأخرى التي سبقت الإسلام، التي كانت تؤكد توحيد الربوبية، الذي يعبر عن توحيد العبادة أي عبادة الخالق وحده لا شريك له، في الأنداد والأوثان والأشخاص (دراسات عربية،1982: 53) .

فجوهر الأخلاق في الإسلام يقوم على الأيمان بالله وحده لا شريك له وبما أمر به تعالى من قواعد لأدب النفس وقواعد السلوك للفرد والجماعة . فالأيمان بالله يتضمن بكل ما جاء به، وحين ينبع الخير من ضمير المؤمن ويتجرد من كل نوازع الأنانية وحب المنفعة وغرائز الشر ـ الكامنة في النفس البشرية، يكون الدين سياج الأخلاق (النجار،1976: 15).

أن القرآن الكريم حينما يربي الإنسان أخلاقيا، فأنه يضع الإنسان أمام نفسه، مبينا ما فيها من دوافع الخير ما يدعو إلى الطاعة وعمل الصالحات، وفيه من دوافع الشر ما يحركه إلى العصيان والتمرد وارتكاب السيئات , وأن للإنسان الإرادة والحرية والعقل ما يحميه من الوقوع في مهاوي الشهوات، و الله منحه العقل وبه كرمه على سائر

المخلوقات(سالم،1979: 65) والقرآن ربى الإنسان المسلم على العفة والنزاهة والشرف ومراقبة الضمير ورباه على تحمل المسؤولية والحرص على الأمانة والوفاء، وعلى التزام المنطق في القول، والصدق في الكلمة، والموضوعية في التفكير (لقمان، 1999: 17)، والى كل السلوكيات الأخلاقية آنفة الذكر التي أمر بممارستها أو نهى عنها، قد رسم الدين الإسلامي للفرد أسلوب سلوكه الفردي ليتمكن من تحقيق صالحه العام به، ولذا رغب إليه أن يكون سلوكه مهذبا في تعامله العام مع الآخرين مبتعدا عن إيذاء نفسه أو غيره خزعلي، 2001: 179) .

أن هذا المنهج الإسلامي الرفيع الذي سماه القرآن الكريم فطرة الله قال فيه عز من قال: ﴿ فَأَقِمْ وَجْهَكَ لِلدِّينِ حَنِيفًا ۚ فِطْرَتَ ٱللَّهِ ٱلَّتِى فَطَرَ ٱلنَّاسَ عَلَيْهَا ۚ لَا تَبْدِيلَ لِخَلْقِ ٱللَّهِ ۚ ذَٰلِكَ ٱلدِّينُ ٱلْقَيِّمُ وَلَٰكِنَّ أَكْثَرَ ٱلنَّاسِ لَا يَعْلَمُونَ ﴿٣٠﴾ ﴾ (الروم/30) .

و الله سبحانه وتعالى قد خلق الإنسان مفطورا على الخير ونتيجة لهذا الخلق فأنه بين له طريق الخير وطريق الشر وأنه سخر له ما في السموات والأرض قال تعالى: ﴿ وَقُلِ ٱلْحَقُّ مِن رَّبِّكُمْ ۖ فَمَن شَآءَ فَلْيُؤْمِن وَمَن شَآءَ فَلْيَكْفُرْ ۚ إِنَّآ أَعْتَدْنَا لِلظَّٰلِمِينَ ﴾ (الكهف/29) ، فالأيمان بالله الواحد الأحد، الخالق لجميع المخلوقات، يستلزم طلب المنافع من علوم شريعة وعلوم كونية، والعلم النافع بدوره يدعو للأيمان ويعززه بالنظر في كتاب الله المقروء وكتاب الكون المنظور، وكتاب الله الناطق الذي هو رسول الله والأيمان الصادق يحفز للعمل الصالح والإنتاج المفيد، وإتقان العمل، كما أن العمل الصالح يعزز الأيمان الراسخ وهو ثمرة من ثمرات الأيمان الصادق والأيمان الصادق يستلزم الخلق الحسن، كما أن الخلق الحسن ثمرة من ثمرات الأيمان الصادق، والأيمان يدعو إلى التعاون على الأثم والعدوان، والتعاون الجماعي على الخير يعززه أيمان الفرد، ويحفظ بيئتها الاجتماعية طاهرة نظيفة (فرحان وتوفيق، 1988: 3) .

فالأيمان بالله يعد الركيزة الأساسية في النظام القيمي الأخلاقي الإسلامي، وهو القيمة الأعلى والأسمى، التي تنبثق القيم الأخرى عنها، ولا بد لهذا الأساس حتى

يكون له ثمره أن يوافق الاعتقاد القلبي به السلوك العملي، أو العمل الصالح والتواصي بالحق والتواصي بالصبر كما عبر عنه القرآن الكريم(الجمالي،1966 34).

أن الأيمان والخلق والعلم كلها تشكل وحدة مترابطة متفاعلة في المنظومة القيمية التربوية القرآنية، فالأيمان هو أساس الأخلاق، وهي أساس العلم الصحيح والعلم الصحيح هو أساس العمل الصالح، هذا هو البناء القيمي التربوي الأخلاقي الإسلامي، فكل أقسامه مترابطة متراصة متشابكة محكمة، وأن رؤية هذه الارتباطات هي الأساس في تفهم المنظومة القيمية التربوية الأخلاقية القرآنية (حسان، 1980: 228).

1.لقد أكد القرآن الكريم على أربع قيم أساسية هي: العلم والعمل والتقوى والعدالة (فرحان وتوفيق،1988: 3)، فالعلم في الإسلام يستمد أصوله من ذات الله وصفاته، فهو العلم بحقيقة الوجود، وبحقيقة الإنسان . فالإسلام بحكم مصدره يسلم بأن الوحي مصدر أساسي للمعرفة ويؤكد على ضرورة المعرفة وأهميتها فهي من الإنسان تحتل مكان الرأس من الجسد، والعلم واسطة لمعرفة الخالق، كما أنه واسطة لمعرفة الأشياء والقوى الطبيعية واستخدامها في مصلحة الإنسان والقرآن صريح في كل ذلك قال تعالى:

﴿ يَرْفَعِ ٱللَّهُ ٱلَّذِينَ ءَامَنُوا۟ مِنكُمْ وَٱلَّذِينَ أُوتُوا۟ ٱلْعِلْمَ دَرَجَٰتٍ ۚ وَٱللَّهُ بِمَا تَعْمَلُونَ خَبِيرٌ ﴿١١﴾ ﴾ (المجادلة /11)، والعلم وليد عقل الإنسان، وثمار العلم من صنع يديه، ولا وجود للعلم إلا بالعقل . وأن المعرفة في القرآن الكريم على صنفين: الأول المعرفة الخارجية وهي أن تنفذ إلى فكر الإنسان من العالم الخارجي وهي مكتسبة، والثانية القدرة الذاتية، وهي فطرية، عن طريقها يستطيع الإنسان أن يجوب آفاق الكون باحثا وساعيا وراء المعرفة وأنها ممكنة وليست مستحيلة (إسماعيل وآخرون، 1981: 129).

أن العلم والتفكير وأيقاظ الوعي واكتساب العبرة طريق الأيمان، وأن الأيمان هو المحرض والموجه لاكتساب العلم والمعرفة، حتى أننا لنستطيع أن نقول: بأن الإسلام جعل الأيمان علما والعلم أيمانا(مسعود، 1976: 15) وعليه تعد

الأخلاق جزء من المنهج التربوي الأخلاقي القرآني، ويشمل العلوم الدينية والدنيوية لأن العلم طريق الإنسان إلى الأيمان والعمل(مرسي،1988: 380) .

2.لقد رسم القرآن الكريم صورة مشرقة مميزة لسمات علماء توصي بما يصنعه العلم في قلوب أصحابه وسلوكهم، فيملأ قلوبهم خشية ورجاء، ويفيض على جوارحهم طاعة وعبادة قال تعالى: ﴿ أَمَّنْ هُوَ قَٰنِتٌ ءَانَآءَ ٱلَّيْلِ سَاجِدًا وَقَآئِمًا يَحْذَرُ ٱلْءَاخِرَةَ وَيَرْجُوا۟ رَحْمَةَ رَبِّهِۦ ۗ قُلْ هَلْ يَسْتَوِى ٱلَّذِينَ يَعْلَمُونَ وَٱلَّذِينَ لَا يَعْلَمُونَ ۗ إِنَّمَا يَتَذَكَّرُ أُو۟لُوا۟ ٱلْأَلْبَٰبِ ﴿٩﴾ ﴾ (الزمر/9). .

ومن هنا فأن الإسلام سعى إلى تربية الإنسان المسلم تربية خلقية وعقلية تستمد أهدافها من قيم العلم والمعرفة والحق والخير(المليجي،1985: 72) .

لقد خلق الله سبحانه وتعالى الإنسان على هيئة مطبوعة على عمل الخير، وكرم الإنسان على سائر المخلوقات، بل سخر كل المخلوقات للإنسان وفق سنن وقوانين قال تعالى:﴿ لَقَدْ خَلَقْنَا ٱلْإِنسَٰنَ فِىٓ أَحْسَنِ تَقْوِيمٍ ﴿٤﴾ ثُمَّ رَدَدْنَٰهُ أَسْفَلَ سَٰفِلِينَ ﴿٥﴾ إِلَّا ٱلَّذِينَ ءَامَنُوا۟ وَعَمِلُوا۟ ٱلصَّٰلِحَٰتِ فَلَهُمْ أَجْرٌ غَيْرُ مَمْنُونٍ ﴿٦﴾ فَمَا يُكَذِّبُكَ بَعْدُ بِٱلدِّينِ ﴿٧﴾ ﴾ (التين/4-7) .

أن العمل الأخلاقي بمعناه الأخلاقي هو الأمر بالمعروف والنهي عن المنكر(حسان،1983:193) والعمل في القرآن الكريم هو نشاط متعدد الأوجه في صوره، قد يكون " ذهنيا " وقد يكون " حركيا " وقد يقوم به أفراد أو جماعة، امرأة أو رجل والعمل واجب وتكليف وفيه فائدة للفرد والمجتمع، يتراوح في أغراضه بين قضاء الحاجات الأساسية للإنسان وإقامة الفرائض والعبادات وعمارة الكون (حسان، 1983: 194) .

قال تعالى: ﴿ كُنتُمْ خَيْرَ أُمَّةٍ أُخْرِجَتْ لِلنَّاسِ تَأْمُرُونَ بِٱلْمَعْرُوفِ وَتَنْهَوْنَ عَنِ ٱلْمُنكَرِ وَتُؤْمِنُونَ بِٱللَّهِ ۗ ﴾ (ال عمران/110)، وهي آية جامعة للأخلاق السامية فالأمر بالمعروف والنهي عن المنكر والأيمان بالله، هي ثلاثة قوام للأخلاق الإنسانية فإذا ترجمناها إلى واقع الحياة ومحسوسها، أسعفنا القرآن بتفصيلها في كثير من آياته القرآنية(النجار، 1976: 16) .

تحتل قيمة العمل في القرآن الكريم منزلة عالية في كثير من النصوص القرآنية والأحاديث النبوية، والتربية الأخلاقية القرآنية عملية لا تكتفي بالقول فحتى العبادة وتأدية أركان الدين الإسلامي الخمسة فأنها جميعا يعبر عنها بالسلوك العملي، فالشهادة وإقامة الصلاة والحج وأداء الزكاة وصيام رمضان جميعها تتطلب سلوكا عمليا(التكريتي،1996: 370). ولذا فأن أنماط السلوك الخلقية لا يعتريها التغير، لأن مصدرها وميزانها ثابت . وعلاقة الإنسان المؤمن بالله تتمثل في اتجاهين، الاتجاه الأول يتمثل في أيمان الإنسان واعتقاده في الله وعلاقته به . وهذا اتجاه شخصي، فكل إنسان تربطه بالله علاقة ما، والاتجاه الآخر سلوكي يتمثل في ممارسة الإنسان المؤمن لأركان الإسلام الخمسة . فالقرآن الكريم جاء بالفرائض الخمسة لتربية الإنسان المسلم وتغذيته باستمرار غذاء روحيا، فالصلاة تربية الإنسان روحيا وخلقيا وتربط بين والإنسان وخالقه وتعلم الإنسان على ضبط النفس والصبر والمثابرة والمحافظة على المواعيد، كما أن الصيام تربية روحية للفرد فهو يعلم الإنسان المسلم طاعة لله والالتجاء إليه وفيه تربية خلقية إذ يعود الإنسان على ضبط النفس مما يعلق بها من شهوات، وأن حج البيت الحرام فيه تربية روحية وتربية ثقافية وإنسانية وتربية اجتماعية وتربية أخلاقية (الجمالي،1966: 77-78)، قال تعالى: ﴿ وَلِلَّهِ عَلَى ٱلنَّاسِ حِجُّ ٱلْبَيْتِ مَنِ ٱسْتَطَاعَ إِلَيْهِ سَبِيلًا ﴾ (ال عمران/97).

فحق الله أن تؤمن كما أمر صلاة وصياما وزكاة وحجة وذكرا ودعاء، وحكم الله أن تسلم له حكمه متى تأكدت أن حكمه، وحق الله لا تأكل مالا إلا حلالا ولا تكسب إلا حلالا، وأن تؤدي الحقوق كلها لأصحابها وأن تعمل هذا كله لله وحده لا تبتغي بذلك إلا رضوانه وجنته(حوى والفالوجي،1979: 302).

أما التقوى فهي الفضيلة الدينية الأسمى والقيمة ألا شمل التي أراد بها القرآن الكريم (أحكام ما بين الإنسان والخلق، وأحكام ما بين الإنسان وخالقه) ولذلك تدور هذه الكلمة ومشتقاتها في أكثر الآيات الأخلاقية والاجتماعية، والمراد بها أن يتقي الإنسان ما يغضب ربه، وما فيه ضرر لنفسه أو لغيره , والتقوى في أصل معناه جعل

النفس في وقاية، ولا تحصل النفس من وقاية إلا لمن يخاف .، فخوف الله أصلها، والخوف يستدعي العلم بالمخوف ومن هنا كان الذي يعلم الله هو الذي يخشاه وكان الذي يخشاه هو الذي يتقيه (طبارة،1959: 176) .

أن التقوى هي الوعي الدائم بوجود الله مع الإنسان، وأنه لا يفارقه في أي وقت، وعليه فمن غير الجائز للإنسان، أن أحب الله وأتقاه، أن يصدر عنه فعل لا يرضاه الله، لأن محبة الله وتقواه هما حارسان دائمان لأخلاق الإنسان المؤمن ومواجهان لهما باستمرار نحو الخير والفضيلة (الجمالي،1966: 134)

والتقوى في الاجتهاد الإسلامي هي معنى قلبي ينشأ عن طاعة الله إئتمارا فيكون واعظا، وعن طاعته انتهاء، فيكون زاجرا، وبفضل هذا الوعظ القلبي والزجر الباطني، يتطلع المتقي إلى مراقبة أفعاله وإتقان عمله . وعلى هذا تكون التقوى " هي أم الفضائل الإسلامية "، وتقابل " الهوى " الذي هو أساس الرذائل بعد أن كانت الحكمة النظرية عند اليونان هي رأس الفضائل، وتقابل عندهم " الشهوة " التي هي رأس الرذائل (طه، 1993: 415) .

أن القيم التربوية الأخلاقية هي مناط رقي الإنسان وفلاحه وهي عنوان إنسانيته وأن التقوى الحقيقية للأمم تتمثل بالقوة الأخلاقية، وهكذا يتضح لكل ذي بصيرة أن المجتمع الإسلامي هو مجتمع الخلق القويم والأخلاق الفاضلة، مجتمع دعائم وجودة المنظومة القيمة التربوية الأخلاقية القرآنية وما يتفرع منها من آداب السلوك والتصرف وأصول اللياقة والتهذيب والأخلاق الإسلامية تتنزه بها الحياة عن الدنايا والشرور، ويستقيم عليها أدب النفس وأدب السلوك، فالقرآن الكريم حافل بما تتحلى به النفس من القيم التربوية والأخلاقية، وبما يجب أن يكون عليه سلوك البشر، وبالنهي عما يجترح من هذه القيم أو ينال منها يتطاول عليها أو يخدشها(النجار، 1976: 25).

ومن هنا نجد ذلك الاهتمام الواضح في كل من القرآن الكريم والسنة النبوية الطاهرة بالتصدي لكل مظاهر التفسخ الأخلاقي والاجتماعي والانحراف الشخصي، ومجابهته بكل الوسائل المتاحة والسعي إلى إشاعة أسس الخير والتعاون بين أفراد

المجتمع، لأن القرآن الكريم لم ينزل إلا من أجل أعداد الإنسان أعدادا ذهنيا وعقليا وخلقيا، يكون الإنسان به قادرا على التأمل والتفكير والتدبير(مسعود، 1999: 25) .

إن بناء أخلاقيات الإنسان وتشيدها روحيا وبناء علاقاته الاجتماعية لا تقوم بالوعظ وحده بل يحتاج إلى أفعال يمارسها الإنسان لتتكون أخلاقه عمليا وليبني علاقاته مع بني البشر بالواقع، فتعويد المرء على النظام في الحياة وعلى ضبط النفس، وعلى الحياة الاجتماعية التعاونية وعلى التضحية في سبيل المجموع كلها تتطلب مرانا وممارسة يومية تلازم حياة الإنسان (الجمالي،1966: 77) وعليه فالتربية الأخلاقية الإسلامية هي تربية عملية ادائية تتحول بها الكلمة إلى عمل بناء أو خلق فاضل (أبن كثير، 1994: 214/16) .

أن الإسلام تشريع لهداية الإنسان، هداية ترتفع به ليرى نور الحق ونور الجلال في الله وحده، " لا أله ألا الله إلا هو الرحمن الرحيم " وهداية تصله بالأرض التي يعيش عليها ليستقيم حياته على الحق والخير ما ألتزم بقواعد الدين وأخلاقه وأدابه، وبما رسم له من حدود، وبما سن من شرائع تقوم عليها حياة الفرد والجماعة متوائمتين في توازن، ولا تطغي فيه الفردية على الجماعية ولا الجماعية على الفردية، أذ يقوم الوازع الإلهي متسقا مع وازع الضمير، ليعرف الفرد واجبه نحو الجماعة، ولتعرف الجماعة واجبها نحو الفرد، فحقوق الفرد هي واجب على غيره من الأفراد وعلى الجماعة، وحقوق الجماعة هي واجب عل الفرد (النجار، 1976: 19) .

كما لا يكلف الإسلام أن يكون الفرد أخلاقيا في سلوكه وتعامله مع الآخرين، ولا أن يكون المجتمع حريصا ساهرا على النظام الأخلاقي، حاميا لمبادئه على النحو الذي تتطلبه المسؤولية الاجتماعية فحسب، وإنما ينبغي أن يكون المجتمع كله في موقع المسؤولية الجماعية القائم على المبادأة الفردية والجماعية يأمرون بالمعروف وينهون عن المنكر(العوا،428:1987) .

أن كل الآداب والأخلاق والتشريعات التي جاءت في القرآن الكريم ذات صبغة اجتماعية واضحة، وأن الهدف منها تنظيم الحياة في المجتمع الإسلامي على أساس مبادئ العدل والمساواة والحق التي جاء بها الإسلام (العمري،د، ت: 62).

لقد أكد القرآن الكريم على أهمية العدل بكونه قيمة عليا من السلوك الإنساني النزيه، التي تعادل فكرة تطبيقه ضربا من السعادة البشرية فيندحر الشر والفساد وتسود المثل الأخلاقية للسلوك الإنساني (رجب،1988: 96)، فالعدل هو الغاية العامة، وقد ورد العدل في القرآن الكريم بشكل صريح (مدكور،1990: 27)، قال تعالى (إن اللـه يأمركم أن تؤدوا الأمانات إلى أهلها وإذا حكمتم بين الناس أن تحكموا بالعدل)(النساء/58)، فالعدالة في النص القرآني هي نظرية الاستخلاف بمعنى أن الملكية للأشياء هي اللـه سبحانه وتعالى، من مال وثروة هو لله، وأن الإنسان يستخلف عليها وعليه القيام بواجب الاستخلاف خير قيام (حسان، 1989: 68) .

وفي رحاب القرآن الكريم حوار بديع بين اللـه تعالى والملائكة يكشف لنا الغاية التي من أجلها خلق اللـه الإنسان ومعرفة هذه الغاية هي الوسيلة إلى معرفة الأسس التربوية التي قامت عليها المنظومة القيمية الأخلاقية القرآنية في بناء شخصية الإنسان المسلم، والحقيقة أن هذه الأسس هي الدعامة الأساسية التي قامت عليها الفلسفة التربوية الأخلاقية في عملية تنشأة وأعداد وبناء الشخصية المتكاملة للإنسان المسلم وجعله صالحا كل الصلاح لتحقيق الأهداف والغايات التربوية والأخلاقية التي من أجلها خلق اللـه سبحانه وتعالى الإنسان مصداقا لقوله: (وإذ قال ربك للملائكة إني جاعل في الأرض خليفة)(البقرة/30).

ومما لا شك فيه أن الإسلام قدم منظومة قيمية تربوية أخلاقية عامة تأتلف فيما بينها لتكون في مجملها نظرية تربوية أخلاقية تشكل القاعدة الأساسية لكل الممارسات العملية الأخلاقية (العوا،1987: 434)، وأن المعايير التربوية الأخلاقية الملازمة للنظرية التربوية الأخلاقية الإسلامية التي تتمثل في الكثير من الآيات القرآنية، وهي تندرج في ثلاث قوائم، ولكل قائمة تمثل مجالا معينا وهي تندرج على النحو الآتي:

1. قائمة من المقررات الإلهية العامة .

2. قائمة من الأوامر الإلهية التي تأمر بأنماط معينة مـن السـلوك لدلالـة الأخلاقيـة وتمثـل القيم الإيجابية .

3. قائمة من النواهي الإلهية التي تنهي عن أنماط معينة مـن السـلوك لدلالاتـه اللاأخلاقيـة وتمثل القيم السلبية .

أن الأخلاق الإسلامية هي التزام أكثر منها أوامـر ونـواهي، فهـي تقوم علـى الأيمان بـالله، وحب اللـه، وطاعة اللـه، والولاء لله، فما لم يكن الأيمان أساس الطاعة والحب أساس الـولاء، لم يكن القهر حافزا على الالتزام، لأنه إذا غاب القهر غـاب معـه الالتـزام " فالالتزامـات الأخلاقيـة في الإسلام " ترمي إلى تزويد المؤمن بصفات اللـه الحسـنى، والارتفاع بـه فـوق الشـك والحيرة التـي تسيطر على من يزاول حياة لا قيود فيها ولا التزام (النجار،1976: 17).

أن القيم التربوية الأخلاقية الإسلامية تقوم على المحبـة ومبناهـا الأخـوة، والعـدل ومبناه المساواة، والرحمة ومبناها الإحسان والتعاطف والصبر، والأمر بـالمعروف ومبناهـا حـب الخير للآخرين، والنهي عن المنكر ومبناها كل ما يسيء إلى النفس والى الآخرين (النجار، 1976: 18).

فالقرآن الكريم يعد المثل الأعلى هو اللـه تعالى فالمثل الأعلى في الأخلاق السـامية هـو اللـه، فالله هو الرحمن، الرحيم، الغفار، الوهاب، العدل، اللطيف، الرزاق، إلى ما هناك من أسماء اللـه الحسنى التي تمثل بمجموعها منظومـة قيميـة تربويـة أخلاقيـة أسـمى تمثيـل بشكلها غـير المحدود وغير المتنامي في السمو، لذا فالقرآن الكريم يضع القيم التربوية الأخلاقية مثلا عمليا هـي اللـه تعالى، وما على الإنسان إلا أن يتسامى ويسعى لتكميل نفسه ورفعها أخلاقيـا بقـدر مـا أوتي من قوة واستيعاب (الجمالي، 1966: 44-45).

فأن لله الأسماء الحسنى التي وصف ذاته بها، وهو رب العالمين، وأن العبد أعطى استعدادا للتخلق بأسماء اللـه مع العبودية لله، وعلى قدر استغراق الإنسـان في عبوديتـه لله يكـون كمالـه، فالله مريد، وجعل للإنسان إرادة، و اللـه قادر، وجعل للإنسان قدرة، و اللـه

حي، وجعل للإنسان حياة، و الـلـه سميع وجعل الإنسان سـميعا بصـيرا، و الـلـه حكـيم، وجعل عند الإنسان استعدادا للحكمة و الـلـه كريم، وجعل عند الإنسان اسـتعدادا للهدايـة ومـا من حسنه لله أو أسم إلا والإنسان عنده استعداد وقابلية للتخلـق بـه، إلا مـا انفـردت بـه الـذات الإلهية عن مخلوقاتها من قدم ووحدانية وبقاء (حوى والفاوجي، 2:1979/297) .

وبهذا الاستعداد الأخلاقي العظيم عنـد الإنسـان كـان أهـم شيء في بعثـة الرسـل صـلوات الـلـه وسلامه عليهم تقويم أخـلاق الإنسـان، ورسـم الطريـق لهـذه الأخـلاق كي تسـير في طريقهـا الفطري وأن أول الطرق في تزكية النفس البشرية، ضبط استعداداتها الأخلاقية، بمعيار العبودية لله، فلا تظهر خلق من أخلاقها إلا في الحدود التي حددها الـلـه عز وجل للإنسـان عـلى لسـان الرسـل (حوى والفاوجي 1979: 2/296) .

ولذا أكد القرآن الكريم على أهمية الجوانـب التربويـة الأخلاقيـة في الوجـود في كـل آياتـه، ويـدعو الإنسـان إلى تقـوى الـلــه والصـدق والعـدل والتعـاون والتسـامح والصبر وكظـم الغـيظ والتواضع والرحمة والمحبة والبذل والتضحية والجهاد إلى ما غيرها مـن القـيم التربويـة الأخلاقيـة الإسلامية، كما أنه يشجب الظلم والطغيان والكذب والنفاق والعدوان والبخـل والإسراف والغيبـة والنميمة والتجسس وشهادة الزور إلى غيرها من الرذائل(الجمالي،1966: 40)، ولذلك فأن أدب الـلـه هو الأدب الكامل ولا كمال سواه، ثم أن الـلـه ما ترك شيئا إلا وعلم الإنسان المسلم كيـف ينبغـي أن يكون سلوكه فيه قال تعالى:﴿وَنَزَّلْنَا عَلَيْكَ ٱلْكِتَـٰبَ تِبْيَـٰنًا لِّكُلِّ شَىْءٍ﴾ (النحل/89).

لذا فمظهر الكمال والارتقاء في هذه العبودية لله، أنها قيام بالواجبات كلها التي ينبغـي أن يقوم بها الإنسان، وبعبارة أخـرى أنهـا أداء الحقـوق إلى أصـحابها فـالله حـق وللوالـدين وللزوجـة وللأقارب وللجيران والعمل والحرفة وللمسلمين وللمـواطنين وللدولـة والإنسـانية ولكـل ذي حيـاة جميعها لها حقوق يجب أن تؤدى والإنسان المسلم هو الإنسان الصالح الـذي يمـنح كـل ذي حـق حقه وهو بذلك يمارس واجباته الأخلاقية

بالشكل الكامل فالأخلاق الإسلامية تسعى إلى تحقيق الكمال للإنسان من خلال الآتي(حوى والفاوجي،1979: 318/2) .

1. تفجير الطاقات الإنسانية وتوجيهها نحو الطريق الصحيح، حتى لا تبقى طاقات معطلة .

2.أن كثير من أخلاق النفس تزول وتضمحل لعدم استعمالها وتنميتها، أما في الإسلام فلا يبقى خلق للنفس إلا وقد نمي من كرم وحنان وحلم وهداية ورحمة وما من خلق للنفس إلا ونمي التنمية السليمة .

3.فالإنسان الكافر تنمو لديه الكثير من الرذائل، كالحسد والحقد والتعالي والتكبر أما في الإسلام فأن هذه الظواهر المرضية التي تصيب النفس تجتث أجتثاثا .

4.يحقق الإنسان المسلم، حكمه وجوده من خلال التخلق بالأخلاق الإسلامية .

5.أن الأخلاق الإسلامية تجعل الإنسان المسلم يؤدي إلى كل ذي حق حقه أنسانا كان أو حيوان أو جمادا أو نباتا فضلا عن قيامه بحقوق الله رب العالمين وبهذا يكون المسلم وحده هو الإنسان في مكانه الصحيح، وما عداه فلا تطلق عليه صفة الإنسانية إلا تجوزا .

والحقيقة أن الإنسان لا تكتمل شخصيته ولا يكون صالحا إلا إذا أطلقت جميع طاقاته في طريقها الصحيح، عندئذ يكون كاملا، وأن فقد الإنسان لأي صفة من صفاته الأساسية يخرجه عن الصواب، لذلك كان الإسلام هو الطريق الفطري لتنمية الأخلاق الصالحة للإنسان، ففرض فيه على الإنسان أن يتخلق بهذه الصفات الأخلاقية التي جاءت بها العقيدة الإسلامية قرأنا وسنة وهي قوة إيجابية فاعلة في بناء المجتمع، وهي التي تخطط للأفراد سبل التعاون والتفاهم والتوافق مع الناس على أساس من المبادئ والقيم والمثل والمعايير السلوكية الأخلاقية، فلا شيء أفضل من القيم التربوية الأخلاقية التي أقرها الإسلام في أعداد الإنسان المسلم وبناء شخصيته وصولا إلى تحقيق المجتمع الإسلامي الأمثل

ومن هنا كانت عناية التربية الأخلاقية بالغة الأهمية، فهي التوأم مع الحياة الدنيا، ومما يقوم عليه المجتمع الإنساني السليم، فليس فيها إغراق أو تطرف يحملها إلى عالم التجريد، وليس فيها ما يحمل الإنسان فوق طاقاته، وإنما هي من واقع حياة المسلم ما تستقيم معها حياته عل الخير ويستقم بها عقله على الأيمان (النجار، 1976: 16).

وقد جعلت التربية هدفها الوصول إلى إنسانية تتعايش بمكارم الأخلاق الإسلامية التي رسمها القرآن الكريم والسنة النبوية الوضاءة، وراعت بعد ذلك طبائع الكثير من البشر فأبقت لهم طريق سلوك الحد الأدنى من مكارم الأخلاق مفتوحا، وقطعت على غير هؤلاء وهؤلاء طريقهم، حتى لا تفسد الحياة البشرية (حوى والفاوجي،1979: 323).

وتتسم القيم التربوية الأخلاقية القرآنية بالشمول والتكامل والتناسق بحيث يؤدي امتصاصها والتشبع بها إلى بناء الشخصية الإسلامية الصالحة الواعية، المؤهلة لأن تفهم وتستوعب ما في الكون والحياة من حولها وتتخذ موقفا إيجابيا يرتقي إلى مستوى التكريم الإلهي، وذلك من خلال النسق القيمي التربوي الأخلاقي الذي لم يترك جانبا من جوانب حياة الإنسان إلا أشبعه، ودفع به ليعمل في تناغم وتناسق وتكامل مع الجوانب الأخرى وصولا إلى تحقيق الإبداع والابتكار أولا والحفاظ على ثمراته من الإتلاف ثانيا(مسعود، 1999: 170).

ان القرآن الكريم دستور المسلمين الأخلاقي الذي يضع الموازين التربوية الأخلاقية والمعايير السلوكية التي تهدف إلى إقامة مجتمع إسلامي نقي، نظيف المشاعر، مجتمع له آدابه السلوكية والنفسية المتمثلة في مشاعر بعض أفراده تجاه بعضهم الآخر، وله آدابة السلوكية في معاملاته بعضه مع بعض، كما كان القرآن مرجع المسلمين في معرفة العبادات والمعاملات ولا سبيل إلى معرفة حدود الشريعة الصحيحة للديانة إلا بمعرفة الأصل الأول من أصول الدين، وهو القرآن(العوا، 1987: 843).

أن الله سبحانه وتعالى قد بلغ أحكامه لخلقه بواسطة رسله الذين قامت الحجة على الناس بأنهم رسله بالصفات والمعجزات والإشارة، وببعثه رسول الله (ﷺ)إلى

الناس عامة ولم يبق خلق حسن إلا وقد بين حتى تمت مكارم الأخلاق كلها سواء مكارم الأخلاق التي جاء بها الرسل السابقون، أو مكارم الأخلاق التي اهتدى إليها الناس في كل العصور، أم مكارم الأخلاق التي كان عليها العرب قبله عليه السلام، فكانت الرسالة المحمدية جامعة لكل خلق حسن قال تعالى: ﴿ وَيَهْدِيَكُمْ سُنَنَ الَّذِينَ مِن قَبْلِكُمْ ﴾ (النساء/26) وقال تعالى: ﴿ الْيَوْمَ أَكْمَلْتُ لَكُمْ دِينَكُمْ وَأَتْمَمْتُ عَلَيْكُمْ نِعْمَتِي ﴾ (المائدة/3)، والصيغة التعليمية لهذا الصرح من مكارم الأخلاق الذي وضع الله البشرية أمامه والزمها به، فمظهرها الكتاب والسنة (حوى والفاوجي،1979: 322).

لقد أكدت الشريعة المقدسة على ضرورة الأخلاق وأهميتها حتى جعلها أهم السمات والصفات في الرسول الأعظم (ﷺ)قال تعالى مخاطبا نبيه المصطفى: ﴿ وَإِنَّكَ لَعَلَىٰ خُلُقٍ عَظِيمٍ ﴿٤﴾ ﴾ (القلم/4)، فقد كان النبي محمد (ﷺ) يتسم بأخلاقية أصلية هي أخلاقية الفطرة النبيلة، وقد تجلت في العدالة المبكرة في النظر إلى الأمور، وفي الانسجام التام بين الصفات الأخلاقية الجليلة، بمعنى أن أخلاقياته قبل اضطلاعه بمسؤولية الرسول كانت مزيجا رفيعا من المثالية والواقعية، وأن الرسول الكريم أوتي من الحكمة، منذ الطفولة، مما جعله قادرا على تفحص الحق والخير والجمال، وعزل هذه القيم المجيدة عن الباطل والشر وقبح النفس(جاسم، 1987: 59) .

أن النعوت المنسوبة إلى النبي الكريم محمد (ﷺ) تبين الفضائل الروحية التي أهمها: الفقر (وهو صفة العبد)، ثم الكرم (وهو صفة الرسول) وأخيرا الصدق أو الإخلاص (وهما صفتا النبي الأمي): (والفقر) عبارة عن انكباب روحاني، أو هو بالأحرى مظهره السلبي والسكوني ، أي هو عدم التوسع ، وبالتالي (قهر النفس) بمعنى (أخمادنا الشهوات) والكريم من ناحية قريب من الشرف (فرينجوف، 1978: 114-115) .

وهكذا يبين لنا القرآن الكريم أن من صفات المؤمنين العزة والكرامة والاعتزاز بقوة الله والوثوق بنصره قال سبحانه وتعالى:﴿ وَلِلَّهِ ٱلْعِزَّةُ وَلِرَسُولِهِۦ وَلِلْمُؤْمِنِينَ ﴾ (المنافقين/8).

لقد كان الرسول الكريم (ﷺ) أول من تحلى بالقيم الأخلاقية التي زخر بها القرآن الكريم، فقد آمن بالله وملائكته وكتبه ورسله وكان صابرا صادقا عادلا برا أمينا إلى غير ذلك من القيم الأخلاقية الإسلامية (فرينجون 1978: 92)، وصحيح أن القرآن الكريم يتحدث عن سنة الله بمعنى المبادئ التي تعين أفعاله إزاء الناس، لكن الدين حفظ السنة للدلالة على أعمال النبي محمد (ﷺ)وعاداته وقدراته التي تؤلف قواعد الحياة الإسلامية على كل المستويات وأن سنته الطاهرة تضم مجموعة من الأبعاد تتمثل: بالبعد المادي، والخلقي والاجتماعي والروحاني إلى جانب أبعاد أخرى(فرينجوف، 1978: 117).

إن النبي محمد (ﷺ)هو الإسلام، وتشكل فضائله مثلت رأسه الطمأنينة الصدق " وقاعدته الكرم - النبل " و " القوة - الصبر " وتتوازن زاويتا القاعدة وتميلان بشكل ما إلى الوحدة في الرأس،أن روح النبي (ﷺ)هي بالدرجة الأولى توازن وفناء (فرينجوف، 1978: 94).

أن المنظومة القيمية التربوية الأخلاقية تستمد في الإسلام من القرآن الكريم والسنة النبوية المطهرة، وأن عبارة " مكارم الاخلاق " التي وردت في الحديث الصحيح المروي عن أبي هريرة وهو (إنما بعثت لأتمم مكارم الأخلاق) والحق أن مكارم الأخلاق شاملة لكل المصالح التي شملتها الشريعة المقدسة والدليل على ذلك وجود رواية أخرى لهذا الحديث عند البخاري لأتمم صالح الأخلاق، وواضح أن ما يستفاد من أداة الحصر-" إنما " ومن اللفظ " صالح " الواردين في هذه الرواية هو أنه حيثما وجدت المصلحة المقترنة بالحكم الشرعي فثمة أخلاق صالحة وهذا المعنى هو مضمون قول الشاطبي الجامعة: (الشريعة كلها إنما هي تخلق بمكارم الأخلاق)، مع أنه أدرج مكارم الأخلاق في التحسينات في ترتيبه للمصالح الشرعية(عبد الرحمن،1993: 112).

ولا شك أن السيرة النبوية الوضاءة أقوالا وفعالا تمثل معينا زاخر بالقيم التربوية والأخلاقية، فقد وصف سبحانه وتعالى النبي المصطفى (ﷺ) بالأخلاق الفاضلة، وقد جعل للرسول مهامه الرئيسية بعد البعثة المحمدية غرس القيم التربوية والأخلاقية في الأفراد والجماعات وهذا مصداقا لقول الرسول (ﷺ):(إنما بعثت لأتمم مكارم الأخلاق)، ولعل في قوله ما يبين اهتمام الإسلام بالقيم الأخلاقية العربية الأصيلة، وأن الدين الحنيف جاء ليتمم مكارم الأخلاق العربية التي كانت سائدة في المجتمع العربي قبل الإسلام، فلا عجب أن تناولت أحاديثه (ﷺ)هذا الأمر، والتركيز على ضرورة تحلي الإنسان المسلم بالقيم التربوية والأخلاقية، بل حتى رسمت في حالات كثيرة تفاصيل السلوك المرغوب فيه بتوجيهات سديدة تناولت مختلف تفاصيل الحياة اليومية (الشبلي، 1999: 5).

لقد كانت وظيفة الرسول المصطفى (ﷺ)هي تعليم الناس الكتاب والحكمة لإخراجهم من الظلمات إلى النور، ومن ظلمات الشك والجهل إلى نور اليقين والمعرفة، ومن هذا النبع الصافي حصل الإنسان المسلم على قيم تربوية وأخلاقية جديدة تعلو من قدره وتسمو به نحو العلى فيكون قادرا على النفع والانتفاع .

ومن أجل هذه المنظومة القيمية التربوية الأخلاقية مضى القرآن الكريم والسنة النبوية الشريفة يؤكدان أن الأيمان صحة عقلية، والكفر مرض وآفة عقلية باستعمال الناس أدوات تفكيرهم من سمع وبصر وقدرات ذهنية استعمالا عقليا يصلح أيمانهم، وإلا فمثلهم كما قال تعالى: ﴿ صُمٌّ بُكْمٌ عُمْيٌ فَهُمْ لَا يَعْقِلُونَ ﴿١٧١﴾ ﴾ (البقرة/171) .

لقد كان الرسول المصطفى عليه أفضل الصلاة وأزكى التسليم قرآنا يمشي على الأرض، فقد روي عن قتادة، كان قد أصيب يوم أحد - فقلت يا أم المؤمنين أنبئيني عن خلق رسول الله (ﷺ)؟ قالت: (ألست تقرأ القرآن ؟ قلت: بلى، قالت: أن خلق نبي الله(ﷺ) كان القرآن)(مسلم، 1987: 169/2).

وقد أكد الرسول المصطفى عليه أفضل الصلاة على أهمية الأيمان للإنسان المسلم حيث قال: (أن ثلاث من كن فيه وجد حلاوة الأيمان: أن يكون الله ورسوله أحب إليه

من سواهما، وأن يحب المرء لا يحبه إلا الله، وأن يكره أن يعود في الكفر كما يكره أن يقذف في النار)(عبد الباقي، 28/1994:1).

وكذلك يدعو القرآن الكريم وسنة المصطفى إلى تطهير النفس من جميع الرذائل الأخلاقية، مصدقا لقوله تعالى: (إنما يريد الله ليذهب عنكم الرجس أهل البيت ويطهركم تطهيرا)(الأحزاب/33)، وهو العمل بما جاء به الإسلام من الأعمال الباطنية والظاهرة (الجزائري،1994: 600)، وهي تعني بتنمية الروح الأخلاقية ونزعات الخير في نفس المرء لأن التزكية تفيد التطهر مع التمشية وتقوية دوافع العمل الصالح (الرازي، د،ت: 75/4).

كما أكد القرآن الكريم والسنة النبوية المطهرة على أهمية التوكل على الله قال تعالى: ﴿ وَمَن يَتَوَكَّلْ عَلَى ٱللَّهِ فَهُوَ حَسْبُهُۥٓ ﴾ (الطلاق /3)، ومقتضى التوكل أن لا يسأل الإنسان إلا ربه ولا يتعرض لسؤال الناس إلا لضرورة قاهرة ولا تتنافى حقيقة التوكل مع الأخذ بالأسباب، مادام المسلم يعتقد أن الآمر كله لله أسند إلى عباده كسبا وفعلا، وأقدارا واختيارا، وأمرا ونهيا، فإذا أخذ المسلم بالأسباب المشروعة واستعان بالله على نجاح مقاصد فقد حقق التوكل (العمري،د،ت: 62).

كما أن العقيدة الإسلامية تعترف بالميول والغرائز أو الدوافع الفطرية على أساس أنها ليست شرا ولا خير في ذاتها، وإنما هي قوى وطاقات واستعدادات ضرورية لدوام حياة هذه الطبيعة وتوجيها إلى غاياتها النبيلة في إطار النهج الإسلامي القويم (الخزعلي،2001: 189)، والقرآن الكريم يشيع ويلبي الميول نحو الاهتمام بالبطولات والشخصيات البطولية الأخلاقية للإقتداء بها مثلما يتضح من بطولة أصحاب موسى (عليه السلام) الذين وقفوا إلى جانب الحق في وجه فرعون وأثروا الحق على الباطل ولو كلفهم ذلك حياتهم متحدين تهديدات فرعون، قال تعالى: ﴿ قَالَ ءَامَنتُمْ لَهُۥ قَبْلَ أَنْ ءَاذَنَ لَكُمْ ۖ إِنَّهُۥ لَكَبِيرُكُمُ ٱلَّذِى عَلَّمَكُمُ ٱلسِّحْرَ ۖ فَلَأُقَطِّعَنَّ أَيْدِيَكُمْ وَأَرْجُلَكُم مِّنْ خِلَٰفٍ وَلَأُصَلِّبَنَّكُمْ فِى جُذُوعِ ٱلنَّخْلِ وَلَتَعْلَمُنَّ أَيُّنَآ أَشَدُّ عَذَابًا وَأَبْقَىٰ (٧١) قَالُوا۟ لَن نُّؤْثِرَكَ عَلَىٰ مَا جَآءَنَا مِنَ ٱلْبَيِّنَٰتِ وَٱلَّذِى فَطَرَنَا ۖ فَٱقْضِ مَآ أَنتَ قَاضٍ ۖ إِنَّمَا تَقْضِى هَٰذِهِ ٱلْحَيَوٰةَ ٱلدُّنْيَآ

﴿٧٢﴾ (طه/70-72)'إذا يتضح الموقف البطولي لما توعدهم هارون هانت عليهم أنفسهم في الله عز وجل، قالوا:لن نختارك على ما حصل لنا من الهدى واليقين ففعل ما شئت(أبن كثير، 1994: 214) .

والإسلام يدعو إلى تنمية الوجدان النفسي الإنساني بعرض الصور ذات الطابع الجمالي سواء أكانت في القرآن الكريم أو الحديث النبوي الشريف، فهما يصوران الكون بجانبيه الحسي-والمعنوي بما فيها من مخلوقات، إذا يدعوان الإنسان إلى تذوق وتدبير جمال الخلق وإبداعه وتناسقه قال تعالى:﴿ وَلَقَدْ جَعَلْنَا فِي ٱلسَّمَآءِ بُرُوجًا وَزَيَّنَّـٰهَا لِلنَّـٰظِرِينَ ﴿١٦﴾ ﴾ (الحجرات/16).

وأهتم القرآن الكريم والسنة النبوية الطاهرة بالصحة النفسية السليمة وأكد على أهميتها في حياة الإنسان وذلك من خلال الأيمان الذي يقود إلى تحقيق السعادة جاعلا للحياة قيمتها، قال تعالى:﴿ فَمَنِ ٱتَّبَعَ هُدَاىَ فَلَا يَضِلُّ وَلَا يَشْقَىٰ ﴿١٢٣﴾ ﴾ (طه/123) البعد عن طريق الهدى لا يشعر بالغبطة والسعادة وأن أتسع رزقه(الجزائري،: 227/3) فلا طمأنينة ولا انشراح لصدره فهو في قلق وحيرة وشك (أبن كثير، 1994: 227/16) .

أن الأيمان بالله تعالى ضمان لوحدة القيم الأخلاقية للإنسان، ولوحدة القوى الدافعة نحو العمل بالقيم الأخلاقية، لتحقيق طمأنينة وسلامة وسعادة الفرد والمجتمع (الجمالي، د، ت: 1978: 139)، وهما يهتمان بالنفس الإنسانية بمختلف جوانبها من عقل وجسم ووجدان وروح، وبقدر ما يكون بين هذه الجوانب من توافق وانسجام يحصل التكامل في شخصية الإنسان ليتحقق له تقدمه وسعادته، وغير ذلك يعود بالضرر على الفرد والمجتمع معا، لذا ينبغي التعامل مع هذه الجوانب بشكل متوازن ومعتدل دون تغليب جانب على آخر(خزعلي،: 237) .

فضلا عن ما تقدم آنفا فأن الإسلام قد اعتنى عناية بالغة بتشكيل الضمير الأخلاقي عند الإنسان المسلم من حيث تربيته، وكلما نجحت التربية بإيجاد ضمير ديني وخلقي حي كانت التربية أكثر نجاحا واقترابا في خلق الإنسان المؤمن الصالح، مما ينعكس بالتالي على أيجاد المجتمع الصالح القادر على التعامل مع متغيرات العصر

ومطالبه، فالضمير الفعال في صاحبه له سلطة أقوى من سلطة القانون والرقابة الاجتماعية

.

أن تربية الضمير الأخلاقي عند الإنسان وتهذيبه من أخطر المهام التي يتعلق بها مصيره ويتوقف عليها ضمان سعادة الفرد وتماسك المجتمع، ولذا كان من الضروري أن يوضع لها من القواعد والأسس ما يتناسب مع دقة مهمتها وجلال رسالتها، لأن أي انحراف من المنطلق الأساسي سيؤدي في النهاية إلى الضياع والهلاك، وخطر الانحراف من تربية الضمير، أو إهمال تربيته، هو في ذلك الامتداد والتوسع الذي يشمل كل جزء من أجزاء النشاط الإنساني(الخطيب، 1973: 224) .

ولذا كان اهتمام الإسلام بسمو النفس وتربية الضمير وتطهيره وكان " لابد أن ينبثق من تصور الإنسان للكون والوجود، الذي يعتمد على أن لهذا الكون إلها، وأنه ما من إله غيره خلق الكون واوجده، وهذا الكون يسير بانتظام مذعنا لأمر الله ومشيئته، والإنسان جزء من هذا الكون، خلقه الله بطبيعته متميزة لعبادته والانقياد لأمره، ولا معنى لحياته إلا أن تكون خالصة العبودية لله "(سيد قطب،1978: 229) ومن منهج الإسلام في السمو بالنفس وتطهير الضمير، رد كل شيء من انفعال الإنسان وحركاته، ونواياه وتطلعاته، وأقواله وأفعاله، إلى الله عز وجل، فهو الذي يعلم ما في نفوس عباده، وما وراء سلوكهم الظاهري، وما يقولون أو يفعلون (الخطيب1973: 229). قال تعالى: ﴿ رَّبُّكُمْ أَعْلَمُ بِمَا فِي نُفُوسِكُمْ ۚ إِن تَكُونُوا صَالِحِينَ فَإِنَّهُ كَانَ لِلْأَوَّابِينَ غَفُورًا ﴿٢٥﴾ ﴾ (الأسراء/25).

والإسلام يدعو المسلم أن يغذي نفسه بالأيمان، فعلى أساس هذه الحقيقة يسمو الإنسان بنفسه إلى الفضائل ومكارم الأخلاق، ويحيا ضميره على اليقظة والخشية، ومراقبة الله عز وجل في السر والعلن، وبذلك يظل المؤمن في نجوه من الانزلاق، والوقوع في المعاصي والأثام، ويقيم من ضميره اليقظ ونفسه اللوامة ومراقبة الله عز وجل وذكره، حارسا يرغبه في الخير والاستقامة، ويحذره من الشر والانحراف(الخطيب،1973: 229).

أن اهتمام العقيدة الإسلامية بالضمير الأخلاقي من حيث تربيته وتكوينه كان من خلال الوجوه الثلاثة التالية(قابيل، 1984: 94):

1. الوجه الأولى: يتعلق بتربية الضمير الأخلاقي من حيث هو قدرة أودع الله فيه إمكانية أدراك الخير والشر، ولكنها لا تتمكن من البداية (عند الصغار) أيثار الخير على الشر، أو ترجيح الخير على الشر، وهنا يأتي دور التربية الأخلاقية التي ينبغي أن توفر للإنسان منذ طفولته لضمان أن ينشأ وينمو الخير ويمنعه عن ارتكاب الشر، ومسؤولية هذا تقع على الوالدين .
2. الوجه الثاني: يتعلق بالإنسان الناضج إذا أخطأ، والإنسان بطبعه غير معصوم من الخطأ، وقد أولى الفكر الأخلاقي في الإسلام قضية الرضا عن فعل الخير والتوبة والندم على فعل الشر أهمية كبيرة، وهو ما يعرف باسم محاسبة النفس باستمرار عما تأتي من أفعال .
3. الوجه الثالث: حماية الضمير الأخلاقي مما يقوم عائقا في سبيل تكوينه وفي سبيل آدائه لوظيفته وهذا العائق يكمن في الجانب الحيواني من الإنسان الذي يشده باستمرار نحو إرضاء ما فيه من هوى وغرائز ونزعات حيوانية منها وفي هذا الصدد يقول الأمام الغزالي: " أعلم أن نفسك أشد عدوة لك " (الغزالي، 1397هـ: 81).

مسلمات النظرية التربوية الأخلاقية في الإسلامي فهي:

1. مسلمة الصفة الأخلاقية: ويقصد بها أنه لا إنسان بغير أخلاق، فلا يخفى أن للأخلاق الحسنة صفات مخصوصة الأصل فيها معان شريفة أو قيم عليا، كما لا يخفى أنه ليس في كائنات هذا العالم مثل الإنسان تطلعا إلى التحقق بهذه المعاني والقيم، بحيث يكون له من وصف الإنسانية على قدر ما يتحقق به منها، فإذا ازدادت هذه المعاني والقيم زاد هذا الوصف وإذا نقصت نقص

وتترتب على المسلمة الأولى ثلاث حقائق هي:

- الحقيقة الأولى: أن هوية الإنسان أساسا ذات طبيعة أخلاقية .

- الحقيقة الثانية: أن هوية الإنسان ليس رتبة واحدة، وإنما رتب متعددة فقد يكون الواحدة من الجماعة أنسانا اكثر أو أقل من غيره .
- الحقيقة الثالثة: أن هوية الإنسان ليست ثابتة، وإنما متغيرة، فيجوز أن يكون الفرد الواحد في طور حياته أنسانا أكثر أو أقل منه في طور سواه .

2. مسلمة الصفة الدينية للأخلاق: ويعني بها أنه لا أخلاق بغير دين، والراجح أن هذه المسلمة لا تطبقها فئة من الناس، نذكر منهم على الخصوص العلماني الذي لا يقر إلا بسلطان العقل المجرد، فلا مجال عنده للوحي(عبد الرحمن،1993: 148).

وخلاصة القول أن القيم الأخلاقية قد تبنى عند الإنسان وفق طريقتين هما:

- الطريقة المباشرة: وهي تعني تلقي خبر هذه القيم من الوحي الإلهي والتأسي فيها بالرسول الذي جاء بهذا الوحي .
- الطريقة غير مباشرة: وهي تقوم من خلال اقتباس الأخلاق من الدين مع العمل على إخراجها عن وضعها الديني الأصلي أو مع التستر المبيت على أصلها الديني كما يقوم في اللجوء إلى القياس على الأخلاق الدينية فيما يستنبط من أخلاق وضعية (العقاد،1971: 425).

وتأسيسا على ما تقدم، فأن الأخلاق التي يسمو بها الإنسان إلى مرتبة التبعة والحساب أو المسؤولية الأدب والشريعة والدين، هي كما لا يخفي أخلاق تكليف وإرادة وليست أخلاق اجبار وتسخير(العقاد، 1971: 425)، وهي أخلاق نابعة من مصدري الإسلام القرآن الكريم والسنة النبوية السمحاء، اللذان يعدان من أهم العوامل المؤثرة في نمو الأخلاق وتشكلها بإعطائها الطابع الإسلامي من خلال الأيمان بقدرة المنظومة القيمية التربوية الأخلاقية القرآنية على التمسك بالجوانب الإيمانية وقدراتها على التصدي لكل المشكلات التي تواجه مجتمعنا الإسلامي اليوم .

أن هذه الأخلاق الكاملة التي جمعت كـل خلـق حسـن عرفته البشريـة مـن قبـل، والتـي أعطت البشرية الصورة الثابتة الوحيدة لصرح الكمال الأخلاقي في كل شيء بمقدار ما يحمل نفسه عليها ترتقي إنسانيته، وبمقدار ما يتخلى عن جزء منها سيسقط ويهبط، فهما الميزان التي توزن به صفة الإنسانية عند البشر، فمن أخذ حظه منها كاملا كان الإنسان الكامل، ومـن أخـذ بعضا منها كان نقصه بمقدار ما فرط ولا يحصل عليها الإنسان كاملا إلا إذا غـاص في بحـار القـرآن الكريم والسنة النبويـة الطـاهرة (حـوى والفـالوجي، 1979: 323)، فـالحق أن القـرآن كتـاب أخـلاق، والسـيرة النبوية هي هذه الأخلاق مطبقة .(الجابري، 2001: 61).

المبحث الثاني
علماء وفقهاء وفلاسفة الأخلاق في الإسلام

لا شك ان المسلمين في أول أمرهم اتجهوا إلى القرآن الكريم يتدارسونه ويسيرون على هدى القيم الأخلاقية التي أتى بها وإلى سنة نبيه المصطفى (ﷺ) وبعد انفتاح العرب المسلمين على الثقافات الأخرى ان انتقلت الفلسفة اليونانية إلى المسلمين وأصبحت الفلسفة الأخلاقية الإسلامية مزيجا من الآراء الفلسفية الوافدة ومن القيم الإسلامية المستمدة من العقيدة الإسلامية السمحاء

ان تأثر بعض فلاسفة المسلمين بالفلسفة اليونانية امر وارد . فلا نعرف فلسفة سواء كانت قديمة ام معاصرة الا وتأثرت بفلسفة أخرى ترتبط بها وتستقي من مبادئها إلى ان تهضمها ومن ثم تبدع فلسفة جديدة في ثوب جديد وحتى الفلسفة اليونانية يمتد كثير من أصولها إلى الحضارات المصرية والبابلية والهندية (التكريتي، 1988: 6).

لقد اعد العرب الفلسفة من العلوم الدخيلة، والواقع انهم نقلوها عن غيرهم ابان نهضتهم العلمية في القرن الثالث الهجري وقد ذكر الفارابي (اسم الفلسفة يوناني وهو دخيل في العربية، وهو على مذهبهم فيلسوفا، ومعناه ايثار الحكمة وهو في لسانهم مركب من فيلاوسوفيا فضلا: الإيثار وسوفيا: الحكمة والفيلسوف مشتق من الفلسفة ومعناه المؤثر للحكمة)(أبو العباس، 1960: 604).

ويقول ابن خلدون: (ان قوما من عقلاء النوع الإنساني زعموا ان الوجود كله الحسي- ومنه ما وراء الحس، تدرك ذواته واحواله بأسبابها وعللها بالأنظار الفكرية والاقيسة العقلية ...وهؤلاء يسمون فلاسفة جمع فيلسوف، وهو باللسان اليوناني محب الحكمة وامام هذه المذاهب الذي حصل مسائلها ودون علمها وسطر حجاجها فيما بلغت هو ارسطو المقدوني من أهل مقدونية من بلاد الروم . .. ثم كان من بعده في الإسلام من اخذ بتلك المذاهب واتبع فيها رأيه)(أبن خلدون، 1904: 296-297).

وقد استعمل العرب كلمة الحكمة مرادفة للفلسفة، وكثيرا ما نجد في كتب المؤلفين عنهم من وضع كلمة الحكمة والحكيم للدلالة على الفلسفة والفيلسوف .

وان تراثنا العربي الإسلامي زاخر بالفقهاء والفلاسفة والمفكرين الذين اهتموا بدراسة القيم الأخلاقية والإسلامية وتحت عناوين متعددة منها الآداب والفضائل والكبائر والأخلاق والافات(الحياري،1999: 3).

ولم يقتصر دورهم على سرد الآراء والأفكار وبناء النظريات واحكام الاستنتاج منها، وانما كانوا يحللون تلك النظريات والآراء والأفكار او يذيلونها برسم الطرق التي تؤدي إلى التخلق بها، وسموا كلامهم في هذا الباب بـ   (الطب الروحاني) و (مداواة النفس) و (رياضة النفس) و (تهذيب الأخلاق) و (تطهير الروح) وما إلى ذلك من المسميات التي تفيد إصلاح النفس وتقويم السلوك ولم يكتفوا برسم معالم هذا الطريق التربوي الأخلاقي للذين أرادوا تمرين أنفسهم على الخصال الحميدة او طلبوا الصفاء الروحي من الرجال والنساء، بل سطروا الطريق على التفصيل لتهذيب الصبيان حرصا منهم على التنشئة الزكية وضمنوا كلامهم في تحصيل مكارم الأخلاق بالحديث عن (الهوى) صفات واسبابا وعلاجا، والفوا الرسائل والكتب في ذمه (عبد الرحمن 1993 : 413) .

وقسم الخوارزمي الفلسفة إلى قسمين: أحدهما الجزء النظري والآخر الجزء العملي، وينقسم الجزء النظري إلى ثلاثة أقسام، وذلك ان منه ما الفحص فيه عن الأشياء التي لها عنصر- ومادة ويسمى علم الطبيعة . ومنه ما الفحص فيه عما هو خارج العنصر- والمادة ويسمى علم الأمور الإلهية، ويسمى باليونانية (ثولوجيا)، ومنه ما ليس الفحص فيه عن أشياء لها مادة ولكن عن أشياء موجودة في المادة مثل المقادير والأشكال والحركات وما اشبه ذلك ويسمى العلم التعليمي والرياضي، وكأنه وسط بين العلم الأعلى وهو الإلهي، وبين العلم الأسفل وهو الطبيعي . اما الفلسفة العملية فهي ثلاثة أقسام ايضا، احدهما تدبير الرجل نفسه او واحدا خاصا ويسمى علم الأخلاق   والقسم الثاني تدبير الخاصة ويسمى تدبير المنزل، أي انتظام حياة الإنسان العائلية من

حيث علاقته بأبويه وزوجته وأولاده وذوي قرباء، والقسم الثالث تدبر العامة وهو سياسة المدنية والامة والملك(الخوارزمي، 1923: 80).

لقد دخل المنطق الارسطوطاليسي- وكذلك الفلسفة إلى العالم الإسلامي ووقف مفكروا الإسلام مواقف متعارضة اما الهلينيون الإسلاميون فانقسموا أمامه قسمين، القسم الأول: فلاسفة الإسلام وهم ليسوا في الواقع الا شراحا للتراث اليوناني، وامتدادا للشراح الاسكندر يين المتأخرين، فقبلوه وحدة فكرية كاملة واعدوه قانون العقل الذي لا يتزعزع وحاولوا التوفيق بين العناصر غير الارسطاطاليسية وبين منطق أر سطو : وهؤلاء هم الشراح الإسلاميون المشاؤون او الافلاطونيون المحدثون، القسم الاخر: فريق من الأصوليين والمتكلمين والمناطقة المتأخرين مالوا إلى الرواقية ورفضوا كثيرا من عناصر منطق أر سطو وهؤلاء هم الشراح الإسلاميون الرواقيون ولكنهم لم يقفوا عند هذا الحد فحسب بل اضافوا ابحاثا خاصة بهم - اما المتكلمون والأصوليون الأوائل فلم يقبلوا المنطق الارسطاطاليسي على الاطلاق وحاولوا اقامة منطق جديد بالكلية في جوهره، ووقف فقهاء أهل السنة والجماعة من المنطق اليوناني موقف العداوة التامة واصطنع بعضهم حجج الشكاك اليونانيين واضافوا اليها حججا ابتدعوها، ولكن كان لهم بجانب موقفهم الهادم موقف اخر انشائي .

وحارب الصوفية المنطق والفلسفة على العموم، فهاجم السهروردي المنطق الارسطوطاليسي اشد هجوم وقام بمحاولة منطقية جديدة لاختصار منطق اليونان (النشار، 1947: 14-15).

ويلخص الجابري ذلك قائلا (ثلاثة مرجعيات اليها يعود كل ما نقل إلى الثقافة العربية من الموروث اليوناني في الأخلاق والقيم: أفلاطون وار سطو وجالينوس وبدون التمهيد في هذا الموروث بين هذه المرجعيات الثلاث لن يكون الثلاث قابلا للفهم، فعلا لقد حصل الجمع بين آراء افلاطون واراء أرسطو في الأخلاق كما في مجالات اخرى، وحصل الجمع بين اراء هذين وبين اراء جالينوس، ومع ذلك فالتمييز في الفكر الأخلاقي العربي، ذي الأصول اليونانية بين نزعات ثلاث او ضروري:

1. نزعة طبية علمية (مرجعيتها جالينوس) .
2. نزعة فلسفية (مرجعيتها افلاطون وارسطو) .
3. ونزعة تلفيقية تقتبس من المرجعيات الثلاث . وكثير منها لا يميز بين الصحيح والمنحول)(الجابري، 2001: 289، 290)

على ان فلاسفة العرب المسلمين بعد ان درسوا الفلسفة على فلاسفة اليونان وتأثروا بالنواحي الإيجابية منها ما لا يتعارض واحكام الدين الإسلامي، فأنهم استطاعوا بعد حين ان يقيموا فلسفة عربية إسلامية لها طابعها وطرقها في معالجة المسائل الفكرية المختلفة وكان الكندي والفارابي هما اللذان مهدا السبل لاستقلال الفلسفة العربية(عبد الباقي، 1991: 497).

والحقيقة ان فقهاء وعلماء وفلاسفة المسلمين بحثوا موضوع القيم تحت عناوين عدة منها: شعب الأيمان والآداب والفضائل والكبائر والأخلاق . من ذلك (شعب الأيمان) للامام البيهقي ومختصره للإمام القزويني و (الكبائر) للإمام الذهبي ومختصره (الزواجر عن اقتراف الكبائر) للهيثمي وكتب الكبائر هذه احتوت ما يمكن تسميته الان بالقيم السلبية .

ومن الكتب او المراجع التي احتوت ما يمكن ان يسمى بالقيم الموجبة كتاب (الآداب) للبيهقي و (الآداب) لعبد الله بن المعتز و (الآداب الشرعية) لمحمد بمن مفلح المقدسي و (0فضائل الاعمال) لعبد الغني المقدسي و (اخلاق العلماء) لمحمد الآجري و (الأخلاق والسير) لمحمد بن حزم و (مساوئ الأخلاق) للشاوي.

ولقد ذكر ابو حامد الغزالي في كتابه (احياء علوم الدين) كثيرا من القيم الفاضلة الموجبة تحت عنوان (الآداب) وكثيرا من القيم السالبة تحت عنوان (الافات) وخصص ابن قيم الجوزية وهو من علماء القرن الثامن الهجري كتابا كاملا لقيم المعتقدات تحت اسم (مدارج السالكين) تطرق فيه إلى ما يزيد على ستين قيمة اعتقادية .

اما النووي صاحب كتاب (رياض الصالحين) فقد ضمنه الكثير من القيم الأخلاقية . وهناك الكثير من الكتب التي بحثت في الأخلاقية منها كتب الفضائل أي

فضائل الأعمال وهي كثيرة وكذلك الكتب التي تناولت الأخلاق بالتفصيل . ولم يغفل الشاطبي الأندلسي وهو من علماء القرن الثامن الهجري موضوع القيم فخصص له باب في كتابه (الموافقات) تحت عنوان (مقاصد الشريعة) التي صنفها إلى ثلاثة اقسام هي المقاصد الضرورية والمقاصد الحاجبية والمقاصد التحسينية(القيسي، 1995: 3218).

وفي مضمار السنة النبوية الشريفة هناك ينبوع قيمي زاخر، ثر، غني المضمون والشمول، ومن هذه المصادر كتب الصحيحين وسائر كتب الحديث فقد وجد المحدث عبد الرحمن بن علي المعروف بأبن الربيع الشيباني ان من النافع (تيسير الوصول إلى جامع الأصول من حديث الرسول وقد اختصر فيه كتاب جامع الأصول لأحاديث الرسول المصطفى (ﷺ) لابن الأثير الجزري وهو ذاته يشمل على أحاديث الأصول الستة المشهورة وهي: صحيح البخاري ومسلم وموطأ الإمام مالك وسنن أبي داود وجامع بن عيسى الترمذي وسنن أبي عبد الرحمن النسائي وقد جعل الشيباني كتابه مرتبا على احرف الهجاء، وفي كل حرف كتب وابواب تناولت تفاصيل الموضوع، مما يشكل مرجعا يسير التداول، جيد الإحاطة شاملا للعقائد والعبادات معا(الصوا، 1985: 243). وكتاب (ادب الدنيا والدين) للماوردي فهو يقع ضمن دائرة الفكر الأخلاقي الموفق بين الجانب الفلسفي اليوناني والجانب الديني الإسلامي، وكذلك رسالة الرازي في (النفس والروح) ورسالة ابن حزم في (الأخلاق والسير) .

كما ان المجتمع العربي الإسلامي عبر تاريخه الطويلـ عرف ما لا يحصىـ من الجماعات المنظمة وغير المنظمة، والتي كانت تشكل (جماعات أخلاقية) ان صح التعبير، كالطوائف الدينية والجماعات الصوفية وجمعيات او جماعات الفتوة او الشطار والجماعات المهنية وقد كان لكل صنف منها أخلاق واعراف خاصة يرقى بعضها إلى مستوى (نظام القيم) (العوا،1958: 243)

وقد كان القرآن الكريم والسنة النبوية الطاهرة مصدرين أساسيين لمنظومة القيم الأخلاقية التي تحكم السلوك الإنساني وتوجهه الوجهة السليمة، والنبع الصافي الثر الـذي انهل منه العلماء والفقهاء والفلاسفة والمفكرين على مر التاريخ الإنساني للامة

العربية والإسلامية في بناء نظرياتهم التربوية الأخلاقية وكان ذلك مشروطا باتساق تلك القيم الأخلاقية مع النفس البشرية بفطرتها التي خلق الله الناس عليها، تقبل هذه المنظومة القيمية الأخلاقية التي تساير الفطرة وتقويها وتنميها وتهذبها وتسخرها لاصلاح الفرد والمجتمع وبما يتوافق مع ما اقرته العقيدة الإسلامية السمحاء .

وتأسيسا على ما تقدم ولغرض توضيح منظومة القيم الأخلاقية الإسلامية عبر مشارب الفكر الإسلامي كان لا بد للباحث ان يقسم هذا المبحث إلى اربعة اقسام، تناول في القسم الاول القيم عند مذاهب المتكلمين من معتزلة وجبرية واشاعرة اما القسم الثاني فيتناول القيم عند الأصوليين والفقهاء اما القسم الثالث فأختص بالقيم عند الفلاسفة على اختلاف مشاربهم و القسم الرابع أختص بالصوفية .

القسم الأول: القيم الأخلاقية عند مذاهب المتكلمين (الجبرية – المعتزلة ألا شاعرة)

1. الجبرية:

بدأ النظر العقلي في العقائد على أيدي الجهمية والقدرية في عصر التفتح الفكري على ثقافات الآخرين ابان زمن الفتوحات الإسلامية العظيمة، وفي عهد الدولة الأموية خاصة من حدود المائة الأولى من الهجرة (عبد الحميد:1967: 129)،أول من عرف التعطيل في الإسلام هو الجعد بن درهم وأخذ عنه الجهم بن صفوان والجعد اول من تكلم في خلق القرآن وهو من اصل فارسي ثم طلب فهرب إلى الكوفة، وألف جماعة الجبرية التي انقسمت إلى فرعين الجبرية الخالصة هي التي لا تثبت للعبد فعلا ولا قدرا له على العقل اصلا، والجبرية المتوسطة هي التي تثبت للعبد قدرة غير مؤثرة (فهد،1994: 64) ومن مبادئها نفي العقل حقيقة عن العبد .و الله يخلق فيه الأفعال كما يخلقها في الحيوان والجمادات ونسبتها إلى الإنسان على سبيل المثال المجاز كما تنسب إلى الجمادات والنبات فنقول تغذى النبات وتحرك الحجر والثواب والعقاب جبر والتكاليف الشرعية ايضا جبر(البغدادي، 1910: 128) .

فالجبرية ينكرون الاختيار مخالفين في ذلك المعتزلة والقدرية وهم لا يفرقون بين الإنسان والجماد من حيث انه مجبر على أفعاله(العراقي، 1979: 155) .أي انه لا فعل للعبد

اصلا، وحركاته بمنزلة حركات الجمادات ولا قدرة للعبد عليها ولا قصد ولا اختيار(التفتازاني، 1913: 353).

ولذلك قال جهم بفناء الجنة والنار بعد دخول أهلها فيهما اذ يقول (ان حركات أهل الخلد تنقطع والجنة والنار يفنيان بعد دخول أهلهما فيهما وتلذذ أهل الجنة وتألم أهل النار بجحيمها) (الشهرستاني، 1317هـ: 118) .

واراد جهم بذلك إسقاط التكاليف الشرعية فيصل إلى انتهاء الجنة والنار والهدف البعيد الذي كان يبغيه هو انه لا جنة ولا نار ومن ثمة لا حلال ولا حرام وبذلك تباح المنكرات وتحلل المحرمات(موسى، 1975: 112) .

وظهرت علة الضد من هذه الفرق، فرقة مناوئة لها هي القدرية التي نسبت إلى معبد الجهمي وغيلان الدمشقي وهو قبطيا (عبد الحميد، 1967: 129) وترتكز على ان الإنسان يقدر على أعمال نفسه بعلمه ويتوجه اليها بإرادته ويوجدها بقدرته، فالله تعالى لا يقدر هذه الأعمال أزلا ولا يتدخل فيها بإرادته وقدرته ولا يعلمها الا بعد وقوعها(موسى، 1957: 112).

2. المعتزلة .

تجمع الروايات التاريخية على ان المعتزلة طائفة من المفكرين ظهرت في البصرة في اوائل القرن الثاني، وسبب ظهورها هو اختلافهم مع أصحاب المذاهب الأخرى بشأن مرتكبي الكبائر من المسلمين وقد لخص الشهرستاني ذلك بقوله:(دخل واحد على الحسن البصري وقال يا إمام الدين لقد ظهرت في زماننا جماعة يكفرون أصحاب الكبائر والكبيرة عندهم كفر يخرج به عن الملة وهم وعيدية الخوارج، وجماعة يرجئون أصحاب الكبائر والكبيرة عندهم لا تضر ـ مع الأيمان ... فكيف تحكم في ذلك اعتقادا ؟ ففكر الحسن في ذلك، وقبل ان يجيب قال واصل بن عطاء: انا لا أقول صاحب الكبيرة مؤمن مطلقا ولا كافر مطلقا بل هو في منزلة بين المنزلتين لا مؤمن ولا كافر، ثم قام واعتزل اسطوانة من اسطوانات المسجد يقرر ما اجاب به على جماعة من

أصحاب الحسن، فقال الحسن: اعتزل واصل عنا فسمي هو وأصحابه معتزلة(الشهرستاني، 1317: 48/1) .

وما لبث المعتزلة ان غدوا اكثر الفرق الإسلامية نشاطا وبخاصة في خلال النصف الأول من القرن الثالث حتى صار الاعتزال المذهب الرسمي للدولة العربية منذ عهد المأمون حتى ايام المتوكل على الله الذي ألقى المحنة ومنع القول بخلق القرآن وناصر أهل السنة(الشهرستاني،1317هـ: 48/1)

لقد اثبت المعتزلة لبعض الحوادث مؤثرا غير الله، ورأوا ان الإنسان فاعل محدث ومنشئ على الحقيقة دون المجاز(عبد الباقي،د،ت: 243) . لقد استدل المعتزلة على العقائد السمعية بالأدلة العقلية حصرا، حين وضعوا النظر العقلي فوق النص النقلي، معتبرين ان العقل مصدر المعرفة الدينية وبالتالي هو مصدر الوعي الأخلاقي فقالوا ان الأحكام الشرعية واجبة عقلا وان يستدل على حسن الأفعال وقبحها، فهو بالتالي مصدر الأحكام الأخلاقية وتقوم فلسفة الأخلاق عند المعتزلة على التواصل الجدلي ما بين اعتقادا بين أساسين هي التوحيد والعدل / الوجود والعقل، حيث ان العدل المطلق يجب ان يسود صلة الله بالإنسان(الاشعري، د،ت: 197/2) .

والمعتزلة مدرسة فكرية واسعة، تضخم اتجاهات فكرية متباينة واراء متضاربة بخصوص القدرة الإنسانية وصلاحيتها في خلق الأفعال على انهم يتفقون على القول بمبادئ يمكن وضعها أصول مذهب الاعتزال ويمكننا عد سلم القيم التي صفها المعتزلة وهي(خليل، 1981: 299) .

أ . التوحيد:

وهو ان الله تعالى لا كالأشياء، وانه ليس بجسم ولا عرض ولا عنصر ولا جوهر ولا جزء، بل هو الخالق للجسم والعرض والجوهر، وان الحواس لا تدركه في الدنيا ولا في الآخرة وانه لا يحصره مكان ولا تحتويه الأفكار بل هو الذي لم يزل ولا زمان ولا مكان ولا نهاية ولا حد وانه خالق الأشياء المبدع لها من لا شيء، وانه القديم وسواه محدث .

ب.العدل:

ان اللـه تعالى لا يحب الفساد، ولا يخلق أفعال العباد، بل انهم يفعلون مـا آمـرهم بـه ونهوا عنه بالقدرة التي جعلها اللـه لهم وركبها فيهم، وانه لم يأمر الا بما أراد ولم ينه الا عـما كـره وانه ولي كل حسنة امر بها بريء من كل سيئة نهى عنها، لم يكلفهم مـالا يطيقونـه ولا أراد مـنهم مالا يقدرون عليه، وان واحدا لا يقدر على قبض ولا بسط الا بقـدرة اللـه تعالى التـي أعطاهـا إياها وهو المالك لها دونهم ويفنيها اذ شاء ويبقيهـا اذا شـاء ولـو شـاء لجبر الخلق على طاعتـه ومنعهم اضطراريا عن معصيته ولكان على ذلك قادرا غير انه لم يفعل اذ كان في ذلك رفع للمحنـة وازالة للبلوى .

ج.القول بالوعيد:

ان اللـه تعالى لا يغفر لمرتكب الكبائر الا بالتوبـة وانـه لصـادق في وعـده ووعيـده ولا مبدل لكلماته .

د.القول بالمنزلة بين المنزلتين:

وهو ان الفاسق المرتكب للكبائر ليس بمؤمن ولا كافر بل يسمى فاسقا على حسب مـا ورد التوفيق بتسميته واجمع أهل الصلاة على فسوقه.

هـ. القول بوجوب الامر بالمعروف والنهي عن المنكر:

ان ما ذكر على سائر المؤمنين واجب على حسب استطاعتهم في ذلك بالسيف فـما دونـه وان كان كالجهاد ولا فرق بين مجاهدة الكافر والفاسق .

ولذلك يقول الجابري "ذلك ما اراده واصل بن عطاء، مؤسس فرقة المعتزلة، مـن القول بـ(المنزلة بين المنزلتين) وهكذا فالخروج من المـأزق على مسـتوى القيم حـاول واصـل بـن عطـاء الاحتفاظ للأيمان بكامل قيمته التي تجمع بين (القول باللسان والتصديق بالقلب والعمل بالجوارح) وفي الوقت نفسه إيجاد قيمة ثالثة بينه وبين الكفر يحكم بها على مرتكب الكبيرة هـذه القيمة هي (الفسق) والفاسق عنده (لا مؤمن مطلقا ولا كافر مطلقا"(الجابري،2001: 26).

ويشرح الشهرستاني وجهة نظر واصل هذه فيقول: (ووجه تقريره انه قال: ان الأيمان عبارة عن خصال خير اذا اجتمعت سمي المرء مؤمنا، وليس بكافر مطلقا أبدا، لان الشهادة وسائر أعمال الخير موجودة فيه ولا وجه لإنكارها لكنه اذا خرج من الدنيا على كبيرة من غير توبة فهو من أهل النار خالدين فيها، اذ ليس في الآخرة الا فريقان: فريق في الجنة وفريق في السعير لكنه يخفف عنه العذاب وتكون دركته فوق دركة الكفار) (الشهرستاني، 1317هـ:111/1)

ان نظرية الأخلاق عند المعتزلة تنطلق من خلال فكرة ان الله لا يفعل الظلم، الشيء الذي يعني ان الناس هو الذين يأتون أفعالهم بإرادتهم واختيارهم وبالقدرة الذي جعلها الله تحت تصرفهم، وبالتالي فهم مسؤولون ويجازون عنها في الآخرة بالثواب وبالعقاب او بالنار . وهذا هو مضمون فكرة المعتزلة التي عبروا عنها بـ (خلق الأفعال)(الجابري 2001: 14).

ويعرض الشهرستاني رأي المعتزلة فيقول (واتفقوا المعتزلة على ان العبد قادر، خالق لأفعاله خيرها وشرها، مستحق، على ما يفعله، ثوابا وعقابا في الدار الاخرى، والرب تعالى منزه ان يضاف اليه شر وظلم وفعل هو كفر ومعصية لأنه لو خلق الظلم كان ظالما كما لو خلق العدل كان عادلا، واتفقوا على ان الله تعالى لا يفعل الا الصلاح والخير، ويجب من حيث الحكمة رعاية مصالح العباد . واما الاصلح واللطف ففي وجوبه عندهم خلاف، وسموا هذا النمط عدلا) (الشهرستاني،1313هـ:14). وقال واصل بن عطاء (فالعبد هو الفاعل للخير والشر والأيمان والكفر والطاعة والمعصية)(الشهرستاني،1317هـ:47/1).

3. ألا شاعرة .

ان مؤسس ألا شاعرة هو الاشعري ابو الحسن على بن إسماعيل بن أبي بشير إسحاق بن سالم بن إسماعيل بن عبد الله بن موسى بن بلال بن أبي برده عامر بن أبي موسى ألا شعري ولد بالبصرة سنة 260 هـ(أبن عساكر، د،ت:34) .

وتذكر كل كتب الفرق والمقالات التي ترجمت لأبي الحسن ألا شعري انه تتلمذ على ابي الجبائي وتبعه في الاعتزال(السبكي،د،ت: 245)، ثم بعد ذلك تحول من الاعتزال إلى مذهبه الجديد نجح في ذلك ولا سيما ان العامة والخاصة تتبرم من المعتزلة بعد محنة خلق القرآن 218 هـ وقد صنف ألا شعري كتبا عديدة منها كتاب اللمع، وكتاب الموجز، وكتاب إيضاح البرهان، وكتاب التبيين عن اصول الدين، وكتاب الشرح والتفصيل في الرد على أهل الإفك والتضليل(أبن النديم،د،ت: 257). وله ايضا كتب في الرد على الجبائي والبلخي وسائر المعتزلة، وله كتاب مقالات الإسلاميين يستوعب جميع اختلافهم ومقالاتهم، وكتاب في ضلالات الملحدين وجميل اقاويل الموحدين سماه جميل المقالات، وله كتاب كبير في الصفات وكتب اخرى ومنها كتاب تفسير القرآن ويذكر الاهواني انه تاج تفكيره ونهاية ما وصل اليه في مذهبه(الأهواني،د،ت: 362/5).

اما المنظومة القيمية للاشاعرة فتنطلق من خلال نظريتهم الكسب وهي ان افعال الإنسان الاختيارية مخلوقة لله تعالى، فلا اثر لقدرة العبد في خلقها وايجادها وانما جرت العادة ان يخلق الله تعالى الفعل للعبد، فالفعل: إيداع وأحداث لله وكسب للعبد والكسب عبارة عن الاقتران العادي بين القدرة الإنسانية الحادثة والفعل قد اجرى العادة بخلق الفعل عند قدرة العبد وارادته، لا بقدرة العبد وارادته(السبكي،د،ت: 2/250-251).

وتذكر المصادر التاريخية بأن السبب الأساسي في اختلاف ألا شعري عن المعتزلة المناظرات بينه وبين أستاذه الجبائي وكان موضعها مسألوا (الاصلح) وهو فرع من (العدل) اذ قال له: ايها الشيخ، ما قولك في ثلاثة: مؤمن وكافر وصبي . فقال الجبائي:" المؤمن من أهل الدرجات (في الجنة) والكافر من أهل الهلكات (في جهنم) والصبي من أهل النجاة (في الجنة ايضا) فقال ألا شعري: فأن اراد الصبي ان يرقى إلى أهل الدرجات، هل يمكن ؟ قال الجبائي: لا: يقال له: ان المؤمن ينال هذه الدرجة بالطاعة،وليس مثلك قال ألا شعري: فأن قال (الصبي) التقصير ليس مني: فلو احييتني: يقول له الله: كنت اعلم انك لو بقيت لعصيت ولعوقبت، فراعيت مصلحتك

قبل ان تنتهي إلى سن التكليف قال (الاشعري): (فلو قال الكافر: يا رب علمت حاله كما علمت حالي، فهلا راعيت مصلحتي مثله ؟ فأنقطع الجبائي".

ولذلك بدأ ألا شعري يفكر بشيء يناقض اقوال استاذه وشيخه المعتزلي ويعلن ابتعاده عن المعتزلة وانشاء فكر جديد هو ألا شاعرة وملخص النظرية الأخلاقية لديه في مسألة القدرة بأن العبد قادر على أفعال العباد اذ يجد الإنسان في نفسه تفرقة ضرورية بين حركات الحمى والارتعاش وبين حركات المشيء والاختيار . هذه التفرقة راجعة إلى ان الحركات الاضطرارية تقع من العبد معجوزا عنها اما الحركات الاختيارية الإرادية فتقع مقدورا عليها بحيث ان القدرة تكون متوقفة على اختيار القادر . فالأفعال الاختيارية التي يقدر عليها الإنسان مسبوقة بأرادة العبد حدوثها واختيارها . وبهذه القدرة الحادثة يكتسب الإنسان افعاله . ولذا قال الاشعري: ان المكتسب هو المقدور بالقدرة الحادثة وهذه القدرة لا تخلف والا كانت قادرة على خلق الجواهر والاعراض وكل ما يمكن حدوثه، ولكنها تعجز عن ذلك . ووجه تأثيرها ان العبد اذا اراد الفعل ونجرد له أي لم يشغل نفسه بغيره خلق الله له في هذه اللحظة قدرة على هذا الفعل تكتسبه ولا تخلفه فيكون الفعل خلقا وابداعا واحداثا من الله وكسبا مكنت العبد بقدرته التي خلقها الله له لوقت الفعل فالقدرة عند الاشعري وغير من أهل السنة والجماعة قترن بالفعل ولا تسبقه كما عند المعتزلة (الشهرستاني،1317هـ:1/222).

القسم الثاني: القيم عند الأصوليين والفقهاء

1..أبو حنيفة النعمان (ت 150 هـ):

يعد ابو حنيفة أول من أرسى قاعدة الفقه ويمكن عده الفيلسوف الأول للإسلام المنبثق عن روح الإسلام وحقائقه ويذكر النشار: (فلم يكن يستطيع ان يتركهم وهم في معترك الفرق والفلسفات نهبا للقلق العقائدي يتخطفهم ويمزق عقولهم وقلوبهم نعرض في حلقاته المتعددة اراءه الكلامية والعقائدية) (النشار، د،ت: 234)

اما عن المنظومة القيمية لديه فتنبثق من خلال أجابته عن الجبر والاختيار التي شغلت المسلمين غي عصره، فكتب في الفقه الأكبر: (كتب الله كل شيء بالوصف لا

بالحكم) كتب كل شيء بأوصافه من الحسن والقبح والطول والعرض والصغر والكبر . كتب كل هذا بصيغ الوصف أي بأنه سيكون كذا وكذا . لا بصيغة الحكم أي فليكن كذا وليكن كذا كتب كل هذا في القدم، والقضاء والقدر والمشيئة صفاته في الأزل بلا كيف: يعلم الله تعالى المعلوم في حال عدمه معدوما، ويعلم انه كيف يكون اذا اوجده: ويعلم الله تعالى الموجود في حالة وجوده موجودا، ويعلم كيف يكون فناؤه . ويعلم الله تعالى القائم في حالة قيامه قائما، واذا قعد علمه قاعدا في حالة قعوده، من غير ان يغير علمه او يحدث له علم، فالتغير او الاختلاف انما يحدث من المخلوقين . فعلم الله ازلي، لم يزل موصوفا به في أزل الازال لا بعليم متجدد كما يذهب الجهم، ولا يغير علمه بتغير الأشياء واختلافها وحدوثها وعلمه واحد، علم قديم محيط بالأشياء والمعلومات متعددة . وخلق الله الخلق خلوا من شائبة الكفر، ثم اتى الخطاب: الامر والنهي .. فأمن من امن وكفر من كفر . فعل الأول الأيمان (بفعله) أي بإقراره وتصديقه بتوفيق الله تعالى اياه ونصرته . وفعل الثاني الكفر (بفعله) وإنكاره وجحوده الحق بخذلان الله تعالى اياه . فالأيمان والكفر صفتان نكتسبهما في هذه الدنيا"(القاري، د،ت: 51-52).

ثم يأتي ابو حنيفة بفكرة الميثاق في علم الذر:" فقبل خلقنا على هذه الصورة اخرج الله ذرية آدم من صلبه على صورة الذر، واخذ عليهم الميثاق ...... قالوا بلى: شهدنا ان تقولوا يوم القيامة اذا كنا عن هذا غافلين، أي انه في العالم الذري الاول قابل الله الأزواج و أمرهم بالأيمان ونهاهم عن الكفر فأقروا بالربوبية فكان منهم ذلك أيمانا، منهم يولدون على الفطرة، ولكن نسوا هذا الميثاق في عالمنا هذا، فمنهم من صحت فطرته ونذكر ذلك الابتداء، ومنهم من فسدت فطرته وكفر مبدلا مغيرا"(القاري، د،ت: 52-53) غير في إيمانه الفطري باختياره واكتسابه . ويتوصل ابو حنيفة إلى المذهب الكسبي وهو سمة لأهل السنة والجماعة فيقول:(ولم يجر احدا في خلقه على الكفر ولا على الأيمان ولا خلقه مؤمنا ولا كافرا، فإذا امن بعد ذلك علمه مؤمنا في حال ايمانه، واحبه من غير ان يتغير علمه وصفته، وجميع افعال العباد في الحركة والسكون - كسبهم على الحقيقة، و الله تعالى خالقها، وهي كلها بمشيئته وعلمه مشيئته وقضائه

وتقديره والمعاصي كلها بعلمه وقضائه وتقديره ومشيئته لا محبته ولا برضائه ولا بأمره(القاري، د،ت: 52-53).

2.أبو القاسم الزجاجي: أبو القاسم عبد الرحمن بن إسحاق الزجاج النهاوندي الصميدي

توفي في (ت337 هـ) (أبن خلكان، 1948: 25): ترك ثروة ضخمة شملت معظم نواحي الفكر الإنساني في القرن الرابع الهجري وقد تناولت الزجاجي في كتابه (اشتقاق اسماء الله الحسنى) ومن نافلة القول ان البحث في ذات الله وصفاته شكل محورا أساسيا في المعرفة الإسلامية وانطلقت هذه الدراسات من حديث رواه الترمذي عن ابي هريرة: (ان لله تسعة وتسعين اسما من أحصاها دخل الجنة) ومن ذلك حاول الزجاجي ان يشكل منظومته القيمية من خلال اسماء الله الحسنى والمشتقة من القرآن الكريم (الزجاجي،1974: 15).وكما مبين في مخطط (4) .

مخطط (5)

المنظومة القيمية التي شكلها الزجاجي

ت	اسم السورة القرآنية	عدد الأسماء والصفات التي ذكر فيها	الأسماء والصفات
1	سورة الفاتحة	5	يالله – يا رب – يا رحمن – يا رحيم – يا مالك
2	سورة البقرة	26	يا مجيد – يا قدير – يا عليم – يا تواب – يا حكيم – يا بصير – يا واسع – يا بديع – يا سميع – ياكافي يا رؤوف – يا شاكر – يالله يا غفور – يا واحد – يا حليم – يا قابض – يا باسط – يا لا اله الا هو – يا حي – يا قيوم – يا علي – يا عظيم – يا ولي – يا غني – يا حميد
3	سورة ال عمران	4	يا قاسم – يا وهاب – يا سريع – يا خبير
4	سورة النساء	6	يا رقيب – يا حبيب – يا شهيد – يا عفو – يا مقيت – يا وكيل
5	سورة الأنعام	5	يا باطن – يا ظاهر – يا قدير – يا لطيف – يا خبير
6	سورة الأعراف	2	يا محي – يا مميت
7	سورة	2	يا نعم المولى – ويا نعم النصير

	الأنفال		
8	سورة هو	7	يا حفيظ - يا قريب - يا مجيب - يـا قـوي - يـا مجيد - يا ودود - يا فعال
9	سورة الرعد	2	يا كبير - يا متعال
10	سورة إبراهيم	1	يا منان
11	سورة الحجر	1	يا منان
12	سورة النحل	1	يا باعث
13	سورة مريم	2	يا صادق - يا وراث
14	سورة المؤمنون	1	يا كريم
15	سورة النور	3	يا حق - يا مبين - يا نور
16	سورة الفرقان	1	يا هادي
17	سورة سبأ	1	يا فتاح
18	سورة المؤمن	4	يا غافر - يا شديد - يا ذا الطول
19	سورة الذاريات	3	يا رزاق - يا ذا القوة - يا متين
20	سورة الطور	1	يا بار
21	سورة اقتربت	1	يا مقتدر
	اسـم السـورة القرآنية	عدد الأسماء والصفات التي ذكر	الأسماء والصفات

		فيها	
22	سورة الرحمن	3	يا باقي - يا ذا الجلال - يا ذا الإكرام
23	سورة الحديد	3	يا اول - يا اخر - يا باطن
24	سورة الحشر	10	يا قدوس - يا سلام - يا مؤمن - يا مهيمن - ياعزيز - يا جبار - يا متكبر - يا خالق - يا باري - يا مصور
25	سورة البروج	2	يا مبدي - يا معيد
26	سورة الإخلاص	2	يا احد - يا صمد

3.ابن حزم:

الفقيه الظاهري ابو محمد علي بن احمد بن سعيد بن حزم الأندلسي. المولود سنة 384هـ/994م والمتوفى سنة(456هـ) وقد آلف مؤلفات عديدة منها (الفصل في الملل والأهواء والنحل) و (أبطال قياس الرأي) و (طوق الحمام) و (الأخلاق والسير) (أبن خلكان، 1948: 70/2).

وقد ضم كتاب الأخلاق والسير عدة أبواب منها ما يتعلق بالقيم الأخلاقية ففي الباب الأول الذي اسماه في مداواة النفوس واصلاح الأخلاق الذميمة فيقول ابن حزم (لذة العاقل بتميزه، ولذة العالم بعلمه، ولذة الحكيم بحكمته، ولذة المجتهد لله عز وجل باجتهاده، اعظم من لذة الآكل بأكله والشارب بشربه، والواطئ بوطئته، والكاسب بكسبه واللاعب يلعبه والآخر بأمره .... واذا تعقبت الأمور كلها فسدت عليك وانتهيت في اخر فكرتك باضمحلال جميع احوال الدنيا، الا ان الحقيقة هي العمل للآخرة فقط.لان كل ماظفرت به فعقباه حزن، اما بذهابه عنك واما بذهابك عنه، ولابد من احد هذين السبيلين إلى العمل لله عز وجل فعقباه على كل حال سرور، في

عاجل وآجل، اما في العاجل، مقلة الهم بما يهتم به الناس، وانك به مطعم الصديق والعدو، واما في الآجل فالجنة)(أبن حزم، 1978: 152).

ثم جاء في الباب الثاني (باب، عظيم من أبواب العقل والراحة وهو طرح المبالاة بكلام الناس واستعمال المبالاة بكلام الخالق وعز وجل، بل هو العقل كله والراحة كلها)(أبن حزم، 1978: 152) ويتوصل ابن حزم إلى ان (ليس بين الفضائل والرذائل ولابين الطاعات والرذائل ولابين الطاعات والمعاصي الا نفار النفس وانسها فقط فالسعيد من آنست نفسه بالفضائل والطاعات ونفرت من الفضائل والطاعات وليس ها هنا الا صنع الله تعالى وحفظه)(أبن حزم، 1978: 156) ويعتمد ابن حزم الآية الكريمة (وأما من خاف مقام ربه ونهى النفس عن الهوى)(النازعات/40) جامع لكل فضيلة لان نهي النفس عن الهوى هو روعها عن الطبع الغضبي وعن الطبع الشهواني، لان كليهما واقع تحت موجب الهوى، فلم يبقى الا استعمال النفس للنطق الموضوع فيها، التي به بانت عن البهائم والحشرات والسباع (أبن حزم 1978: 155). اما الباب الثالث فهو في العلم ويذكر ابن حزم (اصل العلوم ما قربك من خالقك تعالى، وما اعانك عن الوصول إلى رضاه ..... ومن فضل العلم والزهد في الدنيا انهما لا يؤتهما الله عز وجل الا أهلها ومستحقها ومن تقصى علو احول الدنيا في المال والصيد ان اكثر يقعان ففي غير أهلهما وفيمن لا يستحقها . ومن طلب الفضائل لم يساير الا أهلها، ولم يرافق في تلك الطريق الا إكرام صديق من أهل المواساة والبر والصدق وكرم العشيرة والصبر والوفاء والأمانة والحلم، وصفاء الضمائر وصحة المودة) (أبن حزم، 1978: 158). أما الباب الرابع فهو في الأخلاق والسير: يقول ابن حزم:(طوبى لمن يعلم من عيوب نفسه اكثر مما يعلم الناس منها، الصبر على الجفاء ينقسم إلى ثلاثة أقسام . فصبر عمن يقدر عليك و لا تقدر عليه، وصبر تقدر عليه ولا يقدر عليك، وصبر عما لا تقدر عليه، ولا يقدر عليك فالأول ذل ومهانة، وليس من الفضائل، والرأي لمن خشى ما هو اشد مما يصبر عليه، المشاركة والمباعدة . والثاني فضل وبر، وهو الملم على الحقيقة وهو الذي يوصف به الفضلاء . والثالث ينقسم قسمين، اما ان يكون الجفاء ممن لم يقع منه الا على سبيل الغلطة والوهلة

ويعلم قبيح ما اتى به ويندم من كان لا يدري مقدار نفسه ويظن ان لها حق يستطيل به . فلا يندم على ما سلف منه، فالصبر عليه ذلك وافساد للمصبور عليه لانه يريد استشراء، والمفاوضة له سحق والصواب إعلامه ممكنا ان ينتصر منه وانه انما ترك ذلك استرذالا له فقط، وصيانة عن مراجعته، ولا يزال على ذلك . واما جفاء السفلة، فليس جوابه الا النكال وحده)أبن حزم،1978: 157)، أما الباب الخامس فكان في مداواة الأخلاق الفاسدة .

"من امتحن في العجب فليفكر في عيوبه . فأن اعجب الفضائل فليفتش ماضيه من الأخلاق الدنيئة . فأن خفيت عليه عيوبه جملة، حتى يظن انه لا عيب فيه، ليعلم ان مصيبته إلى الأبد، وانه اتم الناس نقصا واعظمهم عيوبا واضعفهم تمييزا . فأول ذلك انه ضعيف العقل جاهل ولا عيب اشد من هذين، لان العاقل من غير عيوب نفسه . اما لقلة علمه وتميزه وضعف فكرته، واما لانه يقدر ان عيوبه خصال . وهذا اشد عيب في الأرض ".

وخلاصة القول ان ابن حزم يحث على اقتناء الفضائل، كما انه في الوقت نفسه يحذر من الرذائل، ويقرن الفضيلة بالعلم والرذيلة بالجهل(أبن حزم، 1978: 29).

والفضائل عنده أربع: العدل والفهم والنجدة والجود وهي أصول كل الفضائل، كما ان أصول الرذائل عنده: الجور والجهل سوء الظن والشح . وهو يدعو في منظومته القيمية إلى الاعتدال، وان كل تطرق مذموم، وان المعتدل هو الذي يلتزم الوسط(أبن حزم، 1978: 24).

ومن وصايا بن حزم فأنه يدعو إلى البساطة في العيش، والزهد في الدنيا وبمسايرة أصحاب الفضائل والعلم والوفاء، ويحذر من مخالطة الخبثاء وأهل السوء(أبن حزم، 1978: 92) .

3. البيهقي:

هو الامام الحافظ الفقيه ابي بكر احمد بن الحسين البيهقي المولود 384هـ والمتوفى سنة 458 هـ وقد كتب كتابا سماه شعب الأيمان وقد حدد فيه (77) شعبة او قيمة ورتبها ترتيبا هرميا أعلاها الأيمان بالله عز وجل، وادناه ان يحب الرجل لأخيه المسلم ما

يحب لنفسه، ويكره له ما يكره لنفسه، ويدخل فيه إماطة الأذى عن الطريق . ولقد دعم البيهقي كل شعبة بعدد من الآيات الكريمة والأحاديث الشريفة، وجاء بعده من شرح كل شعبة شرحا مفصلا(القزويني د . ت: 15).

- اذ جاء في الشعبة (القيمة) الأولى: الأيمان بالله عز وجل وان كلمة لا اله الا الله هي الكلمة او الإقرار بالتوحيد وقد اعتمد البيهقي في ذلك على الآيات القرآنية في قوله تعالى: ﴿ وَٱلْمُؤْمِنُونَ كُلٌّ ءَامَنَ بِٱللَّهِ ﴾ (البقرة/285)، وقوله تعالى: ﴿ يَٰٓأَيُّهَا ٱلَّذِينَ ءَامَنُوٓاْ ءَامِنُواْ بِٱللَّهِ ﴾ (النساء/136).

اما الأحاديث النبوية التي اعتمدها في هذه القيمة فمنها حديث رسول الله (ﷺ): (أمرت ان أقاتل الناس حتى يقولوا لا اله الا الله . فمن قال لا اله الا الله فقد عصم مني نفسه وماله الا بحقه وحسابه على الله)(البخاري،:125/3).

- وفي الشعبة الثانية: الأيمان برسل الله عز وجل صلى اله عليهم أجمعين (القزويني، د . ت:13) .
- وجاءت الشعبة الثالثة: عن الأيمان بالملائكة.
- ثم الشعبة الرابعة: حول الأيمان بالقرآن وجميع الكتب المنزلة .
- اما الشعبة الخامسة: فهو الأيمان بأن القدر خيره وشره من عند الله عز وجل لقوه تعالى:﴿ قُلْ كُلٌّ مِّنْ عِندِ ﴾ (النساء/78).
- والشعبة السادسة: هو الأيمان باليوم الاخر .
- اما الشعبة السابعة فالأيمان بالبعث بعد الموت.
- والشعبة الثامنة الأيمان بحشر الناس بعدما يبعثون من قبورهم.
- والشعبة التاسعة الأيمان بأن دار المؤمنين ومأواهم الجنة ودار الكافرين ومأواهم النار.
- اما الشعبة العاشرة: فهي الأيمان بوجوب محبة الله عز وجل(البيهقي، 1404هـ:19).
- اما الشعبة الحادية عشر فهي الأيمان بوجوب الخوف من الله عز وجل.

- وجاءت الشعبة الثانية عشرة عـن الأيمان بوجوب الرجـاء مـن الـلـه عـز وجـل لقولـه تعالى: ﴿ وَيَرْجُونَ رَحْمَتَهُۥ وَيَخَافُونَ عَذَابَهُۥٓ ﴾ (الاسراء/57).
- وجاءت الشعبة الثالثة عشر عن الأيمان بوجوب التوكل عـلى الـلـه عـز وجـل(البيهقي، 1404هـ: 33) وهكذا.
- فأن ثلاثة عشر شعبة عن الأيمان .
- اما الشعبة الرابعة عشر فهي الأيمان بوجوب محبة النبي(ﷺ).
- اما الشعبة الخامسة عشر فتناولت عـن الأيمـان بوجـوب تعظـيم النبـي(ﷺ) وتبجيلـه وتوقيره .
- اما الشعبة السادسة عشر فتناولت شح المرء بدينه حتى يكون القـذف في النـار احـب اليه من الكفر.
- ثم الشعبة السابعة عشر وهي طلب العلم وهو معرفة الباري تعالى.
- ثم نشر العلم في الشعبة الثامنة عشر وتعظيم القرآن المجيد بتعلمه وتعليمـه وحفـظ صدوره واحكامه وعلم حلاله وحرامه.
- وهذا في الشعبة التاسعة عشر اما الشعبة العشرون فكانت حول الطهارات.
- ثم الشعبة الحادية والعشرون في الصلوات الخمس.
- والثانية والعشرون عن الزكاة .
- والثالثة والعشرون عن الصيام.
- والرابعة والعشرون عن الاعتكاف.
- والخامسة والعشرون عن الحج .
- والسادسة والعشرون عن الجهاد.
- اما الشعبة السابعة والعشرون فكانت عن المرابطة في سبيل الـلـه عز وجل.
- والشعبة الثامنة والعشرون عن الثبات للعدو وترك الفرار من الزحف.

- اما الشعبة التاسعة والعشرون ففي أداء الخمس من المغنم إلى الامام او عامله على الغانمين (البيهقي،1404هـ: 48) .

- اما الشعبة الثلاثون فهي العتق بوجه التقرب إلى الله عز وجل به لقوله تعالى:﴿ فَلَا اَقْتَحَمَ الْعَقَبَةَ ﴿١١﴾ وَمَآ أَدْرَىٰكَ مَا الْعَقَبَةُ ﴿١٢﴾ فَكُّ رَقَبَةٍ ﴿١٣﴾ ﴾ (البلد/11).

- والشعبة الحادية والثلاثون، الكفارات الواجبات الجنايات وهي الكتاب والسنة - اربع كفارات: كفارة القتل: وكفارة الطهار وكفارة اليمين كفارة المسيس (الجماع) في صوم رمضان (البيهقي،: 50).

- اما الشعبة الثانية والثلاثون الإيفاء بالعهود لقوله تعالى: ﴿ أَوْفُوا۟ بِٱلْعُقُودِ ﴾ (المائدة/1)

- اما الشعبة الثالثة والثلاثون تعدد نعم الله عز وجل وما يجب من شكرها لقوله تعالى: ﴿ قُلِ ٱلْحَمْدُ لِلَّهِ ﴾ (النمل/59).

- اما الشعبة الرابعة والثلاثون حفظ اللسان.

- والشعبة الخامسة والثلاثون فكانت عن الأمانات وما يجب فيها من ادائها إلى أهلها لقوله تعالى: ﴿ ۞ إِنَّ ٱللَّهَ يَأْمُرُكُمْ أَن تُؤَدُّوا۟ ٱلْأَمَٰنَٰتِ إِلَىٰٓ أَهْلِهَا ﴾ (النساء/58).

- اما الشعبة السادسة والثلاثون فهي تحريم قتل النفوس والجنايات عليها لقوله تعالى:

﴿ وَمَن يَقْتُلْ مُؤْمِنًا مُّتَعَمِّدًا فَجَزَآؤُهُۥ جَهَنَّمُ خَٰلِدًا فِيهَا وَغَضِبَ ٱللَّهُ عَلَيْهِ وَلَعَنَهُۥ وَأَعَدَّ لَهُۥ عَذَابًا عَظِيمًا ﴾ (النساء /93)

- والشعبة السابعة والثلاثون تحريم الفروج وما يجب فيها من التعفف لقوله تعالى ﴿ وَيَحْفَظُوا۟ فُرُوجَهُمْ ﴾ (النور/ 30).

- والشعبة الثامنة والثلاثون عن قبض اليد عن الاموال ويدخل فيها تحريم السرقة وقطع الطريق واكل الرشاوي واكل ما يستحقه شرعا(البيهقي،: 59).

– اما الشعبة التاسعة والثلاثون وجـوب التورع في المطاعم والمشارب والاجتناب عـما لا يحل منها(البيهقي:،60).

– امـا الشـعبة الأربعـون فاختصـت بتحـريم الملابـس والـزي والاواني ومـا يكـره فيهـا (البيهقي/69).

– اما الحادي والأربعون تحريم الملاعب والملاهي المخالفة للشريعة لقوله تعالى (قل مـا عند اللـه خير من اللهو ومن التجارة)(الجمعة/11).

– اما الشعبة الثانية والأربعون الاقتصاد في النفقة وتحريم اكل المال بالباطل .

– اما الثالثة والأربعون ترك الغل والحقد والحسد ونحوهما .

– اما الشعبة الرابعة والأربعون تحرم اعراض الناس وما يجب مـن تـرك الوقيعـة منهـا لقوله تعالى: ﴿ إِنَّ ٱلَّذِينَ يُحِبُّونَ أَن تَشِيعَ ٱلْفَٰحِشَةُ فِى ٱلَّذِينَ ءَامَنُوا۟ لَهُمْ عَذَابٌ أَلِيمٌ فِى ٱلدُّنْيَا وَٱلْءَاخِرَةِ وَٱللَّهُ يَعْلَمُ وَأَنتُمْ لَا تَعْلَمُونَ ﴾ (النور/19) .

– اما الشعبة الخامسة والأربعون اخلاص العمل لله عز وجل وتـرك الريـاء لقوله تعالى: ﴿ وَمَآ أُمِرُوٓا۟ إِلَّا لِيَعْبُدُوا۟ ٱللَّهَ مُخْلِصِينَ لَهُ ٱلدِّينَ حُنَفَآءَ ﴾ (البينة/5).

– اما الشعبة السادسة والأربعون السرور بالحسنة والاغتنام بالسيئة .

– اما الشعبة السابعة والأربعون فهي معالجة كل ذنب بالتوبة لقولـه تعالى: ﴿ وَتُوبُوٓا۟ إِلَى ٱللَّهِ جَمِيعًا أَيُّهَ ٱلْمُؤْمِنُونَ لَعَلَّكُمْ تُفْلِحُونَ ﴾ (النور/31).

– اما الشعبة الثامنة والأربعون فهي القرابين وجملتها الهدى والاضحية والعقيقة.

– اما الشعبة التاسعة والأربعون فهي طاعة اولى الامر .

– اما الشعبة الخمسون فهي التمسـك بمـا عليـه الجماعـة لقولـه تعـالى: ﴿ وَٱعْتَصِمُوا۟ بِحَبْلِ ٱللَّهِ جَمِيعًا وَلَا تَفَرَّقُوا۟ ﴾ (ال عمران/103).

- الواحد والخمسون الحكم بين الناس بالعدل لقوله تعالى: ﴿ وَإِذَا حَكَمْتُم بَيْنَ النَّاسِ أَن تَحْكُمُوا بِالْعَدْلِ ﴾ (النساء/58) .
- اما الثانية والخمسون، فالامر بالمعروف والنهي عن المنكر (البيهقي،:86) لقوله تعالى: ﴿ وَلْتَكُن مِّنكُمْ أُمَّةٌ يَدْعُونَ إِلَى الْخَيْرِ وَيَأْمُرُونَ بِالْمَعْرُوفِ وَيَنْهَوْنَ عَنِ الْمُنكَرِ وَأُولَٰئِكَ هُمُ الْمُفْلِحُونَ ﴿١٠٤﴾ ﴾ (ال عمران/104) .
- اما الشعبة الثالثة والخمسون فهي التعاون على البر والتقوى.
- وجاءت الشعبة الرابعة والخمسون عن الحياء.
- والخامسة والخمسون عن بر الوالدين.
- والسادسة والخمسون عن صلة الرحم والسابعة.
- والخمسون عن حسن الخلق ويدخل فيه كظم الغيظ ولين الجانب والتواضع.
- الثامنة والخمسون الاحسان إلى المماليك.
- اما الشعبة التاسعة والخمسون فكان عن حق السادة عن المماليك وهو لزوم العبد سيده واقامته صعب يراه له ويأمره به وطاعته له فيما يطيقه .
- والستون عن حقوق الأولاد والأهلين.
- والشعبة الحادية والستون مقاربة أهل الدين ومودتهم وافشاء السلام بينهم والمصافحة لهم ونحو ذلك من أسباب تأكيد المودة.
- والثانية والستون رد السلام.
- والثالثة والستون عيادة المريض.
- والرابعة والستون الصلاة على من مات من أهل القبلة.
- والخامسة والستون تشميت العاطس.
- والسادسة والستون في مباعدة الكفار والمفسدين والغلظة عليهم(البيهقي،:100)
- اما الشعبة السابعة والستون في اكرم الجار.

- اما الثامنة والستون فهي اكرام الضيف.
- والتاسعة والستون الستر على أصحاب القروض أي الذنوب.
- اما السبعون فهي الصبر على المصائب وعما تنزع النفس اليه من لذة وشهوة.
- اما الشعبة الحادية والسبعون فأختص بالزهد وقصر الامل.
- اما الشعبة الثانية والسبعون الغيرة وترك المذاء.
- اما الشعبة الثالثة والسبعون فهي الاعراض عن اللغو.
- اما الرابعة والسبعون الجود والسخاء.
- اما الخامسة والسبعون فهي رحم الصغير وتوقير الكبير.
- اما السادسة والسبعون في اصلاح ذات البين.
- واخيرا السابعة والسبعون فهي ان يحب الرجل لأخيه المسلم ما يحب لنفسه ويكره له ما يكره لنفسه، ويدخل فيه إماطة الأذىعن الطريق المشار اليه في حديث ابي هريرة رضي الله عنه في الصحيحين (الأيمان بضع وستون او بضع وسبعون شعبة افضلها لا اله الا الله وادناها اماطة الاذى عن طريق، والحياء شعبة من الأيمان(البيهقي،:112) وبهذا فقد اعتمد البيهقي عن الحديث الانف الذكر .

القسم الثالث: القيم عند الفلاسفة:

1..الكندي:

هو أبو يوسف يعقوب بن أسحق بن الصباح (185-252 هـ) فيلسوف العرب، وأول فيلسوف في الإسلام كان عالما بالطب والفلسفة، وهو الذي بدأ بالعمل على الجمع بين أفلاطون وأرسطو، وعلى التوفيق بين الدين والفلسفة، ووجه الفلسفة الإسلامية هذه الوجهة،، وقد تأثر الكندي بمحنة سقراط واستشهاده في سبيل التمسك بالفضيلة وبما رآه حقا ولذلك ألف في هذا أكثر من كتاب منها رسالة في خير فضيلة سقراط، ورسالة في خير موت سقراط(موسى،1953: 171).

وعلى الرغم من أن الكندي كانت نزعته ارسطية غير أن رسائله في النفس تبتعد به عن أرسطو ابتعادا وتربطه بأفلاطون ربطا مباشرا، فرسالته التي جعل عنوانها (القول في النفس المختصر من كتاب أرسطو وأفلاطون وسائر الفلاسفة) وهي في بضع صفحات (أبو ريدة، 1950: 280-272/1) تعرض بإيجاز لرأي أفلاطون في (جوهر النفس، أصلها الروحاني، تذكرها عالم المثل، تطهيرها، خلاصها، قوى النفس الثلاث ألخ) ورسالته (في دفع الأحزان) ويشبه الجابري بأن (علاقة الكندي بجالينوس قوية وأكيدة ليس فقط من خلال رسالته في الطب الروحاني، التي يتطابق عنوانها مع عنوان كتاب للرازي الطبيب (وهو في الأخلاق على نهج جالنيوس)(الجابري،2001: 192)، أما رسالته في دفع الأحزان فيبدأ الكندي بتعريف الحزن بأنه: ألم نفساني سببه فقد محبوب وفوت مطلوب وإذا كان الأمر كذلك فلماذا يحزن الناس والحال أنه لا يمكن لأحد أن ينال جميع مطلوباته ويسلم من فقد محبوب له ؟ إن الثبات والدوام للأمور العقلية وحدها . أما الأمور الحسية فكلها إلى زوال . أما إذا أردنا أن نحتفظ على الدوام بما تملكه فيجب أن تشغل بالأمور العقلية فهي وحدها تدوم . أما إذا أردنا للأمور الحسية أن تدوم فقد أردنا ما ليس في طبعه أن يدوم، وما ليس في طبعنا ملازمته . وذلك أن حبنا الأشياء الحسنة ليس جزءا من طبيعتنا بل أنما هو من فضل العبادة وكثرة الاستعمال وأذن فلكي نكون ونتجنب الشقاء، يجب أن توجه أرادتنا وحبنا إلى ما هو في مكنتنا ولا نحزن على ما فاتنا وهكذا فأذا لم يكن ما نريد يجب أن نريد ما يكون ؟ وأن لا نختار دوام الحزن على دوام المكروه . هذا على سبيل أسباب الحزن والوقاية منه أما الحيلة في التخلص منه عندما تصاب به فهي نفس (الحيلة) أو الطريقة في دفع أمراض البدن، وذلك بأن نتخيل من الألم ما نتحمله عند استعمال الدواء المر، أو غيره بل إنه كما ندفع الآلام الجسدية بالكي والقطع وما أشبه ذلك، فعلينا أن نتحمل مثل هذا وأكثر لشقاء أنفسنا على أدوية الحزن ليست كلها مؤلمة بمثل الآم الكي والقطع، بل هناك أدوية سهل يجب استعمالها(الجابري،2001: 293).

يرى الكندي(أن النفس الإنسانية جوهر أزلي خالد هبط للجسم بعد أن صار صالحا لقبوله، وهي لهذا تشعر دائما بأنها في غير مستقرها الذي يليق بها، وتحن إلى مفارقة هذا السجن لتعود إلى أصلها الذي جاءت منه والذي يساعدها على الشعور بذاتيتها وعلى استمتاعها بالسعادة الروحية الكاملة، وهو سلوك سبيل الفضيلة والبعد عن الرذيلة، وذلك يكون بأتباع ما أمر به الله والانتهاء عما نهى عنه، وبهذا وذاك يكون المرء أهلا لرحمة الله وفيضه ويصل للنعيم الروحي الدائم . . . . وكذلك قال:(من ملك نفسه ملك المملكة العظمى وأستغنى عن المؤن ومن كان كذلك أرتفع عنه الذم، وحمده واحد وطاب عيشه)(موسى،1953: 223)

ويرى الكندي أن السعادة تتحقق للإنسان من خلال ابتعاده عن الماديات وأن كل شيء مادي زائل والعقل وحده الذي لا يهتم لفقدان المادة لأنه يعلم جيدا أنها خاضعة لطبيعة الكون والفساد (الكندي، د،ت: 223).

أن تهذيب النفس يتم عن طريق تطهيرها وأصلاحها وذلك من خلال الابتعاد عن الشهوات الحسية بإخضاع الغضب والشهوة للعقل .

فالنفس عند الكندي لها ثلاث قوى هي: عاقله وغضبه وشهوانية، وأن الخالدة منها هي النفس العاقلة لأنها من نور الباري عز وجل(الكندي،د،ت: 274-275).

وتلاحظ أذن أن هدف الكندي من إصلاح النفس وتطهيرها والابتعاد من الشهوات الدنيئة وإخضاع قوى الشهوة والغضب للنفس العاقلة وأنه بذلك كان يهدف إلى تهذيب الأخلاق .

2.الفارابي:

ولد الفيلسوف أبو نصر محمد بن محمد أوزلغ بن طرقان الفارابي، في أقليم خراسان التركي سنة(259 هـ / 871 م) . دخل العراق، أستوطن بغداد وتوفى عام (339 هـ / 950 م)، وقد ألف معظم كتبه في الفترة التي قضاها متنقلا بين بغداد ودمشق وتزيد مؤلفات الفارابي على السبعين(أبن أبي أصيبعة 1983: 380).

أن نظرية الأخلاق عند الفارابي تستمد أصولها من النظرية الأخلاقية اليونانية بشكل عام، التي ترى من السعادة الخير الأقصى للحياة الإنسانية بجميع جوانبها وأنشطتها وهي تنبع بشكل خاص من الموقف الأخلاقي لأرسطو(أبو ريان، 1983: 380) .

وإذا كان الفارابي قد تأثر بأرسطو فيما ذهب إليه من أن الخير والشر مردهما العقل فقد تأثر بسقراط في جعله المعرفة رأس الفضائل وأسمى أنواع الخير، وأنها فوق العمل في الدرجة، ولذلك يبالغ الفارابي في حكمه، فيذكر بأن السعادة العظمى هي التي تطلب لذاتها عند وهي أن تتحرر النفس من قيود المادة وأغلالها فتصير عقلا كاملا، أي أن تصير نفس الإنسان إلى الكمال وتتخلص من أدران المادة وغواشيها بحيث لا تحتاج في قوامها إلى مادة وأن تبقى على تلك الحال دائما أبدا، يقول: أن النفس تبلغ ذلك بأفعال إرادية بعضها أفعال فكرية ترمي إلى معرفة علوم الفلاسفة القدماء وبعضها أفعال بدنية، فالسعادة لا تأتي إلا عن طريق العقل والحكمة والتأمل أولا، ثم الابتعاد عن الأعمال القبيحة والشهوات ثانيا، فهو إذن كما تأثر بأرسطو من أن السعادة تأتي عن طريق التأمل العقلي، تأثر أيضا بأفلاطون وأفلوطين في التأمل والاتصال والزهد بالحياة والتشبه بالله، فغاية العقل الإنساني عند الفارابي وسعادته أن يتحد بعقل الفلك الأول وهذا الاتحاد يقربه من الله (الفارابي، 1964: 3) فالسعادة عند الفارابي هي الغاية الأسمى التي يتشوقها كل إنسان، وكل كمال غاية يتشوقها الإنسان فأنه يتشوقها على انها خير ما، وهي الخير الأقصى للإنسان، أو أكمل الخيرات التي يطمح الإنسان إلى تحقيقها لأنها كمال من الكمالات الإنسانية(أبو ريان،1983: 3) وتنال السعادة بممارسة الأعمال المحمودة عن أرادة وفهم متصلين . لذا فأن أي إنسان يستطيع عمل الخير وينال السعادة إذا أراد ذلك فما عليه إلا محاولة تنمية خصال الخير الموجود في نفسه بالقوة لتصير ملكة راسخة تتجه دائما إلى عمل الخير، فأن الممارسة عنصر هام عند الفارابي في الحصول على الأخلاق والسعادة (الفارابي، 1964: 3).

والأخلاق عند الفارابي ممارسة فأن الأشياء التي إذا اعتدناها، اكتسبنا الخلق الجميل هي الأفعال التي شأنها أن تكون في أصحاب الأخلاق الجميلة والتي تكسبنا

الخلق القبيح هـي الأفعـال التـي تكون مـن أصحاب الأخـلاق القبيحـة، والحـال في التـي يستفاد تحصيل الأخلاق، كالحال التي تستفاد بها الصناعات فأن الحذق بالكتابة أنما يحصل متـى أعتاد الإنسان فعل ما هو حاذق كامن وكذلك لسائر الصناعات وبعـد حصولها بالفعـل، وهـذه الأفعال التي تكون عن الأخلاق إذا حصلت بأعيانها قـد أعتادها الإنسـان قبل حصـول الأخلاق حصلت الأخلاق(الفارابي،1964: 8).

ولذا يرى الفارابي أن الفضائل الأخلاقية تحتاج إلى تأدب وممارسة فن الفضائل وهـو يـنهج المنهج الأرسطي الذي يعمم النظرية الأخلاقية على سـائر أجنـاس الفضـائل، أي أن الفضائل كلهـا تتطلب التعليم والممارسة والتأدب على تفاوت تباينها، فجميعها بحاجة إلى تعلم وتأمل وممارسـة حتى ترسخ ملكتها في الذهن (أبو ريان، 1983: 283).

ويضع الفارابي الفضائل الأخلاقية على رأس الفضائل، ويقسم تلك الفضائل إلى أربعة أقسام هي(أبو ريان، 1983: 210) .

1. الفضائل النظرية .

2. الفضائل الفكرية .

3. الفضائل الأخلاقية .

4. الفضائل العملية .

ويصل الفارابي إلى وجوب الاهتمام بسلوك الإنسـان، فهو يعطي أهميـة كـبرى للأخلاق في حياة الإنسان والنفس عنده أسمى من الجسم، والنفس العاقلة هي جوهر الإنسان، وهـي خالـدة لا تفنى بفناء البدن (الفارابي،1964: 3) . وهو يؤمن بأهمية التعاون بين أفراد المجتمع حتى ينالوا السعادة في مدينتهم الفاضلة، لأن الإنسان عنده لا يستطيع أن يبلغ الكـمال إلا إذا دخـل نطـاق المجتمع(الفارابي، 1346هـ:14).

وأن هناك أرتباط قوي بـين نظريـة الأخلاق عنـد الفـارابي ومدينتـه الفاضـلة مـن حيث السعادة غاية الفرد وغاية المجتمع (أبو ريان، 1983: 381).

3..الرازي:

أبـو بكـر محمد بـن زكـريا القريشي التميمي البكـري المتـوفى(250 - 320) كـان خطيبـا ابن خطيب وكان طبيبا وفيلسوفا ، إذ كتب رسالة في (إصلاح الأخلاق) ثم كتب (الطب الروحـاني) وجعل من كتابه هذا عشرين فصلا الأول في فضل العقل ومدحه ويستخدمه معيار أو مقياسا يزن به آراء الأخلاقية وأصلاح النفس وهو يتشبه بالفلاسفة لأن المرحلة العليا من طاعة العقل وطرح الهوى كلية لا يصلها الا الفيلسوف (الرازي، د،ت:17-32). والثاني في قمع الهـوى وردعـه وجملة مـن رأي أفلاطون الحكيم . الثالث جملة قدمت قبل ذكر عوارض النفس الرديئة على انفرادها، والرابـع في تعرف الرجل عيوبه، الخامس في دفع العشق والألف وجملـة مـن الكـلام في اللـذة السـادس في دفع العجب، السـابع في الحسد، الثامن في دفع المفرط الضار مـن الغضب، التاسـع في أطراح الكذب، العاشر في أطراح البخل، الحادي عشر في دفع الفضل الضار في الفهم والهم، الثاني عشر- في صرف الغم، الثالث عشر في دفع الشره، الرابع عشر في دفع الانهماك في الشراب، الخامس عشر- في دفع الاستهتار بالزواج، السادس عشر في دفع الولع والعبث، السابع عشر- في مقدار الاكتساب والاقتناء والأنفاق، الثامن عشر في دفع المجاهـدة والمكادحـة إلى طلب الرتب والمنازلـة الدنيويـة والفرق بين ما يرى الهوى وبين ما يرى العقل . العشرون في الخوف مـن المـوت، والأخـلاق في هـذا الكتاب لمواجهة معالجة النفس المريضة .

ويرى الرازي على الإنسان أن يبتعد عن اللذات الحسية على إلا يصل إلى درجـة التقشـف بل أنه يوصي بالاعتدال دون تفريط ولا أفراط هذا من الناحية العملية أمـا مـن الناحيـة العلميـة ينبغي اقتناء العلم واستعمال العدل (الرازي،د،ت:17-32).

ويتبنى الرازي نظرية أفلاطون في قوى النفس أساس لنظام القيم عنده فيعتمد الرازي على نظرية أفلاطون في النفس ويبني عليها آراه في الأخلاق، وهكـذا أن الـنفس الإنسانية عنده ثلاث قوى (أو نفوس): شهوانية غضبية عاقلة وصحة النفس هي في وجود توازن بين هذه القوى، وهـذا التوازن هو العدل لأن قوامه الاعتدال وهو يحصل

عندما تكون النفسي الشهوانية خاضعة لحكم العقل، والعقل يستمد سلطته من كونه عطاء الهيا (الرازي، د،ت: 97).

فمهمة العقل إذا هي القمع، أو دفع أو صرف أو التخفيف حسب الأحوال من جنوح النفس الشهوانية، أي الهوى، وكذلك التخفيف في جنوح النفس الغضبية التي يجب أن تبقى مع ذلك قوية، لأن النفس العاقلة تستعملها في قمع النفس الشهوانية ولا ينبغي أن تبالغ النفس العاقلة فتضيق الخناق على النفسين الآخرين، بل يجب أن تسلك طريق الاعتدال حتى يتحقق التوازن وتقوم كل نفس بمهمتها من غير أفراط وتفريط (الجابري،2001: 297)، كما يحذر الرازي من الشهوات الحسية واللذات الجسدية دائما، لأنه يرى أن عاقبتها الشرور والآلام(الرازي،د،ت:148).

4.أبن سينا:

ولد أبو الحسن بن عبدالله بن الحسن بن علي في قرية أفشنة من أعمال بخارى سنة 370 هـ وتوفي سنة (428 هـ) (الأهواني، د،ت:82).

لقد أقتفى الشيخ الرئيس أبن سينا أثر أفلاطون في أن العالم مفعم بالخير وأن الله صنع العالم، وهو يعقل كل شيء فيه وهو يدرك الكليات والجزيئات يقول أبن سينا: الاله يعلم الكليات ولا يغرب عنه مثقال ذرة في السموات ولا في الأرض (صليبيا،66:1978).

الله قد صنع العالم وعنى به أشد العناية ويريد له الخير، أما عن وجود الشر في العالم: وهذا الشر نسبي وأن لا وجود للشر المطلق وأن على العاقل أن ينظر إلى الكل لا إلى الجزء، فأذا نظر إلى مجموع الأشياء وجد الخير فيها غالبا على الشر لأن الخير مقتضى بالذات أما الشر فمقصود بالعرض وهو عرض زائل لا يلحق إلا الوجود الجزئي (صليبيا، 1978: 62).

ولذا فأن أبن سينا يؤمن بأن الخير يشمل العالم، وأن الشر شيء عارض لأن طبيعة عالمنا يفيض عليه من المبدع الأول، الذي يغمر الموجودات، وأن الخير الذي

يصيب الإنسان هو السعادة التي يدرئها الإنسان عن طريق العقل لأنه عن طريق العقل يميز بين الفضيلة والرذيلة (أبن سينا، 1908: 52).

ويرى أبن سينا أن: الخلق ملكة يصدر بها عن النفس أفعال ما بسهولة من غير تقدم ورويه (أبن سينا، 1357هـ) ويكون اكتساب الخلق الفاضل بسياسة النفس لامتلاكها حرية الإرادة على أتيان ما يناسبها من خلق أو سلوك وفي هذا الصدد يقول أبن سينا (أن أول ما ينبغي أن يبدأ به الإنسان من أوصاف سياسة النفس (أبن سينا،1906: 1039) ويقول أيضا: ومن أوائل ما يلزم من رام سياسة نفسه أن يعلم أن له عقلا هو السايس، ونفسا أمارة بالسوء - فمن - رام سياسة نفسه ورياضتها، وأصلاح فأسدها لم يجز له أن يبتدئ في ذلك حتى يعرف جميع مساوئ نفسه معرفة محيط، فأنه أن أغفل بعض تلك المساوئ وهو يرى أنه قد عمها بالإصلاح كان كمن يداوي ظاهر الكلم وباطنه مشتمل على الداء(أبن سينا، 1906: 972).

ويعد أبن سينا الفضائل الأربع السقراطية قائلا: فأن المعتني بأمر نفسه المحب لمعرفة فضائله وكيفية أقتنائها لتزكو بها نفسه ومعرفة الرذائل وكيفية توقيها لتتطهر منها نفسه المؤثر لها أن تسير بأقدس السير فيكون قد وفى إنسانيته حقها من الكمال المستعد للسعادة الدنيوية والآخروية يجب عليه تكميل قوته النظرية بالعلوم المحصاة المشار إلى غاية كل واحد منها في كتب إحصاء العلوم وتكميل قوته العلمية بالفضائل التي أصولها العفة والشجاعة والحكمة والعدالة إلى التمييز والعدالة أليها مجموعة نحو استكمال كل واحدة بفضيلتها(التكريتي،1988: 322).

ولذا فأن من جملة الأخلاق الذي يدعو إليها والتي ينبغي تأديب وتهذيب الطفل عليها، العفة، والقناعة، والسخاء، والشجاعة، والصبر، والحلم، والبيان، والفطنة، وجودة الحدس، وأصالة الرأي، والحزم، والصدق، والرحمة، والتواضع، وحسن العهد إذ يصبح بها إنسان فاضلا (أبن سينا،1950: 51-59) .

5. الماوردي:

أبي الحسن علي بن محمد بن حبيب البصري الماوردي الـذي بنـى صرح مـذهب أخلاقـي ديني - دنيوي على أسس القرآن والسنة وأقوال سائر الرسل والحكماء وحتـى الأدبـاء والفصحـاء مؤكدا (أن أعظم الأمور خطرا وأعمها نفعا ورفدا، ما استقام به الدين والـدنيا، وأنـتظم بـه صـلاح الآخرة والأولى، لأنه باستقامة الدين تصبح العبادة، وبصلاح الدنيا تتم السعادة (الماوردي، 1968: 1).

أن الإنسان عند الماوردي هو المعطي الأول في النشـاط القيمـي، وهـو كـائن آخر يتفاعـل ونظام الوجود الموضوعي حتى يبدع بوعي التكليف العاقل إلى ما يعود عليه بصـلاح حالـه ومالـه وتحسب أن فردية الفاعل الأخلاقي لدى الماوردي هي الواقع الأكثر ظهورا، والقيمة الأكثر الحاحـا، ولكن ذلك لا يحجب عنايته بالجانب الأجتماعي الذي هو قوام الدنيا(الماوردي، 1968: 113).

أن القيم عند الماوردي والتي يصلح بها الدنيا ستة أمور هي قواعـدها وأن تفرعـت،: ديـن متبع أولا، ثم سلطان قاهر، فعدل شامل، وأمن عام وخصب دار وامل فسيح (الماوردي،1968: 113-114)، والعدل الشامل من بين هذه القواعد يدعو إلى الآلفة، ويبعث على الطاعة، وبه تعمر البلاد وتنمو الأموال، ويكثر النسل، ويأمن به السلطان قال بعض الحكماء: بالعدل والأنصاف تكون مدة الإتلاف، ويستعان على العدل بخلتين: قلة الطمع، وكثرة الورع، وعـلى الإنسـان أن يبـدأ العـدل في نفسه يحملها على المصالح وكفها على القبائح، ويليه عـدل في غـيره كعـدل السـلطان في رعيتـه أو الرئيس مع صحابته، وبأتباع الميسـور وحـذف المعسـور وتـرك التسـلط بـالقوة وابتغـاء الحـق في السيرة (الماوردي،1968: 114).

وأما ما تصلح به حال النفس ضمن الجماعة فيمثل في قواعد ثلاث هـي: نفـس مطيعة إلى رشدها، منهية عن غيها أولا، وألفة جامعة تنعطف القلوب عليها، ويندفع المكر بها ثانيا ومـادة كافية تسكن النفس إلى إنسان أليها ويستقيم أوده بها ثالثا (الماوردي،1968: 136).

ويرى الماوردي أن الدين هو القيمة الأولى في العلاقات الاجتماعية المؤدية إلى الألفة فيقول: أن الدين هو الذي يبعث على التناصر، ويمنع عن التقاطع والتدابر، وقد يختلف أهل الدين على مذاهب شتى، وآراء مختلفة، فيحدث بينهم فيه من العداوة والتباين مثل ما يحدث بين المختلفين في الأديان، ولما كان الدين من أقوى أسباب الألفة كان الاختلاف فيه من أقوى أسباب الفرقة (الماوردي،1968: 126).

ثم البر نوعان: صلة ومعروف: الصلة تبرع ينزل المال في الجهات المحمودة لغير عوض مطلوب، وهذا يبعث عليه سماحة النفس وسخاؤها والمعروف يكون بالقول وبالعمل، فبالقول هو طيب الكلام، وحسن البشر والتورد وهذا يبعث على حسن الخلق بالعمل فهو بذل الجاه والمساعدة، وهذا يبعث عليه حب الخير للناس، وأيثار الصلاح لهمم، وليس في هذه الأمور سرف، ولا لغايتها حد (الماوردي، 1968: 136).

وقد أورد الماوردي في كتابه بابا خامسا لما يسميه أدب النفس وفيه يعالج الصراع الباطني أقوى مضادة تجب على المرء مجاهدتها والتغلب الشاق عليها في جهاد قيمي مرموق وقد أوضح أن لهذه الرياضة والاستصلاح معايير لازمه: أولها مجانبة الكبر والإعجاب وثانيها حسن الخلق وقد روى عن النبي(ﷺ) أنه قال: أن الله تعالى أختار لكم الإسلام دينا، فأكرموه بحسن الخلق والسخاء، فأنه لا يكمل إلا بهما، وثالثها الحياء، ورابعها الحلم، وخامسها الصدق، وسادسها ترك الحسد والمنافسة (الماوردي،1968: 137).

والمروءة في نظر الماوردي أشبه بمفهوم الضمير في عصرنا الحالي ومن شروط المروءة أن يتعفف عن الحرام ويتعفف عن الآثام، ويتعفف في الحكم، ولا يعين قويا على ضعيف، ولا يؤثر دنيا على شريف ولا يسر ما يعقبه الوزر والأثم، ولا يفعل ما يقبح الذكر والإسلام ، العقل يأمرك بالأنفع والمروءة تأمرك بالأجمل ، وللمروءة شرط يتصل بالمرء نفسه أولا (وهذا يدخل ضمن إطار علم النفس) وشروط تتناول صلاته بغير ثانيا (ويدخل ضمن علم الاجتماع) فالاعتبار الأول للمروءة شروط ثلاثة ذاتية هي العفة، والنزاهة، والصيانة، العفة عن المحارم بضبط الفرج عن الحرام وكفه

اللسان عن الأعراض من جهة، وعفه عن المأثم من جهة أخرى وهي كف عن المجاهرة بالطلب لأن المجاهرة بالظلم عقوق مهلك ثم زجر النفس عن الأسى خيانة وهذا هو العفة والنزاهة تكون عن المطالع الدنيئة كالشره وقلة الآنفة كما تكون من نزاهة عن موقف الريبة الذي هو تردد بين حمد وذم، وأما الصيانة فأنها التماس كفاية النفس من جهة وصون النفس عن تحمل المتن والاستعانة بالناس من جهة أخرى .

وبالاعتبار الثاني وللمروءة شروط موضوعية أن جاز القول وهي شروط صلات المرء بضميره، وهي كذلك ثلاث شروط تمثلها: الموازرة والمياسرة والأفضال، فالموازرة إسعاف بالجاه وهو أرض المكارم، وإسعاف في النوائب والمياسرة تكون عفوا وتكون مسامحة العفو عفو عن الهفوات صغائرها وكبائرها والمسامحة مسامحة في الحقوق سواء كانت حقوق أحوال أو حقوق أموال، ومثلا إسقاط المال بسبب عدم عجزه أو عسره، والأفضال وهو الشرط الثالث الموضوعي في المروءة قد تكون اصطناعا أو استكشافا ودفاعا، أن افضال الأصطناع نوعان أحداهما يسرى جودا في شكور والآخر يأتلف نبوة نفور، والأستكفاف أستكفاف السفهاء واستدفاع (ابعاد) أهل البذاء حتى يجعل في الأفضال سببا للمجاملة فلا يرى السفيه استدامة البذاء (الماوردي،1968: 137-138).

6. مسكويه:

هو أبو على أحمد بن محمد مسكويه ولد سنة (320هـ وتوفي سنة 421هـ)(مسكويه،16:1966-28)، وقد أشتهر أبو علي مسكويه بلقب مؤسس علم الأخلاق الإسلامي والذي يعرف الخلق بكونه (حال للنفس داعية إلى أفعالها من غير فكر ولا رؤية(الجابري، 2001: 50) ويعد مسكويه أبرز شخصية أشتهر باهتمامها بـ (الأخلاق)

وقد ألف مسكويه كتب في الأخلاق مثل (الفوز الأكبر) و (الفوز الأصغر) و(ترتيب السعادات) وكتاب (تهذيب الأخلاق وتطهير الاعراق) وكتاب جاويدان خرد) أو (الحكمة الخالدة) وقد تأثر مسكويه بالمذاهب الأخلاقية لدى فلاسفة اليونان القدماء ومن أهمهم:

1. أفلاطـون: إذ تـأثر بـه فـأعلن في كتابـه تهـذيب الأخـلاق أن الفضـائل الأربـع هـي: الحكمة، العفة، الشجاعة، العدالة .
2. أرسطو: تأثر مسكويه بأرسطو ولا سيما بكتاب أرسطو الأخلاق النيقوماخية.
3. جالينوس: تأثر مسكويه بالطبيـب المتفلسـف جـالينوس ونقـل عنـه فقـرات كبـيرة في مسائل أخلاقية، مثل معرفة المرء عيوب نفسه، ونظريته في اللذة والآلم
4. بريسـون Broyson: مـن أهـم المصـادر التـي أعتمـد عليهـا مسـكويه ولا سـيما (تأديب الأحداث) .

ولذا فأن مسكويه يعد الخلق معيار يستند إليه للاستدلال على عقل الطفل وخاصة عندما يظهر الحياء لديه وفي هذا الصدد يقول: (أن أول ما ينبغي أن يتغرس في الصبي ويستدل به عـلى عقله الحياء فأنه يدل على أنه قد أحس بالقبيح، ومع إحساسـه بـه يحـذره ويتجنبـه، ويخـاف أن يظهر منه أو فيه، فـإذا نظـرت إلى الصـبي فوجدتـه مسـتحيا مطرقـا بطرفـه إلى الأرض غـير وقـاح الوجه، ولا محدق أليـك فهـو أول دليـل نجاتـه، والشـاهد لـك عـلى نفسـه قـد أحسـت بالجميـل والقبيح، والهرب من القبيح بالتمييز والعقل (مسكويه، 1981: 58).

أما مصادر العربية فقليلة نسبيا: نقل عن الكندي وأستشهد مرارا بكلام الأمام علي بـن أبي طالب (كرم اللـه وجه) وبخطبة أبي بكر (رضي اللـه عنـه) وأستحضر آيـات مـن القـرآن الكـريم وأحاديث نبوية، ويشتمل كتاب مسكويه تهذيب الأخلاق على ست مقالات لا تحمل عناوين، وقد وضع لها محقق الكتاب(قسطنطين رزيق) العناوين الأتية المقالة الأولى: مبـادئ الأخـلاق، الـنفس وقواها، الخير، الفضائل والرذائل، المقالة الثانية: الخلق وتهذيبه، الكمال الإنسـاني وسـبيله، المقالـة الثالثـة الخـير وأقسـامه، السـعادة ومراتبهـا، المقالـة الرابعـة: العدالـة، المقالـة الخامسـة: المحبـة والصداقة، المقالة السادسة: صحة النفس، حفظها وردها .

وتعد الفلسفة القاعدة الرئيسية التي أعتمد عليها مسكويه في بناء نظريته الأخلاقية، ألا أنه دائما يسندها بالشريعة الإسلامية، فنراه مثلا في التربية يقول أن الشريعة هي التي تقوم وتعودهم الأفعال المرضية، وتعد نفوسهم بقبول الحكمة وطلب الفضائل والبلوغ أي السعادة الأنيسة بالفكر الصحيح والقياس المستقيم(مسكويه، 1981: 16-28) كما أن مسكويه قد بنى فلسفته الأخلاقية على الفعل بين روحانية النفس ومادية الجسم (مسكويه، 1981: 3-9) من جهة، وبين الاعتدال بين التفريط والإفراط من جهة أخرى (مسكويه، 1981: 24-28).

ويقر مسكويه في كتابه أن الأفعال والقوى التي يختص بها الإنسان من حيث هو إنسان وبها تتم إنسانيته وفضائله، ليست هي الأفعال التي تصدر عن جسمه والتي يشترك معه فيها الحيوان، مثل التغذية، والنمو والإحساس والتي هي موضوع العلم الطبيعي بل هي (الأمور الإدارية التي تتعلق بها قوة الفكر والتمييز، وهي لذلك تنقسم إلى الخيرات والشرور، الخيرات هي الأمور التي تحصل للإنسان بإرادته وسعيه من الأمور التي لها وجد ومن أجلها خلق، والشرور هي الأمور التي تعوقه عن هذه الخيرات بإرادته وسعيه أو كسله وانصرافه، ومهمة الأخلاق أن تعرف الإنسان كيف يحمل نفسه على أن تصدر أفعاله عن روية وتمييز، كيف يصدها عن أن تصدر أفعاله عن غير روية وتمييز والسبيل إلى ذلك هو معرفة قوة النفس أولا وانطلاقا يعرض مسكويه لقوى النفس وفضيلة كل منها والفضائل المتفرعة عن كل واحدة من هذه القوى لا كما هي عند أرسطو، بل كما تنظم في أطار أفلاطون .

ولذا يقول مسكويه أن الإنسان مهما اكتملت حاجاته الجسمية لا تكتمل سعادته، بينما الذي تتوفر له الحكمة ويستنير بالنور الإلهي ويتجه كليا إلى الملأ الأعلى، فيغتبط بما يحصل عليه من فيض نور الأول فقد وصل إلى أقصى السعادات (مسكويه،1981: 85) .

ونلاحظ أن مسكويه يعطي عناية كبرى لما أسماه بـ (السعادة الخلقية) وهي تتحقق من وجهة نظره عندما يصدر الإنسان في أفعاله عن رويه وتفكير بمعنى أن تكون القوة الناطقة أو العقل الذي يميز الإنسان عن الحيوان هو القوة المسيطرة على كل

أفعاله، وبقدر ما يتحقق له من ذلك بقدر ما يتحقق له صفة الإنسانية، وبقدر ما تكون هذه هي السمة العامة لحياة الإنسان ليحصل على السعادة الخلقية (مسكويه، 1959: 85).

والمخطط الآتي يبين لنا المنظومة القيمية الأخلاقية عند مسكويه(الجابري، 2001: 409).

القسم الرابع: القيم عند الصوفية:

يكاد الصوفية في الإسلام، لهم فلسفتهم المبنية على الارتقاء الروحي فهم يحلقون في روحانية تشعر الإنسان بروعة لا تضاهيها روعة، ولكنها في آخر المطاف، تقلب منحى سلم القيم وتجعله سلما دائريا أول حلقاته هي المحبة جهادا للنفس، وآخر حلقاته هي المحبة وصولا للوصل ومن أهم شخصيات الصوفية والذين اهتموا بالقيم الأخلاقية هم:

1.أبو طالب المكي:

يعالج أبو طالب المكي (386هـ) أمر النفس معالجة دينية واضحة فيسند رأيه بالآيات القرآنية الكريمة، ولكن مع هذا لا تخلوا نظراته من مسحة فلسفية أفلاطونية، وهو يرجع صلاح أخلاق الإنسان إلى صلاح النفس، ولهذا فهو يحث على الابتعاد عن الهوى، والنفس عنده مجبولة على الحركة (المكي، 1950: 1/ 174).

وعلى الرغم من أن النفس عند أبي طالب المكي واحدة ألا أنه يقول أنها مبتلاة بأوصاف أربعة متفاوتة: أولها معاني صفات الربوبية نحو الكبر والمدح والعز والغنى، ومبتلاة بأخلاق الشياطين مثل الخداع والحيلة والحسد والظنة ومبتلاة بطبائع البهائم وهو حب الأكل والشرب والنكاح، وكذلك فهي مطالبة بأوصاف العبودية مثل الخوف والتواضع والذل (المكي، 1950: 177/1).

وكذلك يقسم الناس إلى قسمين منهم من تغلب عليهم النفوس الأمارة بالسوء الموافقة للهوى والمخالفة للمولى، ومنهم أولوا النفوس المطمئنة وهم عباد الرحمن أصحاب العلم والحكمة ولهذا فهو يحث الإنسان على الابتعاد عن طاعة النفس الأمارة بالسوء وأتباع النفس العاقلة التي تقوده إلى صفات الربوبية وتضعه في مصاف

الروحانيين ولهذا فهو يصف الطريق الأخلاقي إخلاص النفس من عبودية الهوى إلى طريق الكمال وذلك بأن يملك الإنسان ويسخرها ويتسلط عليها أن تسلط عليه لأنه يقول إن لم تملك نفسك ملكتك وأن تضف لم عليها أتسعت عليك فأن أردت الظفر بها فلا تعرضها لهواها، وأحتسبها عن معتاد بلاها فأن لم تمسكها انطلقت بك، وأن أردت أن تقول عليها فأضعفها بقطع أسباب هواها وحبس مواد شهواتها وإلا قويت عليك فصرعتك (المكي،1950: 178/1).

2.الغزالي:

هو محمد بن محمد أبو حامد الغزالي (450- 505هـ)، أن قراءة فكر الغزالي من الزاوية القيمية توضح لنا موقفا أولا هو موقف فلسفي مألوف لدى الفلاسفة المسلمين أمثال الكندي والفارابي وأبن سينا ومسكويه، وفي هذا الموقف من مواقف شخصية الغزالي يبدوا لنا أبو حامد فيلسوفا مسلحا وأرسطو طاليسيا وأفلاطونيا معا في ميدان العلم والعمل وقد انتهى إلى أقرار قيم أصلية أساسية أو فضائل تضم كل واحدة منها قيما فرعية أو جزئية بعضها إيجابي مرموق، وبعضها سلبي مذموم وهي جميعها تقدم لائحة كاملة عما أقره فلاسفة الإسلام القدامى من حكمة وشجاعة وعفة واعتدال أو عدالة ولكن أبا حامد الغزالي ينحو بعد ذلك إلى النهج الصوفي ولا سيما في كتابة أحياء علوم الدين ولذلك نرى تغيرا في كتبه والتي كتبها عندما كان فيلسوف وكتب كتبها وهو متصوف فتعريف الخلق في كتابه ميزان العمل عرفه بأنه: (إصلاح القوى الثلاث: قوة التفكير قوة الشهوة وقوة الغضب (الغزالي،1964: 64)، وفي كتابه الأحياء وهو كتاب عرف بأنه من أشهر كتبه ذات النهج الصوفي والذي بموجبه فقد أشتهر الغزالي بلقب مجدد الفكر الأخلاقي الإسلامي الذي يحدد الخلق بأنه: (عبارة عن هيئة في النفس راسخة عنها تصدر الأفعال بسهولة ويسير، من غير حاجة إلى فكر وروية فأن كانت الهيئة بحيث تصدر عنها الأفعال الجميلة، المحمودة عقلا وشرعا، سميت تلك الهيئة خلقا حسنا وأن كان الصادر منها الأفعال القبيحة، سميت الهيئة التي هي المصدر خلقا سيئا) (الغزالي،د،ت: 1434/8-1435).

ولذا فأن جوهر الأخلاق عند الغزالي هـي أخـلاق التصـوف، وذلك لأنـه لم يجـد بغيتـه في الفلسفة وعلم الكلام، ولذلك كتب كتاب المنقذ من الضلال (فتجاوز بذلك طريـق الفلاسـفة، بعد أن لم يجد ضالته عندهم، لأن الحقيقة برأيه، نصلها عن طريق الذوق والعمل (الغزالي، 1964: 154).

فالغزالي مع التصوف الجاد الملتزم بأدب الـدين وأدب العقـل، لأن التصـوف في حقيقتـه - كما ابان عنه وعرفه شيوخ الطريقة المعتمدين - خلق وأدب، وطهارة ونقـاء، وتصـفية ومجاهـدة وتخلية من كل خلق رديء وتحلية بكل أدب سيء رفيع، وهـو كشـف وبصـيرة والهـام، وترقـي في سلم التطهر الروحي، ومعانـاة وجوديـة ربانيـة خالصـة، أول شروطهـا: تطهـير عـما سـوى الـلـه، ومفتاحها: أستغرق القلب بالكلية بذكر الـلـه، وغايتها: الفناء بالكلية في الـلـه .

أن الصوفية هم السالكون لطريق الـلـه تعالى خاصة، وأن سيرتهم أحسن السير، وطريقتهم أصوب الطرق، وأخلاقهم أزكى الأخلاق، عاد الغزالي فنبه وحـذر مـن تحـول التجربـة الصـوفية إلى تجربة ذاتية متحررة من كل قيد، سائبة من غير ضـوابط فتغـدوا سـاحة مشـاعة للغلو والتطـرف والانحراف في العقيدة والشذوذ في السلوك (عبد الحميد، 1991: 47).

أن الفضيلة عند الغزالي حالة كمال للنفس تنالها إذا اعتدلت قواها ولم تجنح إلى الإفـراط والتفريط ويجمعها الغزالي بأربع صفات هي الحكمة والشجاعة والعفة والعدالة والفضيلة المهمـة عند الغزالي هي فضيلة الصدق وفضيلة الصبر وفضيلة الإخلاص ويعطـي لفضيلة الصـدق أهميـة كبرى، لأن للصادق عنده معان كثـيرة كالصدق فـي القـول والصدق في النيـة والصدق في العـزم والوفاء والصدق فـي العمل ويوصي الغزالي دائما بالابتعاد عن الرذائل كالكذب والحسد والغضب (التكريتي، 1987: 48-50) .

والفضيلة عند الغزالي هي الاعتدال الوسط التي تهيئ النفس لنيل السعادة وقوة العـدل، وهي الميزان بين كفتي الغضب والشهوة، والتوازن بينهما طريق الهدايـة، فكلـما رجحـت إحـدى الكفتين فيكون الإنسان أما غاضب يسهل عليه الضرب والقتل وبلا

غضب تذهب منه حمية الدين والدنيا، أو وقف في الوسط فتكون شجاعته بحكمة وصبر وكذلك كفة الشهوة وحب الترف والطعام فإذا توسطت كانت القناعة (الغزالي،1353هـ: 12).

ويدعو الغزالي إلى المعرفة الخلقية والاجتماعية وضرورة الالتزام بها (الغزالي، 1964: 320)، فالعلم يزيد صاحبه خشية وخوفا ورجاء، ويحول بينه وبين المعاصي إلا الهفوات التي لا ينفك عنها البشر في الفترات (عبد الباقي، د،ت: 15).

ولذا فأن وظيفة طالب العلم الأولى، تقديم طهارة النفس عن رذائل الأخلاق وذموم الأوصاف (الغزالي، د،ت:48/3).

يرى الغزالي أن الأخلاق مصدرها العقل والشرع وما ناسبهما فهو مقبول وغير ذلك منبوذ فالخير عنده ما وافق العقل والشرع، وأن الشر ـ ما خالف العقل والشرع، أما السعادة عنده فالابتعاد عن هوى النفس وعدم التعليق بالمحسوسات وزم النفس الأمارة والابتعاد بها عن طريق الشهوات، حتى لا يصبح الإنسان أشبه بالبهيمة (الغزالي، د،ت:3/ 94).

ويؤكد الغزالي على مبدأ الضمير، وأن تربيته تكون بترقية النفس الأمارة بالسوء إلى مقام اللوامة التي تشعر بقبح المعصية وتلوم صاحبها وفاعلها ثم ترتقي بها إلى أن تصل إلى مقام الملهمة التي يلهما الله تعالى معرفة الخير من الشر، فكلما تعمقت جزاتها بالخير والشر ـ ارتفعت إلى مقام المطمئنة فترضي بقضاء الله تعالى وقدرته (الغزالي، د،ت: 48/3).

وفي ضوء ذلك تكون النفس اللوامة بمثابة الضمير الأخلاقي الذي يوجه سلوك الإنسان نحو عمل الخير ويبعده عن فعل الشر .

وتأسيسا على ما تقدم يمكن عمل مخطط لأمهات الفضائل عند الغزالي (الحكمة ـ الشجاعة ـ العفة ـ والعدل) إذ أن كل فضيلة من هذه الفضائل ينتظم منها فضائل أخرى تنطوي تحتها وهي كالآتي(العسكري،1999:).كما موضح في المخطط(6).

وهكذا نرى أن الحكمة وهي فضيلة النفس العاقلة (القوة العقلية) يندرج تحتها أربع فضائل هي: (حسن التدبير، جودة الذهن، نقاوة الرأي، صواب الذهن).

أما الشجاعة وهي فضيلة القوى الغضبية لكونها قوية فيندرج تحتها فضائل هي: الكرم، النجدة، كبر النفس، الاحتمال، الحلم، الثبات، الشهامة، النبل الوفاء .

أما فضيلة العفة فهي فضيلة القوة الشهوانية ويندرج تحت فضيلة العفة الفضائل الآتية: (الحياء، الخجل، المسامحة 4.الصبر، السخاء، حسن التقدير الرماثه الانتظام، حسن الهيأة، القناعة، الهدوء، الورع، الطلاقة ، الظروف المساعدة التسخيط) .

أما فضيلة العدل فهي حالة للقوى الثلاث في انتظامها على التناسب بحسب الترتيب ويشمل كل الفضائل والبالغة أثنتان وثلاثون فضيلة .

3.الحافظ أبن أبي الدنيا:

هو عبد الله محمد أبو بكر القريشي (208 - 281هـ) وقد ألف العديد من الكتب منها كتاب الأخوان، الشكر، المرض والكفارات، مكارم الأخلاق الهم والحزن، الحلم، الهواتف، من عاش بعد الموت، الصمت الورع الأولياء الاعتبار .

وفي كتابه مكارم الأخلاق قد أعتمد أبن أبي الدنيا على أحاديث رسول الله(ﷺ) عن عقبة بن عامر قال لقينا رسول الله(ﷺ) يوما فبدرته فأخذت بيده أو بدأني فأخذ بيدي فقال يا عقبة إلا أخبرك بأفضل أخلاق أهل الدنيا وأهل الآخرة تصل من قطعك وتعطي من حرمك وتعفو من ظلمك (أبن أبي الدنيا، 1909: 23/1).

وكذلك في حديث آخر لرسول الله(ﷺ) (لن ينال عبد صرح الأيمان حتى يصل من قطعه ويعفو عمن ظلمه ويغفر لمن شتمه ويحسن إلى من أساء إليه) (أبن أبي الدنيا، 1909: 23/1).

وكذلك أحاديث عديدة عن الأخلاق منها قال رسول الله(ﷺ) أن لله عز وجل لوحا من زمردة خضراء جعله تحت العرش وكتب فيه أني أنا الله لا إله ألا أنا أرحم وترحم خلقت بضعة عشر وثلاث مائة خلق من جاء بخلق منها مع شهادة لا إله إلا الله دخل الجنة (أبن أبي الدنيا، 1909: 25/1).

أما مكارم الأخلاق فهي عشرة عند أبن أبي الدنيا معتمدا على قول عائشة (رضي الله عنها) إذ قالت أن مكارم الاخلاق عشرة صدق الحديث وصدق البأس في طاعة الله وأعطاء السائل ومكافأة الصنيع وصلة الرحم وأداء الأمانة والتذمم للجار والتذمم للصاحب وقري الضيف وأرسهن الحياء (أبن أبي الدنيا، **1909: 26/1**).

والقيم الأخلاقية عند أبن أبي الدنيا تبدأ بالأيمان وأفضل الأيمان هو خلق حسن (أبن أبي الدنيا، **1909: 31/1**) ثم أكرم النفس بطاعة الله فيقول (ما أكرم العباد أنفسهم بمثل معصية الله (أبن أبي الدنيا، **1909: 32/1**) .

ثم رأس مكارم الاخلاق الحياء لقول رسول الله(ﷺ) قال الحياء من الأيمان والأيمان في الجنة والبذاء من الجفاء والجفاء في النار (أبن أبي الدنيا، **1909: 35/1**)، وقول رسول الله(ﷺ) الحياء خير كله (أبن أبي الدنيا، **1909: 36/1**)، وكذلك أعتمد أبن أبي الدنيا على أقوال السلف في كتبه فعن الثوري قال الأيمان عريان ولباسه التقوى وزينته الحياء وماله العفة (أبن أبي الدنيا، **1909: 41/1**)، وكذلك قيمة الصدق لقول الرسول(ﷺ): "اضمنوا لي شيئا من أنفسكم أضمن لكم الجنة اصدقوا إذا حدثتم وأوفوا إذا وعدتم وأدوا إذا ائتمنتم واحفظوا فروجكم وغضوا أبصاركم وكفوا أيديكم" (أبن أبي الدنيا، **1909: 45/1**). **4**.أبن عربي:

ولد أبن عربي سنة (**560** هـ) بمدينة مرسية بالأندلس وأرتحل طالبا العلم إلى الشرق وتوفى في دمشق عام (**638**هـ) وترك مؤلفات عديدة منها كتابه الضخم (الفتوحات المكية) وكتاب (فصوص الحكم) وقد أقام نظريته الأخلاقية على نظرية الوجود فوضع فكرة الإنسان الكامل بفكرة أفلاطون بالتشبه بالله، والإنسان الكامل عنده مرة الروح الأعظم وملك الحياة والقطب فتارة العلم الأعلى والعرش والعقل الأول (التكريتي، **1988: 462**).

وقدم أبن عربي لدراسة الأخلاق بدراسة للنفس أسوة بأسلافه الفلاسفة فالنفس لديه هي الجوهر الروحاني المنير بطبعه الذي يعطي الجسم الحياة عندما يتصل به والذي يتخذه آلة لكسب العلوم، والنفس تحل في الجسم بعد أن يتم خلقه ويصير مستعدا لها،

وليست كل النفوس سواء في الكمال أو في حبها للأجسام وتعلقها بها، وكلما زاد هذا الحب والتعلق بالجسم الكشف المظلم بأصل خلقته كان بعدها عن الكمال، وإذا يكون كما لها في أن تجتهد في الخلاص من اسر الجسم والشهوات وفي كسب المعارف والعلوم (أبن عربي، 1950: 2/ 253) .

والأخلاق (جمع خلق في رأيه كلها جبلية فطر المرء عليها بمعنى أن الرجل الحليم العف اليد واللسان مثلا يجب أن يوصف بهذين الخلقين من ناحية فطرته، لأن ذلك كان مركوزا فيها، لأنه صار حليما وعفيفا حتى رأينا أفعال الحلم والعفة تصدر عنه بسهولة ويسر وأبن عربي يؤمن بهذا أيمانا لأريب معه إذ يقول (الصحيح في هذه الأخلاق الإلهية أنها كلها من جبلة الإنسان، فجميع ما يظهر من مكارم أخلاق وسفاسف اخلاق كلها في جبلته (أبن عربي، 1950: 242/2) وكما يؤمن بهذا يؤمن أيضا بأن الله قدر لكل من خلقه منزلة لا يعدوها، فمنهم المؤمن ومنهم المنافق ومنهم الولي ومنهم العدو، وهكذا ليس لمخلوق كسب في تحصيل مقام لم يخلق له وذلك تقدير العزيز العليم (أبن عربي،1950: 3/ 53).

ويرى أبن عربي ان لا فرق بين الخير والشر في المطلق وأن كان الله مصدر الخير فلا يجوز اعتبار الإنسان مصدر الشر وإنما يقال أن بعض أعمال الإنسان تحل محل الشر، فالشر المحض لا يوجد بحد ذاته . والشر المحض هو العدم المحض وبخلافه الخير المحض فمعناه الوجود المحض والنور المحض .

فالله أذن لم يخلق الشر ولا يوجد الشر ألا بالنسبة إلى تعليم شرعي معين وبالنسبة إلى مبدأ أخلاقي متواضع عليه هو تقييم ذاتي وليس له وجود موضوعي، وكذلك هو الخير، فالموجودات بذاتها ليست خيرا ولا شرا فالألم والمرض والفقر والجهل والقبح منيت بنقص فعدت شرورا، ولو تفادينا هذا النقص لما عادت شرورا ويسمى الشر شرا لأننا نجهل الخير المستتر فيه ونجهل الحكمة الآلهية من خلقه وبعد فأن الله يغمر الموجودات جميعا برحمته (التكريتي، 1988: 464)

ونرى أن أبن عربي الذي بلغ معه الكلام في التصوف أوجه نجده كغيره من المتصوفة بفضل استعمال لفظة أدب على لفظة أخلاق بقوله (الأدب الجامع لمكارم الأخلاق والعليم بسفاسفها لا يتصف بها بل هو جامع لمراتب العلوم محمودها ومذمومها لأنه ما من شيء إلا والعلم به أولى من الجهل به عند كل عاقل، فالأدب جماع الخير، وهو ينقسم إلى أربعة أقسام في أصطلاح الصوفية وهي كالآتي (أبن عربي، د،ت: 218/2).

1.أدب الشريعة: وهو الأدب الإلهي الذي يتولى الله تعليمه بالوحي والإلهام به أدب نبيه (ﷺ) وبه أدبنا نبيه(ﷺ) .

2 .أدب الخدمة: وهو ما اصطلحت عليه الملوك في خدمتها .

3.أدب الحق: وهو أدب الحق مع الحق في أتباعه عند من يظهر عنده ويحكم به فترجع اليه وتقبله ولا تحملك الأنفة، فإذا كنت ذا كبر في السن أو المرتبة ظهر الحق عند من هو أصغر منك سنا أو قدرا أو ظهر الحق عند معتوه تأدبت معه وأخذته عنه واعترفت بفضله عليك فيه، فهذا هو الأنصاف وهو جزء من آداب الشريعة وهو الأم لجميع الآداب .

4.أدب الحقيقة: وهو ترك الأدب بفضائل وردك ذلك كله إلى الله .

وبعد أن قدم الباحث أربعة أقسام من علماء وفقهاء وفلاسفة ومتكلمون ومتصوفة على سبيل الأمثلة لا الحصر ولكن مع ذلك بقيت كتب ومؤلفات لعلماء وفقهاء وأدباء ومتكلمون لم نتطرق إليهم على سبيل المثال نذكر منهم:

كتاب (تذكرة السامع والمتكلم في آداب العالم والمتعلم) لمؤلفه أبن جماعه (139 هـ - 733) وكتاب الأخلاق لمؤلفه عطا الدين عبد الرحمن بن أحمد الأيجي (ت756 هـ) وكذلك كتاب (الذخائر والأعلاف في آداب النفوس ومكارم الأخلاق لأبي الحسن سلام بن عبدالله الباهلي الأشبيلي وكذلك كتاب إرشاد العباد إلى سبيل الرشاد لزيد الدين بن عبد العزيز الميلساني، ومكارم الأخلاق للطبرسي وغيرها ذلك من المؤلفات

والكتب والرسائل والمخطوطات التي مازالت تنتظر من يمد يده أليها وأخرجها إلى النور .

أن هذه الآثار الجليلة التي تركها أولئك الأبرار الصادقون وهذا الرصيد الضخم الكبير الـذي خلفوه لمن يعدهم ميراثا حيا لا يبلي على مر الزمان، أن هذا التراث الأخلاقي الثر يلقي عـلى أبنـاء أمتنا العربية والإسلامية مسؤولية جسيمة لا يقوي على النهوض بأعبائها إلا إنسان العقيدة الـذي يستمد من إيمانه بالله تبارك وتعالى وهو الغذاء الوافي لقوى النفس في الإنسان، وهو المـراد الخالـد لحيويتها وأشرافها الذي يزوده بقوة الصمود إزاء الأحداث والأهواء، وليس هناك على وجـه الأرض قوة تكافئ قوة الـلـه سبحانه تعالى أو تدانيه في ضمان اسـتقامة الإنسـان المسـلم ويقظـة ضـميره ومتانة أخلاقه المستمدة من كتاب الـلـه العزيز وسنة نبيه المصطفى(ﷺ)

الفصل السادس

الفصل السادس
نحو رؤية مستقبلية للقيم

مرت الفلسفة العربية الإسلامية بفترات عصيبة حاولت القوى المعادية تغيبها عن ساحة المعرفة في فترات الاحتلال الأجنبي، وباتت الآمة مجهولة المصير، ضبابية المستقبل، لكن جذوة العقل لا تنتهي، فما ينهض الشعب حتى تتجدد شعلة العلم والمعرفة من جديد.

ولذلك فأن مستقبل الآمة العربية بقيمها وفلسفتها يتوقف على وعي العرب أنفسهم، ومرهون على درجة ايمانهم بقيم العقيدة الاسلامية.

وقبل أن نقدم الرؤية المستقبلية للقيم كان لا بد أن نستعرض بشكل موجز المشكلة القيمية والتي مثلت نزوعا إنسانيا متميزا نحو التسامي بكل صورة قيمية واقعية لا تتناسب وطموح الإنسان ولا تتطابق مع تفكيره فيما ينبغي أن يكون عليه السلوك البشري وهذه الحقيقة تبوأت مكانة مهمة بين مختلف أشكال التفكير البشري، قديما وحديثا، فقد برزت هذه المشكلة في السياقات العامة للتفكير البشري الأسطوري، أنضجتها الفلسفة كمنحى من مناحيها (جواد، ١٩٩: 2) ومنذ فجر التاريخ حاول المفكرون والفلاسفة والمصلحون والأنبياء لتنظيم مجتمعاتها عبر مجموعة من القيم التي تحكم التعامل بين البشر وتحفظ حقوق الأفراد، وتحدد واجباتهم، وتوفر لهم مناخا من العدالة والحرية والإخاء والتكافل، بما يضمن النهوض بالمجتمعات الإنسانية وكما ذكرنا في الفصول السابقة بأن الفلاسفة حاولوا تأسيس قواعد ثابتة يسير على خطاها الإنسان، ومن الفلاسفة من حاول أن يؤسس جمهوريته المثالية، كأفلاطون وجمهوريته المثالية الذائعة الصيت القائمة على الثلاثية (الحق والخير والجمال)، ومن الفلاسفة من حاول أن يبني منظومته الأخلاقية على الحكمة امثال سقراط، افلاطون، ارسطو ومنهم من حاول أن يعتمد على أخلاق اللذة كـ (ابيقور). ومنهم سلط الضوء على أخلاق الفضيلة كـ (زينون) و (سيبنوزا) و(كانت) ومنهم من سلط الضوء على اخلاق

العاطفة كـ (شوبنهور) و(هارتمان) و (نيتشه) ثم هناك من اعتمد على اخلاق المنفعة كـ (فنحته) و (شلنغ) و (هيجل) إلى المادية التي دعى اليها ماركس وانجلز.

وقد استعرض الباحث في مشكلة البحث إشكالية أزمة القيم في المجتمع العربي. فالمجتمع العربي المعاصر يشكو من المساوئ والعيوب الناتجة من ضعف التمسك بالقيم الإنسانية وبفضائل القيم، ومن التبدل والانغماس في الشهوات، مما يصدر في اغلب الأحوال من ضعف العقيدة الدينية، ونقص الوازع الإيماني، لذا فالمجتمع العربي بحاجة إلى قيم واضحة، تجنبهم الواقع وتكون سندا في تبين صورة المستقبل بين المذاهب والدعوات المختلفة، التي يموج بها العالم في الوقت الحاضر (محجوب، 1986: 121).

ولقد بدأت واضحة الأزمة التي تمر بها الآمة العربية الإسلامية، في جملة من الظواهر السياسية والاقتصادية والاجتماعية والتربوية، ولعل أخطرها شأنا واعمقها آثرا واشدها تعقيدا هو ما يتعلق بالواقع التربوي والسلوكي الذي يجدد طبيعة الشخصية العربية الإسلامية المعاصرة وما تتميز به من مغايرة وتناقض واختلال، على مستوى الممارسات الفردية في حياة المسلمين، أو على صعيد التكوينات والبنى الاجتماعية (العاني،1998: 1).

أن البحث عن أساس القيم، هو محاولة فلسفية تتوفر فهم السلوك الإنساني وربطه بالعالم المعاصر، الذي أصبحت أموره متداخلة، متشابكة واصبح كل ما يحدث فيه ينعكس على ما فيه ومن فيه ، أي خطأ في التصرف يمكن أن يؤدي إلى كارثة مدمرة ولكي تتجنب هذه الكارثة كان لابد من وضع منظومة قيمة تشتق من المصادر آلاتية:

1. العقيدة الإسلامية: يدين المجتمع العربي بالله ربا وبالإسلام دينا ومحمد نبيا ورسولا وبالقرآن كتابا موحدا لله وبالسنة النبوية عقيدة وشريعة كمنظومة شاملة لكل اوجه حياة المجتمع والإسلام بما قدمه من عقائد إيمانية تمثل الأصول الاعتقادية (وجود اللـه وصفاته وافعاله) او ما قدمه من أفكار وتصورات ومضامين وقيم واتجاهات حول قضايا الأيمان بالله خالق الكون

والموجودات وخالق الإنسان، قد قدم إجابات شافية عن غاية الكون وعن طبيعة الإنسان واصله ونهايته، والحكمة من الحياة في الدنيا والآخرة وطبيعة المعرفة ومصدرها، وسبل اكتسابها على أساس القيم الأخلاقية، والفضائل التي يجب ان يتحلى بها الإنسان والمجتمع المسلم، وقدم أسسا وقواعد عامة لتنظيم شؤون المجتمع وتنظيم مؤسساته وأنظمة الاجتماعية والسياسية والاقتصادية والثقافية، تمثل المبادئ الخلقية بها الوفاء والأمانة، والعدل والإحسان والتواضع.

فالأيمان بالله يعد المرتكز الأول في النظام القيمي الإسلامي وهو القيمة الأعلى والأسمى التي تنبثق منها القيم الأخرى،والأيمان بالله يستدعي الأيمان بكل ما أمر الله ان نؤمن به، فالأيمان بالملائكة والرسل والكتب السماوية واليوم الآخر والقدر خيره وشره كلها متكاملة بحيث اذا اختل الأيمان بأحدهما اختل الأيمان بكامله بوصفة كلا متكاملا كما يختل البناء القيمي الإسلامي، وهي تمثل الأحكام العملية التي تنظم شؤون الجميع الأساسية كالصلاة، والجهاد والبيوع والحسابات

2. الفكر العربي الإسلامي: ان الإسلام بكل مصادره من القران الكريم والحديث النبوي الشريف والقياس والاجماع والرأي بخصوبته وغناه هو المصدر الاساسي للمنظومة القيمية المقترحة، لما فيه من مفاهيم ومبادئ وخبرات يسعى الفكر الحديث إلى اعتمادها وتأصيلها وهذا ما أوضحه الباحث في فصول أطروحته عندما استعرض عن القيم في القران الكريم وكذلك استعراضه نماذج من الفلاسفة العرب والمسلمين .

لقد حمل التراث العربي الإسلامي من المبادئ والقيم والأفكار المستخلصة من مئات الكتب التي وضع فيها عصارة أفكارهم ففقهاؤنا وعلماؤنا والتي افادوا منها علماء الغرب وكانت السبب المباشر في نهضتهم وثورتهم الصناعية والفكرية في العصر الحديث والمعاصر، فلأجدى بنا ان تعيد

دراستها لتكون لنا نبراسا نهتدي به، ولذلك نؤكد على الاهتمام بهذا النبع الذي لا ينضب والذي احتوى من المبادئ والقيم الصالحة والنافعة، من مصادر حيوية متفاعلة متجددة متطورة

3. التراث الإنساني: لا يمكن ان تنشأ حضارة من عدم وحتما هنالك حضارة ما سبقتها، فهنالك علاقة وثيقة بين الحضارات ولذلك فعلينا ان لا تغلق على أنفسنا، بل يجب ان ننفتح على كل تجارب العالم ولذلك لان الباحث قد قدم في أطروحته رؤى عديدة للفلسفات وفلاسفة من كل بقاع العالم وفي أزمنة و أمكنة مغايرة ويمكننا الإفادة من هذه التجارب في المنظومة القيمية المقترحة بما يتلاءم مع مجتمعنا العربي الإسلامي. واستبعاد القيم التي تبتعد عن المحور الأخلاقي والقيمي للشخصية العربية الإسلامية.

4. واقع المجتمع العربي الإسلامي المعاصر:ان لكل مجتمع خصائص وسمات تختلف عن المجتمع الآخر ولذلك فدراسة واقعنا العربي الإسلامي من النواحي كافة الاقتصادية والسياسية واحتياجاته ومطا ليبه الآنية والمستقبلية والتحديات التي تمر بها الآمة العربية الإسلامية ولاسيما تحديات العولمة والإمبريالية والصهيونية ومواجهة هذه التحديات.

لقد قام المفكرون العرب المعاصرون ووقفوا ازاء واقعهم موقفا مضادا منطلقين من نظره منفعلة مشحونة بالنقد القيمي لما هو كائن ساعين خلال ذلك إلى التعرف إلى صورة ما ينبغي ان يكون في إطار الرغبة الدائمة لاصلاح القيم في ضوء الرؤية الغربية المادية والنظرة الصهيونية.

وحاولوا ايضا البحث عن أسباب تدهور القيم فبعضهم غرق في النظرة الجزئية كالفقر والجهل والتي رأى من خلالها جانبا واحد من الواقع ولذلك اعزوا التدهور إلى الجانب الاقتصادي والاجتماعي وسلطوا الضوء على هذين السببين دون النظر إلى الأسباب الأخرى.

5. **الأصالة المعاصرة:ان الماضي هو روح أصلية وحياة حرة سامية ولايمكن الاتصال بالماضي الا عن طريق شاق. وان فهم التراث فهما صحيحا يعطي قيما روحيا وأخلاقية سامية للواقع والمستقبل بل ان التراث يكاد يكون المعيار الذي تعود أليه (التجربة الثورية) عندما تريد تصحيح مسارها في حالة الانحراف ولعل هذا الفهم للتراث هو الذي جعل البعث يستمد من التراث وكما يقول الأستاذ احمد ميشيل عفلق (قوة روحية وأخلاقية ..... نحن أحوج ما نكون أليها في الحاضر الذي نعيشه، في تطلعنا إلى المستقبل، لأننا في الواقع نحن وامتنا مطالبون بأن نقدم إلى الإنسانية رسالة في تجديد القيم، في تجديد الأخلاق)(عفلق، 1986: 26)،وهذه أهم المصادر التي اعتمدها الباحث فهي تعد منظومة متكاملة ليست منفصلة بل تكمل أحدهما الآخر.**

المنظومة القيمية المقترحة:

ان المنظومة القيمية المقترحة انظر مخطط (7) مترابطة مع بعضها ترابطا جدليا، بحيث أي خلل في قيام الترابط الجدلي في هذه المفاهيم يعكس نقصا في تلك الشخصية العربية ومع الأخذ بنظر الاعتبار بان هذه المنظومة القيمية لا يمكن ان تتم بدفعة واحدة بل بالتدريج وبالتربية درجة درجة وبجهد المربين والمفكرين.

اما المنظومة القيمية فهي:

أولا: العدالة:

تشير المعاجم العربية بان معنى العدالة: اقام في النفوس انه مستقيم وهو ضد الجور، العدل من الناس: المرضي قوله وحكمة (الفيروز أبادي،د، ت:مادة عدل). وقال البقاء: العدل ان يعطي المرء ما عليه، وياخذ ماله (أبو البقاء، 3:1974/253).

ان العدالة تشكل مطلبا إنسانيا فطريا وغاية لأفعال الناس ولذلك يقول القائد صدام حسين (حفظه الله ورعاه):(ان الإنسان في جوهرة، يريد العدالة وتحقيق

مصالحهم الحقيقية، والقلة الخاصة من الناس هم الذين يرفضونها) (صدام حسين،1979: 35).

والعدالة هي صورة مثلى في بناء العلاقات داخل المجتمع سواء كان ذلك على الصعيد (الدولة) أو الفرد بل أن مقارعة (الظلم) وتطبيق العدالة يمثل واجبا ينبغي أن يقوم به الجميع ولذلك نادى القائد صدام حسين (حفظه الله ورعاه) بتخصيص العدالة من خلال (تشغيل كل أنشطة المجتمع والدولة في خدمتها في ميادين الاجتماعية والاقتصادية والسياسية وبصورة متناسقة ومتجانسة في ميدان الإدارة والقانون) (صدام حسين، 1979:8)، ويقترح الباحث الاعتماد على الفلسفة الإسلامية والذي تتميز بنظام اجتماعي حرص على سيادة العدالة على الحكام والمحكومين على السواء، فقد تضمن القران الكريم آيات كثيرة تأمر بالعدل وتدعو إلى القسط وتنهي عن الظلم، بل جعل إقامة القسط في الناس ودفع الظلم عنهم علامة أساسية لإرسال الأنبياء والرسل إلى البشرية اذ قال تعالى: ﴿لَقَدۡ أَرۡسَلۡنَا رُسُلَنَا بِٱلۡبَيِّنَٰتِ وَأَنزَلۡنَا مَعَهُمُ ٱلۡكِتَٰبَ وَٱلۡمِيزَانَ لِيَقُومَ ٱلنَّاسُ بِٱلۡقِسۡطِۖ﴾ (سورة الحديد /25).

وان كلمة العدالة قد وردت في القران الكريم في اكثر من أربعة عشر موضعا. وهناك مرادفات للعدل كالقسط التي وردت في اكثر من ستة عشر موضعا. وهناك العديد من الآيات التي تنهى عن الظلم وهي دعوة إلى العدل وكما أن نصوص السنة النبوية زاخرة بالدعوة إلى العدل والمساواة وتطبيقات النبي (ﷺ) لمبدأ العدالة.

أن الإسلام ينفرد لوحدة في انه لا يكتفي بالعدالة الظاهرة التي تدل عليها البينات، بل يدعو لتحقيقها ولذلك لا يكفي أن يسن قانون عادل لكي تضمن العدالة ، ويزال الظلم ، فالقانون هو (سلاح القاضي الأساسي وصولا للعدالة، وليس هو العدالة كاملة بحد ذاته)(صدام حسين، 1979:9) ولذلك يجب أن نربط بين مفهوم العدالة، ومضمونها وتحقيقها، وبين الأيمان بالغايات السامية وفهم المسؤولية والواجب فهما سليما، وبين القيم الوطنية والأخلاقية (صدام حسين، 1978:23-24).وقد اجمل القائد صدام حسين (حفظه الله ورعاه) العدالة وسبلها في وصاياه قائلا:

- أسرع، وعجل في الخير، وتريث، وتأن في ما يلحق ضررا بآخرين ولا تتردد في إنفاذ الحق إلى ميدانه، ولطم الباطل، حيث ما ذر قرنه.
- أن حكمت، فأحكم بالعدل، ولا تدخل الهوى في ما يثقل حكما، أو يدع مجرما لا يرجى إصلاحه يفلت من عقاب.
- اجعل الرحمة تاج العدالة، والحزم بديلا عن التردد، والتأني بديلا عن التسرع، والحكمة بديلا عن التهور، والعقل بديلا عن الحماقة، ولا تعط عدوك فرصة عليك.
- احرص على أن لا تظلم أحدا، فخير لك أن يفلت منك من يستحق عقابا، فتلوم النفس، من أن تظلم أنسانا فتعنفها.
- لا تطالب بما هو ليس حق لك، ولا تتنازل عنه الا لمن هو أحق منك به، ووازن بين الحق وما يقابله من واجب أو التزام لأن من يسعى إلى حق من غير واجب أو التزام من غير حق قد يضع نفسه موضع المستغل الضعيف، واي منهما ليس من صفات العراقي والعربي المؤمن.
- اذا أردت أن تجعل خطاك بأقل ما يمكن، وان تكون صاحب عدل إلى أقصى ما يمكنك في ذلك، تذكر أن الشيطان ينزع القلوب الضعيفة، ويعشعش داخل الصدور الخالية من الأيمان، واجعل نفسك مكان غريمك أو خصمك لتعرف هل أن الحق لك، أو أن حق خصمك وغريمك يعلو عليك (صدام حسين، 2000).

ثانيا: الحرية او إرادة الاختيار:

ونعني بالحرية او ارادة الاختيار ان يمارس الإنسان افعاله بملئ حريته واختياره دون قسر او اكراه وكما هو معروف ان الحرية ترتبط بعناصر لنظرية الأخلاقية الإسلامية كلها فلا الالزام،لا مسؤولية، لا جزاء من غير حرية وان سلوك الإنسان يفقد مضمونه الأخلاقي في غياب الحرية وارادة الاختيار واذا كان فلاسفة الأخلاق يعولون على الحرية في إضفاء الصيغة الأخلاقية على افعال الإنسان فان القران الكريم يؤكد على حرية

الإنسانية تأكيدا" قاطعا وينسب العمل إلى فاعله، وليس لقوة غيبية تفقده حريته واختياره وبين الله سبحانه وتعالى انه أعطى الإنسان الحرية المطلقة لاختيار أفعاله فقد يختار الخير بمحظ أرادته وقد يختار الشر بمحض أرادته، أما أن يهذب الإنسان نفسه ويأخذها بالأخلاق الفاضلة واما ان يفسدها ويأخذها بالمعصية ويقودها إلى الضلال قال تعالى: (ونفس وما سواها*فألهمها فجورها وتقواها*قد أفلح من زكاها*وقد خاب من دساها).(سورة الشمس/7-10)

ثالثا: البطولة:

أن البطولة التي ننشدها تنطلق من العلاقة التكاملية بين الفرد والمجتمع لأن البطولة هي ابنة المجتمع في جانب أساسي منها، وان المجتمع هو الذي ينجب البطل فلذلك قيم البطولة تكتسب معناها من الإبداع الفردي، واستنادا إلى العلاقة الجدلية بين أخلاقية الفرد وأخلاقية المجتمع باعتبارها اوجها من اوجه التعبير عن العلاقة بين الذاتي والموضوعي فأن البطولة هي (شبكة من الفضائل المتكاملة التي تحدد الشخصية القوية الفنية الممتلئة طاقة وقدرة وعطاء، المتقدة عاطفة وذكاء) (فرح:121) والبطولة هي (النسغ الذي يعيد الحياة إلى العلاقة بين ماضي العرب الثوري وحاضرهم الراهن ... والأرض الخصبة التي تنمو فيها الثقافة الحية والتربية الصحيحة)(فرح 1987: 133-134).

أن نواة البطولة موجودة في كل إنسان عربي وبذلك تنتقل البطولة من حدود التجسيد الفردي إلى حدود (الرمز) الوطني، وينسجم مع القول بأن البطل جزءا لا يتجزأ من العملية الجدلية، فيتحول الإنسان الفرد إلى رمز حقيقي للامة (فرح 1982: 146)، اذن فبالدرجة التي يحقق البطل الصورة المصغرة لمجموعة الأمة، وهي في حالة (انبعاث) و (إشعاع) حضاري، فان البطولة ذاتها لا بد ان تصدر عن معاناة حقيقية. ذلك لان البطل نفسه هو (تلخيص لمعاناة الأمة الشاملة والنضال ضد كل وجوه الاستلاب وفقدان الهوية.. وهو التحدي الكاشف عن جوانب الخلل والنقص وعما يحتاجه كل إنسان عربي وكل جيل وطليعة ونظام) (فرح 1989:146).

ومن قيم البطولة الشجاعة:

اذ ان الشجاعة قيمة أساسية من قيم المجتمع العربي، وقد يحدث ان تعبر هذه القيمة عن نفسها بصيغة فردية، ولهذا كان لابد من انبثاق مؤثر يؤدي إلى نقل صيغة تعبير هـذه مـن الإطار الفردي إلى الإطار الجماعي، لان الصيغة الفرديـة قـد توظـف في سـلوك ضـار تـنعكس سـلبيا عـلى الذات والمجتمع العربي، بما لا يتفق وجوهر الأخلاق الأنبعاثية المطلوبة (التقرير المركزي:173).

وعملية النقل هذه تحتاج إلى تغيير (موضـوعي) يمثـل في اعـتلاء الصـورة السـباقة، للبنـاء القيادي الأخلاقي للمجتمع العربي، وتحتاج إلى مجاهدة للنفس مـما يـؤدي إلى إبـراز دور الإرادة الأخلاقية وفعلها في التحرير والانطلاق في سلبيات قيم (ما هو كائن) إلى إيجابيات قيم ما ينبغـي ان يكون، فالشجاعة تفترض محاربة عدويين في وقت واحـد عـدوا داخـلي يمثـل فـيما تركتـه حالـة التخلف من موروثات زمن الانهيار العربي، وعدو خارجي، يرتبط بالأول (عفلـق 1986: 16/1).فضـلا على انه لا توجد شجاعة منعزلة عن غيرها من القيم فقـد تـرتبط الشـجاعة بـالالتزام وتعـبر عـن الانضباط (المنهاج الثقافي،الكتاب الأول:75).

لقد عرف العرب منـذ القـدم انهـم أصـحاب مبـدأ في الحيـاة لـذا وضـعوا أمـامهم صورة للرجولة الحقة وثبتت لتصبح سجية(بن خلدون، 1904: 125).

فكانت الشجاعة مفخرة الرجل وزهوه بين الأقاليم والقبائل فقـد تطلبـت هـذه الحيـاة ان يكون كل عربي فارس مستعدا للقتال في أي لحظة وجاء الإسلام ليعزز هـذه القيمـة فسـاعد عـلى تنمية روح الإقدام لينال رضا اللـه وينعم بالجنة فاحب الشـهادة لتصـعد روحـه إلى عليـين فقـد ساعد الإسلام على زرع هذه الخصلة العربية في نفوس العرب وكذلك في نفـوس الشـعوب والامـم الداخلـة في الـدين اذ قـال تعـالى:﴿ قُل لِّلْمُخَلَّفِينَ مِنَ الْأَعْرَابِ سَتُدْعَوْنَ إِلَىٰ قَوْمٍ أُولِي بَأْسٍ شَدِيدٍ تُقَاتِلُونَهُمْ أَوْ يُسْلِمُونَ فَإِن تُطِيعُوا يُؤْتِكُمُ اللَّهُ أَجْرًا حَسَنًا وَإِن تَتَوَلَّوْا كَمَا تَوَلَّيْتُم مِّن قَبْلُ يُعَذِّبْكُمْ عَذَابًا أَلِيمًا (١٦) ﴾ (الفـتح /15) وايضـا ﴿ وَالَّذِينَ آمَنُوا وَهَاجَرُوا وَجَاهَدُوا فِي سَبِيلِ اللَّهِ وَالَّذِينَ آوَوا وَّنَصَرُوا أُولَٰئِكَ هُمُ الْمُؤْمِنُونَ

حَقًّاۚ لَّهُم مَّغۡفِرَةٞ وَرِزۡقٞ كَرِيمٞ ﴿٧٤﴾ چ (الأنفال/74).قال رسول اللـه ﷺ (والـذي نفسي بيـده لوددت ان اقاتل في سبيل اللـه فاقتل ثم احيا فاقتل ثم احيا فاقتل)(البخاري 4:1987/17) و(اعملوا ان الجنة تحت ظلال السيوف) (البخاري، 1987: /314).

لقد كانت البطولة مولدة للعلاقات الصميمية بين الفارس الذي يحمل كل القيم الحميـدة وبين مجتمعه فتوثقت اواصرها حيث تزداد كلما أدرك أسرارها ببراعة ودهائه لكي يحقق امال ذلك المجتمع لذي قدسه وجعله الرمز الذي يقتدي به.

وردت في وصايا القائد صدام حسين (حفظه اللـه ورعاه) سبل واستخدام البطولـة في إدارة الصراع والتحدي ومنها(صدام حسين، 2000).

- لا تستفز الأفعى قبل ان تبيت النية والقدرة على قطع رأسها وان يفيدك القول انـك لم تبتدئ ان هي فاجأتك بالهجوم عليك واعد لكـل حالـة مـا يسـتوجب بـالهجوم علـيم واعد لكل حالة مل يستوجب،وتوكل على اللـه.
- اذا لم تقصد الذهاب إلى كامل المدى عليـك ان تبصر عـدوك بعواقـب الأمـور عنـدما يكون قصدك ان تتفادى الصراع معه اذ ربما لا يكون قد قرر الذهاب بالصراع إلى كامل المدى وما فعله الذي أوصى لك بانه يقصد الصراع بكل مـداه الا حماقـة حجبـت عنـه إمكانية ان يبصر عواقب الأمور وقد يكون تبصيرك اياه مما يبعـده عـن ان يتوغـل في مداه واذا ما قررت ان تتصارع مع عدوك فاظهرة على حقيقته كمعتـد،ولتكن الضربـة الكبيرة منك والضربة الحاسمة لك.
- لا تستخدم كل قدراتك مبادئا بهجـوم في صراع مـع عـدو، لا تقـدر انـك باسـتخدامك اياها تحصل على نتيجة حاسمة اذ ان استخدامك اياها من غير ذلك قـد يحـول نتـائج الصراع عليك ويكون عدوك غالبك.
- لا تجعل من خط البداية لقدراتك ووسـائلك في امـر صراع مـع عـدو وكائنهـا صـورتك النهائية امامه في الزمن اللاحق اذ ان الثبات على هذا جمود وحركة

- عدوك فيه ميزة له فيها عليك فجدد في وسائلك وتدابيرك وقدراتك بما يزيدها ويغنيها ان اردت الغلبة.
- اجعل عدوك امام عينك واسبقه ولا تدعه خلف ظهرك.
- احذر من نفسك قبل عدوك وانتبه إلى صديقك قبل خصمك.

ومن قيم البطولة ايضا التضحية:وهي علامة على وعي الإنسان بمستلزمات الصراع مع الواقع الفاسد ومحاولة إصلاحه واجتثاث الفساد فيه ولايمكن مقارعة الواقع والأنظمة والنفس دونما امتلاك قدرات طوعية في التضحية بالراحة والنفس من اجل مستقبل افضل للوطن والامة (المنهاج الثقافي، الكتاب الثاني:150)، فالتضحية تمثل (صدام) الذات الأخلاقية مع نفسها ومع الواقع الموضوعي باي حاله من حالاته المتخلفة أخلاقيا والزمن العربي الحاضر مثلما يستوجب ويتطلب بالحاح البطولة والأبطال والشجاعة والشجعان فانه يتطلب كذلك التضحية والمضحين باجلى صورهم واصدق معانيهم وان روح التضحية (ليست وقفا على مرحلة او اخرى وهي لا تتجسد في تصرفات وممارسات بعينها بل هي في كل فترة نضالية تكتسب اشكالا وابعادا جديدة) (المنهاج الثقافي، الكتاب الثاني:150).كما ان التضحية تعمق الصلة بين الاخرين كما يقول الرفيق القائد صدام حسين (حفظه الله ورعاه) (تعمق الصلة الإنسانية بين المقاتلين وتعمق رابطة العقيدة وصفات الرجولة والفروسية وتعمق عدالة القضية التي نقاتل من اجلها)(صدام حسين 2:98/1988).

ولدينا في التاريخ العربي قديما وحديثا صورا من التضحية بالنفس وعلى سبيل المثال نماذج كثيرة للإنسان العربي في العراق وفلسطين فقادسية صدام المجيدة وام المعارك والانتفاضة الفلسطينية كلها شواهد حقيقية على مقدرة العربي على التضحية بنفسه في سبيل وطنه.

رابعا: الالتزام الخلقي (الواجب):

لقد عني الفلاسفة منذ سقراط وافلاطون والابيقوريين والرواقيين في لعصور القديمة ثم القديس اوغسطين وتوما الاكويني والغزالي وابن مسكويه والمعتزلة والاشاعرة في العصور الوسطى وكانت ولبينتز وجون ستيوارت مل وهيوم ودوكايم وبنثام وغيرهم في لعصور الحديثة بهذا المبدأ السيكولوجي العام وعالجوه وفقا إلى نظرياتهم الأخلاقية من زوايا متعددة أطلقوا عليه تسميات مختلفة فهو الإلزام حينا والواجب حينا اخر والضمير حينا ثالثا وبصيرة أخلاقية في كثير من الاحيان.

لقد اختلف الفلاسفة في تفسير الإلزام الخلقي دوافع او حوافز العمل الأخلاقي اهو استجابة لواجب نداء الضمير،اهو الذي يختاره الإنسان بملء حريته وارادته مثلا" لقيمة الطلب ومثله الحسي؟ كما اختلف الفلاسفة في بيان مصادر هذا الالزام هي الضغوط النفسية التي تنبثق من داخل الإنسان ام هي الضغوط الدينية المفروضة على الإنسان الفرد والمجتمع على سواء.ومن قيم الالزام الخلقي:

أ. الإخلاص: الإخلاص قيمة فاعلة نشيطة تتبلور في قدرة الإنسان على التأثير في الواقع الموضوعي المعاشي بالشكل الذي يجسد قدرة المبادئ الأخلاقية المتمثلة في حركة الثورة العربية والمتمثلة بحزب البعث العربي الاشتراكي الساعية إلى التغيير. فهذه القيمة يتعدى معناها كونها تجردا عن المصالح الشخصية والتعلق بمثل رفيعة باعتبارها صفات فطرية عامة الاخلاص على مستوى الممارسة الممتزجة بالانضباط والالتزام وقد وصف القائد صدام حسين (حفظه الله ورعاه) الأخلاق بـ(الصميمية) و(العمق) و(الشرف) في فكر البعث (صدام حسن 1988:144).

ب-المسؤولية: المسؤولية تعني سؤال الإنسان ومحاسبته على افعاله الارادية التي يختارها بملئ حريته فالمسؤولية لا تعني الجزاء (الثواب والعقاب) لان الجزاء هو ما يترتب على هذه المسؤولية هي سؤال ومحاسبة الإنسان في الدنيا لتقدير لجزاء وكشف حساب بأعمال الإنسان في الحياة الآخرة قال تعالى: ﴿ فَمَن

يَعْمَلْ مِثْقَالَ ذَرَّةٍ خَيْرًا يَرَهُ ۝ ۷ وَمَن يَعْمَلْ مِثْقَالَ ذَرَّةٍ شَرًّا يَرَهُ ۝ ۸
﴿ (الزلزلة / 7-8).

وفلاسفة الأخلاق لا يعفون الإنسان من المسؤولية الأخلاقية الا انهم يحصرون هذه
المسؤولية في عالم الواقع وتنتهي عند أكثرهم بانتهاء حياة الإنسان اما الإسلام فيقرر هذه
المسؤولية الشخصية والاجتماعية ويوسع مفهومها ليشمل مسؤولية الإنسان امام خالقه فـي
الحياة الاخرة. فالقران الكريم يؤكد المسؤولية الشخصية الآجلة في آيات كثيرة قال تعالى: ﴿ وَإِذَا
الْجَحِيمُ سُعِّرَتْ ۝ ۱۲ وَإِذَا الْجَنَّةُ أُزْلِفَتْ ۝ ۱۳ ﴾ (التكوير/12-13).

ان مفهوم المسؤولية يخرج عن كل الإطارات التقليدية فلسفيا وايديولوجيا وذلك لانه
عندما تنعدم أي فوارق بين مسؤولية كل من(الأفراد و الأمة) في تحقيق الغايات السامية فان
هذه المسؤولية والشعور بها يصبحان من العوامل التجسيد صورة من صور التفاعل بـين (الـذاتي
والموضوعي) من جهة كونها باعثا نفسيا واعيا لاداء الواجب والارتباط بالغاية الموجود مـن خـلال
هذا الاداء.

1. ان المسؤولية تكليف وليس تشريف فالتكليف يمنحها قوة مضافة تبعدها عـن الفهـم
المحرف والخاطئ لمعنى المسؤولية وعن المزالق الأخلاقية التي يمكن ان يجر اليها هذا
الفهم وبهذا لا تغدو المسؤولية مصيرية عن حاله مفارقة لأي مـن تفاصيل العقل
الأخلاقي وايمان الذات الأخلاقية به. ﴿ كُلُّ نَفْسٍ بِمَا كَسَبَتْ رَهِينَةٌ ۝ ۳۸ ﴾ (المدثر 38)
﴿ هُنَالِكَ تَبْلُواْ كُلُّ نَفْسٍ مَّا أَسْلَفَتْ وَرُدُّواْ إِلَى اللَّهِ مَوْلَـٰهُمُ الْحَقِّ وَضَلَّ عَنْهُم مَّا
كَانُواْ يَفْتَرُونَ ۝ ۳۰ ﴾ (يونس/30) ولذلك يقول الرفيق القائد صدام حسين (حفظه
الـله ورعاه) (فكل عراقي في مسؤوليته يتصرف بصلاحيته لكن ليس صلاحيته الفنية
الوظيفية الصغيرة في نظرته للحياة، وإنما من موقعه ايضا وكأنه مسؤول عـن ابنـاء
العراق العظيم كله) (صدام حسين 1988 2/139).

خامسا: الحكمة

والحكمة تعطي معان عدة منها العدل والعلم والحلم والنبوة والقران والإنجيل واحكمه: اتقنه، واستحكم: منعه عن الفساد (الفيروز أبادي:100/4). **وقد عرف الغزالي الحكمة بانها(حاله للنفس بها تدرك الصواب من الخطا في جميع الأفعال الاختيارية)** (الغزالي د. ت:59/3). **وقد عرف البركوي الحكمة بأنها (ملكة للنفس بها تدرك الصواب من الخطا)** (البركوي، 1937: 41) **في جميع الأقوال والأفعال والأحوال والأخلاق وهي فضيلة متوسطة بين رذيلتي إفراط وتفريط فإفراطها خبثا باستعمال شعبها في غير ما امر الله تعالى.**

وشعب الحكمة: الذكاء والتذكر والتعقل وسرعة الفهم وقوته وصفاء الذهن وسهولة التعلم. واما تفريطها فيودي إلى البلادة والغباء البلدة.ويجب ان تقترن الحكمة (المعرفة) بالأخلاق لتحرير عقل الانسان وذلك عن طريق:

1. **زوال عقلية السحر والغيبيات وسيادة التفكير العلمي والسلوك العلمي ورفض الخرافات والعقول المتخلفة.**
2. **الاتصاف بالنظرة (الكلية والشمولية) والايمان بامكانية التغيير في جميع مستويات الحياة العربية. بما في ذلك النظرة إلى التقدم العلمي الذي لا يمكن ان يؤخذ بشكل مجرد عن عموم تقدم المجتمع وفي كافة المجالات الاخرى** (صدام حسين 110:1975).
3. **رفض الانطلاق والتحجر والتبعية والتقليد، والأيمان بالإبداع والتفاعل مع تجارب الشعوب وحضاراتها تفاعلا نقديا بناء يساهم في بناء الشخصية الحضارية للامة العربية، ويؤكد خصوصيتها وحقها في الحرية والاختيار.**
4. **النظرية التحليلية إلى الواقع، وسادة التحليل في عموم مفاصل وحركة العقل العربي، لاما يتجه ذلك من حيوية، وتجدد، وتفتح، ونقدية تكمن هذا العقل من اكتشاف قوانين حركة الواقع العربي** (فرح 1982: 106) **مع اعتماد الملاحظة والفرضية والتجربة، بهدف الوصول إلى فهم تناقضات**

الواقع، وبالتالي تناول هذه التناقضات، من وجهة نظر الفكر العربي الثوري، في علاقتها مع بعضها البعض لكي يكشف اللحمية الاساسية التي تبين مكمن وحدة هذه التناقضات وبالتالي يمكن التصدي لوحدة التناقضات بوحدة فكرية (فرح 1989:105).

5. الأيمان بقدرات العقل والعلم والعمل على توجيههما بالصورة التي تحقق التقدم السلام والعالمي حيث يقول الرفيق القائد صدام حسين (حفظه الله ورعاه) (ان العقل البشري قادر على استخدام المعطيات العلمية لصالح البناء والتقدم وتوطيد أسس السلام المبني على الصداقة والتعاون والمنافع المتبادلة بين الشعوب) (صدام حسين 164/1988:4).

6. ان سلامة النتاج الفكري، والعلمي، للعقل العربي الجديد، مرهونة بأيمان هذا العقل (الجدلية) التي تتيح له استخدام إمكاناته وطاقاته في الفهم والاستيعاب والعمل على التمثيل والتغير والإبداع، استخداما صحيحا، فمن الطبيعي كما رد في تحليلات الفكر العربي الثوري، ان تكون الطريقة التي يعبر بها الفكر عن ذاته، من نفس الطبيعة الجدلية، وان يختنق الفكر ضمن كل منهج غير جدلي، يتركه عاجزا عن اكتشاف تناقضات (الفكر والواقع) وبالتالي غير مؤهل لتجاوزها إلى مستوى اعلى (فرح 1989:8)، ومن وصايا القائد صدام حسين (حفظه الله ورعاه)عن الحكمة (صدام حسين:2000).

- لا تقرب اليك من يظنك تحتقره.
- لا ترتب لمن لا دالة لهم عليك ما هو اكثر من استحقاقهم لأنك ان فعلت ذلك من اجل فضيلة، توهموا انها استحقاقهم فان قصر ـ فعلك عن مستواه لاحقا، عدوه تقصيرا منك أو موقفا لا يحمل كامل المودة، وبذلك تخسر ـ من تبره بدلا من ان تكسبه.

- لا نساو بين الجبناء والشجعان ولا بين المخلصين ومن لم يستقروا بعد على موقف واضح، ولا بين النزهاء والمدنسين ولا بين الصادقين والكاذبين ولا بين القمم ومجرد مثابات دالة فوق أرض مستوية
- لا تجعل عدوك يطمع في صفحك ولا صديقك ييأس منه.
- ائتمن من يكون أمامك في الملمات ولا يتحدث عن نفسه واحذر من يكون ضمن صفوفك ويعمل لنفسه حسب.
- لا تستهن بالبسيط الذي يصيب سمعتك اذ كم من حصاة صغيرة حطمت زجاجا كبيرا.
- اعتمد الرجال الذين لا يترددون امام واجبات صعبة تبدوا لك لأول وهلة، انها اعلى من قدراتهم، وليس اولئك الذين يختارون منها ما هو أقل من قدراتهم.
- لسانك موقفك فلا تهنه، ولا تكثر في وعد لا تستطيع الوفاء به أو وعيد لا يجد ما يدعمه في قدرتك.
- اجعل الكرم سبيلك أمام البخل والاقتصاد سبيلك امام التبذير والوصل سبيلك امام التجافي والعفو سبيلك أمام الانتقام، والمحبة سبيلك أمام البغض، واذا ما اضطررت إلى اختيار بين سبيلين متناقضين، فاجعل الوسط بينهما حالة طارئة، تمر بها من غير ان تتعمدها قانونا دائما في حياتك وتعاملك.
- لا تجعل المادة قاعدة ومرجع المعاني الروحية والاعتبارية في نفسك ولا تدع هذه المعاني من غير قدرة ملموسة تردفها وتباريها.. واذا ما وضعت أمام اختيار، فاختر ما يرضي روحك، مصدر قوتك.
- لا تستخدم الا مجربا في امر ليس بامكانك، استكشاف مداه كله عند خط البداية، ولا تحرم من ينبغي تجربتهم من أمر وميدان جديد.
- لا تجرح روح صديق بنصيحة ولا تحرمه منها ليعرف خطأه.

- الطريق المجرب ليس هو الأفضل دائما والحكمة ليست في اهماله دائما.
- اجعل اهتمامك بالفرصة التي تنتزعها، وليس في الفرصة التي تمنح لك.
- الفرصة الحقيقية هي التي تغتنمها، لا التي تتصورها ممكنة حسب.
- من مدح نفسه أمامك، ولم يسبق بما هو حق على فعل الآخرين، صار شاهدا على ذمها.. اذا كان عدم اظهاره لها لا يسبب له حرجا. فاعرف ذلك واعرفه.
- لا تستهن بالبسيط الذي يبني سمعة طيبة، ولا بالبسيط الذي يسئ إلى سمعتك واعلم ان اساس كل حريق شرارة وقطرة من عطر تملأ باحة بأريجها.
- تذكر دوما إنك قد تندم على تصرف أو قول يتلفت إلى ميدانه قبل اوانه، أو غير حادثة بحق من قصدته فيه، ولكنك لن تندم على صبر يطول مداه. اذا كان في اساسه تصميم فعل يقتضي ذلك.

سادسا: الصبر:

1. الصبر في اللغة: حبس النفس عن الرجوع (الرازي، د، ت:354-355) وفي الاصطلاح هو ترك الشكوى من ألم البلوى لغير الله لا إلى الله لان الله تعالى اثنى على ايوب عليه السلام بالصبر بقوله: ﴿ وَخُذْ بِيَدِكَ ضِغْثًا فَٱضْرِب بِّهِۦ وَلَا تَحْنَثْ إِنَّا وَجَدْنَٰهُ صَابِرًا نِّعْمَ ٱلْعَبْدُ إِنَّهُۥٓ أَوَّابٌ ﴿٤٤﴾ ﴾ (ص/44) مع دعائه في دفع الضر عليه. وقد ذكر القرآن الكريم الصبر في أكثر من مائة آية، وأثنى على أهله.
2. وان قسمة الصبر لكونها غلبت الباعث الشرعي والنفس كالهوى فقسمته ثلاثية:

تُوعَدُونَ تَحْزَنُوا ان يقهر دواعي الهوى فلا تبقى له قوة المنازعة، وذلك دوام الصبر، وهؤلاء الذين قال تعالى فيهم ﴿إِنَّ ٱلَّذِينَ قَالُوا۟ رَبُّنَا ٱللَّهُ ثُمَّ ٱسْتَقَٰمُوا۟ تَتَنَزَّلُ

عَلَيْهِمُ ٱلْمَلَٰٓئِكَةُ أَلَّا تَخَافُواْ وَلَا تَحْزَنُواْ وَأَبْشِرُواْ بِٱلْجَنَّةِ ٱلَّتِي كُنتُمْ تُوعَدُونَ ﴿٣٠﴾ ﴾ (فصلت /30).

4. غلبة دواعي الهوى على باعث الدين فيستسلم طبعه لجند الشياطين فتخطفه الأهواء يمينا وشمالا، وهؤلاء هم الغافلون.

5. ان تكون الحرب سجالا بين باعث الخير والشر، فتارة لهذا وتارة لذاك وهؤلاء الذين خلطوا عملا صالحا وآخر سيئا عسى الله ان يتوب عليهم (القشيري، د، ت:145).

وان البشر على اختلاف طبقاتهم، وتنوع اصولهم، مطبوعون على نوازع مادية وسلوك غير قويم تقوده النفس الأمارة بالسوء فان غلبت عليه تلاشت مقدرته على الاجتماع لا يستطيع مجالدة الحياة فهو عضو غير نافع لنفسه ولمجتمعه وفضيلة العقل هي التي تحد من تلك القوة بالامتثال إلى قلة الصبر المؤدية إلى قمع الشهوات والصبر عند الملمات، ومن كظم الغيظ، والإنسان العربي بهذه المثالية الأخلاقية التي من دوافعها مؤثرات البيئة العربية القاسية التي نشأوا عليها، وبعد مجيء الإسلام ازداد التمسك بها، أذ عبرت الآيات القرآنية عنها في أكثر من آية ومنها قوله تعالى: ﴿ وَٱسْتَعِينُواْ بِٱلصَّبْرِ وَٱلصَّلَوٰةِ ﴾ (البقرة/45) وقال جل شأنه ﴿ وَلَنَبْلُوَنَّكُم بِشَيْءٍ مِّنَ ٱلْخَوْفِ وَٱلْجُوعِ وَنَقْصٍ مِّنَ ٱلْأَمْوَٰلِ وَٱلْأَنفُسِ وَٱلثَّمَرَٰتِ ۗ وَبَشِّرِ ٱلصَّٰبِرِينَ ﴿١٥٥﴾ ﴾ (البقرة /155) .

وهذه الخصلة (الصبر) انما هي تعبير عن السلوك القويم، السلوك المطابق لمبادئ الإسلام التي تحث على الخلق الرفيع فالمرء المتشح بالجلال والتقوى، هو الإنسان المتخلق بالصبر، لذا يمكن ان تعد هذه الفضيلة احدى مكونات الخلق السامي الفردي والجماعي، وبين خلق الإنسان التلقائي وبين خلقه الموجه، والمرء الذي يتصف بهذه الفضيلة، فان له تأثير من محيطه، أما بتشكيل ذلك المحيط أو بالخروج منه في أقل تقدير.

سابعا: التواضع:

كانت دعوة الإسلام محبة وسلاما وحسن تعامل ومساواة بين جميع الافراد حيث جاء الإسلام ليؤكد هذه الخصلة الرفيعة التي تكشف عن نيل صاحبها وشرفه من حيث كونها من معاني الخلق(بهجة،1983:429).

وقد عد التواضع نقيضا للكبر والتعالي اما في اللغة فالتواضع هو التذلل والتخاشع (الفيروز أبادي 1324هـ:98/3)، **والتواضع هو رضا الإنسان بمنزلة دون ما يستحقه فضله ومنزلته وفضيلته لا تكاد أن تظهر في إخفاء الناس لاستواء درجاتهم فيما بينهم، فلا يكاد التواضع يظهر فيهم وانما يتبين في أجلاء الناس وعلمائهم وأشرافهم** (الأصفهاني،1308هـ:11).

والتواضع اعم من الخشوع لانه يستعمل فيما بين العباد وفيما بينهم وبين الله عز وجل بخلاف الخشوع، فانه لا يكن الا لله سبحانه وتعالى فلا يقال خشع العبد لمثله ويقال: تواضع له (الأنصاري، د،ت:11/3).

والتواضع درجات يتفاوت فيها المؤمنون، ونعم التفاضل فيما بينهم بذلك:

- **الدرجة الاولى: أن لا يعارض بمعقول منقولا في الدين، ولا يقيم على الدين دليلا، ولا يرى إلى الخلاف سبيلا**
- **الدرجة الثانية: رضا النفس باخوة المؤمن الذي رضيه الله تعالى لنفسه عبدا ولا يهضم حقا لأحد عنده، ويقبل من المعتذر معاذيره**
- **الدرجة الثالثة: الذلة والانكسار للحق، ولا يكون له رأي مع ترك عوائده في الخدمة، ولا يرى لنفسه حقا في الصحبة.**

ثامنا: العفة:

العفة بكسر العين ما لا يحل ولا يحمل(الفيروز أبادي:182/3).

1. **واصطلاحا: هي ملكة بها تباشر المشتهيات على وفق الشرع** والمروءة (البركوي،1937:21).**ومعنى ذلك أن تتأدب النفس في شهوتها بتأديب الشرع والعقل** (الغزالي، د، ت:59/3).

2. وجاءت لفظة (العفة) فــي القران الكريم في اربعة مواضع بصورة مباشرة وفـي مواضع عديدة كمرادفات للغة[1] (للفقراء الذين أحصروا في سبيل اللـه لا يستطيعون ضربا في الأرض يحسبهم الجاهل أغنياء مـن التعفـف تعرفهم بسـيماهم لا يسألون الناس إلحافا وما تنفقوا من خير فإن اللـه به عليم) (البقرة 273/)، وتعتبر العفة في اركان الأخلاق ذات الضروب المتعددة والتي اصطفت اخلاقيات العصر، فهي لم تكتـف عند عفة الرجال والنساء والنابعة من الغيرة على العرض من أن يمس أو يخدش والتي كثيرا ما كان يفتخر العربي ويمتدح بها (عفيف، 1981:134)، وان مدار العفة صيانة النفس عـن جميـع الشهوات والرذائـل (المـدرس،1988:58) وشـعبها اثنى عشرـ شـعبة: الحياء، والصبر، والدعه، والنزاهة، والقناعة، والوقار والرفق، وحسن السمت، والورع، والمروءة، والانتظام، والسخاء (مسكويه، 1959: 41).

3. وافراط العفة يؤدي إلى رذائل: (الحرص، والتقتير، والرياء، والملق والحسـد، والشماتة، والتذلل للأغنياء، واحتقار الفقراء،) وتفريطها منه (الشره الوقاحة، والخبث،والتبذير، والهتكة، والمجون، والعبث)(الغزالي د.ت، 59/3).

أن العفة هي الميزان الحقيقي لاعتناق هذه المثالية الأخلاقية التي يصل بها المرء إلى نظـام شامل تشوبه السعادة والاستقرار النفسي، بعيدا عن الانقياد وراء اللذات ومجانبة الأهواء.

تاسعا: عزة النفس:

أن المرء المتخلق بالصفة لا يكون عفيفا الا اذا صان نفسه فصون الـنفس يـدعو إلى التـزين بما يخدم هذه الفضيلة، ومبتعدا عن الرذائل، ومن تسنى له ذلك علق منزلته بين الناس وبلغ سر كرامته.

---

(1)سورة في لفظه (النساء: 6) و (النور 6: 33)

فالإنسان اذن هو الذي يبني طوقا شامخا لكرامته، وبنهجه الذاتي يحافظ علينه، وقد عرف الإنسان المسلم بترفع نفسه والعرب لا يركنون لذل أو ظلم لان نفوسهم تابى ذلك وبما أن الظرف غير متاح لهم لتغير الواقع

عاشرا: القناعة:

القناعة: في اللغة الرضا بالقسم (الرازي د. ت، 53).وفي الاصطلاح: (السكون عند عدم المألوفات) (الجرجاني،1300هـ:120). واشد الناس قناعة اقلهم حاجه إلى غيره، والناس كلهم محتاجون فمن اراد سد حاجته بما يستهويه من الدنيا على نفسه من باب الحرص والطمع وصار كما يرقع الخرق بالخرق أو من سد ذلك بالاستغناء عنها قدر وسعه والاقتصار على ضرورياته فهو المقرب إلى الله تعالى (الأصفهاني، 1308هـ: 121).

أن في القناعة الغنى الحقيقي، لانها غنى النفس اذ ترفعها عن المذلة في طلب العون من الناس، لذا فقد خرجت عزة نفسه عن القناعة، لانه يرتضي بان يقطع الليالي والنوم تحت رواق الهم والقلق، اهون عليه من ذلة السؤال وان يتخذ المرء من القناعة راس مالهم، وصولا لتقوى الله فكان استغناؤهم عن السؤال وفوزهم بدار الخلود.

احد عشر: الحياء:

الحياء في اللغة: الحشمة (الفيروز أبادي، 1324هـ:323/4)، وفي الاصطلاح: انقباض النفس وحشمتها مما يستقبح ويذم عليه(الجرجاني، 1300هـ 65) ، **والحياء على نوعين:**

1- **جبلي: هو ما وجبلت عليه النفوس البشرية كلها، كالحياء من كشف العورة وغير ذلك** (الجرجاني، 1300هـ: 65).

2- **مكتسب: وهو منع المؤمن نفسه عن فعل ما يذم عليه خوفا من الله** (الجرجاني،1300هـ:65).

وتدلنا كتب اللغة أن الحياء تعني الحشمة وهي فضيلة انزلها الله تعالى رحمة للمسلمين لتعف نفوسهم ويتحرر من لذاتهم وطمعهم وقد عرفت انها من مكارم الخلق ولذلك قيل (رأس مكارم الأخلاق الحياء) (القرطبي، د. ت:590/1).

ومن يتجرد من هذه الفضيلة يرتدي وشاح الوقاحة وتبدو عليه علاماتها واضحة لعيان لذا اصبح الحياء بمثابة الدرع الواقية والافعال القبيحة

الاثنى عشر: قيمة العمل:

أن العمل قيمة ووسيلة للإنتاج والتنمية الشاملة والارتقاء بمستوى الفرد والمجتمع، فهو وسيلة الفرد لاكتشاف ذاته ووسيلة نموه وتعرف بيئته، كما أن وسيلة المجتمع للارتفاع بإنتاجه ولتحقيق وحدة الجماعة وتماسكها.

ولكل فرد دوره في بناء المجتمع كي تنتفي منه البطالة.

ويمكننا أن نتصور حرص الإسلام على العمل والدقة في انجازه من خلال قول رسول الله ﷺ (لوان في يد احدكم فسيله يود غرسها، وقامت الساعة فلا يبرح مكانه حتى يتم غرسها) (أبن حنبل 1404هـ: 184/3).

الثالثة عشر: الصدق والأمانة:

- **الصدق: هو مطابقة القول الضمير والمخبر عنه** (الأصفهاني، 1971:409).
- **واصطلاحا: هو: استواء السر والعلانية والظاهرة والباطن، والصدق ارادة الله تعالى بالعبادة مع حضوره مع الله تعالى فيها، فبين الإخلاص والصدق عموم وخصوص مطلق، اذ كل صادق مخلص الإخلاص والصدق عموم مطلق اذ كل صادق مخلص وليس كل مخلص صادق** (الغزالي،248:1924-249).

والصدق ركن من اركان الدين وهو افضل خصال الإنسان واوضح دلائل الايمان، ومقدمة لجميع انواع الخير، وهادي إلى البرة، وركيزة تكفي استقرار المجتمع وتضمن الثقة بين افراد المجتمع. وقد وصف الله به نفسه واضافه إلى ذاته، قال تعالى: ﴿ وَمَنْ أَصْدَقُ مِنَ ٱللَّهِ قِيلًا ﴿١٢٢﴾ ﴾ (النساء / 122)

وفي قيمة الصدق دليل واضح إلى البر والخير والاحسان في الحياة الدنيا، وهو الطريق الموصل إلى الجنة، والسبيل إلى الثواب. والصدق هو تعبيرا عن الذات الي لا تستلم الامر مهما كان تبعاته ومردوداته على قائله وفاعله

وفاعله على الرغم من مرارته في بعض الاحيان. فليس في الأخلاق، خلق اقرب إلى الصلاح وامس بتعميم النظام من الصدق، لانه دليل كمال النفس وسلامة الضمير وجلال القدر، وبعد الهمة وصلاح الشيم.

وعن ابن مسعود رضي الله عنه عن النبي محمد ﷺ قال: (ان الصدق يهدي إلى البر، وان البر يهدي إلى الجنة، وان الرجل ليصدق حتى يكتب عنه الله صديقا، وان الكذب يهدي إلى الفجور وان الفجور يهدي إلى النار، وان الرجل لا يكذب حتى يكتب عنه الله كذابا) (البخاري،1987: 30/7).

- ولذا فالصدق من مكارم الأخلاق، بل من افضلها وأشرفها. فالصدق عز لان الصادق دائما يشعر بالعز، ويشعر بالثقة والاطمئنان، ويشعر بالراحة المستمرة، راحة النفس والضمير، وعليه فمن اراد ان يكون عادلا فلابد له من الصدق قولا وفعلا لأنه الأساس الذي يقوم عليه هذه الخصلة التي أكدتها العقيدة الإسلامية في تعاليمها، وقد قيل بان (الصدق ميزان الله الذي يدور عليه العدل)(الجاحظ،1969: 33)، وهو الرشاد نحو الطريق المستقيم الذي لا يحيد عن العدل، فالصدق ينفع الصادقين ويحميهم ويقيهم ويجيرهم في يوم الحساب وان الله سبحانه وتعالى يصف الصادقين الذين قالوا الصدق وصدقوا به قولا وعملا، بأنهم هم المتقون المؤمنون المقربون من الله تعالى قال تعالى: ﴿ وَٱلَّذِى جَآءَ بِٱلصِّدْقِ وَصَدَّقَ بِهِۦٓ ۙ أُو۟لَـٰٓئِكَ هُمُ ٱلْمُتَّقُونَ ﴿٣٣﴾ لَهُم مَّا يَشَآءُونَ عِندَ رَبِّهِمْ ۚ ذَٰلِكَ جَزَآءُ ٱلْمُحْسِنِينَ ﴿٣٤﴾ ﴾ (الزمر/33-34).

وتتجلى معاني الصدق في ثلاث هي: صدق اللسان: وهو القول بالحق لك قول الحق لك كان ام عليك، وصدق الفعل: من خلال بذل المجهود من النفس والخروج من وجوه الراحة، وصدق القلب: وهو القصد اليه تعالى في الأفعال، فالصدق لا يستغني عنه في حال من الأحوال (عبد القادر، د، ت:49).

ومن أنواع الصدق ايضا صدق الوعد وهو من الصفات الحميدة التي ينبغي ان يتحلى بها الإنسان المسلم لأنها سبب جوهري من أسباب النجاح في هذه الحياة وهي

تعتذر اليوم من ابرز صفات المجتمع المزدهر مدنيا وحضاريا الذي يحرس افراده عليها اشد الحرص والقران دعا إلى هذه الصفة، قال تعالى يمدح نبيه اسماعيل بقوله: ﴿ وَٱذۡكُرۡ فِي ٱلۡكِتَٰبِ إِسۡمَٰعِيلَۚ إِنَّهُۥ كَانَ صَادِقَ ٱلۡوَعۡدِ وَكَانَ رَسُولٗا نَّبِيّٗا ﴿٥٤﴾ ﴾ (مريم /54).

اما الأمانة لغة فهي: (ضد الخيانة) (الفيروز أبادي، 1342هـ:199/4) واصطلاحا هي: (ما وقع في يد شخص من غير قصد بأذنه اولا مع مطالبته بحفظه (الجرجاني، 1300: 170) وهي مسؤولية كبيرة لابد من حملها وادائها بكل صدق وقد حثت العقيدة الإسلامية قرانا وسنة على التحلي بالأمانة، ولها في القران الكريم معان، كالعفة والصيانة قال تعالى: ﴿ قَالَتۡ إِحۡدَىٰهُمَا يَٰٓأَبَتِ ٱسۡتَـٔۡجِرۡهُۖ إِنَّ خَيۡرَ مَنِ ٱسۡتَـٔۡجَرۡتَ ٱلۡقَوِيُّ ٱلۡأَمِينُ ﴿٢٦﴾ ﴾ (القصص /26)، وتأتي ايضا بمعنى التكاليف الشرعية قال تعالى: ﴿ إِنَّا عَرَضۡنَا ٱلۡأَمَانَةَ ﴾ (الأحزاب /72).

ولقد حدد الرسول الكريم محمد ﷺ صفات المنافق اذ قال: (اية المنافق ثلاث، اذا حدث كذب، واذا وعد اخلف، واذا اوتمن خان) (النووي،ن1983:449).

وعن ابي هريرة رض الله عنه ان رسول الله ﷺ قال: (لا يدخل الجنة من لا يؤمن جاره بوائقه) (البخاري، 1987:8/12).

والأمانة تنقسم إلى ثلاثة اقسام هي: أمانة العبد مع ربه، وأمانة الإنسان في معاملة مع الخلق، وأمانة الإنسان مع نفسه والأمانة من أنواع الصدق، وهي من ارفع الصفات في الإنسان، ومن اقوى الركائز التي يقوم عليها أي مجتمع سليم ويحصل منها الخير، لهذا نرى ان العقيدة الإسلامية تعتبرها من صفات المؤمن قال تعالى: ﴿ وَٱلَّذِينَ هُمۡ لِأَمَٰنَٰتِهِمۡ وَعَهۡدِهِمۡ رَٰعُونَ ﴿٨﴾ ﴾ (المؤمنون /8).

ان تأدية الأمانات يقوي الروابط الاجتماعية بين أفراد المجتمع ويحافظ على وحدة المجتمع وتماسكه وتألفه، ومن هنا كان الوفاء بالعهود امرا لازما قال تعالى: ﴿ وَأَوۡفُواْ بِٱلۡعَهۡدِۖ إِنَّ ٱلۡعَهۡدَ كَانَ مَسۡـُٔولٗا ﴿٣٤﴾ ﴾ (الأسراء/34).

ولذا فبناء المجتمع يتطلب تكوين منظومة قيمية صالحة وغرسها في نفوس النش الجديد بسمات معينة تعززها أواصر التأليف ومن بين هذه المنظومة الصدق

والأمانة، وتلك هي بعض أداء السلوك الاجتماعي الذي ينبغي للإنسان المسلم ان يلتزم بها والتي حرصت العقيدة الإسلامية على تعزيزها في النفوس، وتجلى الغاية منها في غرس الأمانة والصدق والتعاون والمحبة والتالف بين افراد المجتمع، حتى يكون مجتمعنا العربي المسلم مجتمع الخلق القويم.

والحقيقة اننا في عصرنا الراهن بأمس الحاجة إلى هذه القيم الإسلامية وهذا ما شار اليه القائد صدام حسين (حفظه الله ورعاه) قائلا: (فالعراقيون معرفون في الكرم والشجاعة والمطلوب من البعثيين في هذه المرحلة بعد ان عرفوا بصفات كثيرة منها الصفات اللتان سأتحدث عنها.. ولكنى اريد اشهارا عاليا لهما ... وهما الأمانة والصدق فاذا لم تلمسوا الأمانة في شخص ما حتى ولو جزئيا ينبغي ان لا تولوه المسؤولية ابدا ... واذا رأيتم انه لا يصدق فهو لا يصلح بقيادة الشعب ولا الحزب.. صفتان هما الأمانة والصدق عليكم ان تؤكدوا عليهما ... واريد بعد الاتكال على الله ان تكون هاتان الصفتان في المرحلة القادمة.. في السنوات العشر القادمة.. كالبيرق العالي بين صفاتكم الأخرى ... وتراث امتنا الخالد التليد.. اضافة إلى تاريخها العربي المجيد يحدد بالضبط صفات الأمانة والصدق وتأثيرها في الحياة وفي العقيدة) (صدام حسين، حديث سيادته:2002).

جـــدول رقـــــم (1)

الأستبانة التي أستعملها فرحان وزميله في قيـاس اتجاهـات المعلمـين نحـو القـيم الإسـلامية في مجـال العقائد والعبادات والمعاملات كما حددها الإمام البيهقي .

رقم القيمة	الشعبــة	رقم القيمة	الشعبــة
1-	مجال شعب العقائد	20-	الحرص على الطهارة بقسميها المعنوية والحسية .
2-	الإيمان بالله عز وجل .		أقامة الصلوات الخمس .
3-	الإيمان برسل الـلـه عز وجل .	21-	إيتاء الزكاة وتقديم الصدقات .
4-	الإيمان بالملائكة .	22-	صيام شهر رمضان المبارك .
	الإيمان بالقرآن الكريم وجميع	23-	الاعتكاف الذي هو الإقامة في المسجد بنية مخصوصة
5-	الكتب المنزلة فيه .	24-	.
	الإيمان بأن القدر ، خيره وشره ،		القيام بفريضة الحج .
6-	من الـلـه عز وجل .	25-	الجـهـــاد .
7-	الإيمان باليوم الأخر .	26-	المرابطة غي سبيل الـلـه عز وجل .
8-	الإيمان بالبعث بعد الموت .	27-	الثبات للعدو ، وترك الفرار من الزحف ، لا في
	الإيمان بحشر الناس بعدما	28-	الحروب المادية فحسب بل المعنوية ايضاً .
9-	يبعثون من قبورهم إلى الموقف		
	.		مجال شعب المعاملات الرئيسة
10-	الأيمان بأن دار المؤمنين ومأواهم		الكفارات الواجبات بالجنايات .
11-	الجنة ودار الكفار ومأواهم النار	31-	الإيفاء بالعهود .
	.	32-	تعداد بفم الـلـه عز وجل وما يجب مـــن شكرهـا
12-	الأيمان بوجوب محبة الـلـه عز		.
	وجل .	33-	حفظ اللسان .
13-	الأيمان بوجوب الخوف من	34-	الأمانات وما يجب فيها من أدائها إلى أهلهـا .
	الـلـه عـز وجـل .	35-	تحريم قتل النفس .
14-	الايمان بوجوب الرجاء من الـلـه		تحريم الفروج وما يجب فيها من تعفف .
	عـز وجـل .	36-	قبض اليد عن الأموال .
15-	الأيمان بوجوب التوكل على	37-	وجوب التورع في المطاعم والمشارب .
	الـلـه عـز وجـل .	38-	تحريم الملابس والزي والأواني وما يكره فيها .
16-	الأيمان بوجوب محبة النبي	39-	تحريم الملاعب والملاهي المخالفة للشريعة .
	صلى الـلـه عليه وسلم الأيمان	40-	الاقتصاد في النفقة وتحريم أكل المال الباطل .
	بوجوب تعظيم النبي صلى		ترك الغل والحقد والحسد ونحوهـا .
	الـلـه عليه وسلم وتبجيله	41-	
17-	وتوقيره .		
18-	شح المرء بدينه حتى يكون	42-	
19-	القذف في النار أحب إليه من		
	الكفر .	43-	
	مجال شعـب		

	_العبـــادات طلب العلم . نشـــر العلم . تعظيم القرآن الكريم بتعليمه وتعلمه وحفظ حدوده وأحكامه .		
-44 -45 -46 -47 -48 -49 -50 -51 -52 -53 -54 -55 -56 -57 -58 -59 -60	تحريم أعراف الناس وما يجب من ترك الوقيعة فيها . إخـلاص العمـل لله عـز وجـل وتـــرك الريـــاء . السرــور بالحســنة والاغــتمام بالبيئة . معالجة كل ذنب بالتوبة . القـــرابين وجملتهـــا الهـــدى والأضحية والعقيقة . طاعـــة أولي الأم مـــن الأمـــراء والعلـــماء التمســك بمـــا عليــه الجماعة . الحكم بين الناس بالعدل . الأمــر بـــالمعروف والنهـــي عـــن المنكر التعاون على البر والتقوى . الحيـــــاء . بر الوالدين . صلة الأرحام . حسن الخلق . الإحسان إلى المماليك . حق السادة على المماليك . حقوق الولد والاهلين .	 -61 -62 -63 -64 -65 -66 -67 -68 -69 -71 -71 -72 -73 -74 -75 -76 -77	مجال شعب المعاملات الثانوية مقاربة أهل الدين . رد السلام . عيادة المريض . الصلاة على من مات من أهل القبلة . تثبيت العاطس . مساعدة الكفار والمفسدين وعـــــدم مخالطتهـــم . اكرام الجـــار . اكرام الضيـــف . الستر على أصحاب القروف ، أي الذنوب . الصبر على المصائب . الزهد وقصر الأمل . الغيـــرة . الأعراف من العفو . الجود والسخاء والكرم . رحم الصغير وتوقير الكبير . إصلاح ذات البين . حب الرجل لأخيه المسلم ما يحب لنفسـه ويكـره مـا يكره لنفسه .

مجال الأهداف	مجال مستوى معايير الحكم
النفسية : الطعام ـ الجنس ـ الاستراحة ـ النشاط ـ الصحة ـ السلامة ـ الراحة الاجتماعية : الحب الجنسي ـ حب الاسرة ـ الصداقة الانانية: الاستقلالية ـ الانجاز ـ الادراك ـ تقدير الذات ـ الهيمنة ـ العدوانية الحنيفة : الامن العاطفي المسلية : الخبرات الجديدة ـ الاثارة الجمال ـ روح الدعابة ، التعبير عن الذات بطريقة ابداعية التطبيقية : العملية ، الاقتصادية ، الملكية، العمل الادراكية : المعرفة اخرى متنوعة: السعادة ، القيم بصورة عامة	الاخلاق : الاخلاق : الاخلاقية ، الصدق العدالة ، الطاعة ، الدين الاجتماعية : الشخصية ، اللطيفة ، التشابه او الاستخدام ، السلوك التواضع ، الكرم التحمل ، وحدة الجماعة . الانانية : القوة الاصرار ، الذكاء المظهر ، اخرى متنوعة : الدقة الحذر ، النظافة ، الثقافة .

المصادر والمراجع:

القرآن الكريم .

■ إبراهيم: زكريا .
دراسات في الفلسفة المعاصرة، مكتبة مصر، (القاهرة،1968)

■ إبراهيم: مفيد محمد .
- أزمة التربية في الوطن العربي، ط1، دار مجدلاوي للنشر (تونس، 1966) .

■ الإبراهيمي: عدنان بدري .
العولمة، قيم الدولة أداؤها التربوي والتعليمي، بحث في مؤتمر القيم والتربية في عالم متغير، جامعة اليرموك، أربد، (الأردن 1999) .

■ أبن أبي الدنيا:
مكارم الأخلاق، تحقيق مجدي السيد إبراهيم، مكتبة القرآن (القاهرة، 1909)

■ أبو البقاء: محمد بن علي بن حمدون الحلي المعروف بهبة اللـه .
الكليات، تحقيق عدنان درويش ومحمد المصري (دمشق، 1974)

■ أبو العينين: علي خليل .
- القيم الإسلامية والتربية، مكتبة إبراهيم الحلبي، (المدينة المنورة 1988

■ أبو جحجوح: يحيى محمد، ومحمد حسن .
- توازن القيم في مناهج العلوم الفلسطينية الواقع والممكن، بحث في مؤتمر القيم والتربية في عالم متغير، جامعة اليرموك، اربد (الأردن 1999) .

■ أبو حطب: فؤاد .
- العلاقة بين أسلوب المعلم ودرجة التوافق بين قيمه وقيم تلاميذه، المجلة الاجتماعية القومية، العدد 1، مج 11، (القاهرة، 1974)

■ أبو خزام: إبراهيم:
- العرب وتوازن القوى في القرن الحادي والعشرين، مكتبة طرابلس العلمية، (ليبيا، 1995) .

■ أبو ريان: محمد علي .
تاريخ الفكر الفلسفي، ط1، مطبعة المصري، (القاهرة، 1961).
الفلسفة الحديثة، ط1، دار الكتب الجامعية، (القاهرة، د،ت) .

- أبو ريدة: محمد عبد الهادي .
  - الكونفوشوسية، أساس التربية الصينية، بحث في مجلة العربي العدد 258، (الكويت، 1980) .

- أبو النيل: محمود السيد .
  - علم النفس الاجتماعي، دراسات مصرية وعالمية، ط2، الجهاز المركزي للكتب الجامعية والمدرسية، (القاهرة، 1978) .

- أحمد: سعد مرسي .
  - تطور الفكر التربوي، عالم الكتب، (القاهرة، 1982) .

- أحمد: سعد مرسي وآخرون .
  - تاريخ التربية وتاريخ التعليم في مصر، (القاهرة، 1988) .

- أحمد: لطفي بركات .
  - القيم والتربية، دار المريخ للنشر، (الرياض، 1983) .

- أرسطو:
  - الأخلاق النيوقوماخية، ترجمة، أحمد لطفي السيد، (القاهرة 1947).

- أرسطو طاليس:
  - الأخلاق إلى نيقوماخوس، ترجمة إسحق بن حسنين، تحقيق، عبد الرحمن بدوي، (الكويت، 1979) .
  - إستراتيجية تطوير التربية العربية، المنظمة العربية للتربية والثقافة والعلوم (تونس، 1979) .

- إسماعيل: عماد الدين وآخرون .
  - قيمنا الاجتماعية وأثرها في تكوين الشخصية، مكتبة النهضة (القاهرة، 1962) .

- إسماعيل: محمد وآخرون .
  - كيف نربي اطفالنا، التنشئة الاجتماعية للطفل في الأسرة العربية ط7، دار النهضة العربية، (القاهرة، 1982) .

- أبن سينا :
  - علم الأخلاق، الرسالة السادسة من مجموعة الرسائل،مطبعة كردستان العلمية، (القاهرة، 1328)
  .

- تسع رسائل في الحكمة، (القاهرة، 1908) .

- النجاة، شركة البابي الحلبي، (القاهرة، 1357هـ) .

- كتاب السياسة، نشرة لويس معلوف، مجلة المشرق البيروتية العدد 9، (بيروت، 1906) .

- لمن تكون له المدحة، من كتاب المجموع أو الحكمة العروضية في كتاب يطوريقا،مكتبة النهضة المصرية، (القاهرة، 1950)

■ الأشعري: ابو الحسن علي بن اسماعيل (ت 330خـ).

   -    مقالات الإسلاميين،(د، ت) (د، م) .

■ الاصفهاني: ابو القاسم الحسين .

- الذريعة الى أحكام الشريعة، مطبعة الوطن 1380 هـ مفردات في غريب القرآن، المطبعة الفنية الحديثة (د.ت) .

■ أبن أبي أصيبعة:أبو العباس أحمد بن القاسم بن أبي أصيبعة .

- عيون الأنباء في طبقات الأطباء، شرح وتحقيق نزار رضا، دار مكتبة الحياة، (بيروت، 1960) .

■ أفلاطون:

- محاورات افلاطون، ترجمة زكي نجيب محمود، (القاهرة د،ت).

- جمهورية افلاطون، ترجمة حنا، مطبعة بابل، (بغداد، د،ت).

أكاديمية البحث العلمي والتكنولوجي، شعبة العلوم الاجتماعية والسكان قيم التنشئة الدينية في التعليم العام، دراسة تحليلية لمضمون الكتب والمفردات الدينية من عام 1958- 1985، (الأردن، 1987)

■ أمين: عثمان .

- رواد المثالية في الفلسفة الإسلامية،ط3، دار الثقافة للنشر (مكة المكرمة 1985) .

■ أمين: مصطفى .

- تاريخ التربية، المعارف، (القاهرة، 1925) .

■ الانصاري : القاضي زكريا .

- شرح الرسالة القشيرية، جامع الدروشة (دمشق، د.ت)

■ أنطوان: جوزيف .

- القيم والغايات التربوية وتفعيلها في عالم متغير بسرعة متزايدة بحث في مؤتمر القيم والتربية في عالم متغير، جامعة اليرموك أربد (الأردن، 1999) .

■ الأهواني: أحمد فؤاد .
- جون ديوى، دار المعارف، (القاهرة، 1968) .
- ابن سيناء،دار المعارف،(مصر، د . ت) .
- فجر الفلسفة اليونانية قبل سقراط، (القاهرة، 1954) .

■ البحيري: خلف محمد .
- الجوانب التربوية في الأمثال النبوية، دراسات تربوية واجتماعية جامعة حلوان، العدد 1، مج،2، (مصر، 1996) .

■ البخاري: محمد بن إسماعيل أبو عبد الله (ت 256هـ) .
- صحيح البخاري، ط3، تحقيق مصطفى الزين، دار أبن كثير (بيروت، 1987) .

■ بـدران: شبل .
- أسس التربية، دار المعرفة الجامعية (الإسكندرية، 1993) .

■ بـدوي: عبد الرحمن .
- مذاهب الإسلاميين، (بيروت، د،ت) .

■ بديـوي: السيد محمد .
- الأخلاق بين الفلسفة وعلم الاجتماع، دار المعارف (القاهرة،1980)

■ بـرستيد: هنري .
- تاريخ مصر من أقدم العصور، ترجمة حسن كمال، ط1 (القاهرة 1929) .
بروتوكولات حكماء صهيون، بروتوكول رقم (4)، راجع الترجمة العربية لمحمد خليفـة التونسيـ صدرت أول طبعة من البروتوكولات عام 1902، وكـل مـا جـاء منهـا بصيغة المسـتقبل تـم تنفيذه خلال السنوات التالية .

■ البركوي: زين الدين محمد بن يرغلي .
- الطريقة المحمدية والسيرة الاحمدية مطبعة البابي الحلبي (القاهرة 1937) .

■ بروكيلاف:ميلنوفسكي .
- نظرية علمية للثقافة، (باريس، 1968) .

- بريـل: ليفي .
- فلسفة اوجست كونت، ترجمة محمد قاسم، السيد محمد بـدوي مكتبـة الأنجلـو المصريـة، (القاهرة، د، ت) .
- بـريمكان: وليام .
- مقدمة في كتاب مدارس المستقبل لجون ديوى مع ابنته ايفلين ترجمة عبد الفتاح الميناوي، مكتبة النهضة المصرية، (القاهرة د، ت) .
- بريهـه: أميل .
- تاريخ الفلسفة في القرن التاسع عشر، ترجمة جورج طرابيش، دار الطليعة للطباعة والنشر، (بيروت، 1985) .
- البطش: محمد، عبد الحسن، هاني .
- البناء القيمي لدى طلبة الجامعة الأردنية، دراسات، مج 17، أ، العدد 3، (الأردن، 1990) .
- البغدادي: ابو منصور عبد القادر بن طاهر (ت 429هـ) .
- الفرق بين الفرق وبيان الفرق الناجية،(القاهرة، 1910) .
- بكر: محمد الياس .
دراسة مقارنة في القيم بـين طلبـة الجامعـة والثانويـة، رسـالة ماجسـتير غـير منشـورة، جامعـة بغداد، (بغداد، 1975) .
- بكره: عبد الرحيم الرفاعي .
- القيم الأخلاقية في التربية الإسلامية من واقع منهج المدرسة الابتدائية العامة، رسالة ماجسـتير غير منشورة، كلية التربية، (جامعة طنطا 1980) .
- بكري: شيخ أمين .
- ادب الحديث النبوي، دار الشروق، (بيروت،1975) .
- بهنام: غوريغوريوس بولس .
- احيقار الحكيم، (بغداد، 1976) .
- بهيجة: مجاهدة مصطفى .
- التيار الإسلامي في شـعر العصرـ العبـاسي الأول، وزارة المعـارف والشـؤون الدينيـة، (بغـداد، 1982) .
- البياتي: عبد الرحمن .

- مدخل إلى التربية في ضوء الإسلام، (بيروت، 1990).

■ بيصار: محمد .
- تأملات في الفلسفة الحديثة والمعاصرة، مكتبة الآنجلو المصرية (القاهرة، 1967) .

■ البيهقي: ظهير الدين (ت 565هـ) .
- شعب الايمان مختصرة للقزويني، تحقيق عبد اللـه بن حجـاج،دار التربيـة، بغـداد، دار الجيـل، بيروت، 1404هـ .

■ بيومي: إبراهيم، يوسف كرم .
- دروس في تاريخ الفلسفة، ط2، مطبعة التأليف والترجمة والنشر (القاهرة، 1953) .

■ بيومي: محمد أحمد .
- مبحث القيم في علوم الإنسان، دار المعرفة الجامعية (الإسكندرية،1981) .

■ الترمذي: محمد بن عيسى (ت279هـ) .
- سنن الترمذي، تحقيق أحمد محمد شاكر وآخرون، دار أحياء التراث العـربي، (بـيروت، د، ت)

■ التفتازاني: سعد الدين .
- شرح العقائد النسفية، ط1، المطبعة الأزهرية،(1913)
التقرير المركزي للمؤتمر القطري التاسع، العراق 1973 .

■ التكريتي: ناجي .
- الفلسفة الأخلاقية الأفلاطونيـة عنـد مفكـري الإسـلام، ط3، دار الشـؤون الثقافيـة، (بغـداد، 1988) .
- الفلسفة السياسية عند أبن أبي ربيع، تحقيق كتاب سلوك الممالك في تدبير الممالك، ط3، دار الشؤون الثقافية العامة، (بغداد، 1987)

■ التكريتي: حسن رحيم .
- التخطيط التربوي في تغير القيم الاجتماعية، بحث في مـؤتمر القيـم والتربيـة في عـالم متغـير، جامعة اليرموك، أربد، (الأردن 1999)

■ التميمي: عواد جاسم .

- تحديات العصرـ وقيمـة الـدور المتغـير للتربيـة في الـوطن العـربي المـؤتمر الفكـري الثالـث للتربويين العرب، الأمانة العامة للاتحاد (بغداد، 1979)

■ التهانوي: محمد علي .
- اصطلاحات الفنون والعلوم، مكتبة لبنان، (بيروت، 1966) .

■ التـوم: بشير حاج .
- تدريس القيم الخلقية، جامعة أم القرى، (مكة المكرمة، 1983).

■ توماس: هنري .
- أعـلام الفلاسـفة، ترجمة مـتري أمـين، تحقيـق، زكي نجيـب محمـود دار النهضـة العربيـة، (القاهرة، 1964) .

■ توماس: هوبنكز .
- النفس المنبثقة، ترجمة محمد علي العريان، مكتبو النهضة المصرية (القاهرة، 1960) .

■ الجابري: محمد عابد .
- العقل الأخلاقي العربي، دراسـة تحليليـة نقديـة للـنظم والقيـم في الثقافـة مركـز دراسـات الوحدة العربية،(بيروت، 2002) .

■ الجاحظ : ابو عثمان عمرو بن بحر (ت 255هـ).
- المحاسن والاضداد، تحقيق فوزي عطوى، مطبعة الشركة اللبنانية،(بيروت، 1969) .

■ جاسم: عزيز السيد .
- محمد الحقيقة العظمى، مطابع دار الشـؤون الثقافيـة العامـة (بغـداد، 1990) الجرجـاني: السيد الشريف على بن محمد
- التعريفات، مطبعة محمد اسعده، (استانبول، 1300هـ) .

■ جعفر : محمد كامل إبراهيم .
- في الفلسفة والأخلاق، مطابع رويال، (القاهرة، 1868) .

■ جعفر : نوري .
- دراسة تحليلية مقارنة للفلسفات المختلفة مـن حيـث نظرتها للكون والمجتمـع والإنسـان، مطبعة الزهراء، دار المكتبات العربية للطباعة والنشر، (بغداد، 1967) .

- التربية وفلسفتها، مطبعة الزهراء، (بغداد، 1952) .
- جون ديوى، ط1، مطبعة الزهراء، (بغداد، 1954) .

■ جلال: عبد الفتاح.
- الأصول التربوية في الإسلام، المركزي الدولي للتعليم الوظيفي للكبار في العالم العربي،(القاهرة، 1977) .

■ الجمالي: محمد فاضل.
- الفلسفة التربوية في القرآن، ط3، دار الكتاب الحديث (تونس 1966) .
- نحو توحيد الفكر التربوي في العالم الإسلامي، ط2، الدار التونسية للنشر، (تونس، 1978) .

■ الجندي: أنور .
- المخططات التلمودية الصهيونية اليهودية في غزو الفكر الإسلامي مطبعة دار الاعتصام، (القاهرة، د،ت) .

■ جواد : حسن فاضل .
- الأخلاق في الفكر العراقي القديم، بيت الحكمة،(بغداد، 1999)
- فلسفة الأخلاق من منظور فكري عربي معاصر، رسالة ماجستير غير منشورة، كلية الاداب،(جامعة بغداد، 199) .

■ جود :
- فصول في الفلسفة ومذاهبها، ترجمة عطية محمود وماهر كامل مكتبة النهضة المصرية، (القاهرة، 1974) .

■ جوراد : سيدني .
- الشخصية بين الصحة والمرض، ترجمة حسن الفقي وسيد خير الله مكتبة الأنجلو المصرية، (القاهرة، 1973) .

■ الجوزية: أبن القيم .
- مدارج السالكين، تحقيق محمد حامد العفي، (القاهرة، د،ت) . الندوي: أبو حسن الحسني .
نحو التربية الإسلامية الحرة في الحكومات والبلاد الإسلامية (القاهرة، 1976) جويك : سد .

- المجمل في تاريخ علم الأخلاق، ترجمة توفيق الطويل وعبد الرحمن حمدي، ط1، دار الثقافة، (الإسكندرية، 1949) .

■ جويلد: نورمان .
- الأهداف التعليمية وتحديدها السلوكي وتطبيقاتها، ترجمة أحمد خيري كاظم، دار النهضة العربية، (القاهرة، 1982) .

■ الحاكم : أبو عبد الله (ت 405هـ) .
- المستدرك على الصحيحين، ط1، تحقيق مصطفى عبد القادر، دار الكتب العلمية،(بيروت، 1990) .

■ حامد: عمار .
- في بناء البشر، ط2، دار المعرفة، (القاهرة، 1968) .

■ الحبابي: محمد عزيز .
- من المنغلق إلى المنفتح، ترجمة محمد برادة، المعارف (القاهرة،د،ت) .

■ ابن حبان: محمد بن أحمد التميمي (ت 354هـ) .
- صحيح ابن حبان، ط2، تحقيق سيد الأرناؤط،(بيروت، 1993)

■ حجاج : عبد الفتاح .
- التربية والمجتمع عبر العصور، المؤتمر الفكري الثالث لاتحاد التربويين العرب، الأمانة العامة للاتحاد، (بغداد، 1978) .

■ حجو: غازي وزميله .
- أساليب تعليم التربية الإسلامية، ط1، وزارة التربية والتعليم (عمان، 1985) .

■ الحديدي: فايز محمد .
- واقع القيم المتضمنة في الأهداف العامة للتربية في الأقطار العربية بحث في مؤتمر القيم والتربية في عالم متغير، جامعة اليرموك اربد (الأردن 1999) .

■ الحربي: حامد سالم عايص .
- مدى تطبيق المدرسة للقيم التربوية المستنبطة من سورة الحجرات رسالة ماجستير غير منشورة، كلية التربية، جامعة أم القرى (مكة المكرمة 1982) .

■ حزب البعث العربي الأشتراكي، القيادة القومية، النشرات الداخلية، (بغداد 1996)

- ابن حزم: ابو محمد علي بن احمد (ت 456هـ) .
  - في الأخلاق والسير، في الفكر الأخلاقي العربي، المطبعة الأهلية للنشر والتوزيع،(بيروت، 1978
) .

- حسان: حسان محمد وآخرون .
  - دراسات في فلسفة التربية، ط3، دار المعارف، (القاهرة 1989)

- حسان: محمد حسان .
  - دراسات في الفكر التربوي، (السعودية، 1983) .

- صدام حسين:
  - المفهوم البعثي للقانون والعدالة، (بغداد، 1079) .
  - الديمقراطية نظرة شمولية للحياة، (بغداد، 1977) .
  - الديمقراطية ضرورة مبدئية وعملية، (بغداد، 1978) .
  - وصايا السيد الرئيس القائد في 8/ آب / 2000) .
  خطب وأحاديث، دار الشؤون .
  البعث والثورة والإنسان) .
  حديث سيادته مع أمناء سر فروع بغداد / الرصافة للحزب بتاريخ 2002/6/11 والمنشـور فـي
  جريدة بابل، العدد (3370) في 12/ 6 / 2002

- حسين: محي الدين أحمد .
  التنشئة الأسرية والأبناء الصغار، المطبعة المصرية للكتاب (القاهرة 1987) .

- حمادة: عبد المحسن عبد العزيز .
  - التربية والتقدم في الأمة العربية، المؤتمر الفكري الثالـث لاتحـاد التربـويين العـرب، الأمانـة
    العامة للأتحاد، (بغداد، 1978) .

- أبن حنبل: ابو عبد اللـه أحمد بن محمد الشيباني (ت 241هـ).
  - مسند الإمام أحمد، المكتب الإسلامي، دار صادر (بيروت،1404هـ) .

- الحوامدة: مصطفى .
  - لتنشئة الاجتماعية للأبناء وعلاقتها بأنساقهم القيميـة، دراسـة مقارنـة بـين الـذكور والأنـاث
    لدى عينة من الطلاب الأردن، اطروحة دكتوراه غير

منشورة، معهد الدراسات العليا للطفولة، جامعة عين شمس(القاهرة، 1991) .

- حوى : سعيد والفالوجي، وهبي سليمان .
- دراسات منهجية هادفة حول الأصول الثلاثة: اللـه، الرسـول الإسـلام، ط2، دار الكتـب العلمية، (بيروت، 1979) .

- الحياري: محمود .
- القيم الإسلامية، المطلقة والنسبية، بحـث في مؤتمر القيم والتربية في عـالم متغير، جامعـة اليرموك، اربد (الأردن 1999) .

- الحياري: حسن أحمد .
- ماهية القيم وأنواعها إسلامياً، بحث في مؤتمر القيم والتربية في عالم متغير، جامعـة اليرمـوك، اربد، (الأردن، 1999) .
- اسرار الوجود وانعكاساتها التربوية، دار الأمل،(اربد، 1994) .

- خزعلي: قاسم محمد محمود .
- نحو فلسفة تربوية للطفل في ضوء الرؤيـة القرآنيـة والحـديث النبـوي أطروحـة دكتـوراه غيرمنشورة،كلية التربية، أبن رشد (جامعة بغداد، 2001)

- الخشاب: مصطفى .
- أوجست كونت، مطبعة لجنة البيان العربي (القاهرة، د، ت) .

- الخطيب : عمر عودة .
- لمحات في الثقافة الاسلامية، ط1، مؤسسة الرسالة،(بيروت 1973) .

- ابن خلدون: عبد الرحمن بن محمد بن خلدون المغربي (ت808هـ) .
- المقدمة، مطبعة الكشاف، (بيروت، د، ت) .
- المقدمة، المطبعة الخيرية، (بيروت، 1904) .

- خلاف: عبد الوهاب .
- أصول الفقه، ط9، دار القلم للطباعة والنشر، (الكويت،1970)

- ابن خلكان: ابو العباس شمس الدين احمد بن ابي بكر بن خلكان (ت 681هـ).
- وفيات الاعيان،ط1، مكتبة النهضة المصرية،(القاهرة 1948) .

- خليفة : عبد اللطيف محمد .

- ارتقاء القيم، دراسة نفسية، عالم المعرفة،(الكويت، 1992) .

■ خليفة : عبد اللطيف محمد وشحاته عبد المنعم .
- سيكولوجية الاتجاهات: المفهوم، القياس، التغيير، دار غرايب للطباعة، (القاهرة، 1994) .

■ خليل : خليل أحمد .
- مستقبل الفلسفة العربية، المؤسسة الجامعية للدراسات والنشر والتوزيع (بيروت، 1981) .

■ الخوارزمي: ابو عبد الله محمد بن احمد بن يوسف .
- مفاتيح العلوم، دار الطباعة المنيرة،(القاهرة، 1932) .

■ خوري : توما .
- المناهج التربوية ومرتكزات تطويرها وتطبيقها، المؤسسة الجامعية للنشر، (بيروت، 1983) .

■ داود : فادية محمود .
- مستوى الطموح وعلاقته بالقيم السائدة لدى طالبات الجامعة، مجلة كلية الدراسات الإنسانية،جامعة الأزهر، العدد 8 (القاهرة،1990) .

■ الدرابسة: محمد عبد الله عايش .
- مدى تمثل الأيتام للقيم، أطروحة دكتوراه غير منشورة، كلية التربية، أبن رشد، (جامعة بغداد، 2001) .

■ دراز: محمد عبد الله .
- دستور الأخلاق في القرآن الكريم، ط10، دراسة مقارنة للأخلاق النظرية في القرآن، مؤسسة الرسالة، (الكويت، 1988)
دراسات عربية، السنة الأولى، العدد الأول، مطبعة الأديب البغدادية، (بغداد 1998) .

■ الدمرداش: سرحان ومنير كامل .
- المناهج، دار العلوم للطباعة، ط3، (القاهرة، 1972) .

■ دياب : فوزية .
- القيم والعادات الاجتماعية، دار الكتاب العربي للطباعة والنشر (القاهرة،1966) .

■ الديدي: عبد الفتاح .
- فلسفة هيجل، مكتبة الأنجلو المصرية، (القاهرة، 1970) .

■ الديوي: ميسون .
- واقع القيم في كتب التربية الاجتماعية والوطنية للصفوف الرابعة الأولى من المرحلة الأساسية، (الأردن، 1996) .

■ ديورانت: ول .
قصة الفلسفة، ترجمة محمد فتح الله المشعشع، مكتبة المعارف (بيروت، د.ت) .

■ الديوي: ميسون .
واقع القيم في كتب التربية الاجتماعية والوطنية للصفوف الرابعة الأولى من المرحلة الأساسية، (الأردن، 1996) .

■ الرازي: الفخري الرازي ,
- التفسير الكبير، المطبعة المصرية،(القاهرة، د.ت) .

■ الرازي: ابو محمد بن زكريا .
- رسائل فلسفية جمعها وصححها بور كرواس، المكتبة المرتضوية (د.ت) .
- مختار الصحاح، دار المعرفة، (بيروت، د.ت) .

■ رجب : عدنان كريم .
- المثل الأخلاقية في شعر العصر ـ العباسي الأول، رسالة ماجستير غير منشورة، كلية الآداب، (جامعة بغداد، 1988) .

■ رسل: برتراند .
- حكمة الغرب، ترجمة فؤاد زكريا،عالم المعرفة،(الكويت، 1983)

■ رضا: محمد جواد .
- فلسفة التربية وأثرها في تفكير معلمي المستقبل، المطبعة العصرية (الكويت، 1972)

■ الرميحي: محمد .
- الخليج ليس نفطاً، شركة كاظمة للنشر والترجمة والتوزيع(الكويت، 1983) .

■ رمضان: أحمد السيد علي .
- الفلسفة الحديثة، مكتبة الإيمان، (القاهرة، 1988) .

■ روية: ريمون .

- فلسفة القيم، ترجمة عادل العوا، مطبعة جامعة دمشق، (دمشق 1960) .

- ابو ريدة : محمد عبد الهادي .
  - رسائل الكندي الفلسفة،دار الفكر العربي،(القاهرة، 1950)

- زاهر: ضياء .
  - القيم في العملية التربوية، مؤسسة الخليج العربي،(د،ت، 1984)

- الزبيدي: محمد الحسيني (ت 379هـ) .
  - تاج العروس المطبعة الخيرية المنشاة بجمالية،ط1(مصر، 1356)

- الزجاجي:
  - اشتقاق أسماء اللـه، تحقيق عبد الحسين مبارك، مطبعة النعمان (النجف، 1974)

- الزمخشري: أبو القاسم جار اللـه محمود (ت 538هـ).
  أساس البلاغة، مطبعة دار الكتب المصرية، (القاهرة، 1923).

- الزنتاني: عبد الحميد العيد .
  أسس التربية الإسلامية في السنة النبوية، الدار العربية للكتاب (ليبيا، 1993) .

- زهران: حامد عبد السلام ومحمد سري جلال .
  - القيم السائدة والقيم المرغوبة في سلوك الشباب، بحث ميداني في البيئتين المصرية والسعودية، المؤتمر الأول لعلم النفس، الجمعية المصرية للدراسات النفسية، (القاهرة، 1985) .

- زيدان: عبد الكريم وزميله .
  - علوم الحديث، مطبعة جامعة بغداد، (بغداد، 1980) .

- زيدان: عبد الكريم .
  - الوجيز في أصول الفقه، ط2، مطبعة سلمان الأعظمي، (بغداد 1964) .

- الساكت: مازن .
  - مالذي يحدث للقيم، مقال منشور في مجلة الدستور بتاريخ 26/11/ 1999.

- سالم: عبد الرشيد عبد العزيز .
  - التربية الإسلامية وطرق تدريسها، ط3، بلا، دار البحوث (الكويت، 1979) .

- السامرائي: هاشم جاسم .

- المدخل في علم النفس، مطبعة منير، (بغداد، 1988) .

■ السبكي : تاج الدين ابو النصر عبد الوهاب بن علي (ت771هـ) .
- طبقات الشافعية الكبرى،ط1، مطبعة الحسينية،(القاهرة، د.ت)

■ سبينوزا :
- علم الأخلاق، ترجمة جلال الدين سعد، دار الجنوب للنشر (تونس، د،ت) .

■ ستالين:
المادية الجدلية والمادية التاريخية، المنشورات الاجتماعية، (باريس 1945) .

■ سليمان: عدنان عبد الله .
- أخلاقيات مهنة التربية والتعليم في ضوء الفكر الإسلامي ومدى التزام المديرين والمعلمـين في مدارس وكالة الغوث، منطقة اربد رسالة ماجستير غير منشورة، جامعة اليرمـوك، (الأردن، 1985)

■ سليمان: ميخائيل وديع .
- القيم والتطور الاجتماعي، المجلس الوطني للثقافة والفنون والآداب (الكويت، 1975) .

■ سمعان: وهيب .
- دراسات في المناهج، مكتبة الأنجلوا المصرية، (القاهرة، 1959)

■ السويدي: وضحى علي .
- التربية الإسلامية للصف السادس بدولة قطر، مجلة التربية، العدد (102)، (قطر، 1992) .

■ السيد: محمد توفيق وآخرون .
- بحوث في علم النفس، مكتبة الأنجلو المصرية،(القاهرة،1972)

■ سيد قطب:
- خصائص التصور الإسلامي ومعوقاته، ط2، دار الشروق (القاهرة، 1978) .

■ سيف الدولة: عصمت .
- أسس الاشتراكية العربية، الهيئة المصرية العامة للتأليف والنشر للتوزيع، (تونس، 1971) .

■ الشافعي: إبراهيم محمد .

- الاشتراكية كفلسفة للتربية، مكتبة النهضة المصرية، (القاهرة 1971) .

■ شاكر: فاضل .
- المنتقى في علوم القرآن، مطبعة جامعة بغداد، (بغداد، 1979).

■ الشبلي: إبراهيم.
- القيم والمعلم والإدارة المدرسية، بحث في مؤتمر القيم والتربية في عالم متغير، جامعة اليرموك، اربد (الأردن 1999) .

■ شديد: محمد .
- قيم الحياة في القرآن، دار الشعب، (القاهرة، 1973) .

■ شفيق: محمد عبد الرزاق .
- الأصول الفلسفية للتربية، ط4، دار البحوث العلمية، (الكويت 1980) .

■ شنيدر: هربرت.
- تاريخ الفلسفة الأمريكية، ترجمة محمد فتحي الشنيطي، دار النهضة المصرية، (القـاهرة، د، ت).

■ الشهرستاني: أبو الفتح محمد بن عبد الكريم (ت 548هـ).
- الملل والنحل، تحقيق محمد الكيلاني، مطبعة البابي، (القاهرة 1317هـ) .

■ شومان : علي الصيد .
- القيم التربوية التي تضمنها السؤال في القرآن، رسالة ماجستير غير منشورة، جامعة اليرمـوك، اربد، (الأردن، 1993) .

■ الشيباني: عمر محمد التومي .
- تطور النظريات التربوية، مطبعة القلم،(تونس، 1982) .

■ الشيخ: يوسف محمود، عبد الحميد، جابر .
- سيكولوجية الفروق الفردية، دار النهضة العربية،(القاهرة 1964) .

■ صالح: عبد العزيز .
- التربية الحديثة مادتها وتصنيفاتها العلمية، دار المعارف (القاهرة، 1969) .

■ صفدي: مطاع .
- الحرية والوجودية، مدخل الفلسفة، منشورات دار مكتبة الحياة (بيروت، 1961).

■ صليبيا: جميل .

- المعجم الفلسفي، ط1، دار الكتاب اللبناني، (بيروت، 1937) .

- من افلاطون إلى أبن سينا، دار الكتاب العربي، (بيروت،1978)

■ طباره: عفيف عبد الفتاح .

روح الدين الإسلامي، ط4، (بيروت، 1959) .

■ الطحان: محمد تيسير .

- مصطلح الحديث،المركز الإسلامي للكتاب(الإسكندرية، د.ت)

■ طعمة: جورج .

- فلسفة لايبتز، (بيروت، 1955) .

■ طنش : أحمد .

- أزمة القيم التي تواجه المجتمعات الإسلامية المعاصرة، عواملها ونتائجها، بحث في مؤتمر القيم
والتربية في عالم متغير، جامعة اليرموك(الأردن، 1964) .

■ طهطهاوي: سيد أحمد .

- القيم التربوية في القصص القرآني، ط1، دار الفكر العربي (مصر، 1996) .

■ الطويل: توفيق .

- أسس الفلسفة، ط6، دار النهضة، (القاهرة، 1976) .

الفلسفة الخلقية، دار النهضة العربية، (القاهرة، 1967) .

■ الطيب: نور الهدى الشيخ .

- القيم التربوية لشعيرة الصلاة الإسلامية، رسالة ماجستير غير منشورة كلية التربية، جامعـة أم
درمان الإسلامية، (السودان، 1996) .

■ العاجز: فؤاد علي .

- القيم وطرق تعلمها وتعليمها، بحث في مؤتمر القيم والتربية في عالم متغير، جامعـة اليرمـوك،
اربد، (الأردن، 1999) .

■ عاطف: وصفي .

- الثقافة والشخصية، دار النهضة العربية، (القاهرة، 1981)

■ عاقل: فاخر .

- معالم التربية، دراسات في التربية العامة والتربية العربية (بيروت 1964) .

■ العاني: نزار

- الشخصية الإنسانية في التراث الإسلامي، المعهد العالي للفكر الإسلامي، مكتبة الاردن،(الاردن، 1998) .

■ عبد الباقي: طه سرور .
- الغزالي، سلسلة أقرأ، العدد 31، دار المعارف، (القاهرة، د،ت).

■ عبد الباقي: أحمد .
- معالم الحضارة العربية في القرن الثالث الهجري،(د، ت د، م)

■ عبد الباقي: محمد فؤاد .
- اللؤلؤ والمرجان فيما اتفق عليه الشيخان اماما الحديث، ط1، (2) ج2، دار الفيحاء، (دمشق، 1994) .

■ عبد الحميد: رشيد .
أخلاقيات مهنة التعليم، ط2، دار الفكر، (عمان، 1985).

■ عبد الحميد: عرفان .
- الأمام الغزالي رائد الثقافة الإسلامية، مجلة الرسالة الإسلامية العدد 243، السنة الرابعة والعشرون، تموز، 1991، (بغداد، 1991)
- دراسات في الفرق والعقائد، ط1، مطبعة الرشاد، (جامعة بغداد 1967) .

■ عبد الحليم: أحمد المهدي .
- تعليم القيم في نظم التعليم العربية، بحث في مؤتمر القيم والتربية في عالم متغير، جامعة اليرموك، اربد، (الأردن، 1999) .

■ عبد الدايم: عبد الله .
- دور التربية والثقافة في بناء حضارة إنسانية جديدة، ط1، دار الطليعة، (بيروت، 1988) .
- التخطيط التربوي، أصوله وأساليبه، (بيروت، 1977) .
- التربية في البلاد العربية، حاضرها ومشكلاتها ومستقبلها، دار العلم للملايين، (بيروت، 1974) .
- التربية عبر التاريخ، دار العلم للملايين، (بيروت، 1975).

■ عبد الرحمن: عائشة .
- مقال في الإنسان، دار المعارف، (القاهرة، 1986) .

■ عبد الرحمن: طه .

- تحديد المنهج في تقويم التراث،ط3، المركز الثقافي العربي الدار البيضاء، (المغرب، 1993) .

■ عبد الرحمن: عفيف .

- القيم الأخلاقية في الشعر الجاهلي، مجلة مجمع اللغة العربية الأردني، العدد 3- 4 السنة 1981.

■ عبد الغفار: أحلام رجب .

- التطور القيمي لطلاب كلية التربية النوعية في القاهرة، دراسة طولية للتربية المعاصرة، السنة 11، العدد (30- 31) (القاهرة 1994) .

■ عبد الملك : أنور.

- الفكر العربي في معركة النهضة، ط8، دار الآداب (بيروت،1987) .

■ عبد الوهاب: هاشم سعيد .

- دور المعاهد التقنية في مجتمع عربي متغير، المجلة العربية لبحوث التعليم العالي، العدد (5- 6) .

■ عبد القادر: حسن .

- رسائل الجند، مخطوطة من المكتبة القادرية .

■ عبود: عبد الغني .

- الأيدولوجيا والتربية، ط1، (القاهرة، 1976) .

■ عبيد : عزيز .

- دراسة أنماط القيم الدينية لدى عينة من الشابات المسلمات وعلاقتها بأساليب تنشئتهن وتوافقهن النفسي، رسالة ماجستير غير منشورة جامعة الأزهر، كلية الدراسات الإنسانية، (القاهرة، 1981) .

■ العراقي: سهام محمود .

- تاريخ تطور اتجاهات الفكر التربوي، (الإسكندرية، 1984)

■ عثمان : إبراهيم .

- التغيرات في الأسرة الحضرية في الأردن، مجلة العلوم الاجتماعية المجلد (14)، العـدد، (جامعـة الكويت، 1986) .

■ عثمان : فاروق السيد والناصر .

القيم الغائية والوسيلية لدى طلاب كلية التربية، جامعة البحرين، جامعة المنصور، مجلد 1، العدد 16، 1991 .

- ابن عربي : محمد بن علي بن محمد بن عبد اللـه محي الدين (ت636هـ).
  - الفتوحات الملكية، مطبعة الحلبي بمصر،(القاهرة، 1950) .
- ابن عساكر: ابو القاسم علي بن الحسين (ت 571هـ) .
  - تبين كذب المفتري فيما نسب للأمام الاشعري،(القاهرة، د.ت) .
- عسقول : محمد عبد الفتاح .
  - نحو منظومة لتوجيه توظيف التكنولوجيا في التعليم، بحث في مؤتمر القيم والتربية في عالم متغير، جامعة اليرموك، (الأردن، 1999)
- العسكري: أبو هلال .
  - الفروق في اللغة، منشورات دار الافاق الجديدة، (بيروت، 1980)
- عطية: أحمد عبد العليم .
  - القيم في الواقعية الجديدة عند رالف بارتون بيري، دار الثقافة والنشر والتوزيع، (القاهرة، 1989) .
- عفيفي : محمد الهادي .
  - الأصول الفلسفية للتربية، مكتبة الأنجلو المصرية، (القاهرة 1977)
- عفلق: ميشيل .
  - الكتابات السياسية الكاملة، (بغداد، 1996) .
- العقاد : عباس محمود
  - القرآن والإنسان، موسوعة عباس محمود العقاد، دار الكتاب العربي (بيروت، 1971)
- علي : سعيد إسماعيل .
  - فلسفات تربوية معاصرة، عالم المعرفة، (الكويت، 1995) .
  - دراسات في فلسفة التربية، عالم الكتب، (القاهرة، 1981) .
- عليان : رشدي وسعدون الساموك .
  - دراسة تاريخية مقارنة، القسم الأول، الديانات القديمة، وزارة التعليم العالي، ط1، (بغداد، 1975) .
- علوان : عبد اللـه ناجح .

- تربية الأولاد في الإسلام، ط1، دار السلام للطباعة والتوزيع (بيروت، 1981) .

■ علوان : لقمان شعبان .

- الانعكاسات التربوية للقيم العقلية في ضوء القرآن الكريم والسنة النبوية، بحث في مؤتمر القيم والتربية في عالم متغير، جامعة اليرموك، اربد، (الأردن، 1999) .

■ العمري: خالد وآخرون .

- المنظومة القيمية لطلبة جامعة اليرموك، دراسة في جامعة اليرموك (الأردن، 1999) .

■ العمري: أكرم ضياء .

- قيم المجتمع الإسلامي من منظور تاريخي، (د، ت، د، م).

■ العوا: عادل .

- قضايا القيم في الفكر التربوي الإسلامي، الأصول والمبادئ المنظمة العربية للتربية والثقافة والعلوم، (تونس، 1987) .

- المذاهب الأخلاقية، مطبعة الجامعة السورية، (دمشق، 1958).

■ عوض اللـه: حامد .

- الألوهية وفكر العصر، المركز الثقافي الجامعي، سلسلة الدراسات العلمية، (القاهرة، 1977) .

■ غارودي: روجيه.

- ماهي الأخلاق الماركسية،ترجمة ماهر القطبية، (بيروت، د،ت)

■ الغزالي: أبو حامد.

أحياء علوم الدين، مطبعة الشعب، (القاهرة، د، ت).

الجواهر الغزالي في رسائل الأمام الغزالي، تحقيق، محي الدين صبري، ط1، (القاهرة، 1353هـ) .

سر العالمين وكشف ما في الدارين، مطبعة السعادة، (القاهرة 1397هـ) .

روضة الطالتين وعمدة الساككين، مطبعة السعادة، 1934 .

مشكاة الأنوار ضمن القصور العوالي، من رسائل الغزالي تحقيق، محمد مصطفى أبو العلى، مكتبة الجندي، (القاهرة د، ت) .

معارج القدس، ط4، منشورات دار الأفاق الجديدة، (بيروت 1980).
ميزان العمل، تحقيق سلبمان دنيا، ط1، دار المعارف، (مصر 1964) .

- الغنايم: محمد أحمد .
- حول نظرية عربية جديدة للتربية، مجلة التربية الجديدة، مكتبة اليونسكو للتربيـة في الـبلاد العربية، العدد 3، (الرياض، 1981)
- غلاب: محمد .
- الفلسفة العامة وتاريخها، (القاهرة، 1988) .
- غورباتشوف: ميخائيل.
- البيريسرويكا، أعادة بناء والفكر الأشتراكي إلى أين نحن سائرون ترجمة عبـاس خلـف، شركـة المعرفة للنشر والتوزيع، (د،ت 1990).
- غيث: محمد.
- علم الاجتماع، دار المعارف، (القاهرة، 1963) .
- الفارابي: محمد ابو نصر .
- السياسات المدنية، تحقيق فوزي نجار، (بيروت، 1964)
- التنبيه على سبيل السعادة، حيدر اباد (الدكن، 1346) .
- فال: جان .
- طريق الفيلسوف. ترجمة أحمد حمدي محمود، مؤسسة كل العرب (القاهرة، 1967)
- فان: دالين .
- مناهج البحث في التربية، ط3، مكتبة الانجلو المصرية (القاهرة 1985) .
- فرح: الياس.
في الثقافة والحضارة، دار الشؤن الثقافية (بغداد، 1978) .
مقدمة في دراسة المجتمع العربي، دار الشؤن الثقافية (بغداد 1982) .
في قضايا الثورة، دار الشؤن الثقافية (بغداد، 1989) .
تطور الأيديولوجية، دار الحرية (بغداد، 1989) .
- فرحان: إسحق ومرعي، أحمد توفيق .

- اتجاهـات المعلمـين في الأردن نحـو القـيم الإسـلامية في مجـال العبـادات والعقائـد والمعاملات كما حددها الإمام البيهقي، مجلو ابحـاث اليرمـوك، سلسـلة العلـوم الإنسـانية والاجتماعية، العدد 2 مجلد 4 (الأردن، 1988) .

■ فرحان: إسحق أحمد .
- القيم التربوية في عالم متغير من منظور إسلامي، بحث في مؤتمر القيم والتربية في عالم متغير، جامعة اليرموك،(الأردن، 1999)

■ فرج: محمد سعيد .
- البناء الاجتماعي والشخصي، دار المعرفة الجامعية،(الاسكندرية 1989) .

■ فرينجوف: شيشون .
- كيف نفهم الإسلام، ط1، ترجمة د. عفيف، دار الآداب، سلسلة الإسلام الحضاري، (بـيروت، 1978) .

■ فريحه: أنيس .
- أحيقار حكيم من الشرق الأدنى القديم، (بيروت، 1962) .

■ الفقي: حسن .
- الثقافة والتربية، ط2،دار المعارف بمصر، (مصر، 1977) .

■ الفهد: ابتسام محمد .
- الفكر التربوي العربي الإسلامي لبعض فلاسفة الغرب المسلمين بـين القـرنين الرابع والسـادس الهجريين، (دراسة وضعية تحليلية تاريخية مقارنة)، أطروحة دكتوراه غير منشورة، كليـة التربية أبن رشد (جامعة بغداد، 1994) .

■ فرانسيس: ريف دور كول مايك .
القيم التنظيمية، ترجمة عبد الرحمن هيجان، معهد الإدارة العامة (السعودية، 1995) القاري: ملا علي .
- شرح كالفقه الاكبر، (القاهرة، د.ت) .

■ منرو: بول .
- مراجع في تاريخ التربية، ترجمة صالح عبد العزيز، مكتبة النهضة المصرية، (القاهرة، 1949) .

■ الفيروز أبادي: محمد بن يعقوب (ت817هـ) .

- القاموس المحيط، ط2، المطبعة الحسينية المصرية، (القاهرة 1342هـ) .
■ فينكس: هـ . ف .
- فلسفة التربية، ترجمة محمد لبيب النجيحي، دار النهضة العربية (القاهرة، 1965) .
■ قابيل: عبد الحي محمد .
- المذاهب الأخلاقية في الإسلام، دار الثقافة للنشر (القاهرة، 1984)
■ قباني : محمد إسماعيل .
- قضايا علم الاجتماع، دراسة نقدية، ط2، الهيئة المصرية العامة للكتاب،(القاهرة، 1978) .
■ قربان: ملحم .
- الواقعية السياسية، المؤسسة الجامعية للدراسات والنشر،(بيروت 1981).
■ القرطبي: ابو عمر بن عبد الله بن عبد النمر,
- بهجة المجالس وانس المجالس، شحذ الذهن، تحقيق محمد موسى الخولي،دار الكتب العلمية،(بيروت، د.ت)
■ القري: حسين فيصل .
- اتجاهات المراهقين وقيمهم في قطر وآثلر العوامل الثقافية والاجتماعية اطروحة دكتوراه غير منشورة، جامعة عين شمس، كلية التربية (القاهرة 1995) .
■ القزويني : زكريا بن محمد بن محمد (ت 682هـ) .
- السنن الكبرى، دار الطباعة المنيرة،(القاهرة، د.ت)
■ القشيري : ابو القاسم عبد الكريم بن هوازن .
- الرسالة القشيرية في علم التصوف، مطبعة منير،(بغداد، د.ت) .
■ قطب: محمد .
- رؤية لإسلامية لأحوال العالم المعاصر، دار الوطن للنشر (الرياض د، ت) .
■ قمحية: جابر .
- المدخل إلى القيم الإسلامية، دار الكتاب المصري (القاهرة، 1984)
■ قنصوة: صلاح .
- نظرية القيم في الفكر المعاصر، دار التنوير للطباعة،(القاهرة 1984) .

■ قورة: حسن سليمان .
- الأصول التربوية في بناء المناهج، ط8، دار المعارف، (القاهرة، 1985) .

■ القيسي: مروان .
- المنظومة القيمية كما تحددت في القرآن الكريم والسنة النبوية، مجلة دراسات العلوم الإنسانية، مج 22، العدد 6 (ملحق)، (الأردن 1995) .

■ قيمر : محمود .
- التربية وترقية المجتمع، مركز ابن خلدون للدراسات الإنمائية (القاهرة، 1992) .

■ كارل : الكسيس .
- الإنسان ذلك المجهول، ترجمة شفيق اسعد فريد، ط3، مكتبة المعارف، (بيروت، 1983) .

■ كاظم : محمد إبراهيم .
- تطورات في قيم الطلبة، دراسة تربوية تتبعية لقيم الطلاب في خمس سنوات، مكتبة الأنجلو المصرية، (القاهرة، 1962) .

■ كامل: سهير .
- القيم السائدة والمرغوبة لدى عينة من الاسر المصرية العائدة من المهجر، دراسات وبحوث، مكتبة الانجلو المصرية، (القاهرة 1996) .

■ كانت: عما نؤيل .
- تأسيس ميتافيزيقيا الأخلاق، ترجمة عبد الغفار المكاوي، الدار القومية للطباعة والنشر، (القاهرة، 1965) .

■ كاونتس: جورج .
- التعليم في الاتحاد السوفيتي، ترجمة محمد بدران، مكتبة الأنجلو المصرية، (القاهرة، د. ت)

■ الكبيسي: وهيب مجيد، والجنابي، يونس صالح .
- القيم التي جسدتها قادسية صدام المجيدة من وجهة نظر بعض الطلبة الجامعيين، تقرير مطبوع بالرونيو، (بغداد، 1986) .

■ ابن كثير: ابو الفداء اسماعيل بن كثير (ت 774هـ) .

- تفسير القران الكريم، قدم له عبد القادر الارناؤط،ط1، مكتبة دار السلام، (الريـاض، 1994) .

- كرم: يوسف .
  - تاريخ الفلسفة الحديثة، ط4، مكتبة الدراسات الفلسفية، دار المعارف بمصر، (مصر، 1966) .
  - تاريخ الفلسفة اليونانية، لجنة التأليف والنشر،(القاهرة، 1946)
- كريسون: أندريه .
  - سبينوزا، ترجمة تيسير شيخ الأرض، دار الأنوار (بيروت،1966).
- كريمر: صموئيل نوح .
  - الأساطير السومرية، دراسة في المنجزات الروحية والأدبية في الألف الثالث ق.م، ترجمة داود عبد القادر، مطبعة المعارف (بغداد،1971).
- الكندي: ابو يوسف يعقوب بن اسحاق (ت 254هـ).
  - رسائل الكندي الفلسفية،تحقيق عبد الهادي ابو ريدة،(القاهرة،د.ت)
- الكيلانـي: ماجد عرسان .
  - فلسفة التربية الإسلامية، مكتبة هادي، (مكة المكرمة، 1988).
- كولبيه :
  - مدخل إلى الفلسفة، ترجمة أبو العلاء عفيفي، (القاهرة، 1970)
- لاينبز :
  - المونادلوجيا، ترجمة جورج طعمه، (بيروت، 1955) .
- اللبـان: إبراهيم .
  - مشكلات فلسفية، مطبعة دارالصباح،(القاهرة، 1954) .
- لويس : جون .
  - مدخل إلى الفلسفة، ترجمة أنور عبد الملك، ط2، دار الحقيقة (بيروت، 1978) .
- لينـين:
  - اللينية، ترجمة استور، منشورات الفكر الجديد، (دمشق، د،ت).
- ماريون: هنري .
  - دروس الأخلاق، (باريس، 1927) .

- ماكوري : جون .
  - الوجودية، ترجمة أمام عبد الفتاح أمام، عالم المعرفة، (الكويت، 1981)

- الماوردي : ابو الحسن علي بن محمد بن حبيب (ت 450هـ) .
  - أدب الدنيا والدين، (القاهرة، 1968) .
  معجم علم الأخلاق، ترجمة توفيق سلوم، دار التقدم،(موسكو،1984).

- محمد : عبد الراضي إبراهيم .
  - مواقع القيم من بعض فلسفات التربية، دراسات تربوية، أبحاث تصدر عـن رابطـة التربيـة الحديثة، المجلد 4، العدد 16، 1989.

- محمد : عالية وآخرون.
  - الفكر التربوي وأصوله وتطوره، اتجاهاته المعاصرة و، ط2 الهيئة العامـة للتعليـم التطبيقـي والتدريب، (الكويت، 1990) .

- محمد : يونس .
  - الفروق في القيم بين المواطنين والوافدين من الجنسـين في دولـة الإمـارات، قـراءات في علـم النفس الاجتماعي في الوطن العربي مج 5، الهيئة المصرية العامة للكتاب، (القـاهرة، 1990)
  .

- محمد : عماد الدين إسماعيل .
  - كيف نربي أطفالنا، دار الكتاب اللبناني، (بيروت، 1987) .

- محمود : زكي نجيب .
  - ديفيد هيوم، دار المعارف بمصر، (القاهرة، د، ت) .
  - حياة الفكر في العالم الجديد، مؤسسة فـرانكلين للطباعـة والنشر- مكتبـة الأنجلـو المصريـة، (الاقاهرة، 1956).

- محمود : مجدي أحمد .
  - دراسة لتطوير القيم الاجتماعية والخلقية لدى تلميذات المرحلة الابتدائية بالمملكة العربية السعودية، دراسات نقدية تصدرها رابطـة الاحصـائيين التقنيين المصريـة (رانـم)، مـج 1، (القاهرة، 1990).

- المدرس: نجم الدين محي الدين عبد المفتاح .
  - أركان الأخلاق في الإسلام، مطبعة العاني، (بغداد، 1988) .

- مدكور: إبراهيم وآخرون .

- معجم العلوم الاجتماعية، الهيئة المصرية للكتاب (القاهرة، 1975)

■ مذكور: علي أحمد .
- مفهوم المناهج التربوي في التطور، بحث منشور في بحوث المؤتمر التربوي، (عمان، 1991) .

■ المرزوقي: آمال حمزة
- النظرية التربوية الإسلامية ومفهوم الفكري التربوي الغربي، شركة المدينة المنورة للطباعة والنشر،(السعودية، 1982) .

■ مرسي: سعد أحمد .
- التربية والتقدم، ط3، عالم الكتب، (القاهرة، 1977) .

■ مرسي: محروس سيد .
- التربية والطبيعة الإنشائية في الفكر الإسلامي وبعض الفلسفات الغربية، دار المعارف، (القاهرة، 1988) .

■ مرسي: محمد منير .
- فلسفة التربية اتجاهاتها ومدارسها، عالم الكتب، (القاهرة، د،ت).

■ المرضي: محمد علي محمد .
- بعض القيم التربوية ودور الأسرة والمدرسة في اكسابها للطفل المؤتمر السنوي للطفل العربي، (الطفل المصري وتحديات القرن الحادي والعشرين) مج 3، في 17- 20 أبريل، (القاهرة 1991).

■ مرعي: توفيق، أحمد بلقيس.
- الميسر في علم النفس الاجتماعي، دار الفرقان للنشر والتوزيع (عمان، 1984) .

■ مسعود : عبد المجيد .
- القيم الإسلامية التربوية والمجتمع المعاصر، (قطر، 1999) .

■ مسكويه:
- تهذيب الأخلاق وتطهير الأعراق، مكتبة صبيح، (القاهرة، 1959)
- تهذيب الأخلاق وتطهير الأعراق، دار الكتب العلمية، ط1 (بيروت، 1981) .
- تهذيب الأخلاق وتطهير الأعراق، تحقيق قسطنطين، (بيروت، 1966) .

■ مسلم: الامام ابو الحسن، مسلم بن الحجاج القشيري (ت261هـ) .
- صحيح مسلم، ط1، مؤسسة عز الدين للطباعة،(بيروت،1987).

■ مشنوق : عبد الـلـه .
- تاريخ التربية، ط2، مطبعة الكشاف، (بيروت، 1971) .

■ المصري: محمد أمين .
- لمحات فـي وسائل التربية الإسلامية وغايتها،دار الفكر (بيروت د،ت) .

■ مصطفى: محمود حلمي وإسماعيل صبري مقلد .
- الاشتراكية منهج وأسلوب،دار المعارف،(القاهرة 1968) .

■ مصطفى: إبراهيم وآخرون .
- المعجم الوسيط،مادة ربى، مجمع اللغة العربية،(القاهرة،1960).

■ مطاوع: وسامة .
- دور كليات البنات في تدعيم القيم الاجتماعية والدينية لدى الطالبات رسالة ماجستير غير منشورة، كلية البنات، جامعة عين شمس (القاهرة، 1982) .

■ المغربي: كامل محمد .
- سلوك الفرد والجماعة في التنظيم، مفاهيم وأسس السلوك التنظيمي ط2، دار الفكر، عمان، (الأردن، 1994) .

■ المكي : أبو طالب، محمد بن أبي الحسن .
- قوت القلوب في معاملة المحبوب ووصف المريد إلى مقام التوحيد (القاهرة، 1950) .

■ المليجي : يعقوب
- الأخلاق في الإسلام،مؤسسة الثقافة الجامعية،(الإسكندرية،1985).

■ منرو: بول .
- المرجع في تاريخ التربية، ترجمة صالح عبد العزيز، ط2، دار النهضة المصرية (القاهرة، 1958) .

■ منصور: علي ناصيف .
- التاج الجامع الأصول للأحاديث،ط5،مطبعة عيسى الحلبي (القاهرة 1961).

■ ابن منظور: ابو الفضل، جمال الدين محمد بن مكرم بن منظور (ت711هـ).
- لسان العرب، دار صادر، (بيروت، 1956) .
الموسوعة الفلسفية المختصرة، ترجمة فؤاد كامل وآخرون، دار العلم،(لبنان، د،ت) .

■ موسى : محمد يوسف .
- تاريخ الأخلاق، ط3، مطابع دار الكتاب العربي، (مصر 1953).
المنهاج الثقافي المركزي السلسلة الثانية، الكتاب الاول، 1988 .

■ موسى: محمد يوسف .
- الدين والأخلاق، بحث في الإسلام ومكارم الأخلاق، دار الكتاب العربي، (القاهرة، د، ت) .
تاريخ الأخلاق،ط3، دار الكتاب العربي، (القاهرة، 1953).

■ موسى: سعيد .
- الإسلام، دراسات منهجية هادفة حول الأصول الثلاثة: اللـه الرسول الإسلام، ط2، دار الكتب
العلمية، (بيروت، 1979) .

■ موسى: جلال محمد عبد المجيد .
- نشأة الأشعرية وتطورها، دار الكتب اللبنانية، (بيروت،1975)

■ المولى: محمد عبد .
- تطوير الفكر الاقتصادي والاجتماعي عبر العصور، الشركة التونسية للتوزيع، (تـونس، 1979
.

■ ميشل: تومسون واخرون
- نظرية الثقافة، ترجمة على السيد الصاوي، سلسلة عالم المعرفة، (الكويت، 1997)

■ ناجي : محمد .
- مقدمة في التربية، جمعية عمال المطابع التعاونية، (عمان 1981).

■ نازلي : إسماعيل .
- فلسفة القيم، مكتبة سعيد رأفت، جامعة عين شمس (القاهرة،1978)

■ نجادان: أحمد محمود .

- أساليب القرآن الكريم والسنة النبوية في تعليم القيم الإسلامية وتعلمها بحث في مؤتمر القيم والتربية في عالم متغير، جامعة اليرموك (الأردن، 1999)

■ النجار: حسين فوزي .
- نظرية الأخلاق في الإسلام، مجلة العربي، العدد 217، كانون الأول (الكويت، 1976) .

■ نجيب: إسكندر إبراهيم وآخرون .
- الدراسة العلمية للسلوك الاجتماعي (القاهرة، د، ت) .

■ النجيحي: محمد لبيب .
- في الفكر التربوي، ط2، دار النهضة، (بيروت، 1981) .

■ الندوي: أبو حسن الحسني .
- نحو التربية الإسلامية الحرة في الحكومات والبلاد الإسلامية (القاهرة، 1976) .

■ ابن النديم:
- الفهرست، طبعت فلوجل، لايبزك، 1971 .

■ النشار: علي سامي .
- مناهج البحث عند مفكري الإسلام،(الاسكندرية، 1947)

■ نشواني: عبد الحميد .
- علم النفس التربوي، دار الفرقان للنشر والتوزيع، (عمان، 1984)

■ النعيمي: فاضل وزميله .
- النظم الإسلامية، (د، ت) (د، م) .

■ النوري: عبد الغني فتاح .
- التربية الإسلامية بين الأصالة والمعاصرة، مجلة التربية القطرية الدوحة، (قطر، 1985) .

■ نوفل : محمد نبيل .
- دراسات في الفكر التربوي المعاصر، مكتبة الأنجلو المصرية (القاهرة 1980) .

■ النووي: ابو زكريا .

- رياض الصالحين، طبعة، دار التراث العربي،(القاهرة، 1983)

■ نيللر : جورج .
- مقدمة في فلسفة التربية، ترجمة نظمي لوقة، مكتبة الانجلو المصرية،(القاهرة، 1977) .

■ نيللر: ج . ف .
- الأصول الثقافية للتربية، مقدمة في انثربولوجيا التربية، ترجمة محمد منير مرسي وآخرون، عالم الكتب،(القاهرة، د،ت) .

■ هلال : عصام الدين علي .
- بناء مقياس لقيم مهنة التعليم لخريجي الكليات المتوسطة بسلطنة عمان قبل تسلمهم أعمالهم،مجلة كلية التربية،(القاهرة 1987) .

■ هنتر: ميد .
- الفلسفة أنواعها ومشكلاتها، ترجمة فؤاد زكريا، دار النهضة بمصر،(القاهرة، د،ت) .

■ هنا : عطية .
- دراسات حضارية مقارنة في القيم وفي القراءات في علم النفس الاجتماعي في الوطن العربي، ط1، الهيئة المصرية العامة للكتاب (القاهرة، 1966) .

■ هندي : صالح وآخرون .
- أسس التربية، ط2، دار الفكر، (عمان، 1990) .

■ هول: كالفين يسبرنجر، لندزي .هاروثر .
- نظريات الشخصية، ترجمة فرج احمد فرج وقدوري محمود حنفي ولطيف محمد فطيم، مراجعة لويس كامل ملكية، الهيئة المصرية العامة للكتاب والنشر، (القاهرة، 1971) .

■ هويدي: يحيى .
- مقدمة في الفلسفة العامة، ط7، (القاهرة، 1979) .
- دراسات في الفلسفة الحديثة والمعاصرة،

■ هيجل:
- أصول فلسفة الحق،ترجمة أمام عبد الفتاح أمام،دار الثقافة،(القاهرة د،ت)

■ وزارة التربية: النهوض التربوين الدراسة والمنطلقات والتوجيهات التربوية الاجتماعية المشتقة من احاديث السيد الرئيس القائد صدام حسين في الاجتماعات المخصصة لمناقشة الوضع التربوي في عامي(1992- 1993)، (بغداد،1996).

■ وصفي: عاطف.
- الثقافة والشخصية، دار النهضة العربية،(القاهرة،1981).

■ وقائي: محمد و الحلو علاوي.
- دور الروضة في إكساب الأطفال القيم الأخلاقية، بحث في مؤتمر القيم والتربية في عالم متغير، جامعة اليرموك،اربد (الاردن،1999).

■ يالجن: مقداد.
- الاتجاه الأخلاقي في الإسلام (دراسة مقارنة)،ط1، مكتبة الخانجي بمصر،(القاهرة،1973).

■ يعقوب: غسان.
- تطور الطفل عند بياجيه، دار الكتاب اللبناني، (بيروت، 1980).

Printed in the United States
By Bookmasters